SPSS PASW

시계열

Demand Forecasting Of Time Series I

수요예측 I

정동빈 지음

한나래아카데미

SPSS(PASW) 시계열 수요예측 I

지은이 | 정동빈
펴낸이 | 한기철

2009년 9월 5일 1판 1쇄 펴냄
2014년 4월 30일 1판 2쇄 펴냄

펴낸곳 | 한나래출판사
등록 | 1991. 2. 25 제22-80호
주소 | 서울시 마포구 월드컵로3길 39, 2층 (합정동)
전화 | 02-738-5637 · 팩스 | 02-363-5637 · e-mail | hannarae91@naver.com
www.hannarae.net

ISBN 978-89-5566-092-0 94310
ISBN 978-89-5566-051-7 (세트)

* 이 도서의 국립중앙도서관 출판시도서목록(CIP)은 서지정보유통지원시스템 홈페이지(http://seoji.nl.go.kr)와 국가자료공동목록시스템(http://www.nl.go.kr/kolisnet)에서 이용하실 수 있습니다.(CIP제어번호: CIP2009002397)

| 머 | 리 | 말 |

Preface

우리 삶은 수요와 공급의 원칙에 따라서 끝없는 의사결정의 연속이라고 해도 과언이 아니다. 더 나아가 국가 및 기업 입장에서 미래 수요량을 정확하게 예측할 수만 있다면 국민의 복지와 기업의 비용손실 최소화와 최대 이윤창출에 기여할 것이다. 물론 이러한 수요예측을 주먹구구식으로 대충 어림잡아 할 수는 없을 것이다. 잘못된 수요예측은 상상할 수 없는 결과를 초래할 것이기 때문이다. 따라서 숫자, 문자, 화상, 소리 등으로 표현되는 정보를 과학적이고 합리적인 방법론에 근거하여 적절하게 적용시켜 미래의 미지의 현상을 좀 더 정확하게 예측하는 편이 훨씬 나을 것이다.

이 책의 내용은 수요예측에 주요한 도구로 사용되는 일변량 시계열 데이터 분석을 단순히 기계적으로 나열하고자 하지 않고 단계별로 진척해 나가는 실전적인 방식으로 설명하였다. 현실에 관련된 수요예측을 직접적으로 이해 및 적용하기 위해서 SPSS(PASW) 17.0을 응용하도록 하였다.

[참고로 SPSS사는 최근 예측적 분야를 강화하여 제품명을 PASW(Predictive Analytics Software)로 변경하였다. 기존 SPSS 이용자들과 새롭게 통계학에 입문하는 이들의 혼란을 막기 위하여 책의 제목과 장제목까지 SPSS와 PASW를 병기하여 표기하였다.]

1부에서는 일변량 시계열 수요예측 분석방법으로 사용되는 ARIMA 모형과 지수평활법의 가장 기본적이고 필수적인 사항을 체계적으로 숙달시키는 데 초점을 두었으며, 2부에서는 1부에서 소개된 수요예측방법을 사례분석을 통해 응용하여 실제 상황에서 적용하게끔 하였다. 이를 통해서 수요예측 문제를 해결하기 위한 분석방법을 자연스럽게 숙지하게 하였으며, 보다 난이도가 높은 문제도 매우 단순한 분석으로 해결해 나가는 방법을 자연스럽게 깨우치게 될 것으로 기대한다. 마지막으로 3부에서는 SPSS

(PASW) 17.0에서 제공하는 시계열 모형 생성기와 시계열 모형 적용 사용 가이드를 소개하여 수요예측을 보다 용이하게 하였다.

끝으로 이 책을 집필하기 위한 동기부여를 해준 오랜 시간에 걸쳐 졸업한 수많은 제자들, 한나래출판사 관계자분들과 지난 10여 년 동안 본인의 강의를 수강해 주신 여러 기업체, 학계 등에 계신 분들께 진심 어린 감사의 말씀을 전한다.

2009년 7월

저자

| 차 | 례 |

Table of Contents

3부 SPSS(PASW) 17.0 사용 가이드

1 이론편

|앞|서|일|러|두|기|

수요예측과 그 의의

다음은 일반 대중매체에서 교통 수요예측에 관한 기사를 일부 발췌한 것이다.

'뻥튀기' 교통 수요예측과 혈세

김포공항과 인천국제공항을 오가는 공항철도는 '세금 먹는 하마'다. 지난해 3월 개통한 공항철도는 운항 첫해에 하루 평균 20만 7421명이 이용할 것으로 예측됐다. 하지만 정작 지난해 운영 결과를 살펴보면 예측치의 6.4%에 불과한 1만 3212명에 그쳤다.

수입이 그만큼 줄어든 것은 당연한 이치. 어지간한 회사라면 당장 문을 닫아야 할 상황이다. 하지만 운영을 맡고 있는 공항철도(주)는 느긋한 표정이다. 예상 수익에 못 미친 손실의 90%인 1093억 원을 정부가 국민들의 세금으로 채워 줄 예정이기 때문이다. 이런 말도 안 되는 상황이 빚어진 것은 **수요예측**에서 '뻥튀기'가 이루어졌기 때문이다. 당초 인천공항철도의 교통 수요예측 조사만 살펴봐도 예측이 얼마나 엉터리였는지 알 수 있다. 잘못된 수요예측으로 인한 혈세 낭비에 대한 지적이 잇따르자 국토해양부는 최근 입법 예고한 교통체계효율화법에 부실한 **수요예측**에 대한 처벌 조항을 만들었다.

— <조선일보>, 2008년 10월 30일 "조선데스크"

수요 감소 지방 공항 확장·신설 강행

15곳 중 11곳 승객 줄어 정기 노선 없는 공항도·공항공사가 적자 보전……

정부와 지방자치단체가 지방 공항 항공 수요의 지속적인 감소에도 신규 공항 건설에 나서고 있다. 전국 곳곳에 공항이 들어서면서 이용객이 없는 '무인 공항'이 늘어나는 상황에서도 공항 건설이나 확장을 추진하고 있는 것이다. 1일 국토해양부와 한국교통연구원에 따르면 지난해 전국 15곳의 공항 가운데 인천공항 등 4곳을 제외한 11개 공항의 항공 운송 실적은 모두 감소했다.

김포공항의 여객 운송은 2003년 1688만 명에서 2008년에는 1426만 명으로 연평균 3.1%씩 줄었으며 김해공항도 2003년 878만 명에서 지난해 720만 명으로 연평균 3.6%가 감소했다. 특히 양양공항은 2003년 19만 명에서 지난해는 9000명으로 격감했다. 대구, 사천, 포항공항은 KTX와 고속도로 개통 등의 영향으로 연평균 10% 이상의 감소율을 나타냈다. 양양공항은 2002년 4월 '영동권 관광 거점 공항'을 목표로 3567억 원을 들여 완공됐지만 승객 감소로 2006년 129억 원, 2007년 105억 원 적자에 이어 지난해 101억 원으로 3년째 연 100억 원 이상 적자를 냈다. 지난해 여수공항의 적자(추정치)는 79억 원으로 2007년 57억 원보다 22억 원 증가했고, 무안 71억 원(2007년 12억 원), 포항 68억 원(50억 원), 울산 61억 원(45억 원), 청주공항은 54억 원(43억 원)으로 모두 전년보다 적자폭이 늘어났다. 공항 수요를 늘려줄 것으로 기대됐던 저가항공사도 기대만큼 활성화되지 못하고 있다.

그러나 신공항 건설이나 기존 공항 확대 계획은 계속되고 있다. 정부는 동남권 신공항 후보지를 오는 9월까지 결정하고 2011년 착공할 계획이다. 김해·대구공항이 군용 공항을 겸하고 있어 확장에 한계가 있는 데다 김해공항 국제선 터미널도 2018년쯤이면 포화 상태에 이른다는 이유에서다. 그러나 김해공항은 이용객 수가 매년 감소하고 있는 실정이다. 전북도는 새만금 개발과 연계해 기존 군산공항을 확장한다는 방침이다. 그러나 이는 무안국제공항의 수요를 더 떨어지게 하고 자칫 전남권 공항이 연쇄 부실해질 것이란 우려가 나오고 있다. 서남권 중추공항을 목표로 3017억 원이 투입됐던 무안공항은 2007년 개항했지만 지난해 이용객 수는 13만 명으로 공항 수용 능력 대비 이용객 수는 2.5%에 불과한 상태다. 참여연대 김동언 간사 "지방 공항은 적자가 나도 공항공사가 보전을 해주어 지자체에는 부담이 없다"며 "정치인이나 지자체가 신빙성 있는 **수요예측**도 없이 지역 주민의 환심을 사기 위해 지방 공항 건설을 경쟁적으로 추진하고 있다"고 말했다.

— <경향신문>, 2009년 3월 2일 박재현 기자

'뻥튀기' 수요예측 때문에…… 세금 먹는 민자 도로

민자 사업으로 건설된 도로들에 막대한 세금이 낭비되고 있습니다. 엉터리 교통 **수요예측**으로 손해가 나고 있는 걸, 모두 정부가 메워 줘야 하기 때문입니다. 개통한 지 2개월이 지난 부산-울산 고속도로입니다. 47.2km의 6차선 도로는 한산합니다. 요금이 기존 경부고속도로 동일 구간보다 2배가량 비싼 3500원이다 보니 운전자들의 외면을 받고 있습니다. 정부와 민자 기업이 협약한 교통량은 하루 6만 6000대로, 교통량이 이보다 적으면 정부가 민자 기업에 손해를 보전해 줘야 합니다. 하지만 실제 교통량은 40% 수준인 2만 6000여 대에 불과합니다. 교통량이 늘어나지 않는다면 연간 500억 원이 넘는 돈을 정부가 민간 투자업체에 물어 줘야 합니다. 지난해 7월 개통한 마창대교도 실제 교통량이 협약 통행량의 35% 수준에 불과해 경남도가 투자 회사에 6개월 분치 58억 원을 물어 줬습니다. 모두 교통량 **수요예측**을 맡은 용역 회사들이 뻥튀기 예측을 한 결과입니다.

— MBC <뉴스데스크>, 2009년 3월 3일

다음은 '생산 관리'(즉, 기업이 소유하고 있는 재화나 용역을 사용하여 고객 요구를 만족하는 최선의 제품이나 서비스를 적정한 비용으로 신속하게 개발 및 생산할 수 있도록 관련된 활동을 계획, 조정, 통제하는 과정) 분야에서 고려한 수요예측에 관한 기사이다.

현대·기아車 30~60% 감산

현대자동차가 올 1/4분기 주력 차종인 쏘나타와 그랜저 생산을 각각 30%와 60% 줄이는 등 모든 차종에서 큰 폭의 감산 계획을 짠 것으로 나타났다. 2분기에도 1분기와 마찬가지로 30% 안팎의 생산 감소세가 지속될 전망이다. 계획에 따르면 울산·아산·전주 등 모든 공장의 1분기 생산량이 31만 안팎에 그칠 것으로 내다봤다. 이는 지난해 같은 기간에 견줘 30%(13만 대) 줄어든 수치다. 특히 각 차종별로도 감산 계획을 수립했다. 아산 공장에서 생산하는 쏘나타와 그랜저 TG는 생산량을 지난해 같은 기간보다 각각 28%, 59% 줄이기로 했다.

1분기에는 트럭 7920대와 버스 2540대 등 1만 460대를, 2분기에는 트럭 8720대와 버스 3040대 등 1만 1760대를 생산할 계획이다. 이는 지난해 같은 기간과 비교해 1, 2분기 각각 34%와 31%가량 급감한 규모라고 노조측은 설명했다. 물량으로 치면 상반기 전체로 1만 5000여 대 이상 생산이 줄어드는 셈이다.

현대차 관계자는 “경기 불황 심화로 향후 수요예측이 불투명해 분기별로 생산 계획을 잡을 수밖에 없다”면서 “판매가 살아나지 않는다면 2분기에도 1분기와 비슷한 규모의 감산이 불가피할 전망”이라고 말했다. 기아자동차는 **수요예측**의 어려움으로 월 단위로 사업 계획을 마련하고 있다. 노조에 따르면 3월 생산의 경우 소하리 1공장(카니발)은 50%, 2공장(프라이드)은 10% 안팎 줄어들 것으로 예상된다.

— <서울신문>, 2009년 3월 10일 이영표 기자

‘통신 서비스 수요예측……’

통신 서비스 산업의 경쟁력을 제고하고 국가 전략 산업으로서의 바람직한 성장과 효율적인 정책을 수립하기 위해서는 통신 서비스 시장에 대한 정확한 분석이 선결되어야 한다. 특히 통신 서비스 산업은 각 서비스별로 다양한 세부 서비스가 존재하며, 서비스마다 고유한 특징을 가지고 있어 기존의 단순 수요예측 모형으로는 서비스의 특징, 기술 발전 추세, 서비스별 대체 정도, 신규 서비스에 대한 시장의 불확실성 등을 제대로 반영하기에는 한계가 있다. 따라서 통신 서비스 시장에 대한 정확한 **수요예측**을 위해서는 시장 상황의 고려, 기술 발전에 따른 파생 효과와 같은 외생적 변수와 세부 서비스의 특성을 고려한 새로운 수요예측 모형에 대한 연구가 요구된다.

— 이홍재 외 2인, 2001

“정보 통신 시장의 수요예측……”

최근 국내에서는 대기업을 위시하여 많은 중소 기업들이 만든 정보 통신 분야의 신상품과 서비스가 계속 출시되고 있으며, 그중의 일부는 성공적으로 시장에 안착하지만 상당수는 시장 승인에 실패함으로써 기업의 많은 자원이 유실되고 있다. 따라서 국가경제에 많은 낭비를 초래하고 있어, 정보 통신 시장에 대한 신상품의 **수요예측**은 정책 입안에 반드시 필요하다.

— 김철완 외 2인, 2001

‘지상파 DMB’, 이제 지하철에서 못 보나

앵커 지금 저희 <8시 뉴스>를 지하철 안에서 ‘지상파 DMB’로 보시는 분들이 많이 계실 겁니다. 그런데 이렇게 우리 생활의 일부가 된 DMB가 지하철 방송을 중단할 위기에 처했습니다.

기자 많은 지하철 승객들은 출퇴근 시간의 무료함을 지상파 DMB를 통해 달랩니다. 단순 숫자로만 보면 우리 국민 세 명 가운데 한 명이 DMB 단말기를 갖고 있으며, 지하철에서 가장 많이 봅니다. 지하철 DMB는 DMB 사업자가 지하철 안에 설치한 중계기 때문에 시청이 가능합니다. 그런데 만성 적자에 허덕이는 DMB 사업자들이 매출의 60%를 앗아가는 중계기 시설 사용료를 더 이상 감당할 수 없다며 사업 중단을 고려 중입니다. 경영난 때문에 지하철에 내야 할 사용료를 더 이상 낼 수 없게 됐다는 겁니다. 이유는 당초 예상을 크게 비껴간 광고 수익 때문입니다. 지상파 DMB를 위한 최소 운영비는 사업자당 월 6억 원 정도입니다. 그런데 광고는 여기에 10분의 1도 안 되는 월 5000만 원 정도에 그쳐 수익은커녕 대부분의 사업자가 올해 자본금을 다 까먹을 위기에 처했습니다. 결국 정책 당국의 잘못된 **수요예측** 때문에 시청자들과 사업자들만 그 피해를 고스란히 떠안게 됐습니다.

— SBS <8시 뉴스>, 2009년 3월 8일

수산 부문 중 특히 계획 생산 및 출하가 어느 정도 가능한 양식업의 경우에도 전술한 수급 동향과 무관한 생산량 증대로 인한 수급 불균형으로 양식 수산물의 가격 폭락이 극심했다. 이에 따라 최근 들어서는 넙치, 조피 볼락 등의 횟감용 주요 양식 수산물의 수급 조절 실패로 인한 가격 폭락으로 수산 양식업계가 극심한 어려움을 겪고 있다. 그러나 양식 어류의 수급 전망을 위해 시간 지연의 주기성과 시장의 동태성을 감안한 **수요예측**을 해야 할 것이다.

— <해양수산부 연구 보고서>, 2006. 12

이와 같이 수요예측은 국가, 산업체 및 기업의 입장에서 과거의 경험이나 해당 시장 자료를 기초로 하여, 제품의 공급과 수요 간의 인과 관계를 파악하여 미래의 일정 기간 동안 소비자에게 판매되는 제품의 수량 또는 매출액 규모를 추측하는 것으로 이해할 수 있다. 기업의 경우 예상한 수요보다 실제 수요가 적을 경우 과잉 투자에 대한 손실과 재고에 대한 부담을 안게 될 것이며, 반면에 실제 수요보다 예상한 수요가 적을 경우 고객을 다른 기업에 빼앗기기 때문에 판매 기회를 놓치게 될 것이다.

따라서 기업 경영에 관련된 예산 편성, 재무 계획, 인사 계획, 설비 투자 계획, 생산 계획, 구매 계획 및 재고 계획 등은 과거의 경험이나 시장 자료를 기초로 하여 미래의 수요를 정확히 예측되어야 할 것이다. 특히 고객 – 소매상 – 도매상 – 부품 / 자재 / 운송 협력업체 등 공급 활동에 관련된 연쇄 구조(supply chain) 전반을 최적화하는 해결책의 하나로 수요예측을 고려할 수 있으며, 신제품의 도입시 잠재 시장 규모에 대한 예측은 신제품의 수익성을 평가하는 근거가 되고 있다.

수요예측은 기업 활동에 있어서 중요하다. 언제 신제품을 생산할 것인가? 제품을 어떻게 설계할 것인가? 가격은 어느 정도로 해야 할 것인가? 생산 계획은 무엇에 근거하여 어떻게 세워야 할 것인가? 고려하는 1차 또는 2차 공략 시장을 어떻게 점유 및 확보해야 할까? 앞으로의 수요는 어떤 방향으로 변화할 것인가? 등을 고려하며, 주요 전략 변수의 의사 결정에 중요한 기초 자료를 제공해 준다.

수요예측 방법은 기존의 제한된 정보에 근거하여 제품의 수요예측오차를 최소화할 수 있는 방법을 모색하는 것으로, 크게 정성적(qualitative) 방법과 정량적(quantitative) 방법으로 구분할 수 있다. 정성적 방법은 과거 시장 자료가 없거나, 예측 대상이 아직 도입되지 않거나, 수리적으로 모형화가 불가능한 상황에서 사용된다. 이 경우 수요자의 선호 및 구매 의사를 직접 조사하는 시장 조사법과 관련 분야의 전문가들의 의견을 수집, 분석 및 종합 정리하여 예측하는 주관적 예측법(subjective estimation)이 있다. 특히 주관적 예측법 중 대표적으로 조직 내의 전문가들의 직관력을 이용한 의견 수집을 종합하는 과정을 반복하여 예측하는 델파이(delphi) 방법이 많이 사용된다. 신제품과 같이 예측하고자 하는 제품의 과거 시장 자료가 존재하지 않는 경우, 유사 제품의 수요 패턴과 보급 상황을 고려하거나 선진국의 사례를 비교하여 원하는 수요를 유추하는 비교유추법(analogy)을 고려한다.

반면에 정량적 방법은 과거 시장 자료를 근거로 통계 분석을 하여 미래의 수요 패턴을 예측하는 방법이다. 크게 시계열모형, 인과모형 및 성장곡선모형 등으로 구분할 수 있다. 시계열분석이란 동일한 시간 간격으로 측정된 과거 수요값들이 존재할 경우, 시간의 흐름에 나타난 시계열의 패턴을 파악하여 그 패턴이 미래에도 계속 적용되는 가정에서 예측하는 방법이다. 대표적으로 사용되는 모형으로 ARIMA 모형과 지수평활법이 있다.

인과분석은 관심 있는 수요에 영향을 주는 요인들을 파악 및 선택하여,

그들 간의 인과 관계를 규명함으로써 미래 수요값을 산출하는 방법이다. 여기에서 관심 있는 수요를 종속(또는 반응, 또는 출력)변수, 수요에 영향을 미치는 요인(들)을 독립(또는 설명, 또는 입력)변수라고 한다. 이에 관련된 대표적인 분석으로는 회귀분석과 횡단면분석 등이 있다. 특히 넓은 의미에서 장기 수요예측 방법으로서 사용되는 회귀분석 역시 시계열분석으로 간주할 수 있다.

마지막으로 누적 수요량의 궤적이 성장곡선과 비슷하게 완만한 S자형 곡선으로 나타날 때, Bass 모형, 로지스틱(logistic) 회귀모형, Gompertz 곡선 모형 등이 있으며, 이는 과거에 존재하지 않은 신제품 또는 서비스 수요를 예측할 때 유용하게 사용될 수 있으나 수요예측 기간이 길어질수록 현실적인 적용이 어려워진다는 특징이 있다.

일변량 시계열 자료

우리의 삶은 항상 시간과 더불어 영위하고 있으며, 이 시간의 흐름에 따라 무수히 많은 자료가 발생한다. 이때 어느 한 시점에서 발생한 사건은 다른 시점에서 발생한 사건들과 흔히 관계가 있을 수 있다. 여기에서 시간의 흐름에 따라 발생하는 자료에 대해서 시간이 차지하는 역할을 정확히 이해하지 못하면, 기업의 경영 의사결정 및 국가 및 공공의 정책결정을 내리는 데 적절치 못한 정보를 산출하여 큰 문제를 야기할 수 있을 것이다.

여러 가지 형태의 시계열분석 방법이 존재하나, 이 책에서는 예측할 변수 하나를 선정한 후 해당변수의 과거 자료를 근거로 해당변수의 미래값을 예측하는 일변량(또는 단변량) 시계열분석 방법만을 고려할 것이다. 이 책에서는 일변량 시계열분석에서 자주 사용하는 두 개의 모형 즉, ARIMA 모형(1장)과 지수평활법(2장)에 대해서 다루기로 한다.

일변량 시계열 자료(univariate time series datac)는 시간의 흐름에 따라 한 변수에 대하여 얻을 수 있는 관측값들을 일컬으며, 일변량 시계열 자료의 예측값은 주어진 한 변수의 과거값들만을 이용하여 얻어진다.

그렇다면 일변량 시계열분석을 하기 위해서 어떤 형태의 자료를 적용할 수 있을까? 이산형(discrete) 자료 또는 연속형(continuous) 자료 모두 적용할 수 있다. 이산형 자료는 정수만으로, 연속형 자료는 분수로 측정된다. 예를 들면, 모 자동차 제조사에서 새롭게 출시한 차량 모델의 판매차량 대수는 이산형 자료로, 이 차량 모델에 대한 매출액은 연속형 자료로 간주할 수 있다.

일변량 시계열분석을 하기 위해서 이산형 자료와 연속형 자료 모두 일정한 시간 간격(equally spaced, discrete time intervals)으로 측정된 자료만을 다룬다. 예를 들어 특정 인터넷 여행사의 예약 건수(이산형 자료)를 매달 특정일(예: 마지막 날)에 조사하면 된다. 반면에 예약 건수(연속형 자료)는 매 순간마다 변하므로 일변량 시계열분석에 적용하는 것은 적합하지 않다. 왜냐하면 이산형이 아닌 연속적인 시간 구간으로 측정되었기 때문이다. 만일 예약 건수를 매달 마지막 날에 한 번씩(정기적으로) 조사하였다면, 기록된 시계열 자료는 일정한 시간 간격으로 측정된 이산형 자료로 변환된 것이다. 이 경우 시계열 자료는 전반적인 시간을 통해 모아진 것이 아니라 시간이 흐를 때 한 순간에서 추출한 표본이다.

다음은 국내 N인터넷 여행사에서 2001년 4월부터 2007년 8월까지(총 77개월) 해외 항공에 대한 예약 건수를 월별로 조사한 일변량 시계열 자료이다. 향후 2년 내지 3년 해외 관광 서비스를 집중해야 하는 카테고리별 국제 관광 도시를 파악하고 분석하기 위한 기초 작업으로, 2008년 해외 항공 예약 건수를 예측하는 데 목적이 있으며, 더 나아가 2008년의 시장 계획을 수립하는 데 도움이 되는 자료로 활용하려 한다(예약건수.sav).

1098	1697	2483	1729	895	1164	945	945	1030	1265	847	1036
1477	1389	1720	3527	1014	914	1076	1019	911	981	1378	1536
1766	1908	3047	3332	2636	1399	1377	1988	2998	2386	2127	2202
2180	2660	4426	5742	4015	3168	3022	4518	4587	6053	5050	5320
8038	9862	12707	12229	9306	6561	5992	6232	6554	5516	6792	7433
8229	7526	10154	10598	9604	8152	6844	10976	10206	10716	9702	11632
11004	12290	13340	14092	12622							

총 77개의 관측값을 예약 건수 시계열 자료를 시계열도표(timeplot)를 사용하여 [그림 1.1]과 같이 시각적으로 나타낼 수 있다.

일반적으로 관측값을 y_t 로 표기하며, 여기에서 아래첨자(t)는 관측값이

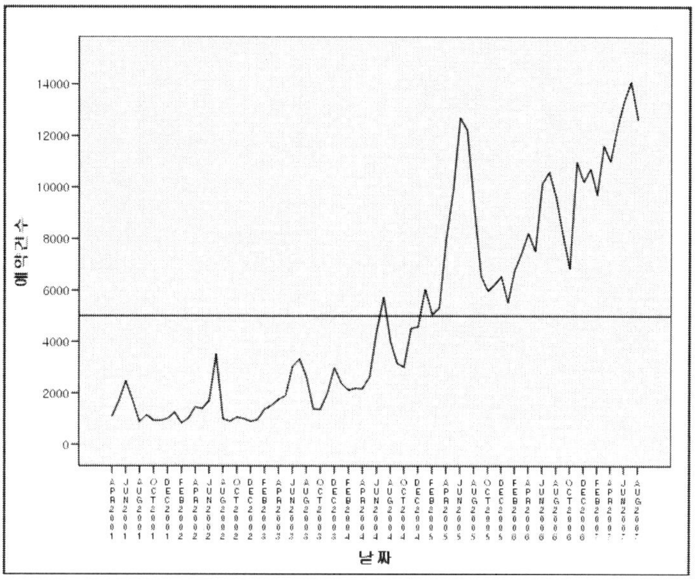

[그림 1.1] 예약 건수의 시계열도표

발생한 시점을 의미한다. 이런 방법으로 n개 연이은 관측값을 $y_1, y_2, \cdots$, y_n 으로 나타내기로 한다. 예를 들어, 앞 예약 건수 자료 77개를 가장 오래된 관측값부터 가장 최근의 관측값으로 나열하여 $y_1 = 1098$, $y_2 = 1697$, $\cdots$, $y_{120} = 12622$ 로 표기한다. 이를 $y_{2001,4} = 1098$, $y_{2001,5} = 1697$, $\cdots$, $y_{2007,8} = 12622$ 로 나타내기도 한다.

이를 SPSS 17.0에 적용시키기 위해서 우선 시계열 자료에 대한 날짜를 정의해야 한다. 즉, 팝업메뉴에서 데이터(D) ▸ 날짜 정의(A)...를 선택하면, "날짜 정의" 대화상자가 나타난다.

2001년 4월부터 월별로 측정된 시계열 자료이기 때문에, '케이스의 날짜(C):' 란에서 '년,월'을 선택하며 '첫번째 케이스(F):' 란에 각각 '2001'과 '4'를 입력한 후 [확인] 단추를 누른다. 이때 SPSS Statistics Data Editor에서 3개의 변수(즉, YEAR_, MONTH_,DATE_)가 생성된다. 이는 1.9절에서 다룰 계절성의 주기를 지정하며, 필요에 따라서 분석자가 원하는 날짜를 선택하여 원하는 분석을 하는 데 도움이 된다. 다음으로 팝업메뉴에서 그래프(G) ▸ 순차도(N)...를 선택하면, "순차도표" 대화상자가 나타난다. '변수(V):'

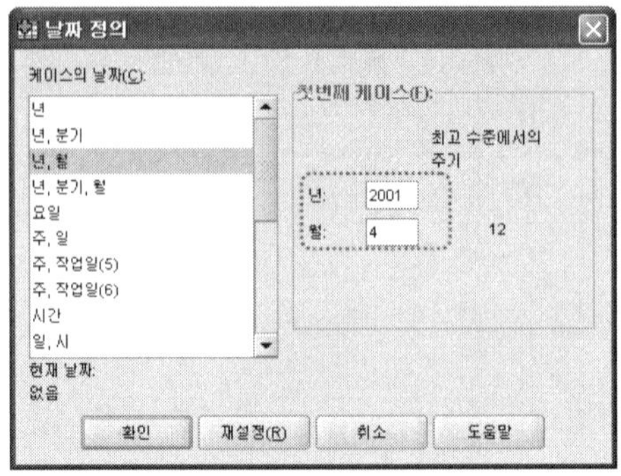

란과 '시간축 설명(A):' 란에 각각 '예약건수'와 'DATE_'를 선택하여 이동시킨다. 추가로 형식(F)... 단추를 누른 후 '계열 평균에 참조선(R)'을 선택한다. 계속 단추를 누른 후 "순차도표" 대화상자의 확인 단추를 누르면, 앞에 주어진 시계열도표를 얻을 수 있다.

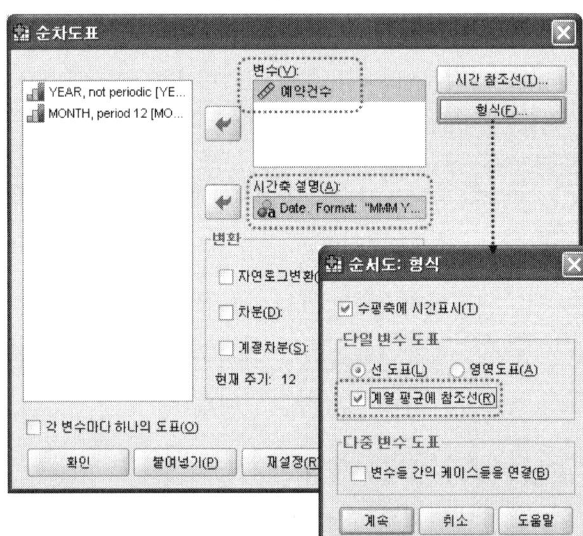

프로세스, 실현값, 모형

"시계열 자료는 어떻게 만들어질까?"라는 질문에 대한 답변은 "일정한 시간 간격에서 추출한 관측값"으로 설명한 바 있으나, 이를 다시 표현하면 "어떤 형태의 메커니즘을 통해서 관측값이 생성되었는가?"로 되물을 수 있다.

일변량 시계열분석에서 관측값들은 프로세스(process)에서 생성되었다고 가정한다. 프로세스는 '모집단(population)' 즉, "관심 있는 변수에 대한 모든 가능한 관측값의 집합"으로 간주하면 된다. 마찬가지로 프로세스는 시간의 흐름에 따라 발생하는 변수의 모든 가능한 관측값뿐 아니라 수학적 표현까지 의미한다. 이때 수학적 표현은 관측값끼리 서로 어떻게 관련되어 있는지를 함수식으로 표현하는 것을 말한다.

일변량 시계열분석에서는 표본 즉, 모집단의 특정 부분집합을 흔히 '실현값(realization)'이라 부른다. 다시 말하면, 실현값은 프로세스에서 뽑혀진 관측값들의 부분집합이다. 예를 들면, 앞에서 다룬 예약 건수 자료는 실현값이며, 이 자료는 그 수많은 관측값 들 중에서 단지 77개 관측값으로만 구성되어 있다.

실현값을 생성하는 프로세스를 이해하면 미래 시계열 값을 정확하게 예측할 수 있을 것이다. 불행히도 고려하는 프로세스는 결코 알 수 없다. 이 책의 목적은 주어진 실현값을 생성하는 알려지지 않은 프로세스를 적절히 설명할 수 있는, 즉 "실현값에 대한 수학적인 표현"을 찾는 것이다. 여기에서 수학적인 표현을 '모형(model)'이라 부르며, 이에 관련된 대표적인 두 개의 모형(ARIMA 모형과 지수평활법)을 이 책의 전반에서 다룰 것이다. 물론 이 책에서 다룰 시계열 모형은 제안된 절차를 거쳐 적절하게 구축할 수 있으며, 이를 로드맵을 통해서 분석을 단순화시켰다.

앞에서 언급한 세 가지 요소를 다음과 같이 정리할 수 있다.

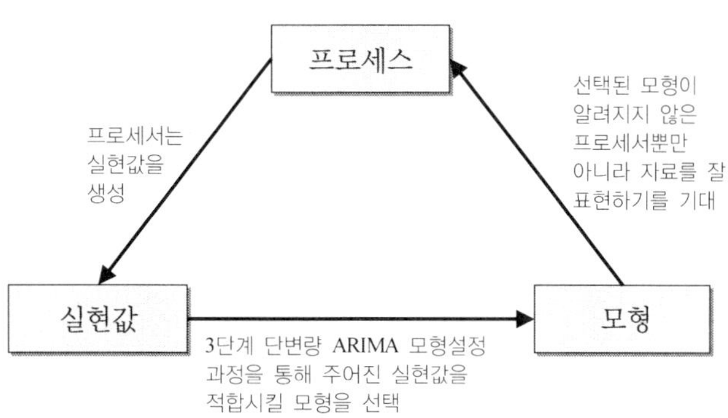

[프로세스, 실현값, 모형 사이의 관계]

1장 ARIMA 모형

Demand Forecasting of Time Series

1.1 ARIMA 모형의 개요

1.2 어떤 ARIMA 모형이 좋은가?

1.3 ARIMA 모형의 표기법

1.4 모형의 정상성과 가역성

1.5 식별단계

1.6 추정단계

1.7 모형검진단계

1.8 예측

1.9 주기성이 존재하는 ARIMA 모형

ARIMA 모형에 내포하는 개념은 임시변통이거나 직관적인 방법보다는 확률론과 수리통계의 원리에 근거한다. 또한 ARIMA 모형은 단순히 하나의 모형이 아니라 모형들의 족(族)이므로, 모형구축하는 과정에서 두 개 이상의 적절한 ARIMA 모형을 탐색할 수 있다. 물론 적절하게 설정된 두 개 이상의 ARIMA 모형 중에서 최적의 예측값을 산출할 수도 있는 모형을 찾을 수 있다. 그러나 적절한 ARIMA 모형을 구축하기 위해서는 여타의 일변량 시계열분석과는 달리 수많은 분석경험과 시행착오가 필요하다.

1.1 ARIMA 모형의 개요

1.1.1 언제 일변량 ARIMA 모형을 사용하는가?

단기예측

일변량 ARIMA 모형은 특히 단기예측에 적합하다. 왜냐하면 ARIMA 모형은 먼 과거보다는 최근 시점에 가까운 과거 관측값에 더 많은 비중을 주기 때문이다. 최근 시점에 가까운 과거에 비중을 더 준다는 것은 ARIMA 모형에 근거하여 얻어진 장기 예측값이 단기 예측값에 비해 신뢰성이 적다는 의미이다.

예를 들어, n개의 관측값이 존재할 때 y_t가 바로 앞 관측값 y_{t-1}과 연관된 ARIMA 모형을 고려해보자. 1차 전방 예측값(y_{n+1})을 얻기 위해서는 가장 최근 관측값인 y_n을 이용한다. 마찬가지로, 2차 전방 예측값(y_{n+2})을 얻기 위해서는 가장 최근 관측값인 y_{n+1}을 이용해야 하지만 이 값은 관측된 값이 아니므로 존재하지 않는다. $(n+1)$ 시점의 예측값을 이용하여 y_{n+1}을 대치하는 방법밖에 없다. 즉, $(n+1)$ 시점의 예측값은 예측값이 아닌 관측값(y_n)에 근거하여 얻어졌으므로, 예측값(y_{n+1})에 근거한 $(n+2)$ 시점의 예측값보다 신뢰성이 큰 것은 당연하다.

ARIMA 모형은 계절적 변동 또는 다른 주기적인 변동이 존재하는 시계열 자료를 예측할 때도 유용하게 사용할 수 있다. 계절적인 변동에 대한 예로서 분기별로 측정된 에어컨 판매량을 고려할 수 있다. 즉, 매년 여름에는 에어컨 판매량이 증가하고 겨울에는 감소하는 비슷한 패턴이 반복되는 것을 발견할 수 있다. 또 다른 예로서, 앞에서 다룬 여행사의 예약 건수 자료를 살펴보면 매년 7월 예약 건수가 다른 달에 비해서 예약 건수가 많다는 사실을 고려하면 계절적인 변동이 존재함을 감지할 수 있다.

표본크기

ARIMA 모형을 설정하기 위해서는 적절한 표본크기가 필요하다. G. Box와 G. M. Jenkins[1]는 최소 50개 이상의 관측값이 필요하다고 제안했다. 물론 계절적 변동이 존재하는 자료는 특히 표본의 수가 더 많아야 할 것이다.

정상적 계열

일변량 ARIMA 방법은 정상적인(stationary) 시계열 자료에만 적용한다. 정상적인 시계열의 평균, 분산, 자기상관함수는 시간의 흐름에 따라 일정하다.

정상적 조건은 일변량 ARIMA 모형이론을 단순화시키며 주어진 관측값에 대하여 유용한 모수(들)의 추정값을 얻도록 해준다. 예를 들면, 만일 평균값이 하나밖에 존재하지 않는다면 50개 이상의 관측값을 사용하여 자료 시계열의 실제 평균에 대한 상당히 좋은 예측값을 얻을 수 있다. 그러나, 매 시점에서 변수의 평균이 다르다면, 매 시점마다 한 관측값이 존재하므로 모든 평균에 대한 유용한 추정값을 구할 수 없을 것이다.

정상적 계열의 평균은 시계열의 모든 수준에 대한 평균을 말한다. 실제 평균은 표본평균($\bar{y} = \frac{1}{n}\sum_{t=1}^{n} y_t$)으로 추정된다. 시계열이 정상적이면 계열에서 주요하게 나타나는 부분의 평균이 다른 부분의 평균과 유의하게 다르지 않다. 이를 다음 주어진 [그림 1.2]를 통해 '평균의 정상성'을 설명하면, 이 계열은 시간의 흐름에 따라 평균이 고정되어 있다. 예를 들면 첫 자료의

1. G. E. P. Box, G. M. Jenkins, and G. C. Reinsel (1994), *Time Series Analysis: Forecasting and Control*, 3rd ed. New Jersey: Prentice Hall.

반절(관측값 1부터 30까지)의 평균은 나머지 자료의 반절(관측값 31부터 60까지)의 평균과 거의 비슷하다.

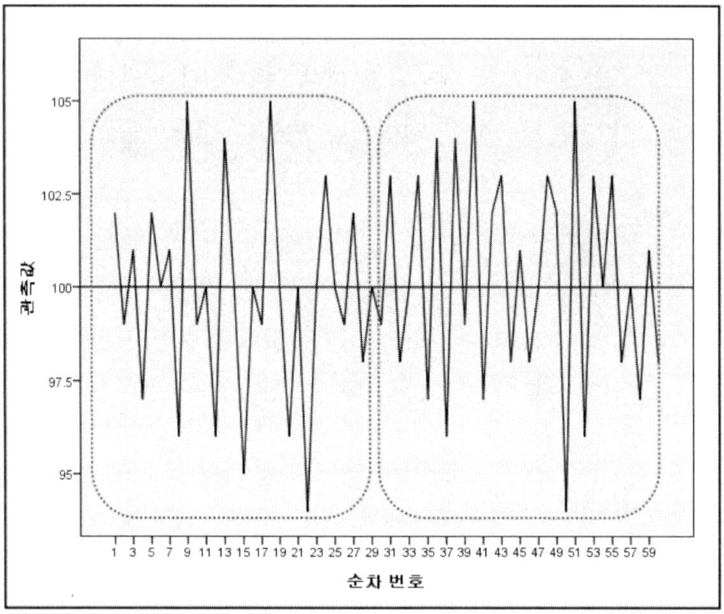

[그림 1.2] 정상적인 시계열의 예

자료 계열의 평균이 정상적이더라도, 계열에서 주요하게 나타나는 부분의 분산이 다른 부분의 분산과 우연히 다를 수 있다. 앞 그림에 나타난 자료의 분산은 시간의 흐름에 따라 두드러지게 변하는 것 같지는 않다. 분산이 비정상적이면 적절한 변수변환을 통해 분산을 정상적으로 만들 수 있다.

1.1.2 ARIMA 모형구축의 절차

Box와 Jenkins는 좋은 모형을 찾기 위해서 실전적인 3단계 절차를 제안하였다. 다음은 ARIMA 모형을 설정을 위해 필요한 절차를 도표로 나타낸 것이다.

0단계: 평균과 분산의 정상성

ARIMA 모형을 구축하기 위해서는 우선 주어진 시계열 자료에 대한 정상성(stationarity)을 만족시켜 주어야 한다. 여기에서 '정상성(stationarity)'이란 시계열을 일정한 주기로 나누었을 때, 각 주기에 해당하는 평균과 분산이 일정하다는 의미이다. 만일 시계열의 분산과 평균이 비정상적일 경우, 정상성을 만족시키기 위해서 각각 변수변환 및 차분을 취해 준다. 이에 관한 사항은 차후 자세히 다루기로 한다.

1단계: 식별

식별단계에서는 시계열 내 관측값들 사이에 존재하는 상관관계를 측정하여 ARIMA(p,d,q)모형을 구성하는 자기회귀(Autoregressive, AR)요소인 p와 이동평균(Moving Average, MA)요소인 q를 임시적으로 결정한다. 여기에서 상

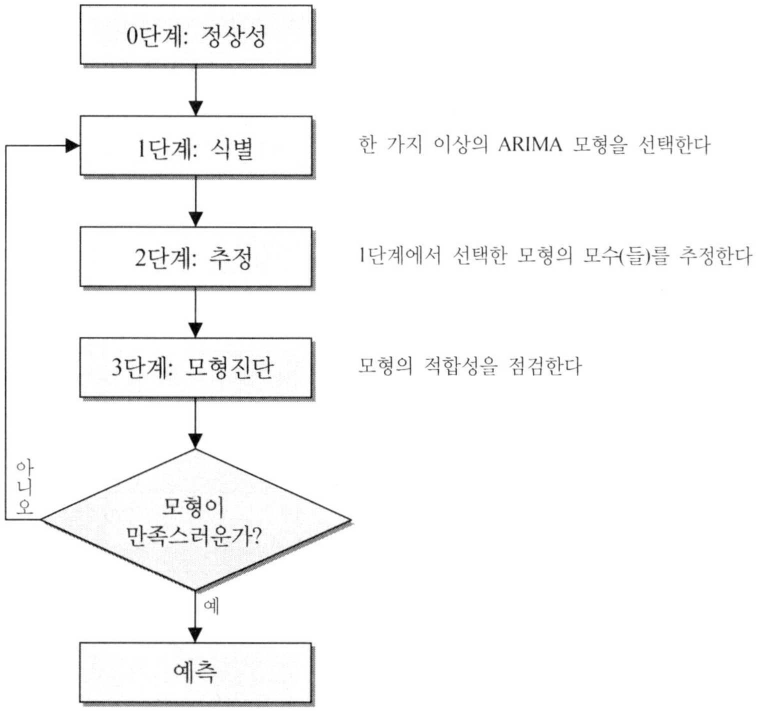

[그림 1.3] ARIMA 모형구축의 절차

관계를 측정하는 도구는 자기상관함수(Autocorrelation function, ACF)와 편자기상관함수(Partial Autocorrelation function, PACF)이다.

두 개의 상관함수를 이용하여 적절해 보이는 하나 이상의 ARIMA 모형을 고려한다. 이때 자료로부터 계산된 추정된 두 상관함수와 이론적인 두 상관함수를 각각 비교하여 이론적인 자기상관함수와 편자기상관함수 형태와 비슷한 모형을 임시로 선택한다. 식별단계에서 고려한 모형은 다만 임시적으로 선택한 것이며 최종모형을 구축하기 위해서 다음 두 단계(추정, 모형검진)를 거쳐야 한다.

2단계: 추정

이 단계에서는 식별단계에서 선택한 모형의 계수(들)를 정확히 추정하며, 이 추정된 모수가 통계적으로 유의한지 여부를 판가름할 수 있기 때문에 1차적으로 모형의 적절성을 탐색할 수 있다. 특히, 추정된 계수들의 절대값 크기를 통해서 차후 다룰 정상성과 가역성 만족 여부를 판가름할 수 있다. 만일 추정된 모수가 유의하지 않을 경우, 다시 식별단계로 돌아가서 또 다른 ARIMA 모형을 임시로 선별한다.

3단계: 모형검진

이 단계에서는 추정된 모형이 통계적으로 적절한지 여부를 결정하는 단계이며, 몇 가지 검증법에 근거하여 부합하는 모형은 기각된다. 최종모형을 찾을 때까지 식별, 추정, 모형검진의 3단계를 되풀이하여 반복한다. 특히 추정 및 모형검진단계를 통해 언제, 어떻게 다른 후보 모형(들)을 고려할지를 알 수 있다. 몇 가지 기준들을 만족하는 모형을 찾을 때까지 재식별, 재추정, 재모형검진을 계속 반복하여 실행한다.

1.2 어떤 ARIMA 모형이 좋은가?

이번 절에서는 좋은 ARIMA 모형이 갖는 일반적인 특징을 다루고자 한다. 그리고 이 특성들을 각 모형구축 단계(식별, 추정, 모형검진)에 관련하여 설명하도록 한다. 물론 이때 ARIMA 프로세스에서 대표적으로 다루게 되는 자기회귀 프로세스와 이동평균 프로세스를 적용시킨다.

실제로 어떤 ARIMA 프로세스가 주어진 실현값을 생성시켰는지는 모르기 때문에, 적절한 최종모형을 찾는 데는 수많은 시행착오를 거쳐야 할 것이다. 이때 '시행 부분' 즉, 식별단계는 실현값에 근거하여 추정된 자기상관함수와 편자기상관함수를 사용하여 실행한다. 이때 가능한 메커니즘은 모형이다. 모형은 프로세스와 다르다. 즉, 프로세스는 실현값을 생성한 알려지지 않은 메커니즘인 반면에 모형은 프로세스를 단지 모방한 표현에 불과하다. 프로세스는 알려지지 않기 때문에 선택한 모형이 근본적으로 프로세스와 동일한지는 아무도 모른다. 우리가 할 수 있는 작업은 단지 자료를 비추어 적절하다고 생각하는 모형을 선택하는 것에 불과하다.

그렇다면 ARIMA 모형의 적절성 여부를 어떻게 결정하나? 다음 몇 가지 사항은 이를 어느 정도 답변할 수 있는 기준이 된다.

① 모수를 절약해야 한다.

이는 '모수절약의 원칙(principle of parsimony)'이라 표현되며, 불필요한 계수(들)을 사용하지 않고 자료를 적절히 적합할 수 있는 모형을 찾는다는 의미이다. 예를 들면, AR(1)모형과 AR(2)모형은 본질적으로 같은 성질의 모형이지만, AR(1)모형은 AR(2)모형에 비해 계수를 하나 덜 추정하기 때문에 AR(1)모형을 선택한다는 의미이다.

실제로 모수의 수가 절약된 모형이 더 좋은 예측값을 얻는다. 이는 모형을 설정하는 데 중요한 실전적 전략이 된다. 특히 주어진 실현값을 생성하는 실제 프로세스를 반드시 찾을 필요는 없다. 오히려 모수를 절약하고 적절한 통계적 방법으로 실현값의 형태를 잘 설명할 수 있는 모형만 찾을 수 있다면, 이렇게 근사된 모형이 사용하기에 적절하다.

② 정상적(stationary)이어야 한다.

1.1절에서 언급한 바와 같이, ARIMA 모형은 정상적인 실현값에만 적용시킬 수 있다. 즉, 실현값의 평균, 분산, 자기상관함수 모두가 일정해야만 한다. 자세한 사항은 1.4절에서 다루기로 한다.

③ 가역적(invertible)이어야 한다.

가역성은 수학적으로 정상성과 유사하다. 자세한 사항은 1.4절에서 다루기로 한다.

④ 추정단계에서 추정된 계수(들)는 통계적으로 유의해야 하며, 계수들 간 서로 크게 상관되지 말아야 한다.

추정된 계수에 대한 t-통계량의 절대값이 '2.0' 이상이어야 한다. 이는 추정된 계수들이 통계적으로 '0'이 아님을 의미한다. 또한 추정된 계수 간에 통계적으로 유의하게 상관관계가 있으면 이 추정된 계수들은 다소 불안하기 때문이다. 자세한 사항은 1.6.3절에서 다루기로 한다.

⑤ 잔차들이 통계적으로 서로 독립되어야 한다.

1.1절에서 살펴본 바와 같이 백색잡음(ϵ_t)은 프로세스 내에서 서로 독립이다. 백색잡음들은 관측할 수 없기 때문에 그 값을 알 수 없지만, 추정단계에서 이들을 추정할 수 있다. 이때 추정된 백색잡음($\hat{\epsilon}_t$)을 모형의 '잔차(residual)'라고 한다. 잔차를 관측값 대신 입력 자료로 간주하여 자기상관함수를 계산할 수 있다. 이를 '잔차 자기상관함수'라고 하며, 각 잔차 자기상관계수에 대해 t-검증과 Box-Ljung 카이제곱검증을 할 수 있다. 이 두 개의 검증은 모형검진단계에서 주로 사용하는 도구이다. 자세한 것은 1.7절에서 다루기로 한다. 만일 잔차들이 통계적으로 독립이면 백색잡음이 갖는 독립성 가정을 만족한다는 의미가 된다.

⑥ 추정단계에서 자료를 충분히 잘 적합시키는 모형을 선택한다.

자료 내에 (확률적인) 백색잡음 요소가 존재하므로 자료를 완벽하게 적합시키는 모형은 존재하지 않는 것은 당연하다. 주어진 모형을 얼마만큼 적합을 잘하는지 여부는 1.6절에서 다룰 모형적합 통계량을 통해서 판단한다.

⑦ 무엇보다도 예측오차가 작은 모형을 선택한다.

좋은 모형은 과거 자료를 잘 적합시키지만 더 중요한 것은 미래의 값을 잘 예측해야 한다. 즉, 예측력(ability to forecast)을 말한다.

1.3 ARIMA 모형의 표기법

이번 절에서는 ARIMA 모형의 수학적인 표기법을 다룬다. 이를 숙지하면 ARIMA 모형을 구축을 직관적으로 이해하는 데 많은 도움이 될 것이다. 우선 ARIMA 모형을 손쉽게 표기하기 위해 후향연산자, 차분연산자를 정의해보자.

1.3.1 후향연산자(backshift operator, B)

ARIMA 모형은 흔히 후향연산자를 이용하여 쉽게 표기할 수 있으며 이해할 수 있다. 이 표기법은 통계적 개념이 아니며, 단지 ARIMA 프로세스와 모형을 편리하게 나타내는 표기법에 불과하다. 후향연산자는 'B'로 나타내며, $B^k y_t = y_{t-k}$로 정의된다. 예를 들면, $By_t = y_{t-1}$, $B^2 y_t = y_{t-2}$이다.

1.3.2 차분연산자(differencing operator, 1-B 또는 ▽)

후향연산자의 개념을 확장하여, 차분연산자(1-B 또는 ▽)를 정의할 수 있다.

ARIMA 모형을 구축하기 위해서는 반드시 시계열 평균의 정상성을 점검하여야 한다. 만일 주어진 계열이 비정상적(nonstationary) 즉, 시간의 흐름에 따라 계열의 평균이 일정하지 않으면 차분(differencing)을 취하여 정상적으로 만들어야 한다.

그렇다면 차분은 무엇이며, 그리고 이를 어떻게 표기하는가? 이해를 돕기 위해서 다음 주어진 주별 AT&T사의 주가를 살펴보자(AT&T주가.sav).

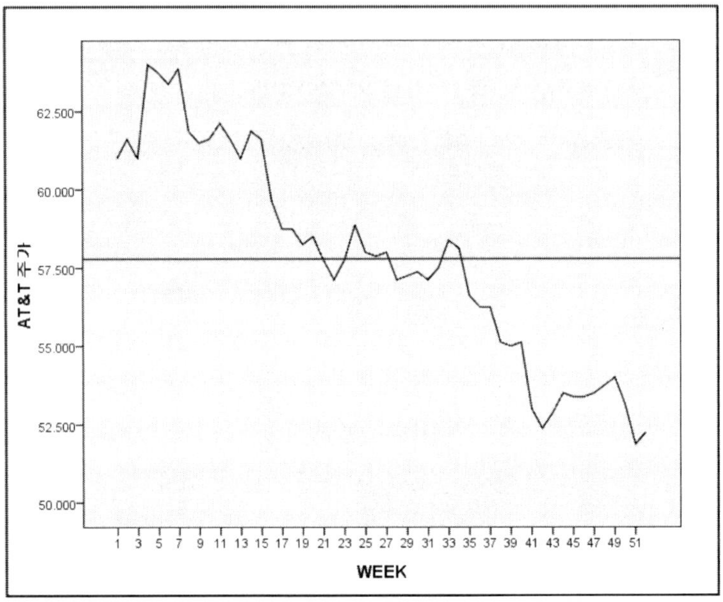

주가의 평균이 시간의 흐름에 따라 하강하는 형태이고 일정하지 않기 때문에 이 계열은 비정상적이다. 시계열 자료를 1차 차분하기 위해 다음과 같이 새로운 변수(w_t)를 정의한다.

$$w_t \equiv y_t - y_{t-1}, \quad t = 2, \cdots, n$$

앞에서 소개한 AT&T 주가 자료를 근거로 하여 다음과 같이 차분된 값을 계산할 수 있다.

$$w_2 = y_2 - y_1 = 61.625 - 61 = 0.625$$

$$w_3 = y_3 - y_2 = 61 - 61.625 = -0.625$$

$$\cdots$$

$$w_{52} = y_{52} - y_{51} = 52.25 - 51.875 = 0.375$$

앞에서 차분된 51개의 값을 다음과 같이 시계열도표를 그릴 수 있다. 차분된 시계열 자료를 시계열도표로 나타내기 위해서는, "순차도표" 대화상자의 '변환' 란의 '차분(D):'을 체크하면 된다. 나머지는 앞과 동일하다.

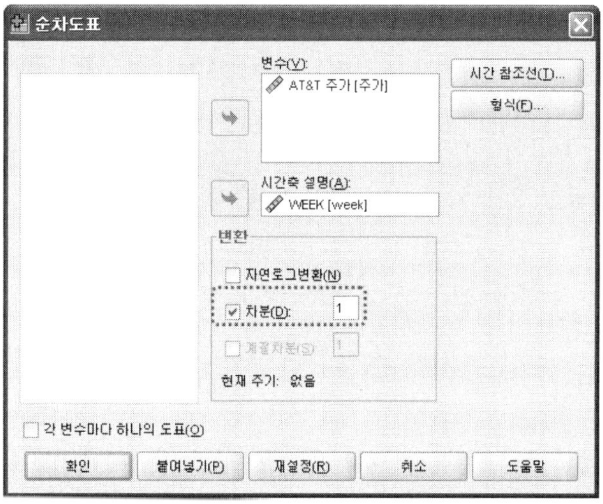

차분한 시계열의 평균이 일정해짐을 알 수 있다. 이때 $w_1(=y_1-y_0)$을 계산할 수 없으므로, 관측값 하나의 정보를 잃게 된다.

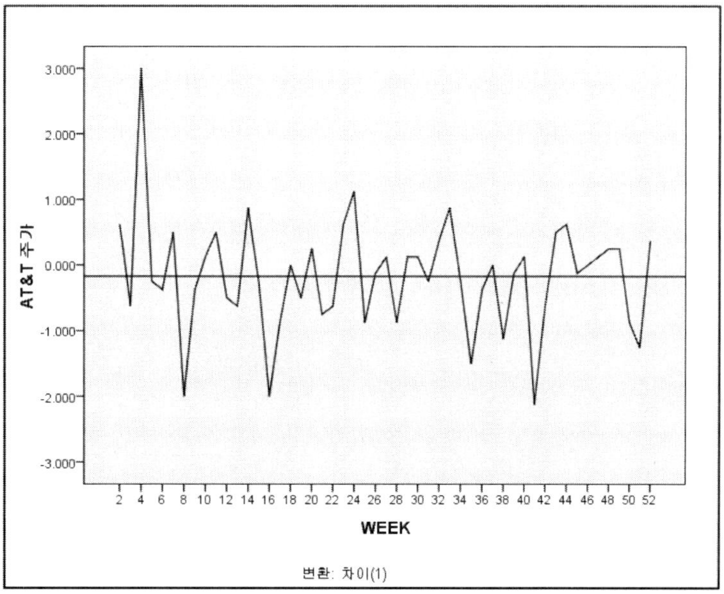

w_t 를 y_t 의 '1차 차분(first differencing)'이라 한다. 만일 1차 차분 후에도 평균이 일정하게 되지 않으면 다음과 같이 차분을 추가로 실시한다. 즉,

$$G_t \equiv w_t - w_{t-1}$$
$$= (y_t - y_{t-1}) - (y_{t-1} - y_{t-2}), \quad t = 3, 4, \cdots, n$$

여기에서 G_t 를 '2차 차분(second differencing)'이라고 한다. AT&T 주가 자료를 2차 차분하면 다음과 같다.

$$G_3 = (y_3 - y_2) - (y_2 - y_1) = -0.625 - 0.625 = -1.25$$
$$G_4 = (y_4 - y_3) - (y_3 - y_2) = 3 - (-0.625) = 3.625$$
$$\cdots$$
$$G_{52} = (y_{52} - y_{51}) - (y_{51} - y_{50}) = 0.375 - (-1.25) = 1.625$$

수요예측에 관련된 시계열 자료의 평균이 비정상적일 경우, 대부분 1차 차분만으로 충분히 정상적인 평균을 만들 수 있다. AT&T 주가 자료의 경우, 1차 차분 후 이미 평균이 정상적이 되었으므로, 더 이상의 차분은 필요하지 않다.

차분연산자를 이용하여 1차 차분과 2차 차분을 다음과 같이 각각 정의할 수 있다.

$$(1 - B) y_t = y_t - B y_t = y_t - y_{t-1}$$
$$(1 - B)^2 y_t = (1 - 2B + B^2) y_t$$
$$= y_t - 2B y_t + B^2 y_t$$
$$= y_t - 2 y_{t-1} + y_{t-2}$$
$$= (y_t - y_{t-1}) - (y_{t-1} - y_{t-2})$$
$$\cdots$$

이를 일반화하면, $(1-B)^d y_t$ 가 된다. 여기에서 'd'는 시계열의 평균을 정상적으로 만들기 위해서 필요한 차분 횟수를 말한다. 원시계열의 평균이 이미 정상적이면 당연히 '$d=0$' 이 된다.

1.3.3 ARIMA 모형의 표기법

1.3.1절과 1.3.2절에서 다룬 후향연산자와 차분연산자를 이용하여 다음 6단계의 절차를 거쳐 비계절적 ARIMA 프로세스를 표기할 수 있다. 여기에서 ARIMA 프로세스는 시간의 흐름에 따라 발생하는 시계열 변수에서 모든 가능한 관측값들의 집합이며, 이 관측값들이 어떻게 서로 연관되었는지를 나타낼 수 있는 수학적인 표현이다.

① 우선 시계열의 분산을 일정하게 만들기 위해서 변수변환된 y_t 로 시작한다. 물론 이미 시계열의 분산이 정상적이면 변수를 변환할 필요가 없다.
② y_t 와 평균의 편차인 $(y_t-\mu)$를 $\tilde{y}_t$ 로 표기한다. 여기에서 $\mu=E(y_t)$이다.
③ 평균의 정상성을 만족할 때까지 필요한 차분의 횟수(d)를 결정한 후 차분연산자 $(1-B)^d$ 를 $\tilde{y}_t$ 에 곱한다.
④ 자기회귀(AR)의 연산자인 $(1-\phi_1 B-\phi_2 B^2-\cdots-\phi_p B^p)$를 ③단계에 곱한다. 이때 p는 프로세스에서 자기회귀 부분의 차수를 의미한다.
⑤ 이동평균(MA)의 연산자인$(1-\theta_1 B-\theta_2 B^2-\cdots-\theta_q B^q)$를 백색잡음인 ϵ_t 에 곱한다. 여기에서 q는 프로세스에서 이동평균 부분의 차수를 의미한다.
⑥ ④단계와 ⑤단계의 결과에 등호를 붙인다.

앞 여섯 단계를 종합하여 비계절성 프로세스를 나타내면,

$$\underbrace{(1-\phi_1 B-\phi_2 B^2-\cdots-\phi_p B^p)}_{④}\ \underbrace{(1-B)^d}_{③}\ \underbrace{\tilde{y}_t}_{①과\ ②}$$

$$\underset{⑥}{\underline{=}} \quad \underset{⑤}{\underline{(1-\theta_1 B-\theta_2 B^2-\cdots-\theta_q B^q)\epsilon_t}} \qquad [1.1]$$

가 된다. [1.1]식을 단순화시켜 표현하기 위해서

$$\nabla^d \equiv (1-B)^d$$

$$\phi(B) = (1-\phi_1 B-\phi_2 B^2-\cdots-\phi_p B^p)$$

$$\theta(B) = (1-\theta_1 B-\theta_2 B^2-\cdots-\theta_q B^q)$$

라고 정의하면, [1.1]식은

$$\phi(B)\nabla^d \tilde{y}_t = \theta(B)\epsilon_t \qquad [1.2]$$

로 표현할 수 있다. ARIMA 프로세스 내의 $\phi(B)$와 $\theta(B)$의 계수(들)는 고정된 모수로 가정한다. [1.1]식에 근거하여 다음 몇 가지 간단한 프로세스를 살펴보기로 하자.

예제 1.1 AR(2) 프로세스 [= ARIMA(2,0,0)]:

$$y_t = C+\phi_1 y_{t-1}+\phi_2 y_{t-2}+\epsilon_t \qquad [1.3]$$

[1.3]식을 후향연산자를 이용하면

$$(1-\phi_1 B-\phi_2 B^2)\tilde{y}_t = \epsilon_t \qquad [1.4]$$

가 된다. [1.4]식을 전개하면

$$\tilde{y}_t = \phi_1 \tilde{y}_{t-1}+\phi_2 \tilde{y}_{t-2}+\epsilon_t \qquad [1.5]$$

가 된다. [1.3]식과 [1.5]식의 차이점은 y_t 대신 $\tilde{y}_t(=y_t-\mu)$를 사용한 것이다.

[1.5]식에서 $\tilde{y}_t$ 대신 $(y_t - \mu)$를 대입하여 다시 정리하면,

$$y_t = \mu(1-\phi_1-\phi_2) + \phi_1 y_{t-1} + \phi_2 y_{t-2} + \epsilon_t$$

가 되며, $C = \mu(1-\phi_1-\phi_2)$이라 하면 결국 [1.3]식과 동일하게 된다. 따라서 AR(2) 프로세스 내의 상수항이 평균과 동일하지 않다($C \neq \mu$)는 사실을 알 수 있다. 이를 확장하여 AR(p) 프로세스 내의 상수항을 고려하면,

$$C = \mu(1-\phi_1-\cdots-\phi_p) \quad [1.6]$$

$$= \mu(1-\sum_{i=1}^{p}\phi_i)$$

가 된다.

우선 [예제 1.1]과 같이 y의 과거 시자항인 (y_{t-1}, y_{t-2})으로 이뤄진 프로세스를 자기회귀(autoregressive, AR)라고 한다. 이는 차수가 2인 자기회귀 프로세스이다. 왜냐하면 y의 과거값에 붙은 가장 큰 시차가 '2'이기 때문이다(y_{t-2}). 이를 단순히 AR(2)로 표현한다. y_t가 똑같은 변수의 바로 앞 관측값(y_{t-1})과 두 번째 시점 떨어진 관측값(y_{t-2})과 관련되었고, 계수 ϕ_1, ϕ_2는 y_t가 y_{t-1}, y_{t-2}과 각각 어떻게 연관되었는지를 나타내는 고정된 숫자이다. 여기에서, C는 프로세스의 평균과 관련된 상수항이며 변수 ϵ_t는 백색잡음(white noise)을 나타낸다.

참고로 ARIMA 프로세스 내에서 백색잡음(ϵ_t)항 모두가 평균이 '0'이며 분산이 상수인 정규분포를 하는 확률변수이며 서로 독립이라고 가정한다. 따라서 ϵ_t가 서로 독립적으로 분포되어 있으므로, 과거 시차의 백색잡음들($\cdots, \epsilon_{t-2}, \epsilon_{t-1}$)을 안다 하더라도 현 시점의 백색잡음($\epsilon_t$)을 예측하는 데는 도움이 되지 않는다. 이런 백색잡음 때문에 ARIMA 프로세스는 확률적으로 실현값을 생성할 수 있다.

확률적 요소 ϵ_t 의 중요성을 파악하기 위해서 다음 두 가지 극단적인 상황을 고려해보자. 첫째, 앞에서 언급한 [1.1]식과 [1.2]식 안에 백색잡음항이 없다고 가정하면 확률적이 아닌 결정적(deterministic) 관계가 된다. 즉, [1.1]의 경우 y_t 를 C, ϕ_1, y_{t-1} 로부터 정확히 알 수 있고, [1.2]의 경우 y_t 는 정확히 C 와 같게 된다. 반면에 [1.1]식과 [1.2]식 모두에서 $C=\phi_1=\theta_1=0$ 이면, $y_t=\epsilon_t$ 가 되어 y_t 는 납득할 만한 일변량 시간 구조를 가질 수 없을 것이다. 이 프로세스에서 생성된 실현값은 백색잡음 즉, 시간에 따라 나열된 상관되지 않는 값들이 될 것이다.

예제 1.2 MA(2) 프로세스[=ARIMA(0,0,2)]:

$$y_t = C + \epsilon_t - \theta_1 \epsilon_{t-1} - \theta_2 \epsilon_{t-2} \qquad [1.7]$$

[1.7]식을 후향연산자를 사용하면

$$\tilde{y}_t = (1-\theta_1 B - \theta_2 B^2)\epsilon_t \qquad [1.8]$$

가 된다. [1.8]식을 전개하면

$$\tilde{y}_t = \epsilon_t - \theta_1 \epsilon_{t-1} - \theta_2 \epsilon_{t-2} \qquad [1.9]$$

가 된다. [1.7]식과 [1.9]식의 차이점은 y_t 대신 $\tilde{y}_t(=y_t-\mu)$ 를 사용한 것이다. [1.9]식에서 $\tilde{y_t}$ 대신 $(y_t-\mu)$ 를 대입하여 다시 정리하면,

$$y_t = \mu + \epsilon_t - \theta_1 \epsilon_{t-1} - \theta_2 \epsilon_{t-2}$$

가 되며, $C=\mu$ 라고 하면 결국 [1.8]식과 같게 된다.

따라서 이를 확장하여 MA(q) 프로세스 내의 상수항 역시 $C=\mu$ 가 된다. [예제 1.2]와 같이, 과거 시차의 백색잡음들(ϵ_{t-1}, ϵ_{t-2})로 이뤄진 프로세스를 이동평균(moving-average, MA) 프로세스라고 한다. 시차들 중 가장 큰 값이 이 프로세스의 차수가 된다. 즉, [1.7]식은 차수가 '2'인 이동평균 프로세스가 되며 이를 간단히 MA(2)로 표현한다. C는 프로세스 평균(μ)과 관련된 상

수이며, ϵ_t 는 역시 백색잡음항이다. θ_1, θ_2 앞에 붙은 부호가 음인 것은 편의상 표현에 불과하다. 여기에서 $y_t = C + \epsilon_t - \theta_2 \epsilon_{t-2}$ 역시 MA(2) 프로세스임을 유의해야 할 것이다.

예제 1.3 ARIMA(1,1,1) 프로세스:

$$(1-\phi_1 B)(1-B)\tilde{y}_t = (1-\theta_1 B)\epsilon_t \quad [1.10]$$

가 되며, 이를 다시 정리하면

$$y_t - y_{t-1} = C + \phi_1 (y_{t-1} - y_{t-2}) - \theta_1 \epsilon_{t-1} + \epsilon_t$$

가 된다. 이 경우 상수항 C는 '0'이며, 이는 1차 차분 후 평균이 '0'이 되었음을 의미한다.

1.4 모형의 정상성과 가역성

백색잡음들이 정규분포를 따르면서 프로세스의 평균, 분산, 자기상관함수 모두가 시간의 흐름에 따라 일정할 때 이 프로세스는 정상성을 만족한다고 앞에서 언급한 바 있다. 그래서 정상적인 프로세스에서 생성된 실현값을 몇 개 조각으로 나누었을 때 각 조각들에 해당하는 평균, 분산, 자기상관계수들이 통계적으로 유의할 정도로 다르지 않다.

그러나, 실제로 대부분의 실현값은 비정상적이다. 이번 절에서는 시계열의 평균 또는 분산의 정상적 여부를 판정하는 방법과 만일 비정상적이면 정상적으로 변환하는 방법을 알아본다. 더 나아가 ARIMA 모형을 설정할 때 추가적으로 만족시켜야 하는 가역성 조건을 살펴보고, 이 조건이 갖는 중요성을 피력하기로 한다.

1.4.1 비정상적인 평균

왜 정상성을 정의하며 중요시하는가? 만일 프로세스의 평균이 매 시점마다 다르면 평균을 추정할 수 없을 것이다. 여느 때처럼 표본 정보를 이용해야만 한다. 그러나, 통상 시계열 자료는 매 시점에서 단지 하나의 관측값만을 갖는다. 그러므로 시점 t 에서 평균을 추정하기 위해서는 시점 t 에 하나의 관측값만이 있으며, 마찬가지로 시점 $(t-1)$에서 평균을 추정하기 위해서는 시점 $(t-1)$에 하나의 관측값만이 존재한다. 단지 한 개의 관측값에 근거한 평균의 추정값은 의미가 없을 것이다. 그러므로, 정상성 조건을 만족하면 프로세스 내의 모수에 대한 유용한 추정값을 얻을 수 있게 된다.

만일 평균과 더불어 분산도 비정상적이면 사태가 더 악화될 것이다. 이 경우 단지 n 개의 관측값으로 $2n$ 개의 모수(평균 n 개, 분산 n 개)를 추정해야 하기 때문이다. 정상성 조건을 만족하지 못한 모형은 예측값의 분산이 끝없이 증가하는 좋지 못하는 결과를 초래하게 된다.

대부분의 비정상적인 유형은 계열의 평균이 일정하지 않다. 다음은 시계열의 평균이 비정상적인 경우이다.

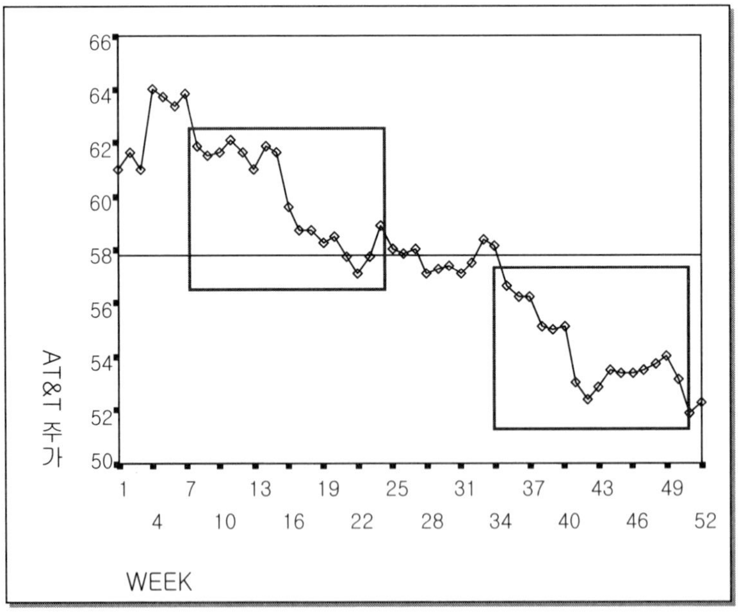

[그림 1.4] 실현값의 평균이 비정상적인 예: AT&T 주별 마감 주가

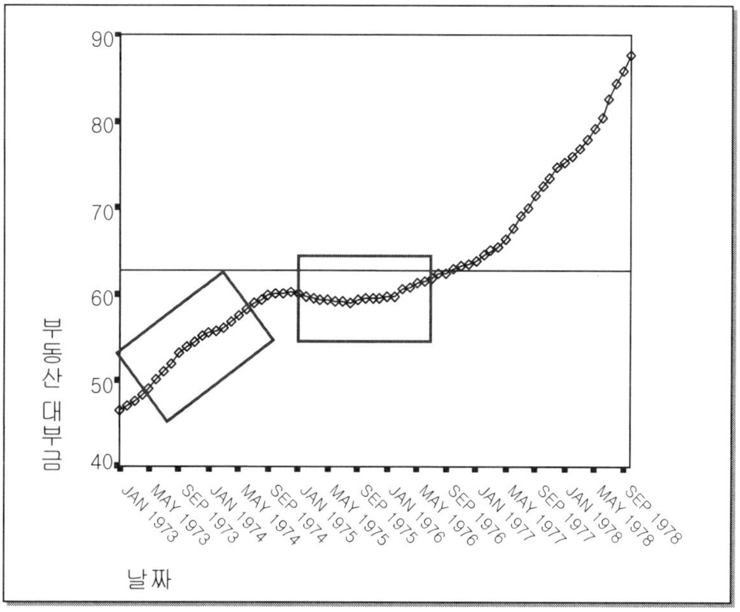

[그림 1.5] 실현값의 평균이 비정상적인 예: 부동산 대부금

[그림 1.4]에 나타난 AT&T 주가는 시간의 흐름에 따라 전반적인 평균이 감소하는 형태이며, 반면에 [그림 1.5]에 나타난 계열의 전반적인 평균은 서서히 증가하는 추세이다.

1) **평균의 동질적인 비정상성**(homogeneous nonstationarity)

앞에서 다룬 두 개의 실현값의 평균이 동질적으로 비정상적이다. 즉, 수준 또는 기울기가 변화한 후 계열의 주어진 부분이 다른 조각들과 매우 흡사할 경우이다. 이 경우에만 차분을 실시하여 정상적인 실현값으로 전환시킬 수 있다. 동질적인 비정상성은 [그림 1.4]와 [그림 1.5]에 각각 표시된 직사각형 부분을 참고하면 더 쉽게 이해할 수 있다. 즉, 각각의 그림에서 두 개의 부분들이 매우 비슷하다.

2) **비계절적 차분**(nonseasonal differencing)

시계열의 평균이 동질적으로 비정상적인 실현값은 차분을 취함으로써 평균을 정상적으로 만들 수 있다. 이미 1.3.2절에서 살펴보았지만 다음과 같이 다시 정리할 수 있다.

$$\text{1차 차분}(d=1):\ \nabla y_t = y_t - y_{t-1}$$

$$\begin{aligned}\text{2차 차분}(d=2):\ \nabla^2 y_t &= \nabla y_t - \nabla y_{t-1} \\ &= (y_t - y_{t-1}) - (y_{t-1} - y_{t-1})\end{aligned}$$

또한 이를 후향연산자를 사용하여 다음과 같이 표기할 수 있다.

$$\begin{aligned}\text{1차 차분}(d=1):\ (1-B)\tilde{y}_t &= (1-B)(y_t - \mu) \\ &= y_t - y_{t-1} - \mu + \mu \\ &= y_t - y_{t-1}\end{aligned}$$

$$\begin{aligned}\text{2차 차분}(d=2):\ (1-B)^2\tilde{y}_t &= (1-B)^2(y_t - \mu) \\ &= (y_t - y_{t-1}) - (y_{t-1} - y_{t-2})\end{aligned}$$

주어진 실현값에 대해 모형 내에 포함시킬 자기회귀항과 이동평균항을 선택하기 전에 만일 원계열이 정상적이면 차분할 필요가 없다($d=0$). 일반적으로, 시계열의 평균을 정상적으로 만들기 위해 1차 차분은 자주 사용되지만 2차 차분 이상($d \geq 2$)을 취할 경우는 드물다. 필요 이상의 차분을 실시하면 시계열 내에 인위적인 패턴이 생기며 예측의 정확도가 감소되는 경향이 있다. 만일 예측 상황에서 정상성이 애매모호할 경우에는 차분을 취하는 것이 좋다.

시계열도표를 통해서 즉, 시각적인 판단에 의존하여 시계열 자료의 패턴을 판단하는 것은 매우 주관적이며 모호할 경우가 흔하다. 그렇다면 평균의 정상성을 어떻게 탐색하는지 다음을 살펴보자.

① 우선 시계열도표를 통해서 시간 흐름에 따라 자료의 평균이 변하는지를 시각적으로 점검한다. 이 방법은 자료 분석할 때 시계열의 대략적인 추

세(또는 기울기)를 판단하는 데 도움이 되지만, 이 방법만을 의존하여 정상성을 판단하는 것은 주관적이기 때문에 전적으로 의존할 수 없다.

② 식별단계에서 원시계열과 차분된 계열에 대해 각각 추정된 자기상관함수의 단기시차(예: 1, 2, 3, 4)를 조사한다. 대략 자기상관계수의 t-통계량에 대한 절대값이 시차 5 또는 6에 걸쳐 '1.6'까지 유지되면 평균의 정상성을 의심한다. 만일 이 추정된 자기상관함수의 단기시차에서 서서히 감소하는 형태이면 시계열의 평균이 비정상적으로 판단한다.

③ 추정단계에서 추정된 자기회귀계수(들)를 통해 정상성 조건을 만족하는지 점검한다. 모든 MA(q)모형은 정상적이므로 정상적 조건을 점검할 필요가 없다. 그렇다면 AR(p)모형과 ARMA(p,q)모형의 정상성 조건을 알아보자.

AR(1) 프로세스의 정상성의 조건은 $|\phi_1| < 1$ 이다. 이때, ϕ_1 은 알지 못하므로 추정단계에서 ϕ_1 을 추정한 뒤 점검한다. AR(2) 프로세스의 성상성의 조건은 $|\phi_2| < 1$, $\phi_2 + \phi_1 < 1$, $\phi_2 - \phi_1 < 1$ 이다. ARIMA(p,d,q)모형에서 $p > 2$ 인 경우는 자주 발생하지 않지만, 적어도 정상성에 대한 필요조건인 $\hat{\phi}_1 + \cdots + \hat{\phi}_p < 1$ 을 점검할 수 있다. 그러나, 이는 프로세스(모집단)에 관련된 이론적인 분석 방법에 지나지 않는다.

예를 들어, $\hat{\phi}_1 = 1.5$, $\hat{\phi}_2 = -0.4$ 인 AR(2)모형의 정상성 조건을 다음과 같이 점검할 수 있다.

$$|\hat{\phi}_2| = 0.4 < 1$$

$$\hat{\phi}_2 + \hat{\phi}_1 = -0.4 + 1.5 = 1.1 > 1$$

$$\hat{\phi}_2 - \hat{\phi}_1 = -0.4 - 1.5 = -1.9 < 1$$

두 번째 식이 '1'보다 크기 때문에 이 모형은 비정상적이다.

예제 1.4

[그림 1.4]를 통해서 계열이 전반적으로 감소하는 추세이므로 주가 시계열이 비정상적임을 시각적으로 판단할 수 있다. 또한 다음의 추정된 자기상관함수 역시 서서히 감소하는 형태이다. 차분을 취하여 시계열의 평균을 정상적으로 만들 수 있다.

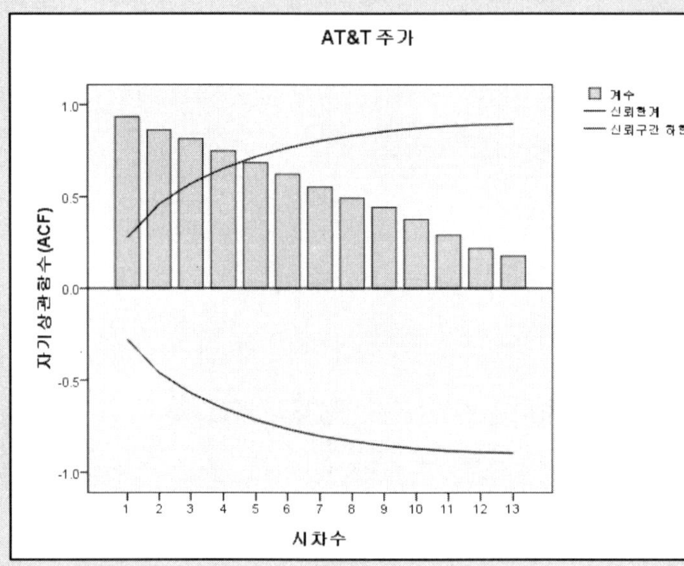

1.3.2절에서 AT&T 주가 계열을 1차 차분 후 시계열도표를 살펴보면, 더 이상 하강하는 추세를 찾을 수 없으며 계열이 거의 '0'을 중심으로 일정하게 놓여 있다. 즉, 평균이 정상성을 만족하며 원자료가 동질적인 비정상임을 확인할 수 있다. 이러한 사실을 재확인하기 위해 주가 계열을 1차 차분시킨 후 다음 주어진 추정된 자기상관함수를 살펴보자.

'0'으로 급격히 감소하는 형태이므로 역시 1차 차분 후 계열이 정상적임을 알 수 있다. 또한 추가로 추정된 자기상관계수에 대한 t-통계량의 절대값이 '2.0'보다 큰 것은 하나도 발견할 수 없다.

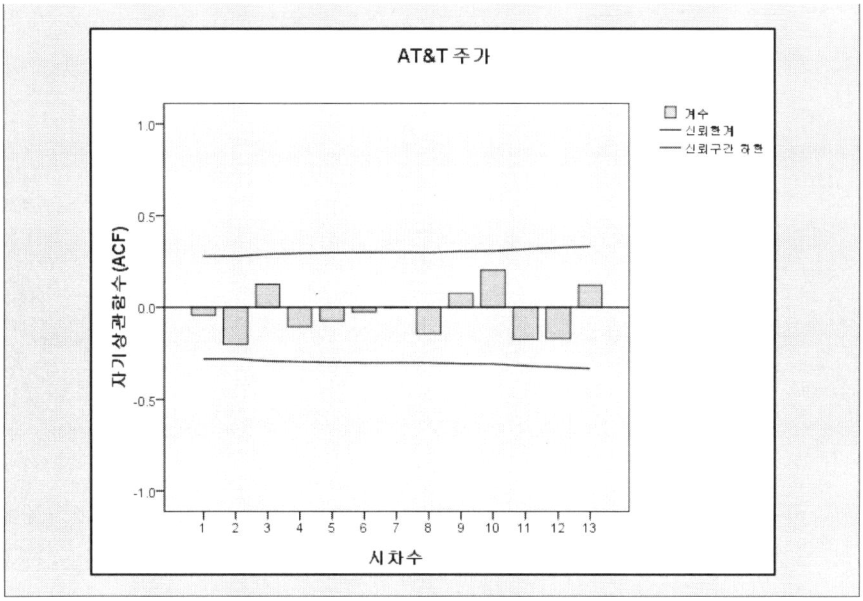

3) 계절적 요소와 비계절적 차분의 관계

자료 내에 계절적 변동과 비계절적 변동이 동시에 존재할 때(1.9절 참조) 적절한 모형을 찾는 것은 쉽지 않다. 즉, 식별단계에서 추정된 자기상관함수와 편자기상관함수를 살펴보면 계절적 요소 및 비계절적 요소가 서로 혼합되어 있는 경우를 종종 발견할 수 있다. 때때로 이 두 패턴을 분리하는 것은 쉽지 않다.

비록 원자료의 평균이 정상적이더라도, 계절적인 패턴을 식별하기 위해서는 1차 차분 후 추정된 자기상관함수와 편자기상관함수를 조사하는 것이 좋다. 비계절적 차분을 한 후 자기상관함수와 편자기상관함수를 관찰하면 흔히 계절적 요소가 더 명확하게 드러난다.

1.4.2 비정상적인 분산

주어진 시계열 자료의 분산이 시간의 흐름에 따라 변하는 경우가 흔히 발생한다. 이러한 패턴은 장시간에 걸쳐 관측되는 경영 및 경제 자료에서 쉽게 발견할 수 있다. 특히 자료 내에 계절적 요소가 존재하는 상황은 더욱 두드러진다. 이런 자료를 일변량 ARIMA 모형을 구축하기 위해서는 적절한 변수변환을 통하여 분산을 일정하게 만들어야 할 것이다.

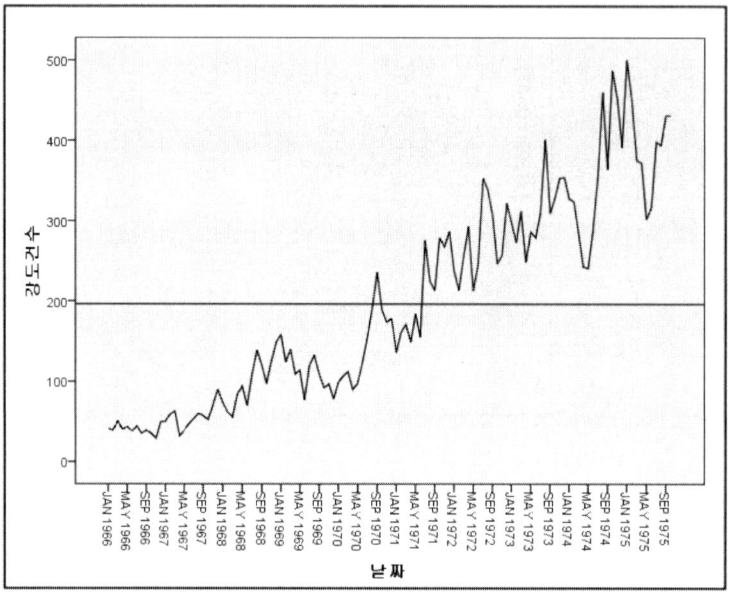

[그림 1.6] 강도 건수에 대한 시계열도표

주어진 계열의 분산이 비정상적이면서 평균 또한 비정상적일 경우가 흔히 있다. 이 경우 분산을 변수변환을 통해 먼저 일정하게 하고, 그 다음 차분을 통해 평균을 정상적으로 만들어야 한다.

[그림 1.6]에 주어진 시계열의 평균과 분산 모두 비정상적인 경우이다. 왜냐하면 전반적으로 평균이 증가하는 추세이며, 분산은 전체 수준이 커짐에 따라 커지기 때문이다.

이 시계열 자료와 같이 분산이 비정상적이면서 평균 또한 비정상적일 경우, 변수변환을 사용하여 분산을 정상적으로 만든 후 그 다음 차분을 통해 평균을 정상적으로 만들어야 한다. 왜냐하면 자료를 먼저 차분하게 되면, 가끔 부호가 음인 값이 산출되어 자연로그를 취한 값을 계산할 수 없기 때문이다. 다음과 같이 원자료를 1차 차분 후 시계열도표로 나타내면, 평균이 '0'을 중심으로 일정하지만 분산은 여전히 시간의 흐름에 따라 증가한다.

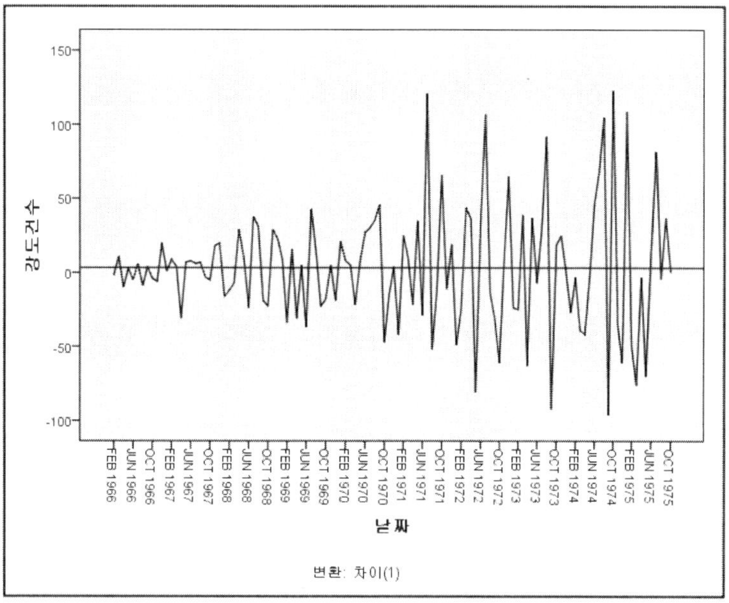

1) **자연로그 변환**(logarithmic transformation)

분산이 비정상적인 계열은 자연로그를 취하면 흔히 정상적이 된다. 원계열의 표준편차가 평균에 비례할 때 특히 자연로그 변환은 적절하다. 예를 들어 [그림 1.6]에 나타난 원계열을 자연로그 변환한 후 다음과 같이 시계열도표로 나타내면 분산이 정상적으로 변했다.

여기에서 주목할 사실은 변수에 자연로그를 취하는 것은 자료를 차분하기 전에 실행한다. 왜냐하면 자료를 먼저 차분하게 되면, 가끔 부호가 음인 값이 산출되어 자연로그를 취한 값을 계산할 수 없기 때문이다. 이와 같이 평균과 분산 모두가 비정상적일 때 자연로그 변환과 1차 차분을 통해 정상적인 된 계열(w_t)을 수식으로 표현하면, $w_t = (1-B)(\ln y_t)$이다. 예를 들어, 자연로그 변환된 보스턴 무장강도 건수 [그림 1.7]을 1차 차분한 결과 [그림 1.8]과 같이 분산과 평균 모두 정상성을 만족하였다.

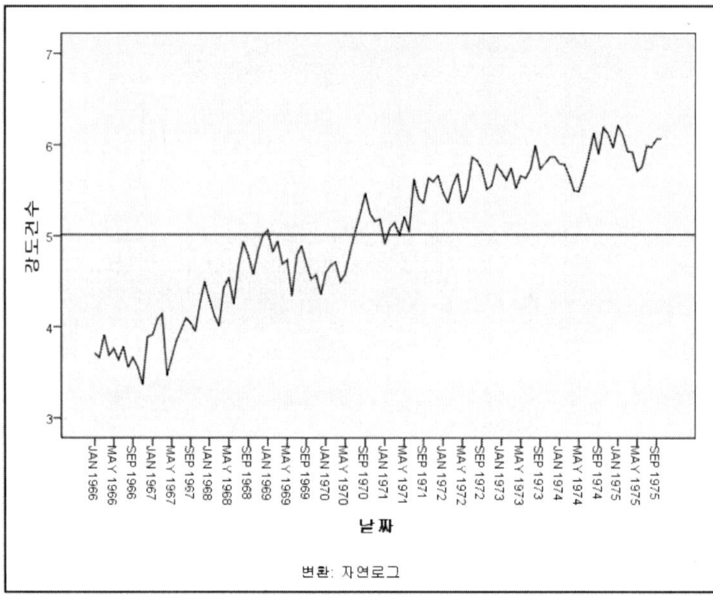

[그림 1.7] 자연로그 변환된 강도 건수에 대한 시계열도표

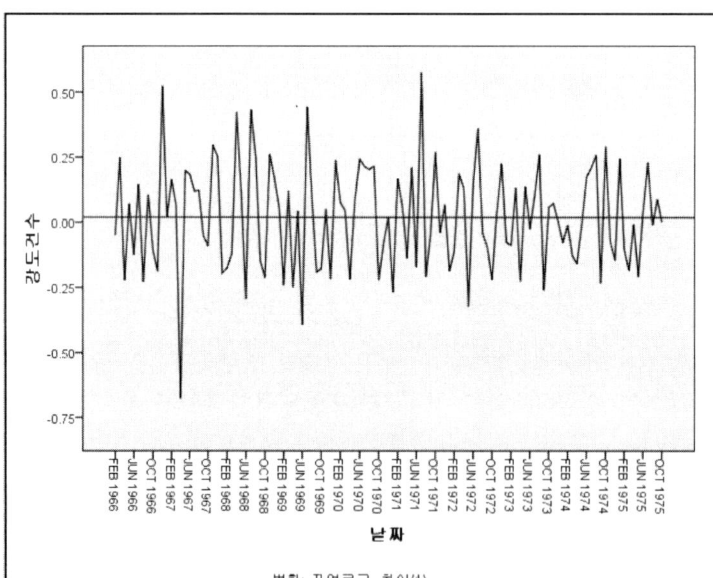

[그림 1.8] 자연로그 변환과 1차 차분된 강도건수의 시계열도표

때때로 자연로그 변환만으로 분산을 정상적으로 만들 수 없는 경우가 있다. 이때 다음과 같이 Box-Cox 멱변환(power transformation)을 사용하여 적절한 변환을 추정할 수 있다.

$$Z_t^{(\lambda)} = \begin{cases} (y_t^{\lambda} - 1)/\lambda, & \lambda \neq 0 \\ \log y_t, & \lambda = 0 \end{cases} \tag{1.11}$$

여기에서 y_t 는 원래의 관측값이며, $Z_t^{(\lambda)}$ 는 변환된 관측값이다. 자연로그 변환 역시 Box-Cox 멱변환된 형태 중 하나임을 알 수 있다.

멱변환 중 $\lambda = 0.5$인 경우 근호변환이 된다. y_t^{λ} 로부터 1을 뺀 후 λ 로 나눈다고 하더라도 계열 분산의 시간 구조를 변화시키지 않는다. [1.11]식을 사용하면 첫째, λ 가 음수라도 자료의 순서를 변화시키지 않고, 둘째 $\lambda \to 0$ 인 경우에도 연속하며 이는 자연로그 변환이 된다.

시계열의 수준이 증가함에 따라 분산이 증가하면 $\lambda < 1$, 시계열의 수준이 증가함에 따라 분산이 감소하면 $\lambda > 1$ 을 만족하는 λ 값이 필요하다. 자료를 플롯하여 시각적으로 분산의 정상성을 점검하는 작업은 복잡한 방법을 사용하여 [1.11]식에서 λ 를 찾는 방법보다 간편하며 해석이 용이하다. 예를 들면, $\lambda = 0.53$보다는 $\lambda = 0.5$(근호변환)를, $\lambda = -0.07$보다는 $\lambda = 0$(자연로그 변환)을 선택한다.

1.4.3 가역성(invertibility)

정상성과 더불어 ARIMA 모형이 만족해야 할 이른바 가역성 조건이 있다. 이는 MA 프로세스 또는 ARIMA 프로세스에서 고려되는 것으로 수학적으로는 자기회귀계수에 관련되는 정상적 조건과 동일하다. 모든 AR(p)모형은 가역적으로 가역성 조건을 점검할 필요가 없다.

MA(1) 프로세스의 가역성 조건은 $|\theta_1| < 1$ 이다. MA(2) 프로세스 가역성 조건은 $|\theta_2| < 1$, $\theta_2 + \theta_1 < 1$, $\theta_2 - \theta_1 < 1$ 이다. 실제로 θ_1 과 θ_2 는 알려져

있지 않기 때문에 추정단계에서 얻은 추정값인 $\hat{\theta}_1$, $\hat{\theta}_2$를 이용하여 가역성 조건을 점검한다. ARIMA 모형에서 $q > 2$인 경우는 흔히 발생하지 않지만 적어도 가역성에 대한 필요조건인 $\hat{\theta}_1 + \hat{\theta}_2 + \cdots + \hat{\theta}_q < 1$을 점검할 수 있다.

그렇다면 가역성이 갖는 의미는 무엇인가? 비가역적인 ARIMA 모형은 먼 과거 관측값이 갖는 가중값이 최근에 가까운 관측값이 갖는 가중값과 차이가 없음을 의미한다. 그러나, 기본적으로 단기예측을 하기 위한 ARIMA 모형은 최근에 가까운 관측값일수록 가중값이 더 커져야 한다는 전제가 깔려 있다. 다시 말해서, 가역성 조건이 만족되면 최근에 가까운 관측값일수록 더 큰 가중값을 갖는 것을 알 수 있다.

가역성 조건이 만족되면 다음과 같이 MA(1) 프로세스는 무한 고차(infinitely high order)를 갖는 자기회귀 프로세스로 전환할 수 있다.

$$\tilde{y}_t = (1 - \theta_1 B)\epsilon_t \quad \Rightarrow \quad (1 - \theta_1 B)^{-1}\tilde{y}_t = \epsilon_t$$
$$\Rightarrow \quad (1 + \theta_1 B + \theta_1^2 B^2 + \cdots)\tilde{y}_t = \epsilon_t, \quad |\theta_1| < 1$$

또는

$$y_t = C - \theta_1 y_{t-1} - \theta_1^2 y_{t-2} - \theta_1^3 y_{t-3} - \cdots \qquad [1.12]$$

만일 가역성 조건($|\theta_1| < 1$)이 만족되지 않으면, [1.12]식에서 시차가 커질수록 대응하는 계수들(즉, 가중값)은 커질 것이다. 예를 들면, $\theta_1 = 2$라 하면(비가역적) $\theta_1^2 = 4$, $\theta_1^3 = 8$, $\cdots$이 된다. 이를 통해서 가역성 조건이 만족되면 최근에 가까운 관측값일수록 더 큰 가중값을 갖는 것을 알 수 있다.

1.5 식별단계

이번 절부터는 반복적 3단계 일변량 ARIMA 모형 단계를 구체적으로 살펴보기로 한다. 특히 실현값을 정상적으로 만든 후 모형 식별에 중점을 둔다. 식별단계에서는 마치 옷을 입을 때 첫 단추를 채우는 것만큼이나 ARIMA 모형을 구축하는 데 중요한 단계이다. 이 단계에서는 두 개의 이론적 상관함수(자기상관함수와 편자기상관함수)의 개념을 충분히 이해한 후, 추정된 자기상관함수와 편자기상관함수가 두 개의 이론적 상관함수와 각각 일치하는지를 비교해야 한다. 물론 이 방법을 통해서 주어진 실현값에 대한 최적의 모형을 식별할 수 있는 것은 아니다. 다만 두 개의 이론적 상관함수를 사용하여 좋은 모형을 찾을 수 있다는 가능성이 더 크다는 것이다.

ARIMA 모형 족(族, family)에는 수많은 프로세스가 있지만, 실제로 많이 발생하는 프로세스의 수는 제한되어 있기 때문에, 이 프로세스가 갖는 성질을 투영하는 자기상관함수와 편자기상관함수를 통하여 조사할 필요가 있다. 식별단계에서는 반드시 ‘모수절약의 원칙’ 즉, “단순한 모형일수록 좋다”를 유념하여 임시로 모형을 선택한다. 그렇다면 식별단계에서 주요 도구로 사용하는 두 개의 상관함수에 대해서 살펴보자.

1.5.1 추정된 자기상관함수

자기상관분석의 기본 개념은 기초통계학에서 배운 상관분석 즉, 두 개의 연속형 변수 간의 선형관계의 정도를 측정하는 분석으로 이해하면 된다. 즉, 주어진 관측값에 대해 모든 가능한 한 쌍의 평균 편차($\tilde{y}_t, \tilde{y}_{t+k}$) 사이의 상관계수를 계산하는 것이다. 여기에서 ‘자기(auto)’라는 용어는 동일한 시계열 안에 있는 값들 사이의 상관관계 정도를 계산하기 때문에 붙여진 것이다. 추정된 자기상관계수(AutoCorrelation Function, ACF, r_k)는 흔히 통계학에서 말하는 표본상관계수와 근본적으로 차이가 없으며, 두 확률변수에서 한 쌍의 관측값 사이에 통계적 관계를 나타내는 방향과 세기를 의미한다.

r_k 는 시계열에서 k 시차만큼 떨어져 있는 관측값과의 추정된 자기상관계수이며, 이를 수식으로 표현하면

$$r_k = \frac{\sum_{t=1}^{n-k}(y_t - \bar{y})(y_{t+k} - \bar{y})}{\sum_{t=1}^{n}(y_t - \bar{y})^2}$$

가 된다. r_k 는 −1과 1 사이의 값을 가지며, $r_k = 0$일 때는 y_{t+k} 와 y_t 는 서로 상관되어 있지 않는다. 즉, 상관계수가 갖는 일반적인 성질을 그대로 갖는다. 다음은 주어진 표본에서 발생할 수 있는 자기상관함수의 몇 가지 형태이다.

자기상관계수의 절대값이 '1'에 가까울수록 강한 자기상관을 나타내며 '0'에 접근할수록 약한 자기상관을 가진다. 오차가 독립이라면 자기상관은 '0'이 된다. 일반적으로 자기상관계수가 '0.3 정도 미만'이면 자기상관이 미약하다고 말하며, '0.3~0.5'는 약한 자기상관, '0.5~0.7'은 보통인 자기상관, '0.7 이상'이면 자기상관이 크다고 말한다.

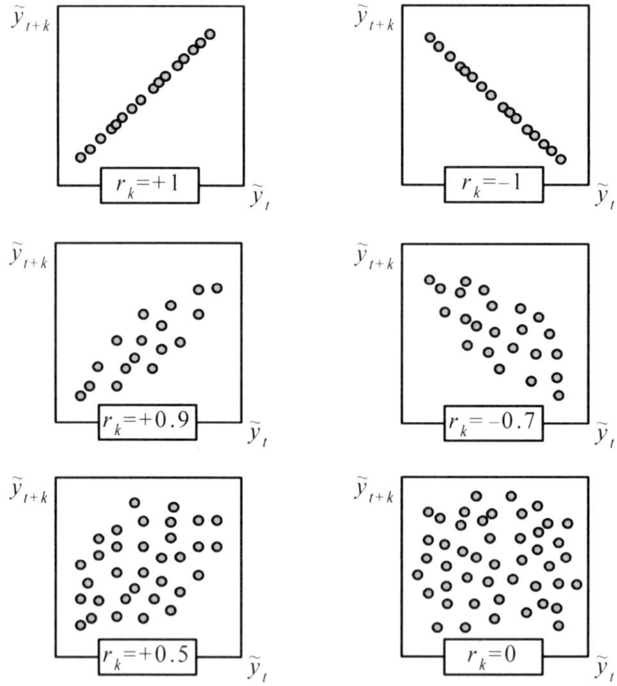

[그림 1.9] 자기상관계수의 여러 가지 값

Box와 Jenkins[2]는 추정된 자기상관계수를 사용하기 위해 필요한 최대 개수는 관측값 수의 대략 25%(=1/4)를 제시하였다. 예를 들어, 시계열 관측값 개수가 총 100개라면, 식별단계에서 고려할 자기상관계수는 25개를 계산해야 할 것이다. 여기에서 25개의 서로 다른 자기상관계수를 묶어서 '자기상관함수'라고 부른다.

다음은 1.2절에서 다룬 자료 [그림 1.2]에 근거하여 자기상관함수를 계산한 것이다. 60개 관측값의 25%인 15개의 자기상관계수를 계산하였다.

자기상관

계열:관측값

시차	자기상관	표준 오차 오류[a]	Box-Ljung 통계량		
			값	자유도	유의확률[b]
1	-.508	.129	16.295	1	.000
2	.224	.159	19.509	2	.000
3	-.247	.164	23.486	3	.000
4	.157	.170	25.121	4	.000
5	-.086	.173	25.619	5	.000
6	.092	.173	26.203	6	.000
7	-.023	.174	26.240	7	.000
8	.054	.174	26.451	8	.001
9	.046	.174	26.606	9	.002
10	-.123	.175	27.739	10	.002
11	.100	.176	28.505	11	.003
12	-.113	.177	29.494	12	.003
13	.157	.178	31.443	13	.003
14	-.205	.181	34.842	14	.002
15	.220	.184	38.831	15	.001

a. 가정된 기본 공정은 시차 수에서 1을 뺀 것과 같은 차수인 MA입니다. Bartlett 근사가 사용되었습니다.

b. 점근 카이제곱 근사를 기준으로 합니다.

SPSS 17.0 출력결과 중 첫 열의 '시차'(즉, k)는 한 쌍의 자기상관계수를 계산할 때 k만큼 떨어져 있는 시차의 수를 의미한다. 그리고 두 번째 열의

2. G. E. P. Box, G. M. Jenkins, and G. C. Reinsel (1994), *Time Series Analysis: Forecasting and Control*, 3rd ed. New Jersey: Prentice Hall.

'자기상관'은 바로 시차 k의 자기상관계수이다. $k=1$인 경우 즉, r_1 은 '–0.508' 이다. 이를 확인하기 위해 두 개의 자기상관계수(r_1, r_2)를 계산해보면 각각 다음과 같다.

$$r_1 = \frac{\tilde{y}_1\tilde{y}_2 + \tilde{y}_2\tilde{y}_3 + \cdots + \tilde{y}_{59}\tilde{y}_{60}}{\tilde{y}_1^2 + \tilde{y}_1^2 + \cdots + \tilde{y}_{60}^2} = -508$$

$$r_2 = \frac{\tilde{y}_1\tilde{y}_3 + \tilde{y}_2\tilde{y}_4 + \cdots + \tilde{y}_{58}\tilde{y}_{60}}{\tilde{y}_1^2 + \tilde{y}_1^2 + \cdots + \tilde{y}_{60}^2} = 0.224$$

세 번째 열의 '표준오차'는 추정된 자기상관계수의 표준오차($SE(r_k)$)를 계산한 값으로 M. S. Bartlett[3]은 r_k 의 표준오차를 다음과 같이 근사적으로 계산했다.

$$SE(r_k) = \sqrt{(1 + 2\sum_{j=1}^{k-1} r_j^2)/n}$$

이 근사값은 MA 프로세스의 차수가 (k–1)이며, 백색잡음이 정규분포를 하는 정상적 프로세스에 적합하다. 이 책에서 다룰 자기상관함수의 표준오차는 Bartlett 근사에 근거한 것을 사용하도록 한다.

추정된 자기상관계수(r_k)의 통계적 유의성 즉, 귀무가설 $H_0 : \rho_k = 0$, k=1, 2, 3, …의 채택 여부를 검증하기 위해서 [1.13]식의 t–검증통계량이 필요하다. 여기에서 ρ_k 는 모집단에 근거한 이론적 자기상관계수이다.

$$t_{r_k} = \frac{r_k - \rho_k}{SE(r_k)} \qquad [1.13]$$

계산된 t–검증통계량의 절대값이 클수록(통상 '2.0'보다 크면) 추정된 자기

3. M. S. Bartlett (1946), "On the Theoretical Specification of Sampling Properties of Autocorrelated Time Series," *Journal of the Royal Statistical Society*, B8, 27.

상관계수는 통계적으로 '0'이 아니며, 이론적인 자기상관계수(ρ_k)가 '0'이 아님을 암시한다. 추정된 자기상관계수(r_k)는 이론적인 자기상관계수(ρ_k)의 추정값이다. 앞 SPSS 17.0 출력결과에서 t-검증통계량값을 계산하기 위해서는 추정된 자기상관계수와 이에 대응하는 표준오차의 비율(즉, 자기상관/표준오차)을 계산하면 된다. 이 경우 '시차 1'의 자기상관계수에 대한 t-검증통계량의 절대값(0.508/0.129=3.938)이 '2.0'보다 훨씬 크기 때문에, ρ_1 은 통계적으로 '0'이 아니다.

다음에 주어진 또 다른 추정된 자기상관함수의 SPSS 17.0 출력결과를 통해서, 어느 시차에서 유의한 값을 갖는지를 시각적으로 쉽게 판별할 수 있다. 아래 주어진 두 개의 대칭 형태의 선은 각 자기상관계수의 95% 신뢰구간(디폴트)을 표시한 것으로, 이 신뢰한계선 밖으로 튀어나온 스파이크(spike)를 발견할 수 있는 시차를 주목해야 할 것이다. 이 시계열의 경우 '시차 1'의 자기상관계수가 튀어나왔기 때문에 귀무가설 $H_0 : \rho_1 = 0$ 을 유의수준 5%에서 채택할 수 없음을 알 수 있다.

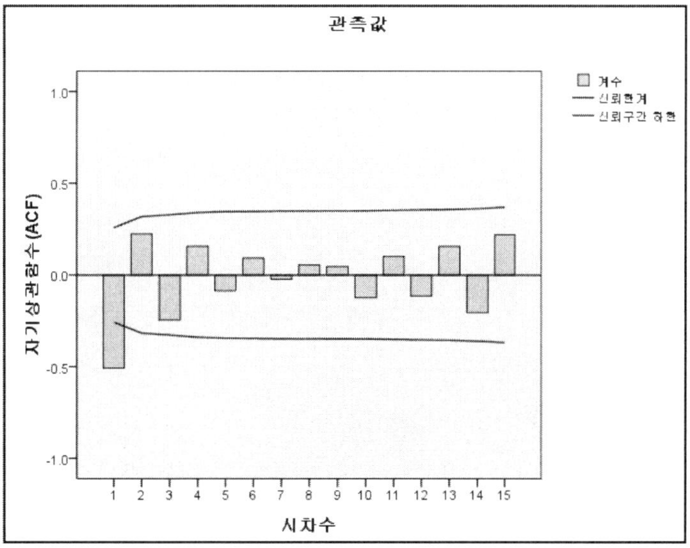

네 번째 열에 출력된 'Box-Ljung 통계량'은 Box-Ljung이 제시한 Q-검

증통계량을 의미하며, 이는 모형검진단계에서 자세히 다루기로 한다.

일변량 Box-Jenkins 방법의 식별단계에서 추정된 자기상관함수는 편자기상관함수와 더불어 자료 내에 어떤 형태의 ARIMA 프로세스가 존재하는지를 알 수 있는 도구이다. 주어진 계열에 근거하여 추정된 자기상관함수와 이론적 자기상관함수가 갖는 각각의 형태를 시각적으로 비교하여 적절한 모형을 식별해야 한다. 이 식별 방법은 상황에 따라 분석가의 주관에 좌우되어 달리 판단될 수 있다.

그렇다면, ARIMA 프로세스를 구성하는 두 가지 요소(즉, 자기회귀와 이동평균)를 구분하여 각 요소의 이론적인 자기상관함수가 어떤 형태를 갖는지 알아보도록 하자.

① 자기회귀(AR) 프로세스 경우: 이론적인 자기상관함수는 지수함수 또는 사인곡선 형태로 서서히 '0'으로 감소하는 형태이다.
② 이동평균(MA) 프로세스 경우: 이론적인 자기상관함수는 이동평균 차수에 해당하는 시차에서 두드러진 스파이크가 나타나고, 이 시차 이후에 해당하는 자기상관계수 모두 '0'으로 절단된다.
③ 두 프로세스가 혼합되어 있는 경우: 이론적 자기상관함수는 '0'을 향해 서서히 감소하는 형태이다.

일반적으로 추정된 자기상관함수는 이론적 자기상관함수와 유사하지만 정확히 일치할 수는 없다. 추정된 자기상관함수는 실현값에 근거하여 계산되었기 때문에, 당연히 표본오차(sampling error)가 존재하기 때문이다. 차후 다룰 추정된 편자기상관함수 역시 이런 이유로 이론적인 편자기상관함수와 정확히 일치하지 않는다.

이러한 이유로 식별단계에서 이론적 자기상관함수와 추정된 자기상관함수를 서로 면밀히 비교하여 적절한 모형을 결정해야 할 것이다. 다만 추정된 편자기상관함수와 더불어 추정된 자기상관함수는 모형구축에 크게 도움이 되지만, 단지 지침에 불과하다. 그래서, 식별단계에서 모형선택은 단지 임시적인 절차에 불과하다. 추정단계에서 정확하게 모수(들)에 대한 추정값들을 구해보고, 모형검진단계를 거쳐 예측하기에 적절한 최종모형을 선택한다. 만일 식별단계에서 임시로 고려한 모형이 추정단계 또는 모형검진단계에서 적절하지 못하면, 일반적으로 다시 식별단계로 돌아가서(재식별) 또 다른 모형을 고려해야 할 것이다.

1.5.2 추정된 편자기상관함수

추정된 편자기상관함수(Partial AutoCorrelation Function, PACF, $\hat{\phi}_{kk}$)는 넓은 의미로는 추정된 자기상관함수와 비슷하며, 주어진 계열을 적합시킬 ARIMA 모형을 임시로 선택할 때 자기상관함수와 함께 사용되는 중요한 도구이다.

자기상관함수는 한 쌍으로 이뤄진 관측값의 집합($\tilde{y}_t$, $\tilde{y}_{t+k}$)에 대해 이 두 개의 관측값 간에 존재하는 관측값들($\tilde{y}_{t+k-1}, \cdots, \tilde{y}_{t-1}$)의 영향을 고려하지 않고, 단지 이 쌍에 해당하는 상관계수만을 계산한다. 반면에 편자기상관함수는 이 두 관측값 사이에 존재하는 관측값들의 영향을 고려하였다는 점이 자기상관함수와 다르다. 예를 들면, ($\tilde{y}_t$, $\tilde{y}_{t+2}$) 사이의 편자기상관계수는 $\tilde{y}_{t+1}$이 $\tilde{y}_{t+2}$에 주는 영향을 고려하면서, ($\tilde{y}_t$, $\tilde{y}_{t+2}$) 간의 상관계수를 구한다. 마찬가지로 ($\tilde{y}_t$, $\tilde{y}_{t+3}$) 사이의 편자기상관계수는 $\tilde{y}_{t+1}$과 $\tilde{y}_{t+2}$가 $\tilde{y}_{t+3}$에 주는 영향을 고려하면서 이 두 관측값 쌍의 상관관계를 구한다. 반면에 ($\tilde{y}_t$, $\tilde{y}_{t+3}$) 사이의 자기상관계수는 $\tilde{y}_{t+1}$과 $\tilde{y}_{t+2}$가 $\tilde{y}_{t+3}$에 주는 영향을 무시하고 단지 ($\tilde{y}_t$, $\tilde{y}_{t+3}$) 사이의 상관계수만을 구한다.

편자기상관계수를 계산하는 방법은 최소제곱 회귀계수의 시계열을 추정하는 것으로 이해하면 된다. 추정된 회귀계수는 방정식 내에 다른 변수들의 효과를 고려하면서 독립변수와 종속변수 사이의 관계를 측정하게 된다. 그렇다면, 어떻게 편자기상관함수를 계산하는지 알아보자. 첫째, $\tilde{y}_{t+1}$과 $\tilde{y}_t$ 사이의 회귀관계를 다음과 같이 고려하자.

$$\tilde{y}_{t+1} = \phi_{11}\tilde{y}_t + \epsilon_{t+1} \qquad [1.14]$$

여기에서 ϕ_{11}는 $k=1$에 대해 추정할 편자기상관계수이다. [1.14]식에서 $\tilde{y}_{t+1}$과 $\tilde{y}_t$ 사이에는 관측값(y)이 존재하지 않기 때문에, 단지 최소제곱법을 이용하여 $\hat{\phi}_{11}$을 구할 수 있다.

다음은 $\hat{\phi}_{22}$를 구해보자. 우선 다음의 다중회귀 추정방정식을 고려하자.

$$\tilde{y}_{t+2} = \phi_{21}\tilde{y}_{t+1} + \phi_{22}\tilde{y}_t + \epsilon_{t+2} \qquad [1.15]$$

여기에서 ϕ_{22}는 $k=2$에 대해 추정할 편자기상관계수이다. 여기서 주목해야 할 점은 $\tilde{y}_{t+1}$을 방정식에 포함한 채로 ϕ_{22}를 추정한다는 사실이다. 즉, $\hat{\phi}_{22}$는 $\tilde{y}_{t+1}$을 고려하면서 $\tilde{y}_{t+2}$와 $\tilde{y}_t$ 사이의 관계를 추정한다. $\hat{\phi}_{33}, \hat{\phi}_{44}, \cdots, \hat{\phi}_{kk}$ 역시 동일한 맥락에서 이해할 수 있다.

시계열이 정상적이면, 다음 주어진 Yule-Walker 방정식을 이용하여 편자기상관계수($\hat{\phi}_{kk}$)를 얻을 수 있다.

$$\hat{\phi}_{11} = r_1$$

$$\hat{\phi}_{22} = (r_2 - r_1^2)/(1 - r_1^2)$$

$$\cdots$$

$$\hat{\phi}_{kk} = \frac{r_k - \sum_{j=1}^{k-1} \hat{\phi}_{k-1,j}\, r_{k-j}}{1 - \sum_{j=1}^{k-1} \hat{\phi}_{k-1,j}\, r_j}, \quad k = 3, \cdots \qquad [1.16]$$

여기에서 $\hat{\phi}_{kj} = \hat{\phi}_{k-1,j} - \hat{\phi}_{kk}\hat{\phi}_{k-1,k-j}$, $k = 2,3,\cdots$; $j = 1,2,\cdots,k-1$ 이다.

마찬가지로, 1.2절에서 다룬 자료 [그림 1.2]에 근거하여 다음과 같이 추정된 편자기상관함수를 SPSS 17.0을 사용하여 구할 수 있다.

편자기상관

계열:관측값

시차	편자기상관	표준 오차 오류
1	-.508	.129
2	-.047	.129
3	-.205	.129
4	-.065	.129
5	-.027	.129
6	.022	.129
7	.066	.129
8	.094	.129
9	.182	.129
10	-.025	.129
11	.047	.129
12	-.040	.129
13	.053	.129
14	-.138	.129
15	.031	.129

앞 SPSS 17.0 출력결과는 1.5.1절에서 다룬 자기상관계수의 것과 거의 동일하다. 즉, 첫 열의 '시차'(즉, k)는 한 쌍의 편자기상관계수를 계산할 때 k만큼 떨어져 있는 시차의 수를 의미한다. 두 번째 열의 '편자기상관'값들은 바로 k에 해당하는 편자기상관계수를 나타낸다. 한 예로 $\hat{\phi}_{22}$는 '−0.047'이다.

세 번째 열 '표준오차'는 추정된 편자기상관계수를 그들의 표준오차로 나눈 t-검증통계량값이다. 다시 말해서, 귀무가설 H_0: $\phi_{kk} = 0$, $k = 1, 2, \cdots$을 다음과 같이 근사한 t-검증통계량을 이용하여 채택 여부를 검증할 수 있다.

$$t_{\hat{\phi}_{kk}} = \frac{\hat{\phi}_{kk} - \phi_{kk}}{SE(\hat{\phi}_{kk})} \qquad [1.17]$$

여기에서 $SE(\hat{\phi}_{kk}) = \dfrac{1}{\sqrt{n}}$는 추정된 편자기상관계수($\hat{\phi}_{kk}$)의 표준오차이다.

이는 추정된 편자기상관계수의 통계적 유의성을 검증하기 위해서 필요하다. t-검증통계량의 절대값이 대략 '2.0'보다 크면, 통계적으로 5% 유의수준에서 귀무가설을 기각하게 된다. 즉, t-검증통계량의 절대값이 클수록 추정된 편자기상관계수는 통계적으로 '0'이 아니며, 이론적인 편자기상관계수(ϕ_{kk})가 '0'이 아님을 암시한다. 마찬가지로 계산된 t-검증통계량의 절대값이 '2.0'보다 크거나 두 개의 신뢰한계선(아래 그림 참조)을 초과하는 시차를 찾게 되면, 이 시차의 편자기상관계수는 통계적으로 '0'이 아니다.

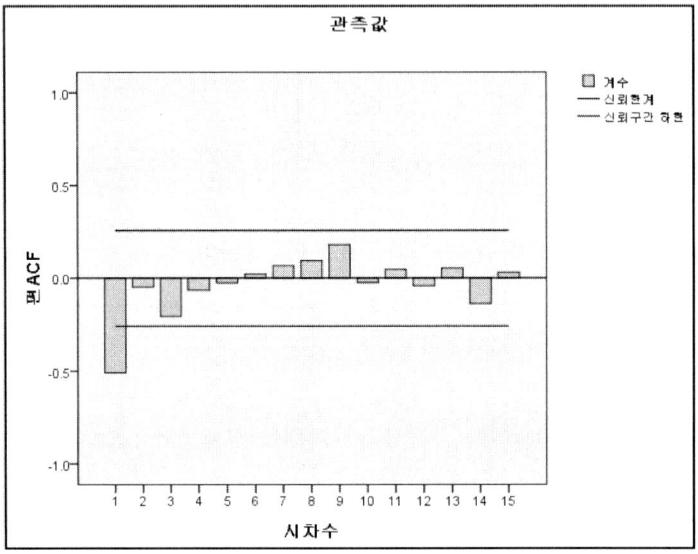

앞에 나타난 두 개의 편자기상관함수를 통해서, 특히 시차 1의 편자기상관계수에 대한 t-검증통계량의 절대값(0.508 / 0.129 = 3.938)이 '2.0'보다 훨씬 크기 때문에, ϕ_{11} 는 통계적으로 '0'이 아니다. '시차 1'의 편자기상관계수값이 신뢰한계선 밖으로 튀어나와 있다는 사실이 이를 지지해 준다.

1.5.1절에서 다룬 자기상관함수와 마찬가지로 다음은 세 개의 프로세스에 해당하는 이론적인 편자기상관함수의 형태는 다음과 같다.

① 자기회귀(AR) 프로세스의 경우: 이론적인 편자기상관함수는 자기회귀차수에 해당하는 시차에서 두드러진 스파이크가 나타나고, 이 시차 이후에 해당하는 편자기상관계수 모두 '0'으로 절단되는 형태이다.
② 이동평균(MA) 프로세스의 경우: 지수함수 또는 사인곡선 형태로 서서히

'0'을 향해 감소한다.

③ 두 프로세스가 혼합되어 있는 경우: 이론적인 편자기상관함수는 서서히 '0'을 향해 감소하는 형태이다.

1.5.3 이론적인 자기상관함수와 편자기상관함수의 형태

평균과 분산 모두를 정상적으로 만든 후 식별단계에서 자기회귀요소 및 이동평균요소를 임시로 결정하기 위해서는, 두 개의 추정된 상관함수를 이에 대응하는 이론적인 상관함수와 비교하여 비슷한 형태를 찾는다. 대표적으로 알려진 몇 가지 프로세스(AR(1), AR(2), MA(1), MA(2))의 이론적인 자기상관함수와 편자기상관함수를 소개하기로 한다.

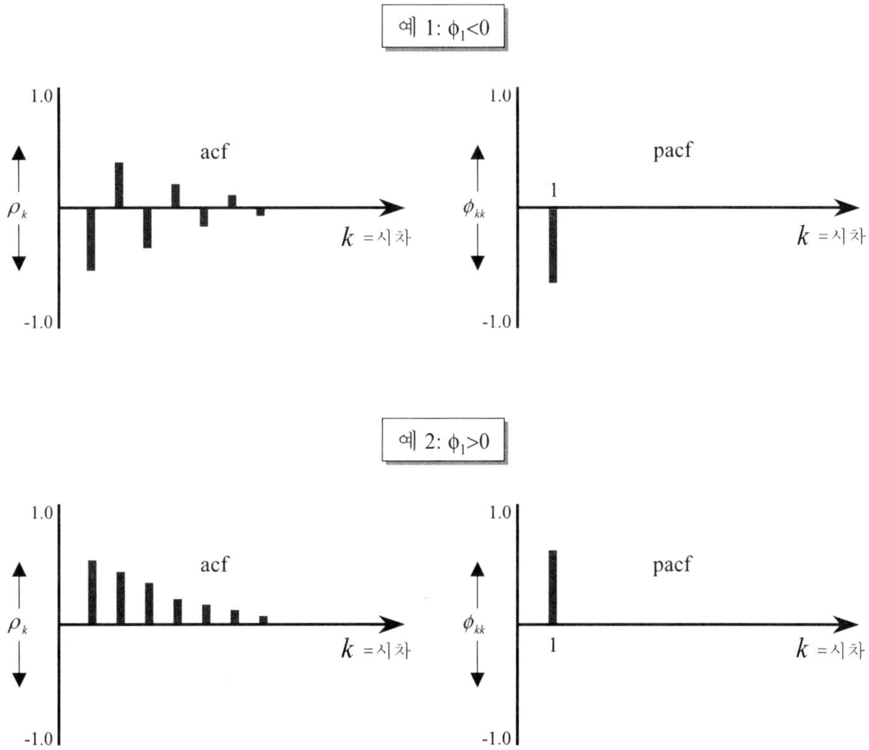

[그림 1.10] AR(1) 프로세스의 이론적인 ACF와 PACF

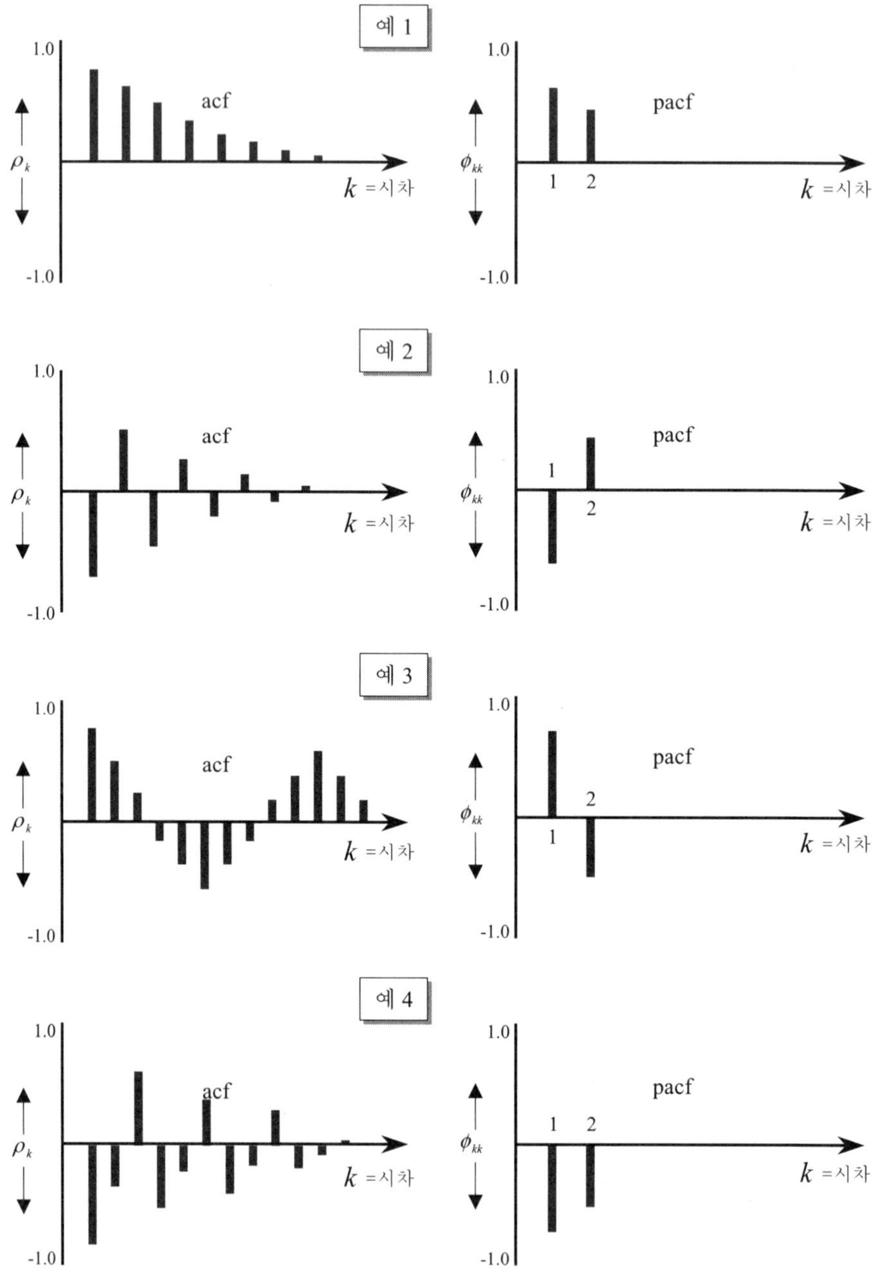

[그림 1.11] AR(2) 프로세스의 이론적인 ACF와 PACF

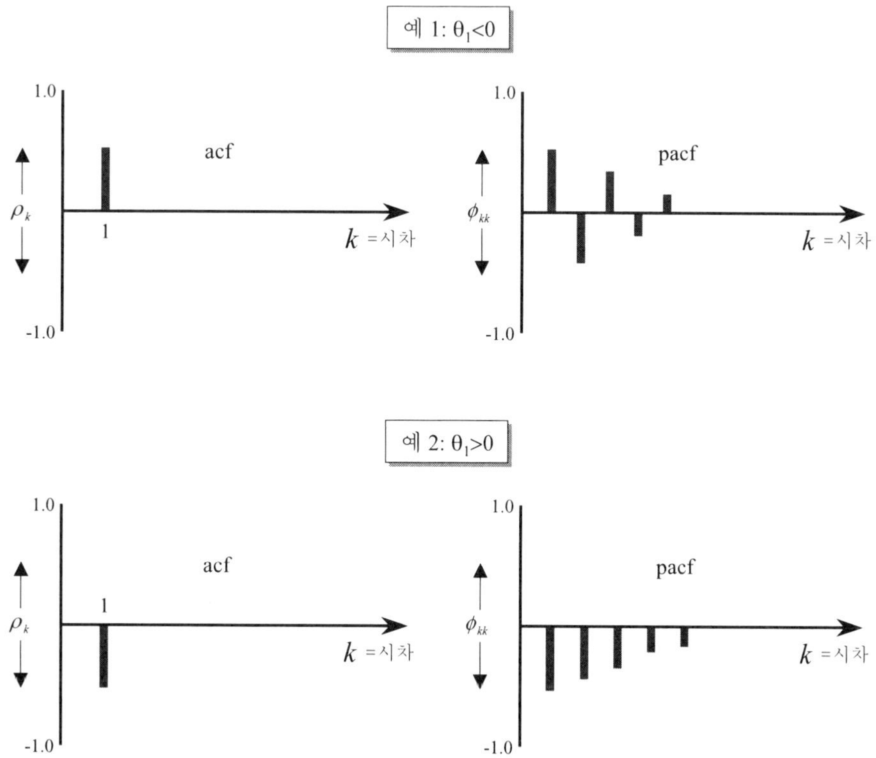

[그림 1.12] MA(1) 프로세스의 이론적인 ACF와 PACF

앞에서 제시한 상관함수 형태를 보고 추가적으로 몇 가지 특징을 정리할 수 있다.

① 정상적인 AR(1)과 AR(2) 프로세스의 경우: 이론적인 자기상관함수는 지수함수와 사인곡선이 혼합되어 감소하는 형태이며, 이론적인 편자기상관함수는 각각 시차 1, 1과 2에서 이후에 절단형태를 나타난다. 여기에서 주의할 사항은 AR(2) 프로세스의 경우, 편자기상관함수의 시차 2에서만 두드러진 스파이크를 발견할 수 있다. 이는 ϕ_1이 포함되지 않은 AR(2) 프로세스를 의미한다.

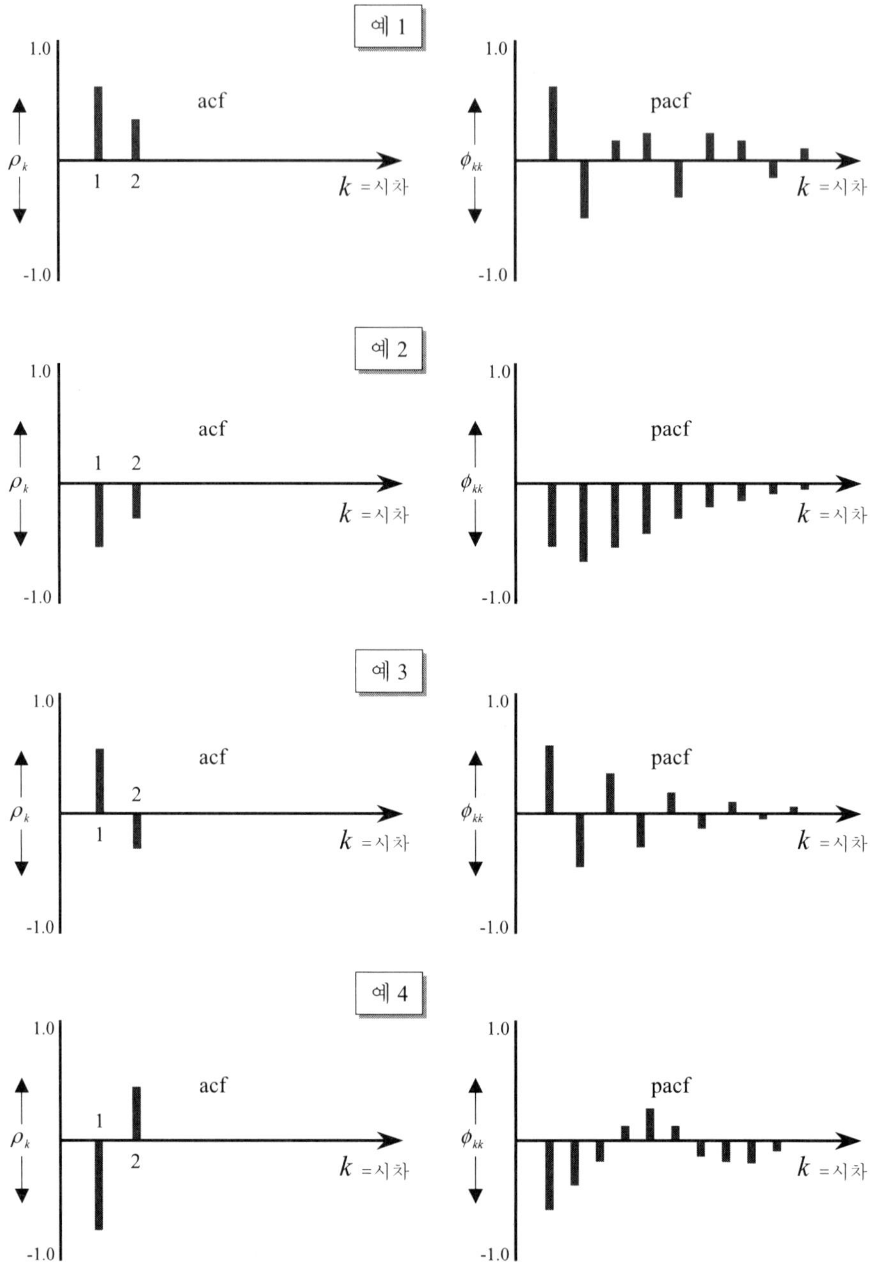

[그림 1.13] MA(2) 프로세스의 이론적인 ACF와 PACF

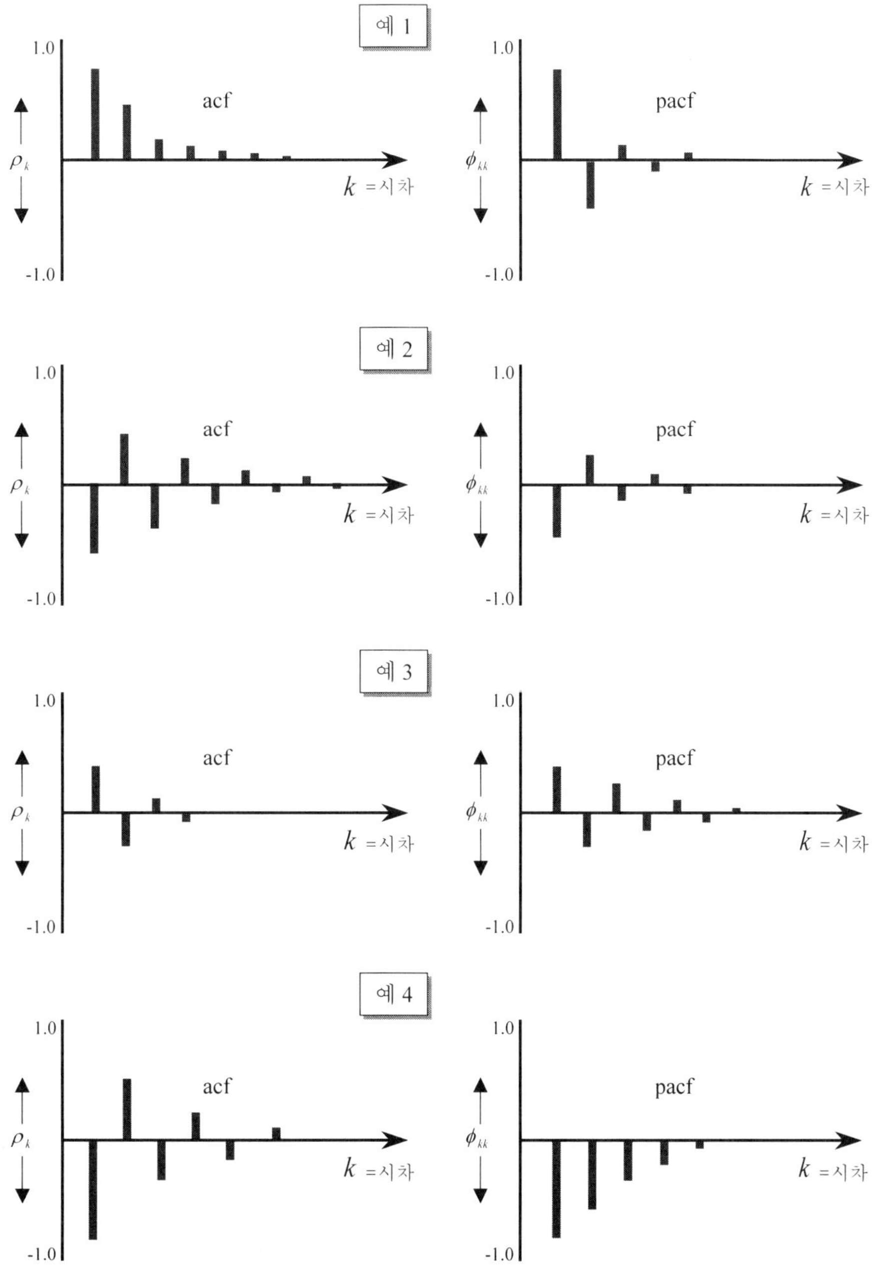

[그림 1.14] ARMA(1,1) 프로세스의 이론적인 ACF와 PACF

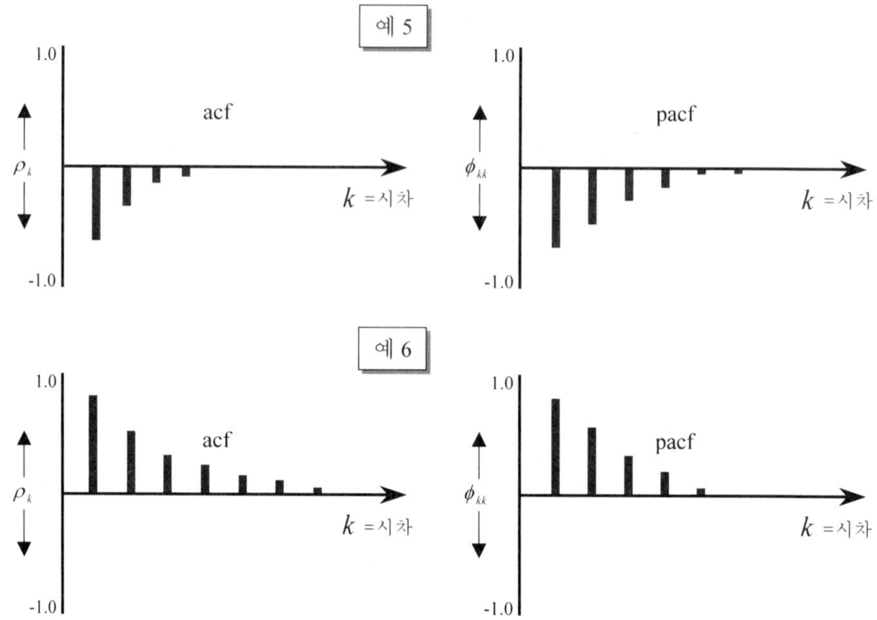

[그림 1.14] ARMA(1,1) 프로세스의 이론적인 ACF와 PACF(계속)

② MA(1)과 MA(2) 프로세스의 경우: AR(1)과 AR(2) 프로세스와는 반대로 이론적인 편자기상관함수는 지수함수와 사인곡선이 혼합되어 감소하는 형태이며, 이론적인 자기상관함수는 각각 시차 1, 1과 2에서 이후에 절단형태를 나타난다. 마찬가지로 MA(2) 프로세스의 경우, 자기상관함수의 시차 2에서만 두드러진 스파이크를 발견할 수 있다. 이는 θ_1이 포함되지 않은 MA(2) 프로세스를 의미한다.

③ ARMA(1,1) 프로세스의 경우: 이론적 자기상관함수와 이론적 편자기상관함수 모두 지수함수 또는 사인곡선 형태로 감소하는 형태이다.

추정된 자기상관함수와 추정된 편자기상관함수를 통해서 자기회귀요소와 이동평균요소를 식별할 경우, 감소하는 형태보다도 절단형태에 가까운 상관함수에 주목한다.

예를 들어, 추정된 자기상관함수에 비해 추정된 편자기상관함수가 훨씬 더 절단형태에 가까워 보이면 자기회귀요소로 식별하며, 만일 시차 3에서만 스파이크가 신뢰한계선 밖으로 두드러지게 튀어나와 있고, 나머지 시차 모두가 신뢰한계선 안에 있다면 차수가 3인 AR(3)모형으로 식별할 것이다. 여기에서 식별한 ARIMA 모형은 시차 1과 2에선 뚜렷한 스파이크를 발견할 수 없기 때문에 $\phi_1 = \phi_2 = 0$, $\phi_3 \neq 0$인 AR(3)모형일 것이다.

만일 추정된 자기상관함수와 추정된 편자기상관함수 모두 뚜렷하게 절단형태를 가지고 있으며, 각각 모두 시차 1에서만 두드러지게 스파이크를 발견할 수 있다면, 두 개의 ARIMA 모형(즉, MA(1)모형과 AR(1)모형)을 동시에 식별해야 할 것이다. 추정단계 및 모형검진단계를 거쳐 각 모형에 대한 타당성을 타진한 후, 모두 타당한 모형이라면 최종으로 두 모형 중 최적화된 모형을 선택해야 할 것이다.

식별단계에서 두 개의 추정된 상관함수를 사용하여 임시적으로 ARIMA 모형을 결정하지만, 그 전에 추정된 첫 5개 내지 7개 시차까지의 추정된 자기상관계수들이 '0'을 향해 서서히 감소하는 패턴이면(즉, t-검증통계량의 절대값이 대략 '1.6'보다 크면) 시계열의 평균이 비정상적임을 알아야 한다. 물론 이 경우 차분을 통해서 평균을 정상적으로 만든 후, 차분된 시계열 자료에 근거한 두 개의 추정된 상관함수를 면밀히 조사하여 모형식별을 하면 된다.

참고로 이 절에서 다룬 재고량 시계열 자료의 경우, 자기상관함수는 지수적으로 감소하는 형태이며, 편자기상관함수는 시차 1에 뚜렷한 스파이크를 발견할 수 있으며, 그 이후 시차에서 절단형태로 간주할 수 있다. 이는 이론적인 AR(1) 프로세스와 흡사하다. 즉, AR(1)모형으로 식별한다.

1.6 추정단계

1.6.1 모수추정 방법

식별단계에서 되도록 모수를 절약하고 통계적으로 적절한 하나 이상의 모형을 임시로 선택하였다. 여기에서 관측값 수가 n개라면 $n/4$개의 자기상관계수와 편자기상관계수를 추정하였다. 너무 많은 모수를 추정하는 것은 '모수절약의 원칙'에 위배되지만, 자료 계열의 초기 분석단계에서는 정당화될 수 있다.

반면 추정단계에서는 식별단계에서 선택된 모형 내의 모수들을 정확히 추정한다. 예를 들어, 식별단계에서 $n/4$개의 추정된 자기상관계수와 편자기상관계수를 이용하여 임시로 MA(2)모형(즉, $\tilde{y}_t = (1-\theta_1 B - \theta_2 B^2)\epsilon_t$)을 선택했다고 하자. 그리고, 추정단계에서는 단지 세 개의 모수(프로세스의 평균 μ와 두 개의 이동평균 계수 θ_1, θ_2)만을 정확히 추정하여 자료에 적합시킨다. 여기에서 모수를 추정하기 위해 몇 가지 추정 방법을 고려할 수 있다. 특히 Box와 Jenkins는 최대가능도(maximum likelihood, ML) 방법을 선호한다. 왜냐하면 가능도함수(likelihood function)는 자료에 담겨진 모수(들)에 관한 모든 정보를 반영하기 때문이다. 또 다른 방법으로 최소제곱(least-squares, LS) 방법을 고려할 수 있다. 만일 백색잡음이 정규분포를 따른다면 최소제곱추정값이 정확하거나 최대가능도추정값과 거의 차이가 없다. 여기에서 '최소제곱'은 잔차제곱합을 가장 최소로 하는 모수 추정값을 의미한다.

1.6.2 최소제곱법(conditional least square)

두 개의 최소제곱법을 설명하기 위해 우선 잔차제곱합을 살펴보자.

1) **잔차제곱합**(sum of squared residuals, SSR)

이해를 돕기 위해 다음 주어진 AR(1)모형을 예로 들어 설명하도록 한다.

$$(1-\phi_1 B)\tilde{y}_t = \epsilon_t$$

또는

$$\tilde{y}_t = \mu(1-\phi_1) + \phi_1 y_{t-1} + \epsilon_t \qquad [1.18]$$

여기에서, $\mu(1-\phi_1)$은 상수항이다.

[1.18]식의 우변을 이용하여 어떻게 y_t 를 예측하는지 살펴보자. 시점 $(t-1)$까지의 백색잡음들은 관측할 수 없지만, μ, ϕ_1, y_{t-1} 는 알고 있다. $\hat{y_t}$ 를 구하기 위해 [1.18]식의 양변에 기대값을 취하면

$$\hat{y_t} = \mu(1-\phi_1) + \phi_1 y_{t-1} \quad [1.19]$$

이 된다. 그리고, 시점 t 에서 y_t를 관측한다. 이때 $(y_t - \hat{y_t})$를 취해서 백색잡음을 구할 수 있다. μ 와 ϕ_1이 알려져 있다고 가정하지만 실제로 모르는 모수들이다. 그래서, [1.19]식은

$$\hat{y_t} = \hat{\mu}(1-\hat{\phi_1}) + \hat{\phi_1} y_{t-1} \quad [1.20]$$

이 된다. $\hat{y_t}$ 는 알려진 모수가 아닌 모수들의 추정값으로 계산된 값이며, $(y_t - \hat{y_t})$는 당연히 정확한 백색잡음 값이 아니다. [1.20]식에 [1.18]식을 빼면 백색잡음 ϵ_t 의 추정값인 잔차(residual, $\hat{\epsilon_t}$)를 얻을 수 있다. 즉, $\hat{\epsilon_t} = y_t - \hat{y_t}$ 가 된다. 잔차제곱합(SSR)을 어떻게 계산하는지를 알기 위하여 주어진 실현값(y_t)에 근거하여 다음 주어진 [표 1.1]로 표현하였다. 여기에서 [1.18]식의 AR(1)모형을 이용하여 계산하였다.

[표 1.1] $\hat{\phi}_1 = 0.5$인 AR(1)모형의 잔차제곱합

t	y_t	$\tilde{y}_t = y_t - \bar{y}$	$\hat{y}_t = \phi_1 \tilde{y}_{t-1}$	$\hat{\epsilon}_t = \tilde{y}_t - \hat{y}_t$	$\hat{\epsilon}_t^2$
0	–	–	–	–	–
1	80	20	–	–	–
2	60	0	10	−10	100
3	30	−30	0	−30	900
4	40	−20	−15	−5	25
5	70	10	−10	20	400
6	80	20	5	15	225

$$\sum y_t = 360,\quad \hat{\mu} = \bar{y} = \frac{1}{n}\sum y_t = 360/6 = 60,\quad \sum \tilde{y}_t = 0,\ \sum \hat{\epsilon}_t^2 = 1650$$

$\hat{\phi}_1 = 0.5$일 경우 잔차제곱합을 구하기 위해서, [표 1.1]의 결과를 사용하여 다음과 같이 $\hat{\tilde{y}}_t$를 구할 수 있다.

$$\hat{\tilde{y}}_2 = \hat{\phi}_1 \tilde{y}_1 = 10(0.5)(20) = 10$$
$$\hat{\tilde{y}}_3 = \hat{\phi}_1 \tilde{y}_2 = 0(0.5)(0) = 0$$
$$\cdots$$

잔차($\hat{\epsilon}_t$)는 $\hat{\tilde{y}}_t$를 근거로 다음과 같이 구할 수 있다.

$$\hat{\epsilon}_2 = \tilde{y}_2 - \hat{\tilde{y}}_2 = -10$$
$$\hat{\epsilon}_3 = \tilde{y}_3 - \hat{\tilde{y}}_3 = -30$$
$$\cdots$$

그러므로 잔차제곱합은 $\sum \hat{\epsilon}_t = (-10)^2 + (-30)^2 + \ldots + (15)^2 = 1650$이 된다. 물론 여기에서 잔차제곱합은 $\hat{\mu} = 60$, $\hat{\phi}_1 = 0.5$에서 얻어진 값이다. 모수에 대한 최소제곱추정량을 구하기 위해서는 잔차제곱합을 가장 최소로 하는 모수($\hat{\mu}, \hat{\phi}_1$)를 찾는다.

2) **조건적 최소제곱법**(conditional least square method)

[표 1.1]에서 주어진 실현값에 근거하여 시점 1을 제외한 시점 2부터 6까지의 잔차를 계산하였다. 왜냐하면 $\hat{\tilde{y}}_1 (= \hat{\phi}_1 \tilde{y}_0)$을 얻기 위해서는 y_0 값이 존재하지 않기 때문이다. 계열의 시작점을 특정값 즉, $y_1 = 20$으로 사용한다는 의미에서 잔차제곱합 앞에 '조건적'이란 용어를 붙인다. 그러나, 조건적 최소제곱합은 계산이 간단하다는 장점이 있는 반면 처음 몇 관측값이 갖는

정보가 효율적으로 이용되지 못하는 단점이 있다.

3) **비조건적 최소제곱법**(unconditional least squares method)

Box와 Jenkins[4]는 "조건적 최소제곱법은 관측값 수가 많을 때 계절적 요소가 포함되지 않은 모형에 적절한 방법이지만, 통상 비조건적 최소제곱법이 더 좋다. 그리고 비조건적 최소제곱추정값은 비조건적 최대가능도추정값과 거의 같다"고 언급하였다.

조건적 최소제곱법과 같이, [표 1.1]에 나타난 실현값에 대해서 $\hat{\phi}_1 = 0.5$인 AR(1)모형을 고려해보자. 우선 [표 1.2]와 같이 실현값을 나열해보자.

[표 1.2]

t	$\tilde{y}_t$
1	20
2	0
3	−30
4	−20
5	10
6	20

[표 1.3]은 시점 6부터 1까지 거꾸로 뒤집어서 역순으로 표기한 뒤 나머지 시차에 해당하는 실현값은 다음 추정된 계수의 가장 최근값을 이용하여 역순으로 나열된 계열을 예측한 것이다. 즉, 예측 방정식은 $\hat{\tilde{y}}_t = \hat{\phi}_1 \tilde{y}_{t-1} = 0.5\tilde{y}_{t-1}$이 된다. 그러나, 역순으로 나열된 시계열에 대해 백캐스팅(backcasting) 방정식은 $\hat{\tilde{y}}_t = \hat{\phi}_1 \tilde{y}_{t-1} = 0.5\tilde{y}_{t-1}$이 되며, 이를 이용하여 시점 '0' 이하의 실현값을 다음과 같이 구한다.

$$t=0 \text{ 에 대한 백케스트는 } \hat{\tilde{y}}_0 = 0.5\tilde{y}_1 = 0.5(20) = 10,$$

4. G. E. P. Box, G. M. Jenkins, and G. C. Reinsel (1994), *Time Series Analysis: Forecasting and Control*, 3rd ed. New Jersey: Prentice Hall.

$t = -1$에 대한 백케스트는 $\hat{\tilde{y}}_{-1} = 0.5y_0$이지만, y_0이 존재하지 않으므로 $\hat{\tilde{y}}_0 = 10$으로 대치하면, $\hat{\tilde{y}}_{-1} = 0.5(10) = 5$가 된다. 이런 방식으로 $\hat{\tilde{y}}_t = 0.5\tilde{y}_{t+1}$을 계산할 때마다 $\tilde{y}_{t+1}$ 대신에 $\hat{\tilde{y}}_{t+1}$을 대입해서 나머지 실현값($\tilde{y}_t^e$)을 구할 수 있다. 원계열 $\tilde{y}_t$를 얻기 위해서는 [표 1.3]을 다시 뒤집으면 된다. 그리고 새로운 백케스트를 계열에 포함시켜 ϕ_1을 재추정하면 된다. 이때 최소제곱추정값이 수렴할 때까지 이를 계속 진행한다. 이동평균항이 모형 안에 존재한다면, 잔차들을 생성하기 위해서 더 많은 백케스트를 계산해야 할 것이다. 그러나, 근본적으로 자기회귀모형과 같은 개념으로 구할 수 있다.

[표 1.3]

t	$\tilde{y}_t^e$
6	20
5	10
4	−20
3	−30
2	0
1	20
0	10
−1	5
−2	2.5
−3	1.25
−4	0.625
−5	0.3125
……	……

1.6.3 추정단계에서 주목해야 할 점

1.6.2절에서 이미 좋은 모형이 갖추어야 될 몇 가지 성질을 언급하였다. 추정단계에서 만족시킬 조건들을 구체적으로 살펴보기 위해 ARMA(1,2)모형의 추정결과를 예를 들어 설명하기로 한다.

① 추정된 계수의 정상성과 가역성을 점검한다.

두 가지 성질을 점검하기 위해 다음 주어진 SPSS 출력결과를 살펴보자.

ARIMA 모형 모수

			추정값	SE	t	유의확률
재고량	상수항		5.940	.438	13.558	.000
	AR	시차 1	.737	.077	9.556	.000
	MA	시차 1	.669	.100	6.655	.000
		시차 2	-.341	.106	-3.206	.002

추정된 계수는 각각 $\hat{\phi}_1 = 0.737,\ \hat{\theta}_1 = 0.669,\ \hat{\theta}_2 = -0.341$ 이다. 이를 후향연산자를 사용하여 표현하면, $(1-0.737B)\tilde{y}_t = (1-0.669B+0.341B^2)\hat{\epsilon}_t$ 가 된다.

이 ARIMA 모형의 경우, 자기회귀(AR) 요소와 이동평균(MA) 요소가 혼합되어 있기 때문에 정상성 조건과 가역성 조건을 동시에 점검해야 할 것이다. 추정된 계수들의 정상성 및 가역성을 점검할 때 모수$(\phi_1, \theta_1, \theta_2)$가 알려져 있지 않기 때문에 $(\hat{\phi}_1, \hat{\theta}_1, \hat{\theta}_2)$을 대신 사용한다. $|\hat{\phi}_1| = 0.737 < 1$ 이므로 정상성 조건을 만족한다. 참고로 단위근 검증(unit root test)을 적용하여 정상성을 만족하는지 여부를 판가름해야겠지만 SPSS 17.0에서는 이를 제공하지 않는다. 이미 1.4.3절에서 언급한 바와 같이, 가역성 조건은 ARIMA 모형의 이동평균 부분에만 적용된다. ARMA(1,2)모형의 가역성 조건은 MA(2)모형과 마찬가지로 $|\theta_1| < 1,\ \theta_2 - \theta_1 < 1,\ \theta_2 + \theta_1 < 1$ 모두를 만족해야 할 것이다. 이 경우 3가지 가역성 조건을 만족하며, 점검은 독자의 몫으로 돌린다.

만일 정상성 조건 및 가역성 조건 중 하나라도 만족하지 않으면 고려한 모형은 적절하지 않다. 특히 정상성이 만족되지 않으면, 적절한 차분 후 차분된 시계열에 대한 자기상관함수와 편자기상관함수를 사용하여 또 다른 ARIMA 모형을 재식별해야 할 것이다.

② 추정된 계수의 통계적 유의성 검증

ARIMA 모형을 추정한 후 추정된 모수(SPSS 17.0 출력결과의 '추정값' 열 참조)가 '0'인지(귀무가설) 여부를 검증한다. 여기에서 t-검증통계량 값(SPSS 출력결과에서 't' 열 참조)은 다음과 같이 계산된다.

$$t = \frac{(\text{추정된 계수}) - (\text{가설에서 주어진 계수값})}{\text{추정된 계수의 표준오차}}$$

앞에서 고려한 ARMA(1,2)모형을 예를 들어 계산하면 다음과 같다.

$$t_{\hat{\phi}_1} = \frac{0.737 - 0}{0.077} = 9.556$$

$$t_{\hat{\theta}_1} = \frac{0.669 - 0}{0.100} = 6.655$$

$$t_{\hat{\theta}_2} = \frac{-0.341 - 0}{0.106} = -3.206$$

통상 계산된 t-검증통계량의 절대값이 '2.0'보다 작으면 또는 SPSS 출력결과의 '유의확률'의 값이 유의수준 5%보다 크면 해당하는 계수를 모형에서 제거한다. 만일 유의하지 않은 계수(들)를 모형에서 제거하지 않으면 '모수절약의 원칙'에 위배되며 정확도가 떨어지는 예측값(들)을 얻게 된다.

앞 SPSS 출력결과의 경우 추정된 계수에 대한 유의확률(즉, p값) 모두가 모두 5%보다 크기 때문에(또는 계산된 t-검증통계량의 절대값이 모두 '2.0'보다 크기 때문에) 추정된 계수 모두가 통계적으로 '0'이라는 귀무가설을 기각하게 된다.

③ 계수에 대한 상관행렬

추정된 계수들 사이에 서로 상관되는 것은 피할 수 없지만, 상관계수가 크면 좋은 질(quality)의 추정값이라고 생각할 수 없다. 즉, 최종 계수의 추정값(들)이 특정적 실현값에 크게 영향을 받게 되며, 조금 다른 실현값에 대해서도 크게 다른 추정계수(들)가 산출된다. 같은 프로세스에서 생성된 다른 실현값을 각각 모형화할 때 각각 얻어진 계수들 간에 큰 차이가 있다면, 이 추정값들은 좋은 질의 것이라 생각할 수 없다. 이 때문에 추정된 계수 간의 상관계수가 큰 모형에 근거하여 산출된 예측값들은 신뢰할 수 없을 것이다.

실전적으로 통상 두 개의 추정된 ARIMA 계수 사이의 상관계수가 '0.9 이상'이면 이 추정값들은 불안전하며, 이 경우에는 추정된 자기상관함수와 편자기상관함수를 통해 몇 개의 대체모형을 고려해야 할 것이다. 불행히도 SPSS 출력결과 중 추정된 계수들 사이의 상관계수를 발견할 수 없다.

④ 계수중복성(near-redundancy)

ARIMA 모형에서 때때로 계수가 중복되는 상황이 발생한다. 이 경우 "단순화된 모형일수록 좋다"는 '모수절약의 원칙'에 위배되며 정확한 예측값을 얻기 어렵다. 결과적으로 추정된 계수들은 질이 떨어지게 된다.

다음은 $\phi_1 = 0.6,\ \theta_1 = 0.6$ 인 ARMA(1,1) 프로세스 즉,

$$(1-0.6B)\widetilde{y_t} = (1-0.6B)\epsilon_t \qquad [1.21]$$

를 예를 들어 설명하기로 한다. 이론적으로 [1.21] 프로세스는 문제가 없지만, 좌변과 우변이 각각 $(1-0.6B)$로 중복된다. [1.21]식 양변의 $(1-0.6B)$를 제거하면 백색잡음 프로세스 즉, $\widetilde{y_t} = \epsilon_t$ 가 된다.

또 다른 예로서, $\phi_1 = 0.6,\ \theta_1 = 0.5$ 인 ARMA(1,1) 프로세스 즉,

$$(1-0.6B)\widetilde{y_t} = (1-0.5B)\epsilon_t \qquad [1.22]$$

를 고려해보자. 자기회귀계수와 이동평균계수가 완전하게 중복되지 않지만 거의 비슷하다(0.5와 0.6). 따라서 [1.22] 프로세스에 근거하여 추정된 자기상관함수는 백색잡음 프로세스의 자기상관함수와 거의 비슷할 것이다. 어느 정도 비슷한 형태를 가질 것인지는 물론 관측값 수에 따라 달라진다. 상대적으로 많은 수의 표본을 추출할 때 [1.22]에 근거한 추정된 자기상관함수

는 ARMA(1,1) 프로세스에 대한 윤곽을 더 확실히 나타내 줄 것이다. 즉, 표본크기가 크면 클수록 추정값의 질을 향상시킬 수 있지만, 역시 모수가 절약된 백색잡음모형이 선호된다.

적당한 표본크기에 대해서 [1.22] 프로세스에 근거한 추정된 자기상관함수는 백색잡음 프로세스에 근거한 것과 매우 흡사한 형태를 갖는다. 식별단계에서 자료를 적절하게 표현하기 위해 백색잡음모형을 선택할 수 있다. 설사 추정된 자기상관함수를 통해 ARMA(1,1)모형을 식별하였다 할지라도 백색잡음모형을 선호할지도 모른다. 왜냐하면 백색잡음모형이 더 모수를 절약하였고 ARMA(1,1)모형과는 달리 불안전한 추정값에 대해 걱정할 필요가 없기 때문이다.

다음과 같이 실전적인 분석전략을 정리할 수 있다. "자기회귀항과 이동평균항이 동시에 모형에 필요하다는 근거가 확실하지 않다면 되도록 둘을 함께 쓰지 않도록 하며, 혹시 동시에 사용하더라도 추정단계에서 반드시 계수가 중복되었는지를 확인한다. 이와 같이 함으로써 모수를 불필요하게 사용하여 불안전한 추정값을 얻게 되는 오류를 막을 수 있다."

⑤ 적합도 통계량을 사용한 자료적합의 근접도 측정

추정단계에서 추정된 ARIMA 모형이 자료를 완벽하게 적합시킬 수 있다는 보장은 없다. 어떤 자료는 자기회귀항 또는 이동평균항으로 설명할 수 없는 통계적인 '잡음(noise)'이 많이 포함되기도 한다. 즉, 이 경우 백색잡음의 분산이 커져서 아무리 잘 구축된 최종 ARIMA 모형이라 할지라도 자료를 잘 적합시키지 못할 것이다.

백색잡음은 관측할 수 없기 때문에 이 잡음의 분산을 직접적으로 계산할 수 없다. 대신에 추정단계에서 모형을 추정한 후에 생성된 잔차 ($\hat{\epsilon_t}$)를 사용하여 백색잡음의 추정된 분산 즉, 평균제곱오차(mean squared error, MSE)를 다음과 같이 계산할 수 있다.

$$\hat{\sigma}_{\epsilon}^{2} = \frac{1}{n-k}\sum\left(y_t - \hat{y_t}\right)^2 = \frac{1}{n-k}\sum \hat{\epsilon}_t^{\,2} \qquad [1.23]$$

여기에서, n은 모든 잔차의 수이며 k는 추정된 모수의 수를 말한다.

평균제곱오차는 동일한 실현값에 대해 추정된 모형이 여러 개 존재할 때 최적의 모형을 찾기 위해서 서로 비교할 수 있는 적합도 도구 중 하나로써 사용할 수 있다. 다른 모형들에 비해 두드러지게 작은 평균제곱오차를 갖는 모형을 선택한다. 왜냐하면, 가장 작은 평균제곱오차를 갖는 모형이 자료를 가장 잘 적합하고 상대적으로 잡음요소를 적게 포함하고 있기 때문이다.

평균제곱오차와 마찬가지로, 작은 값을 가질수록 적합도가 좋은 모형임을 측정하는 몇 개의 통계량을 사용할 수 있다.

• 평균제곱오차의 제곱근(root mean square error, RMSE)

$$\mathrm{SE} = \sqrt{\frac{1}{\mathrm{n-k}}\sum\left(\mathrm{y_t} - \hat{\mathrm{y}}_\mathrm{t}\right)^2}$$

• 평균절대백분위오차(mean absolute percentage error, MAPE)

$$MAPE = \frac{100}{n}\sum\left|\frac{y_t - \hat{y}_t}{y_t}\right|$$

• 평균절대오차(mean absolute error, MAE)

$$MAE = \frac{1}{n}\sum\left|y_t - \hat{y}_t\right|$$

• 절대퍼센트오차의 최대값(maximum absolute percentage error, MAPE)

$$MaxAPE = 100\max\left(\left|\frac{y_t - \hat{y}_t}{y_t}\right|\right)$$

• 절대오차의 최대값(maximum absolute error, MAE)

$$MaxAE = \max\left(\left|y_t - \hat{y}_t\right|\right)$$

반면에 큰 값을 가질수록 적합도가 좋은 모형임을 측정하는 두 개의 통계량을 소개하기로 한다.

- $R^2 = 1 - \dfrac{\sum_t \left(y_t - \hat{y}_t\right)^2}{\sum_t \left(y_t - \bar{y}\right)^2}$

- 정상 $R^2 = 1 - \dfrac{\sum_t \left(z_t - \hat{z}_t\right)^2}{\sum_t \left(\Delta z_t - \overline{\Delta z}\right)^2}$

여기에서, z_t 는 y_t 를 분산을 정상적으로 만들기 위해 변수변환된 시계열 자료이며, Δz_t 는 z_t 를 차분시킨 자료이다. 따라서 시계열 자료가 특정적인 추세가 있거나 분산을 정상적으로 만들기 위해 변수변환을 실시했다면 정상화 R^2 을 사용하길 권한다.

이는 팝업메뉴에서 분석(A) ▸예측 ▸모형 생성(C)...을 선택하여 "시계열 모형 생성기" 대화상자가 나타나면, '통계량' 단추를 선택하여 '적합도' 란에서 선택할 수 있다.

⑥ AIC, BIC

ARMA(*p*,*q*)모형의 차수를 지정하는 데 도움이 되는 통계량으로, H. Akaike[5]는 다음과 같이 AIC(Akaike's information criterion)를 제시하였다.

$$AIC = \ln \hat{\sigma}_{\epsilon}^2 + 2(p+q)/n \qquad [1.24]$$

여기에서, $\ln \hat{\sigma}_{\epsilon}^2$ 는 시계열 자료에 ARMA(*p*,*q*)모형을 적합할 때 백색잡음의 분산 추정값, *n*은 관측값 수, (*p*+*q*)는 적합된 모수의 수이다. AIC 절차는 [1.24]식을 최소로 하는 차수 *p*와 *q*를 찾는 것을 의미한다. 즉, 해당 모형이 관측된 계열에 얼마나 적합한지를 고려하고 적합에 사용되는 모수의 수를 고려한다. 시계열을 적절히 설명하고 최소 AIC를 갖는 모형을 찾도록 한다.

---

5. H. Akaike (1974), "Markovian Representation of Stochastic Process and its Application to the Analysis of Autoregressive Moving Average Processes," *Ann. Inst. Statist. Math.*, 26, 363-387.

ARMA(p,q)모형을 객관적으로 식별하기 위한 또 다른 도구로서 베이지안 방법을 이용한 정규화된 BIC(Normalized Baysian Information Criterion)를 고려할 수 있다.

$$\text{정규화된 } BIC = \ln(MSE) + k\frac{\ln n}{n} \qquad [1.25]$$

AIC와 마찬가지로, [1.25]식을 최소로 하는 차수 p와 q를 찾는다. 이 BIC 통계량은 SPSS 17.0 출력결과 중 정규화된 BIC로 출력된다.

1.7 모형검진단계

일단 추정단계의 1.6.2절에서 언급한 성질들을 만족하는 추정값을 얻으면, 모형검진단계로 넘어간다. 물론 1.6.2절의 여러 성질 중 하나라도 만족하지 않으면 식별단계로 다시 돌아가서, 다른 자기회귀요소 또는 이동평균요소를 고려해야 할 것이다. 모형검진단계에서는 추정된 모형이 통계적으로 적절한지를 결정한다. 추가로 모형검진단계에서 모형이 타당하지 않다 하더라도 잔차 자기상관함수, 잔차 편자기상관함수, 잔차도표, Box-Ljung 검증 통계량 등을 통해서 모형을 재식별할 수 있는 실마리를 찾을 수 있다. 다시 말해서 이들을 재식별을 하는 데 중요한 도구로 사용할 수 있다.

ARIMA 모형에서 통계적 적절성을 점검하는 데 가장 중요한 검증은 백색잡음의 독립성 가정 여부이다.

1.7.1 백색잡음이 독립인가?

통계적으로 적절한 모형은 백색잡음들이 서로 독립(즉, 자기상관되어 있지 않다)이다. 실제로 백색잡음(ϵ_t)은 관측할 수 없지만 추정할 수 있다. 즉, 추정된 모형으로부터 잔차를 계산할 수 있다. 모형검진단계에서는 잔차를 이용하여 백색잡음의 독립성에 관한 가설을 검증한다.

그렇다면 독립성 가정에 대해 왜 관심을 갖는가? 백색잡음은 모형화한 변수(y_t)의 요소이다. 그래서 백색잡음이 시간의 흐름에 따라 연이어 서로 상관되었다면, y_t 내에 자기회귀항 또는 이동평균항으로 설명되지 않는 자기상관 패턴이 존재할 것이다. 일변량 ARIMA 모형구축의 기본 개념은 y_t 내에 존재하는 자기 패턴을 자기회귀항과 이동평균항으로 표현하며 이때 최대한 모수를 절약한다는 것이다. 만일 잔차들이 자기상관되면 이들은 더 이상 백색잡음이 아니며, 잔차의 독립성 가정을 만족시키는 또 다른 모형을 찾아야 할 것이다.

잔차가 자기상관되었다고 생각되면, 최초 추정된 자기상관함수와 편자기상관함수를 재검토하여 다른 모형을 고려한다. 물론 모형검진단계에서 얻은 결과들을 통해 모형을 재조정하여 더 좋은 모형을 찾을 수 있다. 그러므로 백색잡음의 독립성 여부를 알 수 있는 몇 가지 방법을 소개하도록 한다.

1.7.2 잔차 자기상관함수(residual acf)

모형검진단계에서 기본적으로 사용되는 도구는 잔차 자기상관함수(residual autocorrelation fonction, residual acf)이다. 이 함수는 근본적으로 원시계열에 대해서 추정된 자기상관함수와 동일하다. 자기상관함수와 유일한 차이점은 관측값(y_t) 대신 추정된 모형에서 생성된 잔차($\hat{\epsilon}_t$)를 사용한다는 것이다. 이를 수식으로 표현하면 다음과 같다.

$$r_k(\hat{\epsilon}) = \frac{\sum_{t=1}^{n-k}(\hat{\epsilon}_t - \bar{\epsilon})(\hat{\epsilon}_{t+2} - \bar{\epsilon})}{\sum_{t=1}^{n}(\hat{\epsilon}_t - \bar{\epsilon})^2}$$

추정된 모형이 적절하다면 백색잡음들은 서로 독립이어야 한다. 만일 백색잡음들이 독립이라면 백색잡음의 추정값인 잔차 역시 독립이어야 한다.

그러므로, 적절하게 설정된 ARIMA 모형이 갖는 모든 잔차 자기상관계수는 이론적으로는 '0'이 되어야 할 것이다. 그러나 이는 현실적으로는 불가능하다. 왜냐하면 ARIMA 계수들의 추정값(실제값이 아님)을 사용하여 실현값으로부터 계산된 잔차 때문이다. 즉, 아무리 좋은 모형을 채택하였더라도 표본오차 때문에 최소 몇 개의 잔차 자기상관계수는 '0'이 아닐 것이다.

수치로 나타낸 잔차 자기상관함수를 얻기 위해서는 SPSS 팝업메뉴에서 분석(A) ▸예측을 선택하여 "시계열 모형 생성기" 대화상자가 나타나면, '통계량' 단추를 선택하여 '개별 모형의 통계량' 란에서 '잔차 자기상관함수(ACF)'를 체크한다.

	잔차 ACF									
	1	2	3	4	5	6	7	8	9	10
자기상관함수(ACF)	-.058	-.003	.135	-.087	.113	.069	.029	-.001	-.068	.110
SE	.129	.130	.130	.132	.133	.134	.135	.135	.135	.136

[그림 1.15] 잔차 자기상관함수의 예

또한 그림으로 표현된 잔차 자기상관함수는, SPSS 팝업메뉴에서 분석(A) ▸예측을 선택하여 "시계열 모형 생성기" 대화상자가 나타나면, '도표' 단추를 선택하여 '개별 모형 도표' 란에서 '잔차 자기상관함수(ACF)'를 체크한다.

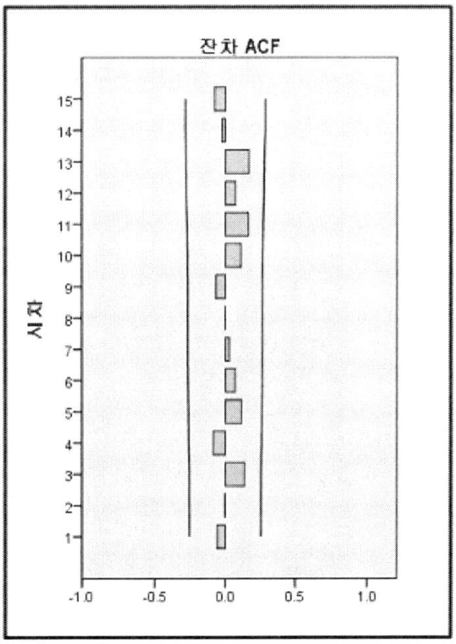

[그림 1.16] 잔차 자기상관함수의 예

1.7.3 t-검증통계량

잔차 자기상관함수를 계산한 후 이 계수들이 통계적으로 '0'인지 여부를 알아보아야 한다. 1.5.1절에서 소개한 Bartlett이 제시한 표준오차를 그대로 다음의 잔차 자기상관계수의 표준오차에 적용시켜 추정한다.

$$SE[r_k(\hat{\epsilon})] = \sqrt{\left\{1 + 2\sum_{j=1}^{k-1} r_j(\hat{\epsilon})^2\right\}/n} \qquad [1.26]$$

[1.26]식의 표준오차를 계산한 후, 잔차 자기상관계수에 대한 귀무가설 H_0: $\rho_k(\hat{\epsilon}) = 0$을 검증할 수 있다. 즉, 검증통계량

$$t = \frac{r_k(\hat{\epsilon}) - 0}{s.e[r_k(\hat{\epsilon})]}$$

을 계산한 후, 이 검증통계량 값이 단기시차 1,2,3에서 '1.25', 그 밖의 시차에서 '1.6'보다 작으면 귀무가설을 채택한다. 다시 말해서, 해당시차의 백색잡음이 서로 독립이다.

계산한 t-검증통계량이 임계값보다 크면 임시로 귀무가설을 기각하며 추정된 모형의 백색잡음들이 서로 상관된다. 즉, 추정된 모형이 부적절하게 된다. 여기에서 잔차 자기상관함수의 t-검증통계량은 [그림 1.15]의 SPSS 17.0 출력결과 중 자기상관함수(ACF)/SE를 계산하여 얻는다. 또는 [그림 1.16]의 신뢰한계선 밖으로 튀어나온 시차(들)의 자기상관계수(들)가 5% 유의수준에서 통계적으로 유의하다고 판단한다.

1.7.4 Box와 Ljung의 카이제곱검증

Box와 Ljung[6]은 한 집합으로 여기는 모든 잔차 자기상관함수를 근거로 한 검증통계량을 제시하였다. k개의 잔차 자기상관계수가 주어졌다고 하자.

---

6. G. M. Ljung and G. E. P. Box (1978), "On a Measure of Lack of Fit in Time Series Models," *Biometrika*, 65, 297.

백색잡음들 사이의 상관계수 모두가 '0'이라는 귀무가설(즉, $H_0 : \rho_1(\epsilon) = \rho_2(\epsilon) = \cdots \rho_k(\epsilon) = 0$) 하에서 다음 주어진 검증통계량을 고려한다.

$$Q^* = n(n+2)\sum_{k=1}^{K} r_k^2(\hat{\epsilon})/(n-k)$$

여기에서 n은 모형을 추정할 때 사용된 관측값 수이다. 그리고, Q^*는 근사적으로 $\chi^2(k-m)$ 분포를 따르며, m은 ARIMA 모형을 추정할 모수의 수이다.

Q^*값이 크면 한 집합으로서 잔차 자기상관계수가 통계적으로 '0'이 아님을 의미한다. 그래서 추정된 모형의 백색잡음들이 서로 상관되므로 다른 모형을 고려해야 한다. Box와 Ljung의 Q-통계량값은 SPSS 팝업메뉴에서 분석(A) ▸예측을 선택하면 '시계열 모형 생성기' 대화상자가 나타난다. 여기에서 '모형별 적합도, Box-Ljung 통계량 및 이상값 수 표시(D)'를 체크한다.

모형 통계량

모형	예측변수 수	모형적합 통계량	Ljung-Box Q(18)			이상값 수
		정상 R 제곱	통계량	자유도	유의확률	
재고량-모형_1	0	.325	8.723	16	.924	0

위 출력결과의 경우, Box-Ljung Q(18) 란의 '유의확률'의 값 '.924'가 유의수준 5%보다 월등히 크기 때문에 "백색잡음항이 독립이다"는 귀무가설을 채택하게 된다.

1.7.5 기타 진단방법들

모형의 적합성을 점검하는 몇 가지 방법을 추가적으로 알아보기로 한다.

1) **잔차도표**(residual plot)

추정단계에서 모수를 추정하면 잔차가 생성된다. 이때 적합값 또는 시간을 가로축에, 시간의 흐름에 따라 생성된 잔차들을 세로축에 나열하여 플롯하면 잔차도표가 된다. 잔차도표를 그리는 이유는 단순히 잔차를 계산하는 것보다는 이들을 플롯해 봄으로써, 대체로 적합된 모형에 존재하는 문제를 시각적으로 발견할 수 있고 때로는 원자료보다는 잔차를 플롯하여 자료의 패턴을 더 잘 파악할 수 있기 때문이다. 다시 말해서 모형추정 후 백색잡음이 갖는 독립성, 등분산성 성질을 잔차도표를 통해서 시각적으로 점검할 수 있게 된다. 한 예로 잔차도표를 통해 잔차의 분산이 시간의 흐름에 따라 변하는 것이 발견되면 원자료를 변수변환해야 한다.

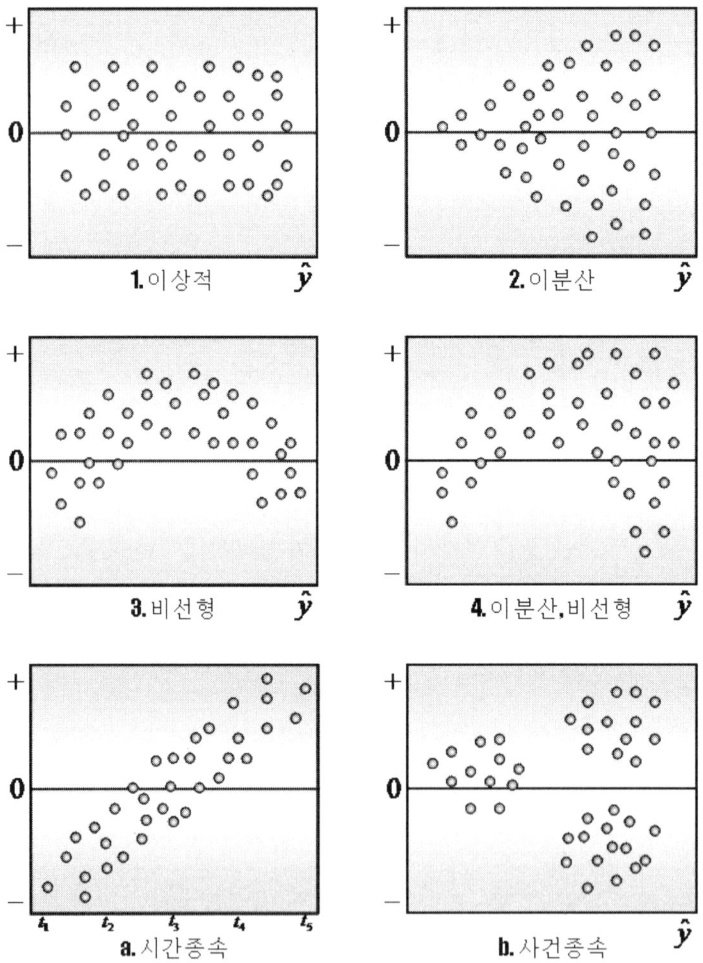

[그림 1.17] 여러 형태의 잔차도표

추가로 잔차도표를 통해서 다른 관측값들에 비해서 월등히 크거나 작은 값(들)을 찾을 수 있다. 이러한 자료는 때때로 잘못 기재했거나 특이한 사건(예: IMF 외환 위기, 파업, 전쟁 등)으로 이해할 수 있으며, 나머지 시계열 자료에 큰 영향을 줄 수 있다. 물론 이러한 경우 자료를 제대로 수정하거나 상대적으로 작은 큰 잔차를 갖는 해당시점의 원인 및 사건이 파악되면, 특이한 사건이 주는 영향을 감안한 소위 개입모형(intervention model)을 적용하는 등 다른 개선 방법을 고려해야 할 것이다. 참고로 개입모형은 2권에서 다룬다. 따라서 잔차를 신중히 살펴봄으로써 자료에 내재하는 정확도를 향상시킬 수 있으며 변동의 원인을 심도 깊게 분석할 수 있다.

SPSS 팝업메뉴에서 분석(A) ▸예측을 선택하여 "시계열 모형 생성기" 대화상자에서 '저장' 단추를 누른 후, '변수 저장'에서 '잡음 잔차'에 해당하는 저장을 체크한다. 실행 후 데이터 편집기창에 'NResidual_모형_1'이라는 변수가 생성된다. 이 생성된 잔차를 시계열도표를 그리면 된다. 즉, 분석(A) ▸예측 ▸순서도(N)를 선택하면, "순차도표" 대화상자가 나타난다.

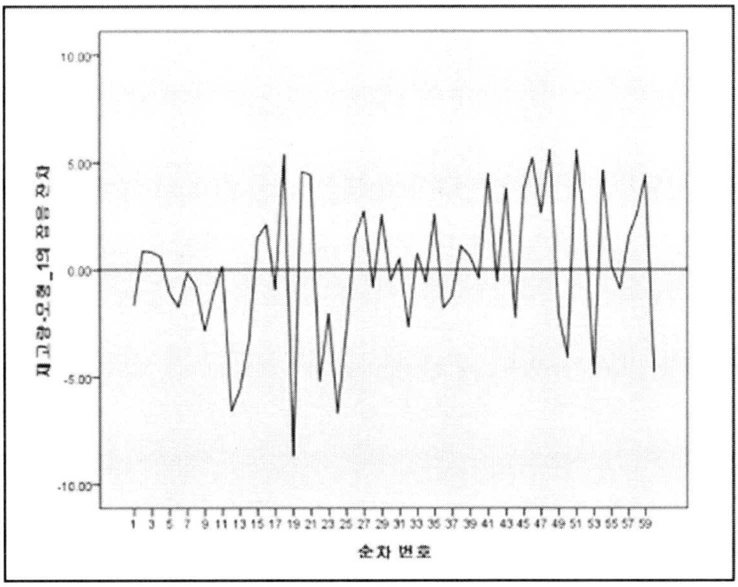

'변수(V):' 란과 '시간축 설명(A):' 란에 각각 'NResidual_모형_1'과 'DATE_'를 선택하여 이동시킨다. 추가로 [형식(F)...] 단추를 누른 후 '계열 평균에 참조선(R)'을 선택한다. [계속] 단추를 누른 후 "순차도표" 대화상자의 [확인] 단추를 누르면, 시계열도표를 얻을 수 있다.

위 잔차도표를 살펴보면 특정한 패턴을 발견할 수 없으며, 각 잔차들이 임의로 흩어져 있는 것을 알 수 있다. 따라서 잔차의 독립성과 등분산성이 만족함을 시각적으로 확인할 수 있다.

2) **과도적합**(overfitting)

적합된 모형을 검진하는 또 다른 방법으로서 계수를 추정된 모형에 추가시켜 보는 것이다. 이를 '과도적합'이라 한다. 이는 모형을 확대시키는 면이 있는 반면 '모수절약의 원칙'에는 위배된다.

특히 초기 추정된 자기상관함수와 편자기상관함수를 식별하기 모호할 때 과도적합을 사용한다. 예를 들어, 추정된 자기상관함수의 형태가 '0'을 향해 서서히 감소하며 편자기상관함수는 시차 1에서 두드러진 스파이크가 발견되었다고 하자. 이는 AR(1)모형을 제시한다. 만일 시차 2에서 두드러진 스파이크를 발견하고, 이에 해당하는 편자기상관계수의 t-검증통계량값이 '1.8'이라고 하자. 이 t-통계량값은 크게 유의하지 않지만 어느 정도 큰 값이다. 그렇다면, AR(2)모형 역시 설득력이 있다. '모수절약의 원칙'에 따르면 AR(1)모형부터 시작해야 한다. 반면에 '과도적합의 전략'을 따르면, AR(2)모형을 고려해야 한다. 이 경우 시차 2에 해당하는 t-통계량값이 어느 정도 크기 때문에, AR(2)모형부터 분석을 시작하는 것이 좋을 것이다.

모형에 계수를 추가시킬 때 자기회귀항과 이동평균항을 동시에 과도적합시키지 않는 것이 좋다. 이는 '모수절약의 원칙'에 크게 위배될 뿐만 아니라 계수중복성을 유발할 가능성이 있기 때문이다.

3) **자료 일부분을 적합시킨다**

때때로 똑같은 프로세스에서 계속 자료가 생성되지만, 이 프로세스의 계수가 시간의 흐름에 따라 변할 수 있다. 이 경우 모형에 근거하여 계산된 예측값들이 부정확하며 신뢰가 떨어질 수 있다.

이 문제를 점검하는 한 방법으로 자료를 두 개로 나누어 각각 똑같은 모형으로 추정한다. 그리고, 각각 두 개의 자료에 근거하여 계산된 계수(들)가 통계적으로 다른지를 통계적으로 검증할 필요가 있다.

예를 들어, 실현값을 두 개(A, B)로 쪼개 각각 AR(1)모형으로 적합시킨다고 하자. 각각의 모수의 추정값과 표준오차가 $\hat{\phi}_{1A}=0.5$, $SE(\hat{\phi}_{1A})=0.20$, $\hat{\phi}_{1B}=0.7$, $SE(\hat{\phi}_{1B})=0.25$ 라고 하자. 두 개의 추정된 계수 차의 절대값은 $|\hat{\phi}_{1A}-\hat{\phi}_{1B}|=0.2$ 이다. 추정된 계수 간 차의 표준오차는 $SE(\hat{\phi}_{1A}-\hat{\phi}_{1B})=\sqrt{(0.20^2+0.25^2)}=0.32$ 이다.

귀무가설 H_0: $\phi_{1A}=\phi_{1B}$ 하에서 검증통계량은

$$t = \frac{(\hat{\phi}_{1A}-\hat{\phi}_{1B})-0}{SE(\hat{\phi}_{1A}-\hat{\phi}_{1B})} = -0.625$$

이다. t-통계량이 5% 유의수준에서 통계적으로 유의하지 않기 때문에 통계적으로 $\phi_{1A}=\phi_{1B}$ 이다. 즉, 계수 ϕ_1 는 두 개의 자료에 대해 동일하다.

1.7.6 최적화된 ARIMA 모형

1.7.1절~1.7.5절에서는 모형의 타당성 여부를 검진하기 위해서 여러 가지 방법을 소개하였다. 만일 식별단계에서 두 개 이상의 ARIMA 모형을 식별하여 추정단계와 모형검진단계를 단계적으로 거친 후 적절한 모형을 두 개 이상 찾았을 때, 최종모형으로 어느 ARIMA 모형을 선택해야 할 것인가?

실제로는 어떤 ARIMA 프로세스를 통해서 실현값이 생성되었는지 모르기 때문에, 적절한 최종모형을 찾기까지는 수많은 시행착오를 겪어야 한다. 여기에서 '시행착오'는 실현값에 근거하여 추정된 자기상관함수와 편자기상관함수을 사용한 식별 작업을 뜻한다. 이때 가능한 메커니즘은 모형이

다. 즉, 프로세스는 실현값을 생성한 알려지지 않은 메커니즘인 반면에 모형은 프로세스를 단지 모방한 표현에 불과하다. 프로세스는 알려져 있지 않기 때문에 선택한 모형이 근본적으로 프로세스와 동일한지는 아무도 모른다. 분석자가 할 수 있는 작업은 단지 자료를 비추어 적절하다고 생각하는 모형을 선택하는 것에 불과하다. 그러나 이를 주먹구구식으로 할 수 없다. 다음에 주어진 몇 가지 기준은 절대시되지는 않지만 이를 근거로 최적화된 모형을 결정할 수 있다.

① 모수를 절약해야 한다.

이는 '모수절약의 원칙(principle of parsimony)'이라 부르며, 불필요한 계수(들)를 사용하지 않고 자료를 적절히 적합할 수 있는 모형을 찾는다는 의미이다. 예를 들면, AR(1)모형과 AR(2)모형은 본질적으로 같은 성질의 모형이지만, AR(1)모형은 AR(2)모형에 비해 계수를 하나 덜 추정하기 때문에 AR(1)모형을 선택한다는 의미이다.

실제로 모수의 수가 절약된 모형은 더 좋은 예측값을 얻는다. 이는 모형을 설정하는 데 중요한 실전적 전략이 된다. 특히 주어진 실현값을 생성하는 실제 프로세스를 반드시 찾을 필요는 없다. 오히려 모수를 절약하고 적절한 통계적 방법으로 실현값의 형태를 잘 설명할 수 있는 모형만 찾을 수 있다면, 즉, 근사된 모형이 사용하기에 적절하다.

② 예측력

좋은 모형은 과거 자료를 잘 적합시키지만 더 중요한 것은 미래의 값을 잘 예측해야 한다. 즉, 예측력(ability to forecast)을 말한다. 현실적으로 이를 점검하는 것은 불가능하다. 왜냐하면 예측값을 구하기 위해서는 시간이 경과하여 미래 시점에 해당하는 관측값을 얻어야 하기 때문이다.

이 경우 최근에 가까운 실현값의 일부(일반적으로 최근에 가까운 10% 관측값)를 제거하고 이에 대해 동일한 모형으로 재추정한다. 만일 축소된 관측값에 근거하여 계산된 계수의 추정값이 모든 자료에 근거하여 계산된 계수의 추정값과 거의 차이가 없다면(경험상 ±0.1 이내), 최근에 가까운 관측값들이 초기 관측값들과 마찬가지로 똑같은 프로세스에서 생성되었다고 결론지을 수 있다.

예를 들어, 60개의 실현값으로 이뤄진 재고량 자료에서 최근 10%에 해당하는 실현값을 제거한 후(총 54개), 추정된 자기회귀계수($\hat{\phi}_1^*$)를 얻을 수 있다(0.7009). 모든 관측값에 근거하여 추정된 계수($\widehat{\phi_1}$, [그림 1.18] 참조)와 차이를 구하면 $|\widehat{\phi_1} - \hat{\phi}_1^*| = |0.6913 - 0.7009| = 0.0096$ 이다. 이 경우 최근의 자료를 일부 제거되었더라도 사용된 AR(1)모형은 주어진 재고량 시계열 자료에 대해서 안정적인 모형으로 간주할 수 있다.

추가로 제거된 시점에 대한 관측값을 추정된 모형으로 예측하여 실제 관측값과 어느 정도 차이가 있는지를 비교한다(forecast history). 예를 들어, 만일 두 개의 적절한 모형인 ϕ_1 이 포함된 AR(2)모형과 ARMA(1,1)모형을 찾았을 때 어느 모형을 최종모형으로 선택해야 할까? 두 모형 모두 두 개의 모수가 사용되므로, 모수절약의 원칙에 근거하여 우열을 따질 수 없다.

이 경우 최근 일부분 자료(예: 100개 관측값 중 가장 최근 10개 관측값)를 제거한 후, 제거된 일부분 관측값(최근 10개의 관측값)에 근거하여 각각 AR(2)모형과 ARMA(1,1)모형으로 재추정한다. 그리고, 두 개의 추정된 모형을 근거로 하여 제거된 10개의 실현값을 각각 예측한다. 마지막으로 제거된 10개의 실현값과 각 모형에 근거하여 생성된 예측값들을 비교하여, 실현값에 더 가까운 예측값을 갖는 모형이 우선시된다.

③ 기타 판정기준

첫째, 추정된 계수(들)의 t-검증통계량의 절대값이 상대적으로 큰 모형을 선호한다.

둘째, 계산한 Box-Ljung Q-통계량값이 상대적으로 작은 모형을 선택한다.

1.8 예측단계

일변량 ARIMA 모형구축의 마지막 작업은 시계열의 미래값을 예측하는 것이며, 이는 궁극적으로 일변량 시계열분석의 목표이기도 하다. 프로세스에서 생성된 실현값에 근거하여 모형구축의 3단계(식별단계, 추정단계, 모형검진단계)를 거친 후, 알려지지 않은 프로세스를 적절하게 표현되었다고 판단되는 모형에 입각하여 예측 작업이 행해진다.

1.8.1 ARIMA 모형의 예측값

추정된 ARIMA 모형에 근거하여 얻을 예측값, 소위 '붓스트랩 예측값'은 어떻게 생성될까? 이를 설명하기 위해서 차수가 큰 ARIMA 모형보다는 단순화된 형태 중 하나인 AR(1)모형을 대상으로 고려해보자.

우선 시점 t를 현시점이라고 할 때 시계열 변수 y_{t+l}, $l \geq 1$에 대해 시점 t는 예측원점, l을 예측선행시차라고 하자. 관측값$(y_t, y_{t-1}, \cdots)$에 담긴 정보를 I_t 라고 하면, y_{t+l}의 예측값인 $\hat{y_t}(l)$은 I_t가 주어진 상황에서 y_{t+l}의 기대값이 된다. 즉,

$$\hat{y_t}(l) = E(y_{t+l}|I_t) \qquad [1.27]$$

이다. 예를 들어, 다음과 같이 AR(1)모형을 고려해보자.

$$(1-\phi_1 B)\tilde{y}_t = \epsilon_t$$

또는

$$y_t = \mu(1-\phi_1) + \phi_1 y_{t-1} + \epsilon_t \qquad [1.28]$$

l=2이면, [1.28]식은

$$y_{t+1} = \mu(1-\phi_1) + \phi_1 y_t + \epsilon_{t+1} \qquad [1.29]$$

이 된다. [1.27]식을 [1.29]식에 대입하면,

$$\begin{aligned} \hat{y}_t(1) &= E(y_{t+1} \mid I_t) \\ &= \mu(1-\phi_1) + \phi_1 y_t \\ &= C + \phi_1 y_t \end{aligned} \qquad [1.30]$$

가 된다. 여기에서 [1.29]식의 ϵ_{t+1} 은 시점 t 에서 기대값은 '0'이 되기 때문에 [1.30]식에서 생략되었다.

$l=2$이면, $l=1$과 마찬가지로

$$\begin{aligned} \hat{y}_t(2) &= E(y_{t+2} \mid I_t) \\ &= \mu(1-\phi_1) + \phi_1 y_{t+1} \\ &= C + \phi_1 y_{t+1} \end{aligned} \qquad [1.31]$$

이 된다. [1.30]식을 [1.31]식에 대입하면,

$$\hat{y}_t(2) = \mu(1-\phi_1) + \phi_1 \hat{y}_t(1) \qquad [1.32]$$

이 된다. 이와 같은 방법을 반복하면, 다음과 같은 결과를 얻는다.

$$\begin{aligned} \hat{y}_t(3) &= \mu(1-\phi_1) + \phi_1 \hat{y}_t(2) = C + \phi_1 \hat{y}_t(2) \\ \hat{y}_t(4) &= \mu(1-\phi_1) + \phi_1 \hat{y}_t(3) = C + \phi_1 \hat{y}_t(3) \\ &\cdots \end{aligned}$$

이때, $l>1$에 대한 예측값을 '붓스트랩(bootstrap)' 예측값이라고 한다.

앞에서 언급한 붓스트랩 예측값을 쉽게 이해하기 위해서, 시계열 자료에서 추정한 $\hat{C}=4.9512$, $\hat{\phi}_1=0.6913$ 인 AR(1)모형을 고려하여 선행시차 1부터 8까지에 해당하는 예측값을 구해보자. 이 자료 계열의 마지막 관측값은 $y_{60}=16.2$ 이다. 따라서 예측원점 t는 '60'이다.

선행시차 $l=1$(즉, 시점 t=61)에 대한 예측값은 [1.30]식을 사용하여 다음과 같이 구할 수 있다.

$$\begin{aligned}\hat{y}_{61} &= \hat{y}_{60}(1)\\ &= \hat{C}+\hat{\phi}_1 y_{60}\\ &= 4.9512+(0.6913)(16.2)\approx 16.15\end{aligned}$$

이다. [1.31]식을 이용하여 선행시차 2에 대한 (즉, $l=2$에 대해 $t=62$의) 예측값을 구하면,

$$\begin{aligned}\hat{y}_{62} &= \hat{y}_{60}(2)\\ &= \hat{C}+\hat{\phi}_1 y_{61}\\ &= 4.9512+(0.6913)(16.15)\approx 16.12\end{aligned}$$

이며, 마지막 $l=8$에 대해, $t=68$의 예측값은

$$\begin{aligned}\hat{y}_{68} &= \hat{y}_{60}(8)\\ &= \hat{C}+\hat{\phi}_1 y_{67}\\ &= 4.9512+(0.6913)(16.05)\approx 16.05\end{aligned}$$

이다. 다른 형태의 ARIMA 모형에 대한 예측값을 산출할 경우, [1.28]식과 [1.30]식을 바꿔서 전개하면 될 것이다.

또 다른 예로서 추정된 $\hat{\mu}=101.26$, $\hat{\phi}_1=0.62$, $\hat{\theta}_1=-0.68$인 ARIMA (1,1)모형 즉, $(1-0.62B)\hat{y}_t=(1+0.58B)\hat{\epsilon}_t$ 를 고려해보자. $\tilde{y}=y_t$

-101.26이며, 추정된 상수항은 $\hat{C}=\hat{\mu}(1-\hat{\phi}_1)=101.26(1-0.62)=38.48$이다. 참고로, 이 자료 계열의 마지막 관측값은 $y_{60}=96.91$이라고 하면 예측원점 t는 60이 된다.

선행시차 $l=1$(즉, 시점 $t=61$)에 대한 예측값은

$$
\begin{aligned}
\hat{y}_{61} &= \hat{y}_{60}(1) \\
&= \hat{C}+\hat{\phi}_1 y_{60}-\hat{\theta}_1\hat{\epsilon}_{60} \\
&= 38.48+0.62(96.91)-0.58(-1.37)=97.77
\end{aligned}
$$

이다. 이를 선행시차 2와 3으로 계속해서 진행하면, $l=2$에 대해, $t=62$의 예측값은

$$
\begin{aligned}
\hat{y}_{62} &= \hat{y}_{60}(2) \\
&= \hat{C}+\hat{\phi}_1 y_{61}-\hat{\theta}_1\hat{\epsilon}_{61} \\
&= 38.48+0.62(97.77)+0.58(0)=99.10
\end{aligned}
$$

이며, $l=3$에 대해, $t=63$의 예측값은 다음과 같다.

$$
\begin{aligned}
\hat{y}_{63} &= \hat{y}_{60}(3) \\
&= \hat{C}+\hat{\phi}_1 y_{62}-\hat{\theta}_1\hat{\epsilon}_{62} \\
&= 38.48+0.62(99.10)+0.58(0)=99.92
\end{aligned}
$$

1.8.2 ARIMA 모형의 예측값에 대한 신뢰구간

1.8.1절에서는 예측값에 대한 점추정을 하였다. 이번 절에서는 예측값에 대한 근사적인 신뢰구간이 어떻게 구하는지를 다루기로 한다.

우선 결론부터 말하면, y_{t+l}에 대한 $100(1-\alpha)\%$ 신뢰구간은

$$\hat{y}_t(l) \pm Z_{\alpha/2}\hat{\sigma}[\epsilon_t(l)] \quad [1.33]$$

이다. 여기에서 $\hat{\sigma}[\epsilon_t(l)]$는 예측오차(뒤에서 다룸)의 추정된 표준편차이며, $Z_{\alpha/2}$는 표준정규분포의 유의수준 5%에 해당하는 임계값이다. 그렇다면 [1.33]식에서 예측오차의 표준편차인 $\hat{\sigma}[\epsilon_t(l)]$을 구하는 과정에 대해서 설명하기로 하자.

ARIMA 모형은 백색잡음의 형태로 표현할 수 있다. 이를 이용하여 예측값의 분산을 추정할 수 있다. 우선 백색잡음의 일반적 형태는 다음과 같다.

$$y_t = \mu + \psi_0\epsilon_t + \psi_1\epsilon_{t-1} + \psi_2\epsilon_{t-2} + \cdots \quad [1.34]$$

여기에서 $\psi_0 = 1$이며, ψ_i는 백색잡음 형태의 계수들이다. 만일 급수 $\psi_1, \psi_2, \cdots$가 유한개이면 [1.34]식은 MA(q)모형이며, 반면에 무한개이면 AR(p)모형 또는 ARMA(p,q)모형이 된다.

MA(q)모형은 이미 [1.34]식과 같은 백색잡음 형태이다. 예를 들어, 다음 주어진 MA(3)모형을 고려해보자. 즉,

$$(y_t - \mu) = (1 - \theta_1 B - \theta_2 B^2 - \theta_3 B^3)\epsilon_t$$

또는

$$y_t = \mu + \epsilon_t - \theta_1\epsilon_{t-1} - \theta_2\epsilon_{t-2} - \theta_3\epsilon_{t-3} \quad [1.35]$$

[1.34]식에서 $\psi_0 = 1$, $\psi_1 = -\theta_1$, $\psi_2 = -\theta_2$, $\psi_3 = -\theta_3$라고 하면, [1.35]식은 다음과 같이 [1.34]식의 절단된 형태라고 생각할 수 있다.

$$y_t = \mu + \psi_0\epsilon_t + \psi_1\epsilon_{t-1} + \psi_2\epsilon_{t-2} + \psi_3\epsilon_{t-3}$$

AR(p)모형은 자기회귀 연산자로 전환한 후 확장시키면 백색잡음의 형태로 표현할 수 있다. 예를 들어, AR(1)모형 즉 $(1 - \phi_1 B)(y_t - \mu) = \epsilon_t$을

고려해보자. 양변을 자기회귀 연산자인 $(1-\phi_1 B)$로 나누면, $(y_t-\mu)=(1-\phi_1 B)^{-1}\epsilon_t$가 된다. 만일 $|\phi_1|<1$이면(즉, 정상적이면),

$$y_t-\mu=(1+\phi_1 B+\phi_1^2 B^2+\phi_1^3 B^3+\cdots)\epsilon_t$$

또는

$$y_t=\mu+\epsilon_t+\phi_1\epsilon_{t-1}+\phi_1^2\epsilon_{t-2}+\phi_1^3\epsilon_{t-3}+\cdots \qquad [1.36]$$

이 된다. $\psi_0=1$, $\psi=\phi_1$, $\psi_2=\phi_1^2$, $\psi_3=\phi_1^3$ 이라고 하면, [1.36]식은 [1.34]식과 동일하게 된다.

이를 확장하여 주어진 ARIMA 모형에 대응하는 ψ 값을 계산할 수 있다.

$$(\psi_0+\psi_1 B+\psi_2 B^2+\cdots)(1-\phi_1 B-\phi_2 B^2-\cdots-\phi_p B^p)(1-B)^d \qquad [1.37]$$
$$=(1-\theta_1 B-\theta_2 B^2-\cdots-\theta_q B^q)$$

[1.37]식을 AR(1)모형에 적용하여 [1.36]식에서 얻은 결과와 동일한지를 살펴보자. AR(1)모형을 [1.37]식의 형태로 바꾸면,

$$(\psi_0+\psi_1 B+\psi_2 B^2+\cdots)(1-\phi_1 B)=1$$

또는

$$\psi_0+(\psi_1-\phi_1\psi_0)B+(\psi_2-\phi_1\psi_1)B^2+(\psi_3-\phi_1\psi_2)B^3+\cdots=1$$

이 된다. B^0에 대해 $\psi_0=1$이며, B^1에 대해 $\psi_1-\phi_1\psi_0=0$, 즉 $\psi_1=\phi_1$이 된다. 그리고, B^2에 대해 $\psi_2-\phi_1\psi_1=0$ 즉, $\psi_2=\phi_1^2$이 되며, B^3에 대해서는 $\psi_3-\phi_1\psi_2=0$ 즉, $\psi_3=\phi_1^3$이 된다. 이를 정리하면 [1.36]식이 된다.

이제 바로 앞에서 다룬 백색잡음 형태를 이용하여 예측오차의 분산을 찾아 예측값에 대한 근사된 신뢰구간을 도출해보자.

우선 원시점을 t, 선행시차를 l이라 하면 예측오차(forecast error)는 다음과 같이 정의한다.

$$\epsilon_t(l) = y_{t+l} - \hat{y}_t(l) \qquad [1.38]$$

$$= \psi_0 \epsilon_{t+l} + \psi_1 \epsilon_{t-1+l} + \cdots + \psi_{l-1} \epsilon_{t+1}$$

여기에서 y_{t+l}은 백색잡음 형태로 표현할 수 있으며, $\hat{y}_t(l)$는 $E(y_{t+1}|I_t)$이다. 즉,

$$y_{t+l} = \mu + \psi_0 \epsilon_{t+l} + \psi_1 \epsilon_{t-1+l} + \psi_2 \epsilon_{t-2+l} + \cdots$$

$$\hat{y}_t(l) = \mu + \psi_l \epsilon_t + \psi_{l+1} \epsilon_{t-1} + \psi_{l+2} \epsilon_{t-2} + \cdots$$

이다. [1.38]식을 이용하여, $\epsilon_t(l)$의 분산은 다음과 같이 구할 수 있다.

$$\sigma^2[\epsilon_t(l)] = E[\epsilon_t(l) - E(\epsilon_t(l)) \mid I_t]^2 \qquad [1.39]$$

$$= E[\epsilon_t(l)]^2$$

$$= \sigma_\epsilon^2 (1 + \psi_1^2 + \psi_2^2 + \cdots + \psi_{l-1}^2)$$

이때 백색잡음들이 서로 독립이므로 모든 교차곱(cross-product)항들의 기대값이 '0'이 된다. 따라서 모든 항들이 제거되었다. 따라서, $\epsilon_t(l)$의 표준편차는 다음과 같다.

$$\sigma[\epsilon_t(l)] = \sigma_\epsilon (1 + \psi_1^2 + \psi_2^2 + \cdots + \psi_{l-1}^2) \qquad [1.40]$$

표본크기가 충분히 큰 상황(경험상 50개 이상)에서 적절한 ARIMA 모형을 설정되었다고 할 때, [1.40]식을 이용하여 다음과 같이 예측값의 근사된 95% 신뢰구간을 얻을 수 있다.

$$\hat{y_t}(l) \pm 1.96\hat{\sigma}[\epsilon_t(l)] \qquad [1.41]$$

여기에서 $\hat{\sigma}[\epsilon_t(l)]$ 은 예측오차의 추정된 표준오차이다.

만일 주어진 시계열의 분산이 일정하지 않은 경우의 한 형태로 표준오차가 평균에 비례할 때, 흔히 계열의 분산을 정상적으로 만들기 위해 자연로그 변환을 한다. 이 경우 y_{t+l} 의 예측값인 $\hat{y_t}(l)$는 앞과 다른 형태가 된다. 또한 원시계열 자료에 대한 예측값을 얻기 위해 단순히 자연로그 변환된 예측값을 역변환(antilog)하면 문제가 발생한다. 이 경우 자연로그 변환된 예측값의 분산은 다음과 같이 계산된다.

$$\hat{y_t}(l) = \exp[\hat{y}_t^*(l) + \frac{1}{2}\sigma^2\{\epsilon_t^*(l)\}] \qquad [1.42]$$

이때 y_t^* 와 $\epsilon_t^*(l)$는 각각 원시계열과 예측오차에 자연로그를 취한 값이다. 자세한 사항은 I. Olkin et al.[7]과 C. R. Nelson[8]을 참고하기 바란다.

지금까지 ARIMA 모형의 예측값과 예측값에 대한 신뢰구간을 살펴보았다. 이를 SPSS 17.0에 적용시키기 위해서는 우선 팝업메뉴에서 분석(A) ▸ 예측을 선택하여 "시계열 모형 생성기" 대화상자에서 '저장' 단추를 누른 후, '변수 저장' 란의 '예측값'에 해당하는 저장을 체크한다.

추가로 '옵션' 단추를 누른 후, '예측 기간' 란에서 '추정 기간 끝의 다음 첫 번째 케이스에서 지정한 날짜까지(C)'를 체크한다. 그리고 아래 '날짜(D)'의 '년'과 '월' 예측하고 싶은 마지막 시점을 입력하면 된다. 만일 주어진 시계열 자료에 근거하여 2009년 12월까지 예측하고 싶다면, 다음과 같이 '2009'와 '12'를 각각 입력하면 된다.

SPSS 17.0을 실행 후 Statistics Data Editor 창에 '예측값_자료명_모형' 형태의 변수로 예측값이 생성된 것을 발견할 수 있다.

---

7. I. Olkin, J. T. Gleser and C. Derman (1980), *Probability Models and Applications*, New York: MacMillan.

8. C. R. Nelson (1973), *Applied Time Series Analysis for Managerial Forecasting*, San Francisco: Holden-Day.

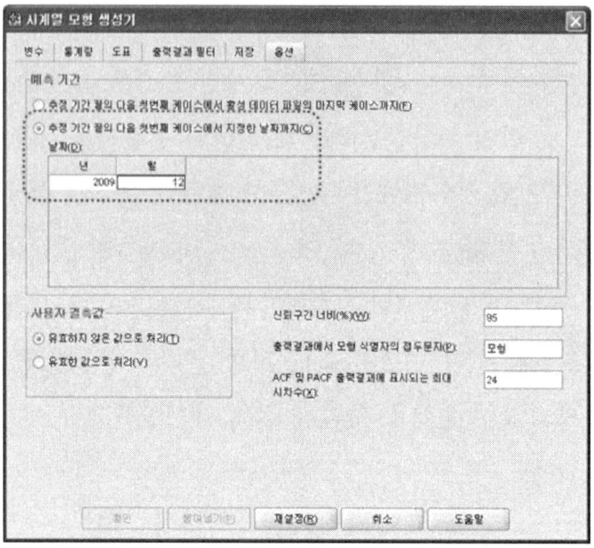

추가로 시계열도표에 관측값과 함께 예측값을 동시에 겹쳐서 나타내고 싶으면, '도표' 단추를 누른 후 '개별 모형 도표' 란에 '계열'과 '관측값', '예측값', '적합값'을 체크하여 실행하면 된다.

마찬가지로, 신뢰구간 상한과 하한을 구하고 싶으면 '저장' 단추를 누른 후, '신뢰구간 상한'과 '신뢰구간 하한'을 체크하면 될 것이다.

1.9 주기성이 존재하는 ARIMA 모형

1.9.1 주기성 및 계절적 변동을 감지하는 방법

수요예측에 관련된 자료를 시계열도표로 표현하여 관찰할 때 흔히 주기적 패턴을 발견할 수 있다. 예를 들면, 에어컨 매출액을 예측할 경우 다른 계절에 비해 여름에 판매량이 급증하는 패턴을 매년 발견할 수 있을 것이다. 여러 주류 중에서 맥주의 경우 특히 여름에, 소주의 경우는 겨울에 각각 다른 계절에 비해 소비량이 많을 것이다. 이러한 형태는 주기성이 존재하는 것으로, 흔히

"계절적인 변동이 존재한다"고 표현한다. 물론 이러한 주기성은 기후, 사회적인 관습, 취향 및 기호 등에 따라 시계열 자료에 다양하게 나타난다.

그렇다면 이러한 계절성을 판단하기 위한 도구는 무엇이며, 이 도구를 통해 어떻게 판단할 수 있을까? 우선 앞에서 언급한 바와 같이, 1차적 방법으로 시계열도표를 그린 후 일정 간격의 주기를 나눈다. 예를 들어, 월별 자료의 경우 주기의 길이(s)는 12개, 분기별 자료는 4개, 반기별 자료는 2개를 하나의 주기로 간주한다. 그리고 각 주기마다 다른 시점에 비해 규칙적으로 월등히 크거나 작은 값을 갖는 시점을 발견할 수 있으면 주기성이 존재한다고 말할 수 있을 것이다.

다음 주어진 두 개의 시계열 자료를 통해서 계절성 존재 여부를 파악하는 방법을 습득하기 바란다.

예제 1.5

다음은 1999년 1월에서 2008년 12월에 걸쳐 어느 모피 의류회사의 매출액 시계열 자료(총 120개)를 시계열도표로 나타낸 것이다(의료매출액.sav).

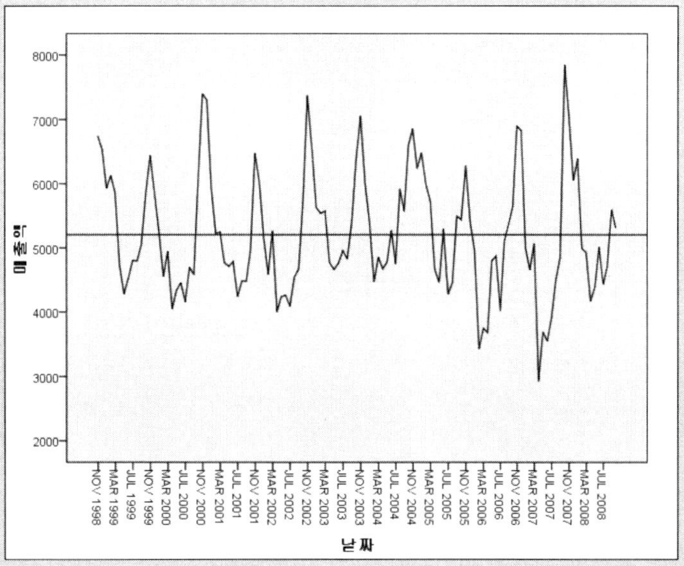

한 주기를 12개월로 고려할 때, 매년 11월과 12월의 매출액이 다른 달에 비해서 많다는 사실을 알 수 있다. 이를 통해서 이 시계열에 계절적 변동이 존재 가능성이 있다.

시계열도표에 비해 좀 더 객관적으로 주기성의 존재여부를 파악할 수 있는 또 다른 도구는 바로 자기상관함수이다. 우선 예약건수 시계열 자료에 대한 자기상관함수를 살펴보자.

부호가 번갈아 바뀌면서 사인곡선의 형태가 반복되는 패턴을 발견할 수 있다. 이는 주기의 길이(12)의 분수시차(1/2, 1/3, 1/4 등) 중 이 경우 1 / 2에 해당하는 시차들(6, 12, 18, 24)에 해당하는 스파이크가 밖으로 튀어나와 있다고 표현할 수 있다. 분명한 것은 계절시차인 시차 12와 24에 해당하는 스파이크가 신뢰한계선 밖으로 튀어 나와 있음을 알 수 있다. 즉, 주기의 길이가 12일 때 이것의 배수(12,24)시차에 해당하는 자기상관계수가 통계적으로 유의하며, 이는 계절적인 변동이 존재함을 의미한다.

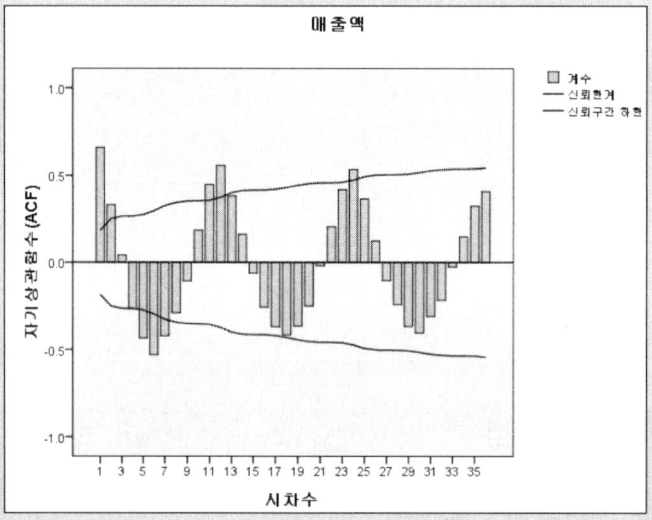

시계열도표와 자기상관함수를 사용하여 매출액 자료 내에 계절적인 변동이 분명히 존재하는 것을 알 수 있다.

예제 1.6

다음에 주어진 시계열도표는 1969년 1월부터 1978년 12월까지 항공기로 수송한 월별 화물량을 나타낸 것이다(화물수송량.sav).

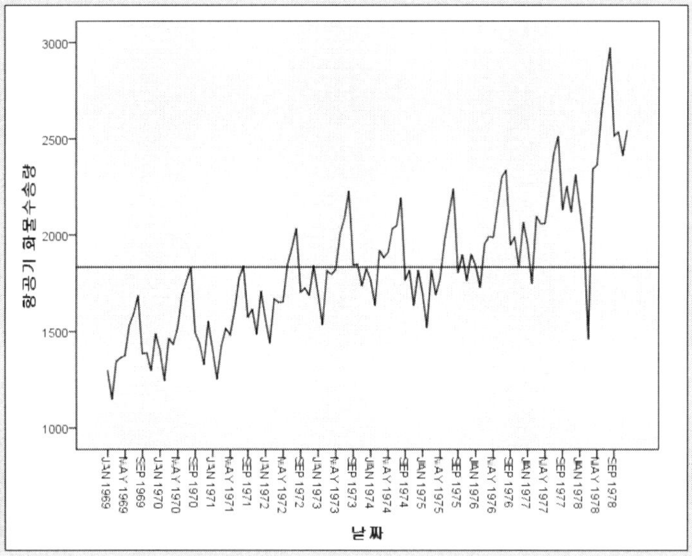

매년 8월의 화물수송량은 다른 달에 비해 상대적으로 많은 반면에, 매년 2월은 상대적으로 적다는 것을 알 수 있다. 이는 계절적인 변동이 존재함을 암시한다. 추가로 아래 주어진 자기상관함수를 살펴보면, 계산된 자기상관계수 모두가 양의 부호를 하며 스파이크들이 여러 개의 봉우리 모양을 한다. [예제 1.5]에서 다룬 자기상관함수와 다소 다른 양상이지만, 시차 12와 24에 해당하는 스파이크가 다른 시차의 것들과 달리 유난히 큰 값(봉우리)을 가지고 있다. 눈여겨보아야 할 점은 시차 12에 해당하는 스파이크가 신뢰한계선 밖으로 튀어 나와 있음을 알 수 있다. 계절시차에 해당하는 스파이크가 통계적으로 유의하기 때문에 계절적인 변동이 분명히 존재함을 확신할 수 있다. 역시 시계열도표와 자기상관함수를 사용하여 화물수송량 자료 내에 계절적인 변동이 존재함을 알 수 있다.

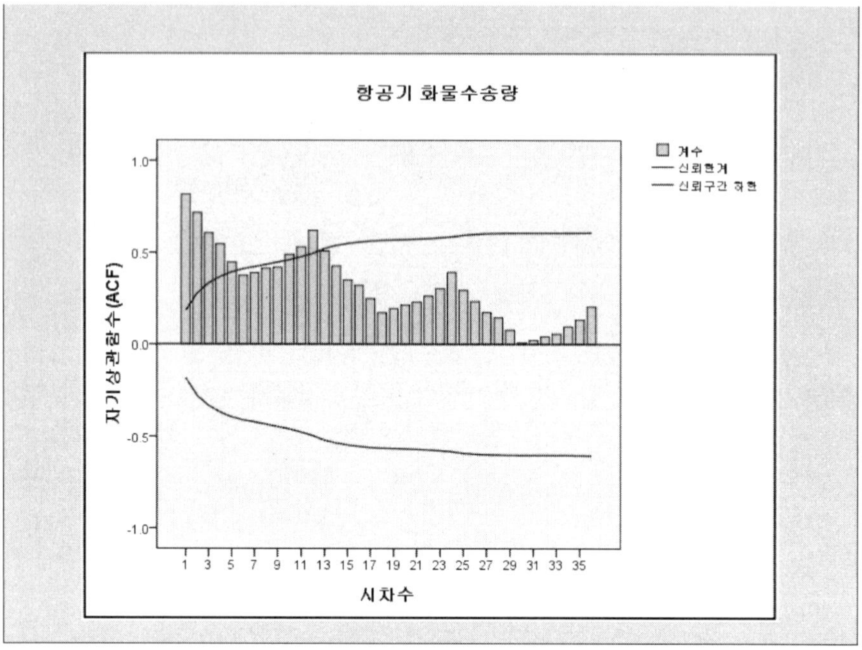

지금까지 특히 자기상관함수를 사용하여 계절적 변동이 존재하는 두 개의 시계열 자료에 대해서 살펴보았으며, 이때 자기상관함수가 부호가 모두 양이면서 봉우리 형태가 반복되거나, 부호가 번갈아 바뀌는 사인곡선의 패턴인 형태를 하고 있었다. 그러나 무엇보다도 "자기상관함수의 계절시차의 배수(월별 자료인 경우 12, 24 등) 중 하나 이상에 통계적으로 유의한 스파이크가 발견되면 계절적인 변동이 존재한다"는 점을 주목하자.

그렇다면, 계절적인 변동 또는 주기성이 존재하는 시계열 자료에 대해서는 어떻게 ARIMA 모형을 구축할까? 계절형 ARIMA 모형 역시 비계절형 자료에서 사용했던 반복적인 모형구축 단계(식별, 추정, 모형검진)를 그대로 적용하면 된다. 그리고, 주기의 길이를 s(예: 월별 자료의 경우는 12, 분기별 자료의 경우는 4)로 표시하며, 차분을 할 경우 s만큼 하게 된다. 즉, 주기성 차분을 수식으로 나타내면 $y_t - y_{t-s}$가 된다. 식별단계에서 시차 s의 배수들(s,$2s$, $3s$,…)에 해당하는 추정된 자기상관계수들과 추정된 편자기상관계수에 주목한다. 물론 비계절형 ARIMA 모형을 식별할 때 두 상관함수의 단기시차(시차 1, 2, 3, 4)에만 신경을 쓴다.

그러나 대부분 수요예측에 관련된 자료의 경우, ARIMA 모형을 구축할 때 계절적 변동과 비계절적 변동이 동시에 존재한다. 이 경우 모수절약의 원칙에 입각하여 두 패턴을 분리시켜 실현값을 통계적으로 적절히 표현할 수 있는 모형을 찾는 데 노력해야 한다.

1.9.2 계절적 프로세스에 대한 이론적 자기상관함수와 편자기상관함수

계절형 ARIMA 모형을 구축하는 과정은 비계절형 ARIMA 모형의 경우와 거의 동일하다. 다시 말해서 식별단계에서 자료 계열에 근거한 두 개의 추정된 상관함수를 계산하고, 이들과 두 개의 이론적인 상관함수를 각각 비교하여 한 개 이상의 임시 모형을 선택한다. 모형 내에 포함된 모수(들)를 추정한 후 잔차 자기상관함수를 통하여 백색잡음들의 독립성 여부를 검증한다. 만일 귀무가설이 기각되면 잔차 자기상관함수를 통해 또 다른 모형을 임시로 재식별할 수 있다.

비계절형 시계열 자료와는 달리, 계절형 시계열 자료가 갖는 특성은 주기성 길이(s)만큼 간격을 둔 관측값($y_t, y_{t-s}, y_{t+s}, y_{t-2s}, y_{t+2s}, \cdots$)들이 서로 상관되었다는 것이다. 그래서, 계절형 계열에 대해 시차 s의 배수들 중 하나 내지 두 개의 시차에 해당하는 추정된 자기상관계수와 편자기상관계수는 '0'이 아니다.

계절형 계열이 갖는 두 개의 상관계수는 계절시차($s, 2s, 3s, \cdots$)에서 두드러진 값을 갖는 반면에 비계절형 계열에 근거하는 두 개의 상관계수는 단기시차 1, 2, 3, …에서 두드러진다. 예를 들어, 계수 $\phi_1 = 0.7$ 인 비계절형 AR(1) 프로세스가 갖는 이론적 자기상관함수는 다음 주어진 표와 같이 지수함수 형태로 서서히 감소한다.

k	ρ_k
1	0.7
2	0.49
3	0.34
…	…

반면에 $s=4$인 계절형 자기회귀 프로세스에 근거한 이론적 자기상관함수 역시 지수함수 형태로 서서히 감소하지만, 옆의 표와 같이 계절시차(4, 8, 12, …)에만 해당하는 자기상관계수들에서 두드러진 값을 갖는다.

k	ρ_k
1	0
2	0
3	0
4	0.7
5	0
6	0
7	0
8	0.49
9	0
10	0
11	0
12	0.34
…	…

그렇다면 계절형 ARIMA 프로세스에 대응하는 두 개의 상관함수 형태는 어떨까? 우선 두 개의 간단한 형태의 계절형 ARIMA 프로세스를 ARIMA 표기법으로 나타내 보자.

첫째, 주기성의 길이가 s인 계절형 자기회귀 프로세스는

$$y_t = C + \Phi_s y_{t-s} + \epsilon_t$$

또는

$$(1-\Phi_s B^s)\tilde{y_t} = \epsilon_t \qquad [1.43]$$

이다. 반면에 주기성의 길이가 s인 계절형 이동평균 프로세스는

$$y_t = C - \Theta_s \epsilon_{t-s} + \epsilon_t$$

또는

$$\widetilde{y_t} = (1 - \Theta_s B^s)\epsilon_t \qquad [1.44]$$

이다.

다음 주어진 [그림 1.18]은 [1.43]식과 [1.44]식에 해당하는 두 개의 이론적인 상관함수의 형태이다. 시차 1,2,3,⋯ 대신 시차 s의 배수($s, 2s, 3s, \cdots$)에 해당하는 상관계수값들이 '0'이 아니라는 것을 제외하고는, 비계절형 AR(1) 프로세스와 MA(1) 프로세스의 상관함수와 각각 동일하다. 즉, [1.43] 프로세스에 해당하는 이론적인 자기상관함수는 시차 s, $2s$, $3s$,⋯에서 지수함수 형태로 감소하거나 사인곡선 형태로 부호가 바뀌면서 감소한다. 반면에 [1.44] 프로세스의 경우, 시차 s에 해당하는 이론적인 자기상관계수에서 두드러진 스파이크가 나타나며, 나머지 계절시차($s, 2s, 3s, \cdots$)에 해당하는 자기상관계수 모두 '0'으로 절단되는 형태이다.

계절형 ARIMA 프로세스에 대응하는 이론적인 편자기상관함수 역시 앞에서 언급한 자기상관함수와 마찬가지로, 시차 1,2,3,⋯ 대신에 시차 s의 배수($s, 2s, 3s, \cdots$)에 해당하는 상관계수값들이 '0'이 아니라는 것을 제외하고는, 비계절형 AR(1) 프로세스와 MA(1) 프로세스의 이론적인 편자기상관함수의 형태와 같다.

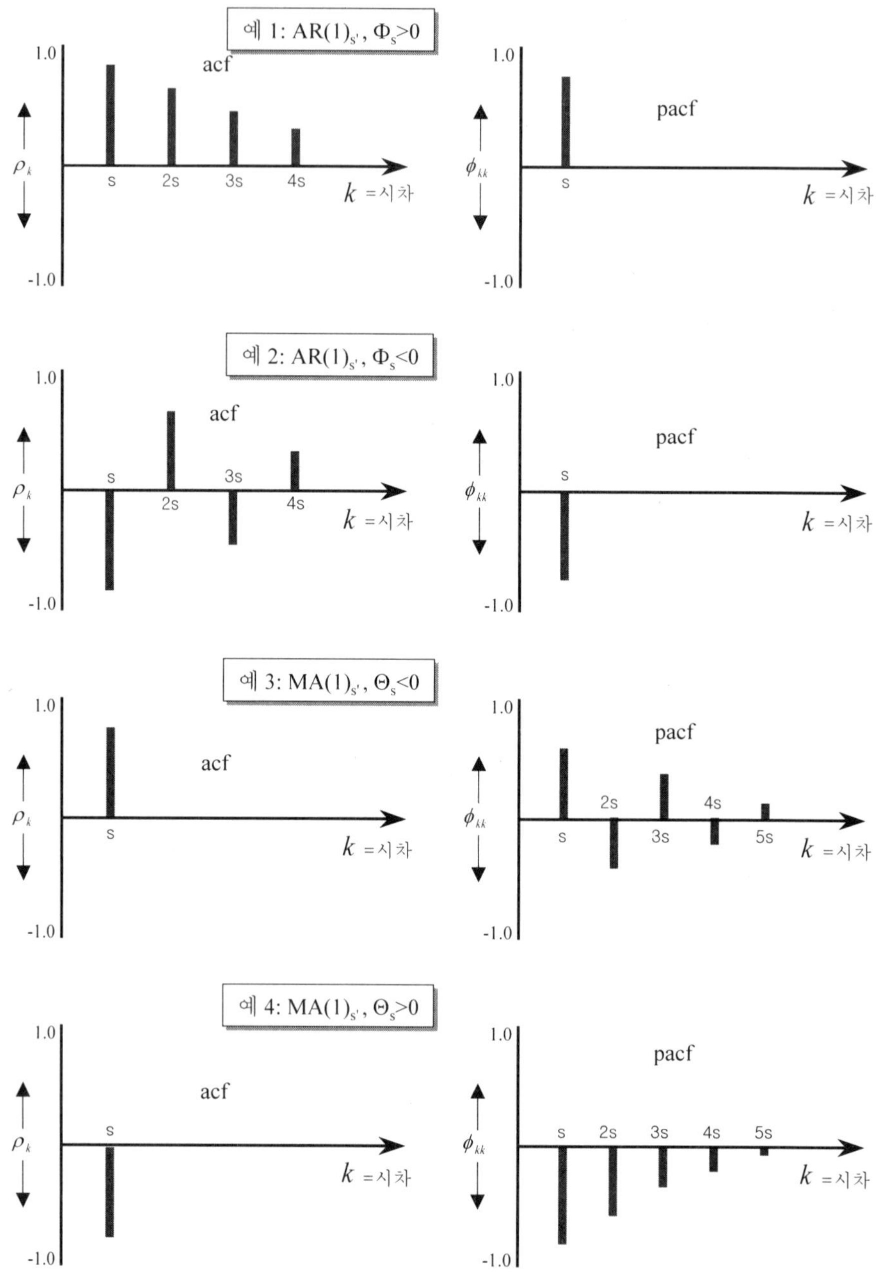

[그림 1.18] 4개의 정상적 계절형 프로세스의 이론적 acf와 pacf

1.9.3 계절적 차분(seasonal differencing)

이번 절에서 추가로 관심을 두어야 점은, 비정상적 계절형 프로세스가 갖는 자기상관함수는 비정상적 비계절형의 것과 유사하다는 것이다. 즉, 만일 계절형 프로세스의 평균이 비정상적이면, 다음 주어진 [그림 1.19]와 같이 계절시차($s, 2s, 3s, \cdots$)에 해당하는 자기상관계수들이 특별히 클 필요는 없지만 서서히 '0'으로 감소한다는 점에 초점을 두어야 한다.

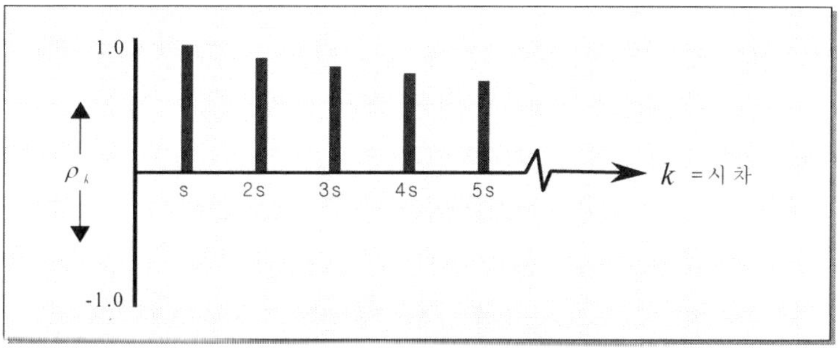

[그림 1.19] 비정상적 계절형 프로세스의 이론적인 자기상관함수

예를 들어, 다음 주어진 의류 매출액에 대한 계절시차(12, 24, 36 등)에 해당하는 자기상관함수를 고려해보자.

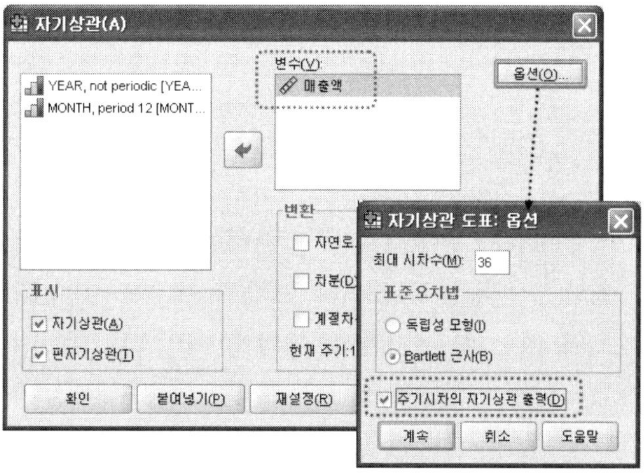

SPSS 17.0을 사용하여 계절시차만 해당되는 자기상관함수를 출력하기 위해서는, 팝업메뉴에서 분석(A) ▸예측 ▸자기상관(A)을 선택하여 "자기상관(A)" 대화상자를 연다. 그리고, 변수 '매출액'을 '변수(V):' 란으로 이동시킨 후, '옵션(O)' 단추를 누른 후 '주기시차의 자기상관 출력(D)'을 체크한 후에 실행한다.

시차 12와 24에 해당하는 자기상관계수 모두가 신뢰한계선 밖으로 튀어나와 있다. 이는 여전히 계절적인 변동이 존재함을 암시하고 있다. 시차 12와 24만을 보면 서서히 감소하는 패턴을 보여 주기 때문에, 의류 매출액 시계열 자료는 비정상적 계절형임을 알 수 있다.

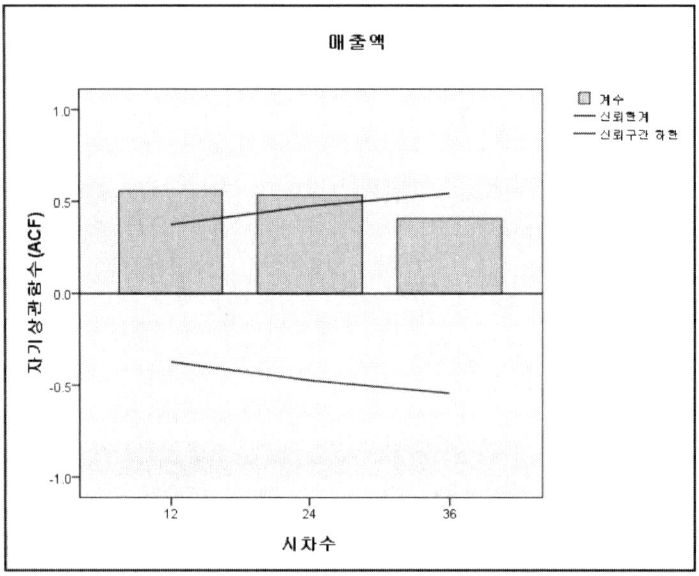

이 경우 계절적인 변동에 대해 정상성을 만족시키기 위해서 계절적 차분을 실시해야 할 것이다. 계절적 차분은 실현값의 평균이 계절적 패턴에 따라 변할 때 필요하며, 계절적 1차 차분은 $y_t - y_{t-s}$로 표현된다. 이는 1.4.1절에서 다룬 비계절적 차분과 같은 개념으로 이해하면 된다.

매출액 자료에 대해서 계절적 1차 차분(D_t^s)을 하기 위해서는 각 관측값에서 12시점 앞당겨있는 관측값을 빼면 된다.

$$D^s_{13} = y_{13} - y_1 = 6438 - 6749 = -311$$

$$D^s_{14} = y_{14} - y_2 = 5846 - 6538 = -692$$

$$\cdots$$

계절적 1차 차분을 실시한 결과 총 12개의 관측값이 자동적으로 제거되었다. 이는 12개 관측값의 정보가 손실되었다는 의미이다. 이러한 면에서 경험적으로 ARIMA 모형을 적용하기 위해서 적어도 50개의 관측값이 필요하다.

계절적인 1차 차분된 자료에 근거하여 추정된 자기상관함수를 SPSS 17.0에 적용하기 얻기 위해서는, 나머지는 바로 앞에서 다룬 방법과 동일하며 단지 다음과 같이 "자기상관(A)" 대화상자에서 '변환' 란의 '계절 차분(S):'을 체크하여 실행하면 된다.

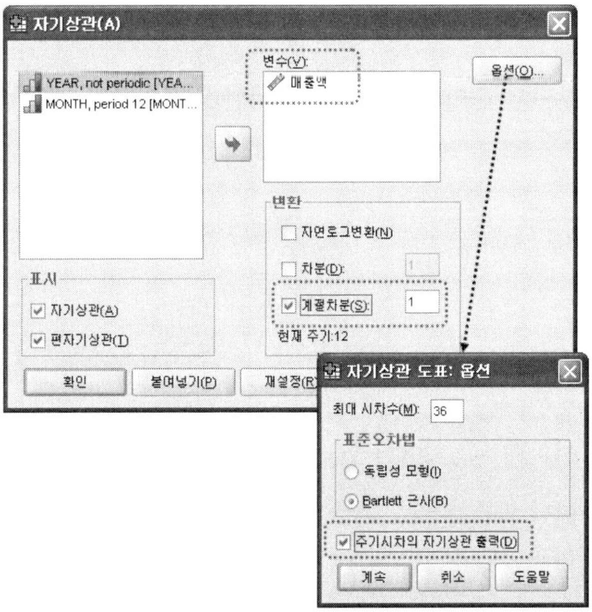

'시차 12'에서 두드러진 스파이크가 나타나며 나머지 계절시차(24, 36)의 자기상관계수는 통계적으로 유의하지 않을 만큼 현저하게 감소하였다. 즉, 계절적 차분된 시계열이 정상적으로 되었다.

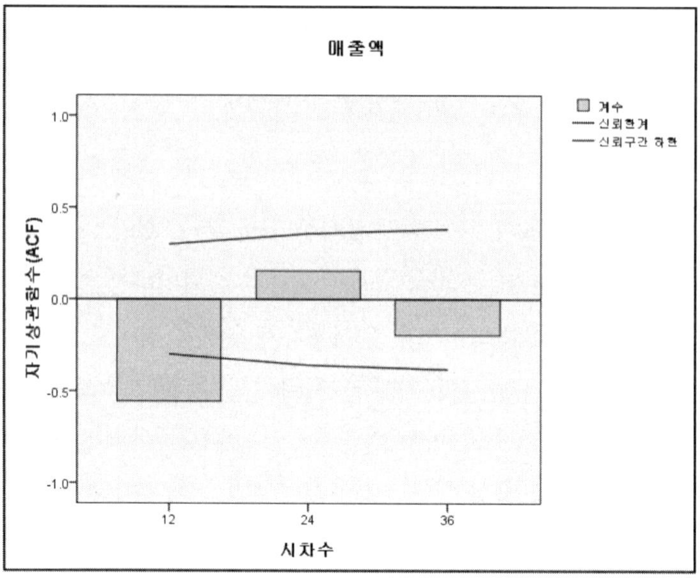

1.3.1~1.3.2절에서 소개한 후향연산자(B)와 차분연산자(▽)를 사용하여 주기의 길이가 s인 계절적 차분을 표기하면, $\nabla_s^D y_t \equiv (1-B^s)^D y_t$ 가 된다.

예를 들어, 계절적 1차 차분($D=1$)은 다음과 같다.

$$\begin{aligned}\nabla_s y_t &= (1-B^s)y_t \\ &= y_t - y_t B^s \\ &= y_t - y_{t-s}\end{aligned}$$

여기에서 y_t 대신에 $\tilde{y}_t(=y_t-\mu)$를 사용하더라도 앞과 똑같은 결과를 얻는다. 즉,

$$\begin{aligned}\nabla_s \tilde{y}_t &= (1-B^s)(y_t-\mu) \\ &= y_t - y_t B^s - \mu + \mu B^s \\ &= y_t - y_{t-s} - \mu + \mu \\ &= y_t - y_{t-s}\end{aligned}$$

이다.

1.9.4 승법(multiplicative) ARIMA 모형

수요예측에 관련된 대부분의 실현값은 계절적 패턴 및 비계절적 패턴을 동시에 포함하고 있다. 물론 이런 형태의 시계열 자료를 ARIMA 모형으로 구축하기 위해서는 비계절적 요소와 계절적 요소를 각각 분리시켜야 할 것이다. 이를 하기 위해 필요한 도구는 역시 실현값에 근거하여 추정된 자기상관함수와 편자기상관함수이다.

우선 계절적 요소와 비계절적 요소를 포함하는 승법 ARIMA(p,d,q) $(P,D,Q)_s$ 모형을 다음과 같이 표현할 수 있다.

$$\phi_p(B)\Phi_P(B^s)\nabla^d\nabla_s^D\tilde{y}_t = \Theta_Q(B^s)\theta_q(B)\epsilon_t \qquad [1.45]$$

여기에서, $\Phi_P(B^s) = (1-\Phi_s B^s - \Phi_{2s}B^{2s} - \cdots - \Phi_{Ps}B^{Ps})$,

$$\nabla_s^D = (1-B^s)^D$$

$$\Theta_Q(B^s) = (1-\Theta_s B^s - \Theta_{2s}B^{2s} - \cdots - \Theta_{Qs}B^{Qs})$$

$$\nabla^d = (1-B)^d$$

$$\phi(B) = (1-\phi_1 B - \phi_2 B^2 - \cdots - \phi_p B^p)$$

$$\theta(B) = (1-\theta_1 B - \theta_2 B^2 - \cdots - \theta_q B^q)$$

여기에서 (p,d,q)는 비계절성 차수를, $(P,D,Q)_s$는 계절성 차수를 나타낸다.

승법 ARIMA 모형의 이해를 돕기 위해서, 다음과 같이 두 개의 모형을 수학식으로 나타낼 수 있다.

① ARIMA(0,1,1)(1,1,0)$_{12}$모형:

$$(1-\Psi_{12}B^{12})(1-B)(1-B^{12})\tilde{y}_t = (1-\theta_1 B)\epsilon_t$$

② ARIMA(0,1,1)(0,1,1)$_{12}$모형:

$$(1-B)(1-B^{12})\tilde{y}_t = (1-\Theta_{12}B^{12})(1-\theta_1 B)\epsilon_t$$

1.9.5 승법 ARIMA 모형의 정상성과 가역성

1.4.1절과 1.4.3절에서 비계절형 ARIMA 모형의 정상성 조건과 가역성 조건에 대해 알아보았다. 계절형 ARIMA 모형에 대한 두 가지 조건은 언급하지 않았지만, 비계절형 ARIMA 모형과 동일하다. 다음 고려할 승법 ARIMA 모형의 정상성 조건과 가역성 조건을 습득하여 부가적으로 계절형 ARIMA 모형에 해당하는 이 두 가지 조건을 쉽게 이해할 수 있다.

승법 ARIMA 모형을 표현하는 [1.45]식을 통해 계절적 부분과 비계절적 부분에 각각 해당하는 정상성 조건과 가역성 조건을 손쉽게 점검할 수 있다. 즉, 계절적 요소의 계수(들)와 비계절적 요소의 계수(들)를 따로 분리하여 두 조건을 각각 점검한다.

다음 주어진 $ARIMA(2,0,1)(1,0,2)_s$ 모형을 예를 들어 설명해보자. 승법 ARIMA 모형 형태로 표현하면,

$$(1-\phi_1 B-\phi_2 B^2)(1-\Phi_s B^s)\widetilde{y_t} = (1-\Theta_s B^s - \Theta_{2s} B^{2s})(1-\theta_1 B)\epsilon_t$$

이다. 정상성 조건은 계절적 요소와 비계절적 요소에 해당하는 자기회귀계수에만 적용하므로, 비계절적 요소에 대한 정상성 조건은 1.4.1절에서 언급한 AR(2)모형의 정상성 조건과 동일하다. 즉, $|\phi_2| < 1$, $\phi_2 + \phi_1 < 1$, $\phi_2 - \phi_1 < 1$이다. 그리고, 계절적 요소에 대한 정상성 조건은 비계절적 AR(1)모형과 마찬가지로 $|\Phi_s| < 1$ 이다.

가역성 조건은 계절적 요소와 비계절적 요소에 해당하는 이동평균(MA) 계수에만 적용하므로, 비계절적 요소에 대한 가역성 조건은 1.4.3절에서 언급한 MA(1)의 가역성 조건($|\theta_1| < 1$)과 같다. 반면에 계절적 요소에 대한 가역성 조건은 비계절적 MA(2)모형과 같이, $|\Theta_{2s}| < 1$, $\Theta_{2s} + \Theta_s < 1$, $\Theta_{2s} - \Theta_s < 1$ 이다.

2장 지수평활법

Demand Forecasting of Time Series

- 2.1 SPSS(PASW) 17.0 지수평활법 프로시저
- 2.2 단순 지수평활법:
- 2.3 이중 지수평활법:
- 2.4 Winters 방법
- 2.5 지수적인 추세를 갖는 모형
- 2.6 진폭이 감소하는 추세

ARIMA 모형과 더불어 대표적으로 일변량 시계열을 예측하는 데 사용하는 지수평활법(exponential smoothing method, ESM)은 각 실현값들에 다른 가중값을 부여하는 예측 방법이다. 다시 말해서, 매 시점에서 예측을 하며 예측 방정식과 이 방정식 내의 추정값들은 가장 최근의 관측값을 설명하기 위해 매 시점의 끝에서 최신화시킨다. 이러한 최신화 작업에서는 시간의 흐름에 따라 모수들 사이에 발생 가능한 변화를 고려하며, 이러한 변화들을 통해 모수들의 추정값들을 최신화시켰을 때 동일하지 않은 가중값들이 시계열 관측값에 적용된다.

따라서 지수평활법은 과거의 자료로 거슬러 갈수록 지수적으로 감소할 것이라는 점을 착안하여, 먼 과거에 관측된 값들보다 최근에 가까운 관측값들에 더 많은 가중을 부여한다. 여기에서 평활(smoothing, 平滑)이라 함은 시계열의 오르락내리락하는 형태를 평편하고 부드럽게 조정함을 의미한다.

지수평활법은 시계열을 표현하는 모수들이 시간의 흐름에 따라 서서히 변화할 때 가장 효율적으로 사용할 수 있기 때문에 중기 및 단기예측에 사용된다. 그러나, 어느 특정적 통계모형 또는 통계이론에 근거한 것은 아니며, 적절한 예측값을 얻는 데 직관적이며 경험적인 방법으로 사용된다. 각 관측값에 얼마만큼의 가중값을 다르게 부여하는 작업은 하나 이상의 평활계수(또는 평활상수, smoothing constant)를 사용하여 실행한다.

지수평활법의 주된 장점은 단순하고, 직관적이며, 쉽게 이해될 수 있다는 점이다. 일반적으로 과거 관측값의 수가 적을 때도 사용할 수 있으며, 다양한 응용 사례에서 좋은 예측값을 힘들이지 않고 산출할 수 있는 방법이기도 하다.

지수평활법의 주된 단점은 정식으로 모형을 설정하는 방법이 존재하지 않는 점이다. 지수평활법을 선택하는 기준은 다분히 시계열을 플롯으로 나타내어 이를 해석하는 시각에 따라 달라진다. 시계열 자료에 어떤 지수평활법을 적용시켜야 할지는 추세와 계절성 존재 여부와 (만일 존재한다면) 어떤 형태인지에 따라 달라진다.

이런 방법들을 자료에 적합시킬 때 1시점 후 예측오차의 제곱합에 근거하여 몇 가지 방법들을 시도하고 비교하는 것은 자주 사용되는 전략이다. 이를 행할 때 여러 평활법에 대해 평활계수값을 객관적으로 결정해야 한다(특정적인 지수평활법에 대해 가장 좋은 평활계수는 다른 지수평활법에 대해 가장 좋은 평활계수가 아닐 수도 있음을 유의하라). 분석자가 경험한 것을 근거로 하여 특정적인 지수평활법을 선택하는 것이 바람직하다.

회귀분석을 사용하는 주된 장점은 관심 있는 시계열과 다른 시계열들을 관련시켜 이들 관계를 이용하여 보다 나은 예측값들을 얻는 데 있다. 분명히 지수평활법은 이런 점을 만족시키지 못한다. 지수평활법을 사용하여 적절한 예측값을 산출하지 못하면, 회귀분석을 사용하여 보다 나은 예측값을 얻을 수 있다. 관심 있는 시계열이 다른 시계열들과 관련이 없다면, Box-Jenkins 방법론(즉, ARIMA 모형)을 사용할 수 있다. 일반적으로 복잡한 시계열을 정확도 있게 예측할 때 자주 ARIMA 모형을 사용한다.

이번 장에서는 실현값의 추세와 기울기 패턴에 따라 적용할 수 있는 12개의 지수평활법을 다룬다. 여기에서 추세(trend)라 함은 시계열도표를 통해서 전반적으로 기울기(slope) 형태를 의미하며, 다음과 주어진 [그림 2.1]과 같이 3가지 형태로 구분할 수 있다.

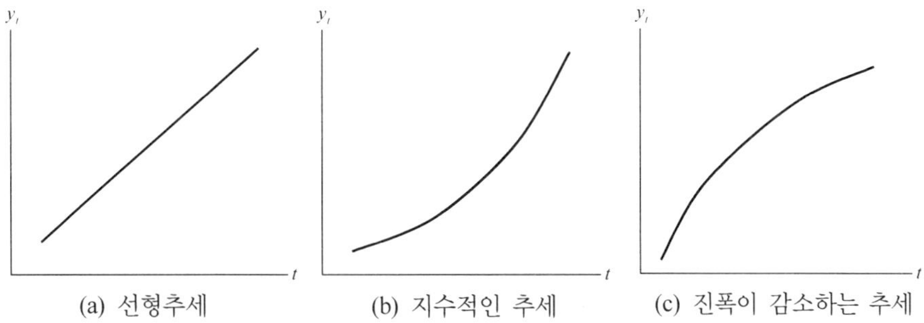

[그림 2.1] 여러 가지 형태의 추세

만일 기울기가 '0'에 가까운 형태면 즉, 전반적인 기울기가 평평한 수평선 형태일 때 추세가 존재하지 않는다고 표현하다. 또한 계절적인 변동이 존재하는지 여부를 파악한다. 물론 어느 지수평활법을 적용할지 선택하는 문제는 자료를 플롯한 것이 적절한 시나리오와 얼마나 일치하느냐에 따라 달라진다. 계절성은 이미 1.9절에서 다루었으며, 만일 계절적 변동이 존재하면 증가 형태(또는 승법) 또는 고정된 형태(또는 가법)인지를 결정해야 한다.

2.1 SPSS(PASW) 17.0 지수평활법 프로시저(EXSMOOTH)

우선 SPSS 17.0에서 소개하는 7개의 지수평활법을 살펴보기 위해서, 팝업 메뉴에서 분석(A) ▸예측 ▸모형 생성(C)...을 선택하면 "시계열 모형 생성기" 대화상자가 나타난다. 좌측 상단의 '변수' 단추를 누른 후 '방법(M):' 란에서 [지수평활 ▾]을 선택한다. 그리고 바로 오른 쪽의 [기준(C)...] 단추를 누르면 다음과 같은 "시계열 모형 생성기: 지수 평활 기준" 대화상자가 나타난다.

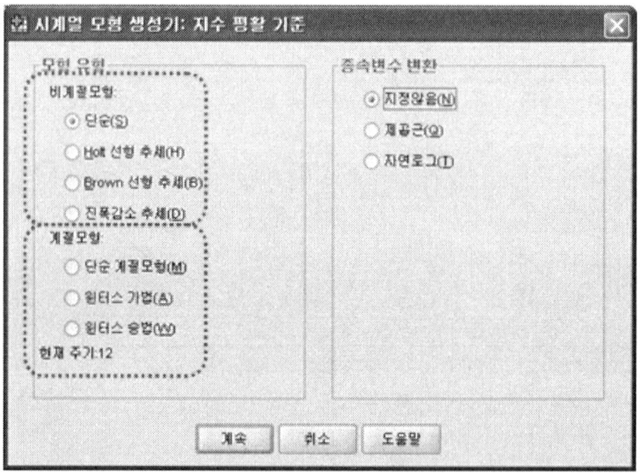

주어진 대화상자에서 보는 바와 같이, '비계절모형' 란과 '계절모형' 란에 각각 4가지, 3가지 선택의 여지가 있다. 여기에서 '비계절모형'은 앞에서 언급한 추세의 유형, '계절모형'은 계절성의 유형으로 간주하면 된다.

다음은 SPSS '지수 평활 기준' 대화상자에 나타난 모형들을 요약한 것이다. 우선 추세의 4가지 유형을 지정하는 '비계절모형'을 살펴보자.

- 단순(S): 추세와 계절성이 없는 계열 즉, 전반적인 기울기가 평평한 수평선 형태일 때에 적합하다. 단순 지수평활법은 ARIMA(0,1,1)모형과 흡사하다.
- Holt의 선형추세(H): [그림 2.1]의 (a)와 같이 전반적인 추세가 선형이며 계절성이 존재하지 않은 시계열에 적합하다. Holt 모형은 Brown 모형보다 더 일반화된 형태이지만 큰 용량의 시계열을 적합시키는 데 시간이 더 소요된다. Holt 지수평활은 ARIMA(0,2,2)모형과 흡사하다.
- Brown의 선형추세(B): [그림 2.1]의 (b)와 같이 전반적인 추세가 지수적인 형태이며 계절성이 존재하지 않은 시계열에 적합하다. Brown의 모형은 Holt 모형의 특별한 케이스이며, 특히 이동평균 항에서 $\theta_2 = \left(\frac{\theta_1}{2}\right)^2$ 을 만족하는 ARIMA(0,2,2)모형과 흡사하다.
- 진폭 감소 추세(D): [그림 2.1]의 (c)와 같이 전반적인 추세가 지수적인 형태이며 계절성이 존재하지 않는 시계열에 적합하다. ARIMA(1,1,2)모형과 가장 흡사하다.

계절적인 변동을 3가지 유형으로 지정하는 '계절모형'을 살펴보자.

- 단순 계절모형(M): 추세와 계절적인 효과가 없는 시계열에 적합하며 시간의 흐름에 따라 시계열이 일정한 경우에 적용할 수 있다.
- 윈터스 가법(A): 시간의 흐름에 따라 계절적 주기 내의 변동이 변하지 않고 유지될 때 적용할 수 있는 시계열에 적합하다.
- 윈터스 승법(W): 시간의 흐름에 따라 계절적 주기 내의 변동의 폭이 증가하는 시계열에 적합하다.

따라서 시계열도표에 나타난 패턴(추세의 유형과 계절성의 유형)을 시각적으로 판단하여 주어진 7개의 모형 중 타당한 모형을 하나 이상 선택하여 분석할 수 있다. 예를 들어, 시계열도표의 전반적인 기울기가 직선으로 증가하고 계절적인 변동이 존재하지 않은 것으로 판단되면, '모형 유형' 란에서 'Holt 선형추세(H)'를 선택하여 실행한다.

앞에서 주어진 7개의 지수평활법 중 하나(이상)를 선택하였는데, 이를 보다 구체적으로 이해하기 위해서 수학적인 모형으로 나타내보자.

$Y_t, \quad t=1, \cdots, n$: 관측값

$\widehat{Y}_t(k)$: 관측값 Y의 시점 t부터 k시점 후 예측값

s: 계절성 주기의 길이

$\alpha, \gamma, \phi, \delta$: 평활계수

[단순]

$$L(t) = \alpha Y(t) + (1-\alpha) L(t-1)$$

$$\widehat{Y}_t(k) = L(t)$$

[Holt의 선형추세]

$$L(t) = \alpha Y(t) + (1-\alpha)\{L(t-1) + T(t-1)\}$$

$$T(t) = \gamma\{L(t) - L(t-1)\} + (1-\gamma) T(t-1)$$

$$\widehat{Y}_t(k) = L(t) + k T(t)$$

[Brown의 선형추세]

$$L(t) = \alpha Y(t) + (1-\alpha) L(t-1)$$

$$T(t) = \alpha\{L(t) - L(t-1)\} + (1-\alpha) T(t-1)$$

$$\widehat{Y}_t(k) = L(t) + \left\{(k-1) + \frac{1}{\alpha}\right\} T(t)$$

[진폭감소추세]

$$L(t) = \alpha Y(t) + (1-\alpha)\{L(t-1) + \phi T(t-1)\}$$

$$T(t) = \gamma\{L(t) - L(t-1)\} + (1-\gamma)\phi T(t-1)$$

$$\widehat{Y}_t(k) = L(t) + \sum_{i=1}^{k} \phi_i T(t)$$

[단순 계절모형]

$$L(t) = \alpha\{Y(t) - S(t-s)\} + (1-\alpha)L(t-1)$$

$$S(t) = \delta\{Y(t) - L(t)\} + (1-\delta)S(t-s)$$

$$\widehat{Y}_t(k) = L(t) + S(t+k-s)$$

[윈터스 가법]

$$L(t) = \alpha\{Y(t) - S(t-s)\} + (1-\alpha)\{L(t-1) + T(t-1)\}$$

$$T(t) = \gamma\{L(t) - L(t-1)\} + (1-\gamma)T(t-1)$$

$$S(t) = \delta\{Y(t) - L(t)\} + (1-\delta)S(t-s)$$

$$\widehat{Y}_t(k) = L(t) + kT(t) + S(t+k-s)$$

[윈터스 승법]

$$L(t) = \alpha\left(\frac{Y(t)}{S(t-s)}\right) + (1-\alpha)\{L(t-1) + T(t-1)\}$$

$$T(t) = \gamma\{L(t) - L(t-1)\} + (1-\gamma)T(t-1)$$

$$S(t) = \delta\left(\frac{Y(t)}{L(t)}\right) + (1-\delta)S(t-s)$$

$$\widehat{Y}_t(k) = \{L(t) + kT(t)\}S(t+k-s)$$

EXSMOOTH 프로시저에서 시계열에서 추세 및 계절성이 나타나는 여부에 따라 최근 관측값들에 주어진 상대적인 중요성을 제어하기 위해 다음 주어진 4개의 평활계수를 사용한다. 여기에서 4개의 평활계수값 모두 0에서 1 사이의 값을 갖는다. (0과 1도 포함)

① 일반 평활계수(α): 전반적인 수준을 결정하는 데 최근 관측값들에 주어진 가중값을 제어하며 모든 계열에 사용된다. 만일 $\alpha = 1$ 이면 가장 최근 관측값 하나를 유일하게 사용한다. 다시 말하면, '1'에 가까운 α를 사용하는 것은 최근 관측값들에 더 많은 가중값을 준다는 의미이다. $\alpha = 0$ 이면 과거 관측값들을 최근 관측값들과 동일한 비중으로 간주한다.

② 추세 평활계수(γ): 계열에 추세가 발견되면 사용한다. γ값이 크면, 예측값은 계열에서 가장 최근 관측값들로부터 추정된 추세에 근거하여 산출한다. 반면에 γ값이 작으면, 예측값은 모든 관측값들을 동등하게 취급한 추세에 근거하여 얻는다. 마찬가지로, '1'에 가까운 γ를 사용하는 것은 최근 관측값들에 더 많은 가중값을 준다는 의미이다.

③ 계절 평활계수(δ): 계열에 계절적인 변동이 존재할 때 사용한다. 큰 δ값을 갖는 모형은 주로 최근 관측값들에 존재하는 계절성을 추정하며, 반면에 작은 δ값을 갖는 모형은 모든 관측값들을 동등하게 취급한 상황에서 고려한 계절성을 추정하게 된다. 역시 '1'에 가까운 δ를 사용하는 것은 최근 관측값들에 더 많은 가중값을 준다는 의미이다.

④ 감폭추세 평활계수(ϕ): 계열의 추세가 진폭이 감소하는 형태일 때 사용된다. ϕ값이 크면, 모형이 추세가 감소한다는 사실에 민감하게 반응한다는 의미이다. 반면에 ϕ값이 작으면, 추세에 대한 추정된 감폭이 모든 관측값에 근거함을 나타낸다. 여기에서 '1'에 가까운 ϕ를 사용하는 것은 진폭이 서서히 감소함을 의미한다.

4개의 평활계수 모두는 지수 평활 모형이 시계열을 생성하는 프로세서에서 발생하는 변화들에 얼마나 빨리 반응하는지를 지정해 준다. 지수평활 알고리즘은 계열의 처음부터 시작하여 한꺼번에 한 시점씩 끝까지 수행한다. 각 단계에서 가장 최근 관측값을 사용하여 추세, 계절성 및 추세의 진폭에 대한 각각의 추정값을 조정한다. 앞에서 고려한 4개의 평활계수가 '0'에 가까운 값을 가지면, 추정값들은 고정되며 동일할 것이다. 반면에 이 평활계수들이 '1'에 가까우면, 추정값들이 매우 유동적이며 수준, 추세, 계절성 및 진폭이 변하고 있다는 사실에 반응한다.

2.2절부터 2.6절에 걸쳐서 12개의 모형에 대한 예측값과 예측구간을 얻는 과정 및 결과를 설명하기로 한다.

2.2 단순 지수평활법

앞에서 언급한 바와 같이, 시계열도표를 통해서 두드러진 계절적 변동과 추세를 발견할 수 없을 때 적용할 수 있는 지수평활법은 앞 절에서 소개한 '단순 지수평활법'이다. 우선 단순 지수평활법을 고려하게 되는 이유에 대해서 살펴보자.

만일 주어진 시계열의 전반적인 기울기가 평평한 수평선 형태일 때, 추세가 없는 방정식 즉, $y_t = b + \epsilon_t$ 를 고려할 수 있다. 모수 b가 시간의 흐름에 따라 고정되어 있다면 y_t 의 미래값들은 회귀분석을 사용하여 예측해야 할 것이다. 이 경우 b의 최소제곱 점추정값은 $\hat{b} = \bar{y} = \sum_{t=1}^{n} \frac{y_t}{n}$ 가 된다. 물론 이 경우 점추정값($\hat{b}$)은 관측된 시계열 값 $y_1, y_2, \cdots, y_n$ 에 대해 동일한 가중값을 부여하여 계산된 것이다.

그런데, 모수 b의 값이 시간의 흐름에 따라 서서히 변하면 관측된 시계열에 동일한 가중값을 부여하는 것은 적절하지 않을 것이다. 오히려 먼 과거의 관측값들보다는 현재에 가까운 관측값들에 더 많은 가중값을 두는 것이 타당할 것이다. 이와 같이 단순 지수평활법은 회귀분석과는 달리 시계열 관측값 각각에 다른 가중값을 주는 예측방법으로, 가중값을 서로 다르게 부여하기 위해서는 각 관측값에 어느 정도 가중값이 부여할지 결정하는 평활계수(smoothing constant, α)를 사용한다. 따라서 가장 최근 관측값에 가장 큰 가중값을 부여하며, 먼 과거에 해당하는 관측값일수록 가중값이 작게 된다. 이 방법을 통해 b의 추정값을 최신화시켜 이 모수값의 변화를 탐색할 수 있으며 예측 시스템에 통합시킬 수 있다.

다음 주어진 예를 통해 단순 지수평활법을 설명해보자. 모 해산물 식품회사는 오징어 트롤선과 가공공장을 운영하고 있다. 이 회사의 판촉부에서는 오징어 매출액으로부터 최대 이윤과 최소 이윤을 예측하기 위해서 월별 오징어 어획량의 점예측값과 구간예측값을 구하고 싶어 한다. 다음은 이에 관련된 최근 2년에 걸친 24개의 월별 오징어 어획량(오징어어획량.sav)과 이를 시계열도표로 그린 것이다.

362	381	317	297	399	402	375	349	386	328	389	343
276	334	394	334	384	314	344	337	345	362	314	365

앞에 주어진 시계열도표를 통해서 대부분 실현값들이 시계열 평균(즉, 수준) 주위로 중심으로 위, 아래 임의로 변동이 발생하는 것을 알 수 있다. 따라서 추세가 없는(즉, 기울기가 '0'인) 회귀모형인 $y_t = b + \epsilon_t$ 를 고려할 수 있으며, 모수 b가 시간의 흐름에 따라 서서히 변함을 발견할 수 있다.

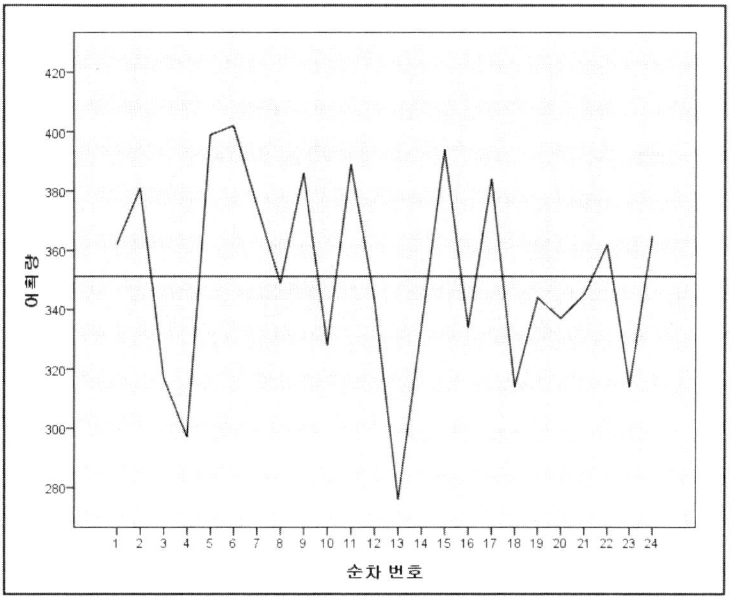

물론 시계열도표에서 특정적인 계절성을 발견할 수 없으며, 더욱 계절성의 존재 여부에 관심이 있다면, 아래의 자기상관함수를 계산해보면 계절성이 존재하지 않음을 재확인할 수 있을 것이다. 다시 말해서 계절시차(12, 24)에서 두드러진 스파이크를 발견할 수 없으며, 사인곡선으로 절대값이 감소하거나 봉우리가 반복하여 감소하는 패턴을 더 이상 찾아볼 수 없기 때문이다.

우선 계열의 평균수준(b)의 초기 추정값을 계산함으로써 단순 지수평활법을 시작한다. 이 값은 첫 6개 관측값의 평균을 초기 추정값을 $a_0(0)$이라 하면 다음과 같다.

$$a_0(0) = \frac{\sum_{t=1}^{6} y_t}{6} = \frac{362+381+\cdots+402}{6} = 359.67$$

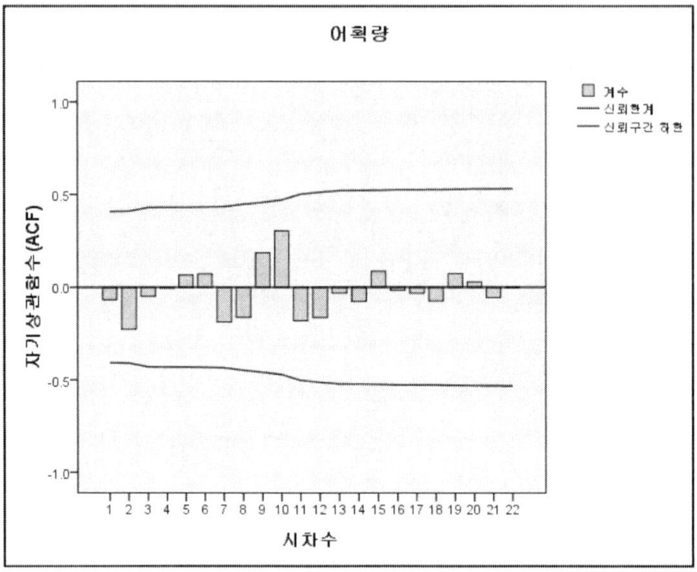

단순 지수평활법은 최근 관측값을 사용하여 b의 추정값을 최신화함으로써 시간의 흐름에 따라 평균수준인 b의 변화를 추적하는 방법이므로, b의 초기값을 계산하기 위해서 24개 관측값 중 6개만을 사용한다. 만일 이를 행하면 나머지 18개 관측값 역시 여전히 시간의 흐름에 따라 b가 어떻게 변하는지를 설명해 준다. 일반적으로 경험상 관측값의 50%를 사용하여 지수평활법에서 초기 추정값들을 계산하는 것이 타당하다. 그러나, 단순 지수평활법에서 6개 관측값을 사용하는 것이 타당할 수 있다(왜냐하면 작은 수의 관측값만을 사용하여 초기 추정값을 구할 때, 이 추정값이 b의 실제값과 크게 다르게 될 수 있기 때문이다).

다음으로는 시점 $(t\text{-}1)$에서 b의 $a_0(t-1)$에 대한 추정값을 구한다. 시점 t에서 새로운 실현값 y_t를 관측했다면, $a_0(t-1)$을 $a_0(t)$로 최신화시킬 수 있다. 이때 $a_0(t)$는 시점 t에서 b를 추정한 값이다.

평활방정식 $a_0(t) = \alpha y_t + (1-\alpha)a_0(t-1)$을 사용하여 최신화된 추정값을 계산한다. 여기에서 α를 0과 1 사이의 평활계수 또는 평활상수라고 한다. 시점 t에서 b의 추정값인 $a_0(t)$는 최근 관측된 값(y_t)의 비율(α)

에 시점 $(t-1)$에서 추정된 값인 $a_0(t-1)$의 비율$(1-\alpha)$를 더한 것이다. 따라서 만일 프로세서의 평균수준이 더 많이 변하면 최근 관측된 값은 추정값에 더 많은 영향을 주게 되기 때문에, 평활계수(α)의 값은 더 크게 정해야 한다.

적절한 평활계수(α)를 결정하는 방법을 예를 들어 살펴보기로 하자. 초기 추정값 $a_0(0)=359.67$부터 시작하여 평활방정식에 60개의 관측값들을 적합시켜 초기 추정값을 최신화한다. 이를 하기 위해, 임의로 α를 임의로 '0.02'로 고정시키고 α를 적절히 잘 선택했는지 여부를 판단하기 위해서 1시점 후 예측값을 계산한다. b의 초기 추정값은 $a_0(0)=359.67360$이며, 이 값은 시점 1의 시계열 값, 즉 y_1에 대한 시간 0에서 구한 예측값이다. $y_1=362$이므로 예측오차는 '$362-360=2$'가 된다.

$$
\begin{aligned}
a_0(1) &= \alpha y_1 + (1-\alpha)a_0(0) \\
&= 0.02(362)+0.98(359.67) \\
&= 359.72
\end{aligned}
$$

에 의해서 $a_0(0)$을 시점 1에서 계열 평균수준의 추정값인 $a_0(1)$로 최신화할 수 있다. $y_2=381$이므로, 예측오차는 '$360-381=-21$'이 된다. 마찬가지로 $y_2=381$이므로,

$$
\begin{aligned}
a_0(2) &= \alpha y_2 + (1-\alpha)a_0(1) \\
&= 0.02(381)+0.98(359.72) \\
&= 360.14
\end{aligned}
$$

를 계산하여 $a_0(1)$을 시점 2에서 b의 추정값인 $a_0(2)$로 최신화할 수 있다. $y_3=317$이므로 예측오차는 '$317-360=-3$'이 된다. 이 작업을 반복하여 24개 모든 시점에서 예측값을 구할 수 있다.

년	월	y_t	$a_0(t)$	최근 시점의 예측값	예측오차	예측오차 제곱
			$a_0(0)=359.67$			
1	1	362	359.72	360	2	4
	2	381	360.14	360	21	441
	3	317	359.28	360	−43	1849
	4	297	358.03	359	−62	3844
	5	399	358.85	358	41	1681
	6	402	359.71	359	43	1849
	7	375	360.02	360	15	225
	8	349	359.80	360	−11	121
	9	386	360.32	360	26	676
	10	328	359.68	360	−32	1024
	11	389	360.26	360	29	841
	12	343	359.92	360	−17	289
2	1	276	358.24	360	−84	7056
	2	334	357.75	358	−24	576
	3	394	358.48	358	36	1296
	4	334	357.99	358	−24	576
	5	384	358.51	358	26	676
	6	314	357.62	359	−45	2025
	7	344	357.35	358	−14	196
	8	337	356.94	357	−20	400
	9	345	356.70	357	−12	144
	10	362	356.81	357	5	25
	11	314	355.95	357	−43	1849
	12	365	356.13	356	9	81
			오차제곱합 = 27,744			

앞에 주어진 표에 나타난 결과를 사용하여, $\alpha = 0.02$ 에 대한 예측오차의 제곱합은 '27744'가 된다. 적절한 α를 찾기 위해서 0.02부터 0.30까지 0.02씩 α 값을 증가시켜 각각의 예측오차의 제곱합을 비교해보자(대부분의

지수평활법을 적용하는 데 평활계수의 값은 0.01에서 0.30 사이의 값을 사용한다). 다음 주어진 표는 이를 나타낸 것으로, $\alpha = 0.02$ 일 때 예측오차의 제곱합(27744)이 가장 작음을 알 수 있다(실제로 소수점 이하를 포함시켜 계산한 값은 27868.16217이다). α 값이 작다는 것은 시계열의 평균수준이 시간의 흐름에 따라 크게 변하지 않음을 의미한다. 따라서 월별 오징어 어획량을 단순 지수평활법을 사용하여 예측할 때, 평활계수 $\alpha = 0.02$ 를 사용하기로 한다.

α 값에 따른 예측오차의 제곱합

평활계수	오차제곱합
0.02	27744
0.04	28021
0.06	28036
0.08	28459
0.10	28792
0.12	28987
0.14	29496
0.16	29756
0.18	30274
0.20	30774
0.22	31269
0.24	31725
0.26	32203
0.28	32596
0.30	33316

추가로 다음 주어진 4개의 통계량은 특정 α 를 평활계수로 최종 결정하기 위한 기준으로 사용되는 도구로서, 각각 이들의 값들이 가장 작을 때 대응하는 α 를 평활계수로 최종 결정한다.

$$MSD = \sum_{t=1}^{n} \frac{\left(y_t - \hat{y_t}\right)^2}{n}$$

$$MAPE = \sum_{t=1}^{n} \frac{\left| \frac{(y_t - \hat{y_t})}{y_t} \right|}{n} \times 100,\ \ y_t \neq 0$$

$$MAD = \sum_{t=1}^{n} \frac{|y_t - \hat{y_t}|}{n}$$

$$MSD = \sum_{t=1}^{n} \frac{(y_t - \hat{y_t})^2}{n}$$

단순 지수평활법에 대한 개념과 추정결과를 다음과 같이 정리할 수 있다.

① 시계열 $y_1, \cdots, y_n$ 이 모형 $y_t = b + \epsilon_t$ 로 표현된다고 하자. 여기에서 평균수준 b는 시간의 흐름에 따라 서서히 변한다. 이때 시점 t에서 b의 추정값인 $a_0(n)$는 다음과 같은 평활방정식으로 계산된다.

$$a_0(n) = \alpha y_n + (1 - \alpha) a_0(n-1)$$

여기에서 α는 0과 1 사이의 값을 갖는 평활계수이며, $a_0(n-1)$은 시점 $(n-1)$에서 구해진 b의 추정값이다.

② 시점 n에서 $y_{n+\tau}$에 대한 점예측값은 다음과 같다.

$$\hat{y}_{n+\tau}(n) = a_0(n)$$

③ $y_{n+\tau}$에 대해 시점 n에서 계산된 $100(1-\alpha)\%$ 예측구간은

$$a_0(n) \pm z_{\alpha/2} 1.25 \Delta(n)$$

이다. 여기에서 $\Delta(n) = \frac{\sum_{t=1}^{n} |y_t - a_0(t-1)|}{n}$ 이다.

④ 시점 $(t+1)$에서 y_{t+1}을 관측하면 다음 방정식을 사용하여 $a_0(t)$와 $\Delta(t)$를 $a_0(t+1)$과 $\Delta(t+1)$로 최신화시킬 수 있다.

$$a_0(t+1) = \alpha y_{t+1} + (1-\alpha)a_0(t)$$

$$\Delta(t+1) = \frac{t\Delta(t) + |y_{t+1} - a_0(t)|}{t+1}$$

따라서, 시점 $(t+1)$에서 $y_{t+1+\tau}$에 대한 점예측값은

$$\hat{y}_{t+1+\tau}(t+1) = a_0(t+1)$$

이며, 이에 대한 $100(1-\alpha)\%$ 예측구간은 다음과 같다.

$$a_0(t+1) \pm z_{\alpha/2} 1.25\Delta(t+1)$$

앞에서 요약한 사실을 오징어 어획량에 적용해보자. $a_0(24) = 356.13$은 시점 24에서 평균수준인 b의 추정값이다. 따라서 시점 24에서 시점 25와 이 이후의 월별 오징어 어획량의 점예측값은 다음과 같다.

$$\hat{y}_{24+\tau}(24) = a_0(24) = 356.13$$

또한

$$\Delta(24) = \frac{\sum_{t=1}^{24} |y_t - a_0(t-1)|}{24}$$

$$= \frac{|y_1 - a_0(0)| + |y_2 - a_0(1)| + \cdots + |y_{24} - a_0(23)|}{24}$$

$$= \frac{|362 - 359.67| + |381 - 359.721| + \cdots + |1365 - 355.951|}{24}$$

$$= 28.62$$

이므로, 시점 24에서 y_{25} 의 95% 예측구간은 다음과 같다.

$$\begin{aligned} 356.13 \pm z_{0.025}1.25\,\Delta(24) &= 356.13 \pm 1.96(1.25)(28.62) \\ &= (286.01\,,\, 426.25) \end{aligned}$$

다음은 3년째 1월(시점 25)에서 $y_{25} = 384$ 를 관측했다면, 다음 주어진 방정식을 사용하여 $a_0(24)$를 $a_0(25)$에 최신화할 수 있다.

$$\begin{aligned} a_0(25) &= \alpha y_{25} + (1-\alpha)\,a_0(24) \\ &= 0.02(384) + 0.98(356.13) \\ &= 356.69 \end{aligned}$$

25번째 관측값에서 26번째 관측값과 그 이후의 월별 점예측값이

$$\hat{y}_{25+\tau}(25) = a_0(25) = 356.69$$

임을 의미한다. 또한 다음 방정식을 사용하여 $\Delta(24)$를 $\Delta(25)$로 최신화시킬 수 있다.

$$\begin{aligned} \Delta(25) &= \frac{24\,\Delta(24) + |y_{25} - a_0(24)|}{25} \\ &= \frac{24(28.62) + |384 - 356.13|}{25} \\ &= 28.59 \end{aligned}$$

따라서, 시점 25에서 y_{26} 의 95% 예측구간은 다음과 같다.

$$\begin{aligned} (356.69 \pm z_{0.025}1.25\,\Delta(25)) &= (356.69 \pm (1.96)(1.25)(28.59)) \\ &= (286.64\,,\, 426.74) \end{aligned}$$

일반적으로 평활방정식 $a_0(t) = \alpha y_t + (1-\alpha) a_0(t-1)$은 $a_0(t-1) = \alpha y_{t-1} + (1-\alpha) a_0(t-2)$를 의미한다. 둘째 식을 첫째 식에 대입하면,

$$\begin{aligned} a_0(t) &= \alpha y_t + (1-\alpha)[\alpha y_{t-1} + (1-\alpha) a_0(t-2)] \\ &= \alpha y_t + \alpha(1-\alpha) y_{t-1} + (1-\alpha)^2 a_0(t-2) \end{aligned}$$

가 되며, 이를 반복적으로 $a_0(t-2)$, $a_0(t-3)$, $\cdots$, $a_0(1)$, $a_0(0)$을 대입하면,

$$\begin{aligned} a_0(t) &= \alpha y_t + \alpha(1-\alpha) y_{t-1} + \alpha(1-\alpha)^2 y_{t-2} + \cdots \\ &\quad + \alpha(1-\alpha)^{t-1} y_1 + (1-\alpha)^t a_0(0) \end{aligned}$$

이 된다. 여기에서 시점 t에서 평균수준 b에 대한 예측값인 $a_0(t)$는 $y_t, y_{t-1}, \cdots, y_1$과 초기 추정값인 $a_0(0)$으로 나타낼 수 있음을 유의하라. y_t, y_{t-1}, $\cdots$, y_1이 공헌하는 것을 측정하는 계수 즉, α, $\alpha(1-\alpha)$, $\alpha(1-\alpha)^2, \cdots ,\alpha(1-\alpha)^{t-1}$은 시간의 흐름에 따라 지수적으로 감소한다. 이런 이유로 단순 지수평활이라 부르게 된다.

y_t, y_{t-1}, $\cdots$, y_1의 공헌도 또는 영향을 주는 정도를 측정하는 계수들이 지수적으로 감소하므로, 가장 최근 관측값인 y_t는 b의 최근 추정값에 가장 큰 영향을 미치게 된다. 먼 과거의 관측값일수록 이 추정값에 영향을 더 적게 미치게 되는 것이다. 최근 관측값에 멀리 떨어져 있는 관측값들이 영향을 주는 정도는 평활계수인 α의 크기에 따라 달라진다. α가 '1'에 가까울수록 먼 과거의 관측값에 영향을 덜 주게 된다. 예를 들어, $\alpha = 0.9$이면 계수들은 0.9, 0.09, 0.009, $\cdots$ 등이 된다. 반면에 α가 '0'에 가까운 값이면, 먼 과거에 있는 관측값들이 α가 1에 가까울 때에 비해 영향을 더 주게 된다. 예를 들어 $\alpha = 0.1$이면, 계수들이 0.1, 0.09, 0.081, 0.0729,$\cdots$ 가 된다. 만일 평활계수가 '0.3'보다 큰 값이 가장 타당하다면, 다른 예측 방법을 고

려해야 한다. 이 경우 모형 $y_t = b + \epsilon_t$ 가 적절하지 않거나 모수 b는 시간의 흐름에 따라 급격히 변할 수 있다. 이 두 경우 단순 지수평활법을 사용하는 것은 최선이라고 볼 수 없다.

2.3 이중 지수평활법

[그림 2.1](a)와 같이 시계열을 다음과 같은 선형추세로 적절히 표현된다고 하자. 즉,

$$y_t = b_0 + b_1 t + \epsilon_t, \quad t = 1, \cdots, n$$

이며, 여기에서 모수 b_0 와 b_1 모두가 시간의 흐름에 따라 변하지 않는다면 y_t 의 예측값을 구하는 데 회귀분석을 사용할 수 있다. 회귀분석을 사용한다는 것은 b_0 와 b_1 에 대한 최소제곱 점추정값인 $\hat{b}_0$ 과 $\hat{b}_1$ 을 계산할 때 관측값에 동등한 가중값을 부여하는 것이 된다.

만일 b_0 와 b_1 의 값이 시간의 흐름에 따라 서서히 변한다면, 관측값 모두에 동등한 가중값을 주는 것이 적절하지 않을 수 있다. 이 경우 이중 지수평활법을 사용하여 시계열 관측값에 서로 다른 가중값들을 부여할 수 있다. 이 경우 흔히 두 가지 형태의 이중 지수평활법을 사용한다. 그중 하나는 단일모수 이중 지수평활법으로 평활계수를 하나만 사용한다. 나머지 하나는 Holt-Winters가 제시한 쌍모수 이중 평활법으로 평활계수를 두 개 사용한다. 평활계수는 각 시계열 관측값에 얼마만큼의 가중값을 부여할지를 결정한다.

2.3.1 단일모수 이중 지수평활법

우선 시점 $(t-1)$에서 모수 (b_0, b_1)의 추정값인 $(\hat{b}_0(t-1), \hat{b}_1(t-1))$을 계산했다고 가정하자. 또한 시점 t 에서 새로운 관측값인 y_t 를 얻고 이 관측값

을 사용하여 b_0와 b_1의 추정값들을 최신화시키고 싶다고 하자.

최신화된 추정값들을 구하기 위해 단일모수 이중 지수평활법은 소위 단순 평활통계량과 이중 평활통계량인 S_t, $S_t^{[2]}$를 사용한다. 이 통계량들은 두 개의 평활방정식

$$S_t = \alpha y_t + (1-\alpha) S_{t-1}$$

$$S_t^{[2]} = \alpha S_t + (1-\alpha) S_{t-1}^{[2]}$$

을 사용하여 계산할 수 있다. 여기에서 두 방정식은 똑같은 평활계수인 α $(0 \leqq \alpha \leqq 1)$를 사용한다. 첫 방정식은 원시계열 관측값들을 평활하며 두 번째 식은 첫 번째 식을 사용하여 얻은 S_t값들을 평활한다. S_t와 $S_t^{[2]}$를 사용하여 다음과 같이 최신화된 추정값들을 구한다.

$$\hat{b}_1(t) = \frac{\alpha}{1-\alpha}(S_t - S_t^{[2]})$$

$$\hat{b}_0(t) = 2S_t - S_t^{[2]} - t\hat{b}_1(t)$$

여기에서 이 방정식의 도출 과정은 생략하기로 한다.

추정값 $\hat{b}_1(t)$와 $\hat{b}_0(t)$가 주어졌을 때 시점 t에서 미래값 $y_{t+\tau}$에 대한 예측값은

$$\begin{aligned}\hat{y}_{t+\tau}(t) &= \hat{b}_0(t) + \hat{b}_1(t)(t+\tau) \\ &= [\hat{b}_0(t) + \hat{b}_1(t)t] + \hat{b}_1(t)\tau \\ &= a_0(t) + \hat{b}_1(t)\tau\end{aligned}$$

이다. 여기에서 $\hat{a}_0(t)$는 시간 원점을 t로 고려한 상황에서 최신화된 추세선의 y절편에 대한 추정값이다. 즉, $\hat{a}_0(t)$는 시간 원점을 '0'으로 고려한 상황에서 추정된 절편에 t를 추정된 기울기에 곱한 후 더한 것이다. 따라서

$$\begin{aligned}\hat{a_0}(t) &= \hat{b_0}(t) + \hat{b_1}(t)t \\ &= [2S_t - S_t^{[2]} - t\hat{b_1}(t)] + \hat{b_1}(t)t \\ &= 2S_t - S_t^{[2]}\end{aligned}$$

이며, $y_{t+\tau}$의 예측값은 다음과 같다.

$$\begin{aligned}\hat{y}_{t+\tau}(t) &= \hat{a_0}(t) + \hat{b_1}(t)t \\ &= 2S_t - S_t^{[2]} + \frac{\alpha}{1-\alpha}(S_t - S_t^{[2]})\tau \\ &= \left(2 + \frac{\alpha\tau}{1-\alpha}\right)S_t - \left(1 + \frac{\alpha\tau}{1-\alpha}\right)S_t^{[2]}\end{aligned}$$

단일모수 이중 지수평활법에 관련된 몇 가지 사항들을 정리해보도록 하자. 시계열 $y_1, \cdots, y_n$ 이 모형 $y_t = b_0 + b_1 t + \epsilon_t$ 로 표현되고, 이때 b_0 와 b_1은 시간의 흐름에 따라 서서히 변한다고 하자. 또한 시점 (t-1)에서 관측된 시계열 값 $y_1, y_2, \cdots, y_{t-1}$ 이 존재하며, 이에 근거한 b_0 와 b_1의 추정값을 각각 $\hat{b_0}(t-1), \hat{b_1}(t-1)$ 이라 하자. 시점 t 에서 y_t 를 관측한다면,

① 평활된 통계량인 S_t 와 $S_t^{[2]}$ 의 최신화된 값들은 다음 두 개의 평활방정식

$$S_t = \alpha y_t + (1-\alpha)S_{t-1}$$
$$S_T^{[2]} = \alpha S_t + (1-\alpha)S_{t-1}^{[2]}$$

을 사용하여 구한다. 이때 S_{t-1} 과 $S_{t-1}^{[2]}$ 는 시점 (t-1)에서 계산한 평활된 통계량값들이다.

② b_0 와 b_1의 최신화된 추정값인 $\hat{b_0}(t), \hat{b_1}(t)$ 는 다음 식을 사용하여 구한다.

$$\hat{b}_1(t) = \frac{\alpha}{1-\alpha}(S_t - S_t^{[2]})$$

$$\hat{b}_0(t) = 2S_t - S_t^{[2]} - t\hat{b}_1(t)$$

③ 시점 t 에서 미래값 $(y_{t+\tau})$에 대한 예측값은 다음과 같다.

$$\hat{y}_{t+\tau}(t) = \left(2+\frac{\alpha\tau}{1-\alpha}\right)S_t - \left(1+\frac{\alpha\tau}{1-\alpha}\right)S_t^{[2]}$$

④ $y_{t+\tau}$의 근사된 $100(1-\alpha)\%$ 예측구간은 $\hat{y}_{t+\tau}(t) \pm Z_{\alpha/2} d_\tau \Delta(t)$ 이다.

$$\Delta(t) = \frac{\sum_{t=1}^{t} \left| y_t - \hat{y}_t(t-1) \right|}{t}$$

$$d_\tau = 1.25\left[\frac{1+\dfrac{\alpha}{(1+\nu)^3}[(1+4\nu+5\nu^2)+2\alpha(1+3\nu)\tau+2\alpha^2\tau^2]}{1+\dfrac{\alpha}{(1+\nu)^3}[(1+4\nu+5\nu^2)+2\alpha(1+3\nu)+2\alpha^2]}\right]^{1/2}$$

$$\nu = 1-\alpha$$

⑤ 시점 $(t+1)$에서 y_{t+1}을 관측하면, 다음 방정식을 사용하여 $\Delta(t)$를 $\Delta(t+1)$로 최신화시킬 수 있다.

$$\Delta(t+1) = \frac{t\,\Delta(t) + \left| y_{t+1} - \hat{y}_{t+1}(t) \right|}{t+1}$$

여기에서 $S_t, S_t^{[2]}, \hat{b}_0(t), \hat{b}_1(t)$는 앞 ①과 ②에 나타난 방정식에 t 대신 $(t+1)$을 대입하여 최신화시킨다. 시점 $(t+1)$에서 $y_{t+1+\tau}$의 예측값은 앞 ③에 나타난 식에 t 대신 $(t+1)$을 대치시켜 구한다. 그리고, $y_{t+1+\tau}$의 대한 근

사된 $100(1-\alpha)\%$ 예측구간은 다음과 같다.

$$\hat{y}_{t+1+\tau}(t+1) \pm z_{\alpha/2} d_\tau \Delta(t+1)$$

단일모수 이중 지수평활법에서 평활계수는 과거 자료에서 시뮬레이션된 예측을 통해 결정한다. 우선 자료의 일부분(일반적으로 자료의 50%)을 회귀선에 적합시킨다. 즉, 모형모수 (b_0, b_1)의 초기 최소제곱추정값인 $(\hat{b_0}(0), \hat{b_1}(0))$을 구한다. 앞에 주어진 식들을 사용하여 $\hat{b_0}(t), \hat{b_1}(t)$를 S_t, $S_t^{[2]}$에 적용하면

$$S_0 = \hat{b_0}(0) - \left(\frac{1-\alpha}{\alpha}\right)\hat{b_1}(0)$$

$$S_0^{[2]} = \hat{b_0}(0) - 2\left(\frac{1-\alpha}{\alpha}\right)\hat{b_1}(0)$$

이 된다. 따라서 이 방정식을 사용하여 S_t와 $S_t^{[2]}$ 각각의 초기값인 S_0와 $S_0^{[2]}$를 구할 수 있다. 이 초기값으로부터 시작하여 S_t와 $S_t^{[2]}$를 최신화시킨다. 매 시점에서 예측값은 이와 같이 최근 평활된 통계량값을 사용하여 계산한다. 이런 절차를 다양한 α 값들(보통 0.01에서 0.30까지)에 대해 반복작업하고, 예측오차들의 제곱합을 최소화하는 α 값이 미래값을 예측하는 데 사용된다.

일단 평활계수값이 정해지면, b_0와 b_1의 새로운 초기 추정값들은 모든 자료를 단순 선형 회귀를 사용하여(즉, 직선에 적합시켜) 구한다. 그리고 S_0와 $S_0^{[2]}$를 다시 계산하고 과거 자료를 사용하여 새로운 초기값들을 최신화시킨다. S_t와 $S_t^{[2]}$의 최근 최신화된 값을 구하면, 시계열의 미래 예측값들은 계산할 수 있다. 과거 자료가 존재하지 않으면, 통상 첫 관측값을 S_t와 $S_t^{[2]}$ 모두의 초기값으로 사용한다.

앞에서 다룬 사항들을 다음 주어진 예에 적용시켜 이해를 쉽게 하도록 하자. 지난 2년에 걸쳐 모 백화점에서 신형 컴퓨터를 판매하였고, 이 컴퓨

터의 매출이 증가하였다. 이 백화점에서는 고객이 원하는 수요만큼만 컴퓨터를 주문하여 되도록 재고를 줄이려고 한다. 이러한 재고 정책을 이행하기 위해 컴퓨터 수요에 대한 점예측값과 예측구간을 구할 필요성을 느끼게 되었다. 다음은 지난 2년 동안 이 백화점에서 판매한 컴퓨터의 월별 매출액이다(컴퓨터매출액.sav).

월	첫 해	둘째 해
1	197	296
2	211	276
3	203	305
4	247	308
5	239	356
6	269	393
7	308	363
8	262	386
9	258	443
10	256	308
11	261	358
12	288	384

아래 주어진 시계열도표를 통해 매출액이 시간의 흐름에 따라 선형으로 증가함을 알 수 있다. 또한 이러한 추세가 향후 2년 동안 계속 진행될 것으로 예상된다면, 앞에서 고려한 모형 즉, $y_t = b_0 + b_1 t + \epsilon_t$ 을 고려할 수 있다. 여기에서 b_0와 b_1이 시간의 흐름에 따라 서서히 변한다고 가정하면 단일모수 이중 지수평활법을 사용하여 매출액에 관한 자료를 예측할 수 있다.

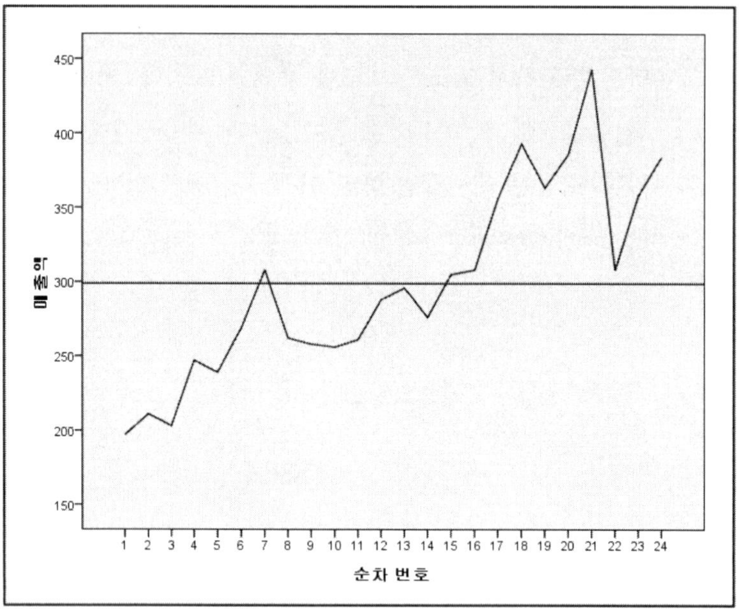

우선 평활계수를 결정해보자. 이를 하기 위해 첫 6개 매출액 관측값을 회귀선에 적합시킨다. b_0와 b_1에 대한 최소제곱추정값들은 각각

$$\hat{b_1}(0) = \frac{6\sum_{t=1}^{6} t y_t - \left(\sum_{t=1}^{6} t\right)\left(\sum_{t=1}^{6} y_t\right)}{6\sum_{t=1}^{6} t^2 - \left(\sum_{t=1}^{6} t\right)^2} = 178.87$$

$$\hat{b_0}(0) = \frac{\sum_{t=1}^{6} y_t - b_1(0)\left(\sum_{t=1}^{6} t\right)}{6} = 13.94$$

이다. 이 추정값을 사용하여 S_t와 $S_t^{[2]}$의 초기값들을 다음과 같이 구할 수 있다(여기에서 $\alpha = 0.10$ 으로 계산되었다).

$$S_0 = \hat{b}_0(0) - \left(\frac{1-\alpha}{\alpha}\right)\hat{b}_1(0)$$

$$= 178.87 - \left(\frac{1-0.10}{0.10}\right)13.94$$

$$= 53.41$$

$$S_0^{[2]} = \hat{b}_0(0) - 2\left(\frac{1-\alpha}{\alpha}\right)\hat{b}_1(0)$$

$$= 178.87 - 2\left(\frac{1-0.10}{0.10}\right)13.94$$

$$= -72.05$$

따라서, 시점 0에서 구한 y_1 의 예측값은

$$\hat{y}_{0+1}(0) = \left(2 + \frac{\alpha(1)}{1-\alpha}\right)S_0 - \left(1 + \frac{\alpha(1)}{1-\alpha}\right)S_0^{[2]}$$

$$\hat{y}_1(0) = \left(2 + \frac{0.10}{1-0.10}\right)(53.41) - \left(1 + \frac{0.10}{1-0.10}\right)(-72.05) \approx 193$$

이다. $y_1 = 197$ 이므로 예측오차는 $y_1 - \hat{y}_1(0) = 197 - 193 = 4$ 이다.

다음으로 $y_1 = 197$ 을 사용하여 S_0과 $S_0^{[2]}$를 다음과 같이 최신화시킨다.

$$S_1 = \alpha y_1 + (1-\alpha)S_0$$

$$= 0.10(197) + (1-0.10)(53.41)$$

$$= 67.77$$

$$S_1^{[2]} = 2S_1 + (1-\alpha)S_0^{[2]}$$

$$= 0.10(67.77) + (1-0.10)(-72.05)$$

$$= -58.07$$

따라서, 시점 1에서 y_2 의 예측값은

$$\hat{y}_{1+1}(1) = \left(2+\frac{\alpha(1)}{1-\alpha}\right)S_1 - \left(1+\frac{\alpha(1)}{1-\alpha}\right)S_1^{[2]}$$

$$\hat{y_2}(1) = \left(2+\frac{0.10}{1-0.10}\right)67.77 - \left(1+\frac{0.10}{1-0.10}\right)(-58.07) \approx 208$$

이다. $y_2 = 211$ 이므로, 예측오차는 $y_2 - \hat{y_2}(1) = 211 - 208 = 3$ 이다.

마찬가지로 y_2 를 사용하여 최신화된 S_2, $S_2^{[2]}$ 은 다음과 같이 계산한다.

$$\begin{aligned} S_2 &= \alpha y_2 + (1-\alpha)S_1 \\ &= (0.10)(211) + (1-0.10)(67.77) \\ &= 82.09 \\ S_2^{[2]} &= \alpha S_2 + (1-\alpha)S_1^{[2]} \\ &= 0.10(82.09) + (1-0.10)(-58.07) \\ &= -44.02 \end{aligned}$$

이다. 따라서 시점 2에서 y_3 의 예측값은

$$\hat{y}_{2+1}(2) = \left(2+\frac{\alpha(1)}{1-\alpha}\right)S_2 - \left(1+\frac{\alpha(1)}{1-\alpha}\right)S_2^{[2]}$$

$$\begin{aligned} \hat{y_3}(2) &= \left(2+\frac{0.10}{1-0.10}\right)82.09 - \left(1+\frac{0.10}{1-0.10}\right)(-44.05) \\ &\approx 222 \end{aligned}$$

이며, $y_3 = 203$ 이므로 예측오차는 $y_3 - \hat{y_3}(2) = 203 - 222 = -19$ 이다. 이와 같은 방법으로 24개 관측값을 예측할 수 있다. 다음은 이를 요약한 결과이다.

년	월	y_t	S_t	$S_t^{(2)}$	예측값	최근 시점 예측값	예측 오차	제곱 예측오차
1	1	197	67.77	−58.07	208	193	4	16
	2	211	82.09	−44.05	222	208	3	9
	3	203	94.18	−30.23	232	222	−19	361
	4	247	109.46	−16.26	249	232	15	225
	5	239	122.42	−2.39	261	249	−10	100
	6	269	137.08	11.56	277	261	8	64
	7	308	154.17	25.82	297	277	31	961
	8	262	164.95	39.73	304	297	−35	1225
	9	258	174.26	53.18	309	304	−46	2116
	10	256	182.43	66.11	312	309	−53	2809
	11	261	190.29	78.53	314	312	−51	2601
	12	288	200.06	90.68	322	314	−26	676
2	1	296	209.65	102.58	329	322	−26	676
	2	276	216.29	113.95	330	329	−53	2809
	3	305	225.16	125.07	336	330	−25	625
	4	308	233.44	135.91	342	336	−28	784
	5	356	245.70	146.89	355	342	14	196
	6	393	260.43	158.24	374	355	38	1444
	7	363	270.69	169.48	383	374	−11	121
	8	386	282.22	180.76	395	383	3	9
	9	443	298.30	192.51	416	395	48	2304
	10	308	299.27	203.19	406	416	−108	11664
	11	358	305.14	213.38	407	406	−48	2304
	12	384	313.02	223.35	413	407	−23	529

오차제곱합 = 34,628

평활계수 '$\alpha = 0.10$'을 사용할 때 24개 관측값 모두에 대한 예측오차제곱합은 '34628'이 된다. 마찬가지로 다른 평활계수 α 값들을 사용하여 전자계산기 매출 자료의 시뮬레이션된 예측값을 구할 수 있다. 다음은 α 값을 '0.02'에서 '0.30'까지 0.02씩 증가시켜 예측오차의 제곱합을 계산한 것이다.

평활계수	오차제곱합
0.02	85351
0.04	59946
0.06	46073
0.08	38440
0.10	34628
0.12	32518
0.14	31338
0.16	30725
0.18	30788
0.20	30822
0.22	31013
0.24	31258
0.26	31527
0.28	31609
0.30	32157

여기에서 $\alpha = 0.16$ 일 때 예측오차의 제곱합이 가장 작게 된다. 여기에서 평활통계량 S_0과 $S_0^{[2]}$의 초기값은 앞에서 각각 고려한 초기 추정값 $\hat{b}_0(0) = 178.87$, $\hat{b}_1(0) = 13.94$를 시뮬레이션에 똑같이 사용하였다.

실질적인 예측 프로세서를 시작하기 위해 24개의 모든 관측값들을 직선에 적합시킨다. 모든 관측값에 대한 최소제곱추정값 즉, 새로운 초기 추정값인 $\hat{b}_0(0) = 198.03$, $\hat{b}_1(0) = 8.07$을 구한다. 따라서 이 새로운 초기 추정값들과 $\alpha = 0.16$을 사용하여 S_t와 $S_t^{[2]}$의 새로운 초기값들을 다음과 같이 계산한다.

$$S_0 = \hat{b_0}(0) - \left(\frac{1-\alpha}{\alpha}\right)\hat{b_1}(0)$$

$$= 198.03 - \left(\frac{1-0.16}{0.16}\right)8.07$$

$$= 155.66$$

$$S_0^{[2]} = \hat{b_0}(0) - 2\left(\frac{1-\alpha}{\alpha}\right)\hat{b_1}(0)$$

$$= 198.03 - 2\left(\frac{1-0.16}{0.16}\right)8.07$$

$$= 113.295$$

이다. 24개의 관측값과 S_0 과 $S_0^{[2]}$ 로부터 시작하여 S_t 와 $S_t^{[2]}$ 를 반복적으로 최신화시킨다. 예를 들어,

$$S_1 = \alpha y_1 + (1-\alpha) S_0$$

$$= 0.16(197) + (1-0.16)(155.66)$$

$$= 162.28$$

$$S_1^{[2]} = \alpha S_1 + (1-\alpha) S_0^{[2]}$$

$$= 0.16(162.28) + (1-0.16)(113.295)$$

$$= 121.13$$

그리고,

$$S_2 = \alpha y_2 + (1-\alpha) S_1$$

$$= 0.16(211) + (1-0.16)(162.28)$$

$$= 170.07$$

$$S_2^{[2]} = \alpha S_2 + (1-\alpha) S_1^{[2]}$$
$$= 0.16(170.07) + (1-0.16)(121.13)$$
$$= 128.96$$

이다. 다음은 모든 자료에 대해 S_t 와 $S_t^{[2]}$ 의 최신화된 값들이다(여기에서 평활 계수 $\alpha = 0.16$ 을 사용하였다).

$S_{24} = 348.03$, $S_{24}^{[2]} = 308.76$ 이다. 이 최신화된 결과를 사용하여 미래 예측값을 계산할 때 가장 최근 관측값들이 먼 과거 관측값들보다 더 가중값을 두었음을 알 수 있다.

이제는 전자 계산기 매출액에 대한 예측값을 계산할 수 있다. 예를 들어, 시점 24에서 y_{25} 의 예측값은

$$\hat{y}_{t+\tau}(t) = \left(2 + \frac{\alpha\tau}{1-\alpha}\right) S_t - \left(1 + \frac{\alpha\tau}{1-\alpha}\right) S_t^{[2]}$$
$$\Rightarrow \hat{y}_{24+1}(24) = \left(2 + \frac{\alpha(1)}{1-\alpha}\right) S_{24} - \left(1 + \frac{\alpha(1)}{1-\alpha}\right) S_{24}^{[2]}$$
$$\Rightarrow \hat{y}_{25}(24) = \left(2 + \frac{0.16}{1-0.16}\right)(348.03) - \left(1 + \frac{0.16}{1-0.16}\right)(308.76)$$
$$= 394.77$$

이다. y_{25} 의 근사된 95% 예측구간을 계산하기 위해서는 다음 주어진 예측오차를 사용하여 $\Delta(24)$ 를 계산해야 한다. 다음은 $\alpha = 0.16$ 인 단일모수 이중 지수평활법을 사용할 때 1시점 후 예측오차들이다.

$$\Delta(24) = \frac{\sum_{t=1}^{24} \left| y_t - \hat{y}_t(t-1) \right|}{24}$$
$$= \frac{9.10 + 0.26 + \cdots + 4.67}{24}$$
$$= 24.28$$

년	월	시점 t	매출액 y_t	S_t	$S_t^{(2)}$
1	1	1	197	162.28	121.13
	2	2	211	170.07	128.96
	3	3	203	175.34	136.38
	4	4	247	186.81	144.45
	5	5	239	195.16	152.56
	6	6	269	206.97	161.27
	7	7	308	223.14	171.17
	8	8	262	229.35	180.48
	9	9	258	233.94	189.03
	10	10	256	237.47	196.78
	11	11	261	241.23	203.89
	12	12	288	248.72	211.06
2	1	1	296	256.28	218.30
	2	2	276	259.44	224.88
	3	3	305	266.73	231.58
	4	4	308	273.33	238.26
	5	5	356	286.56	245.98
	6	6	393	303.59	255.20
	7	7	363	313.09	264.46
	8	8	386	324.76	274.11
	9	9	443	343.68	285.24
	10	10	308	337.97	293.68
	11	11	358	341.17	301.28
	12	12	384	348.03	308.76

년	월	y_t	$\hat{y}_t(t-1)$	$y_t - \hat{y}_t(t-1)$
1	1	197	206.10	−9.10
	2	211	211.26	−0.26
	3	203	219.01	−16.01
	4	247	221.72	25.28
	5	239	237.23	1.77
	6	269	245.86	23.14
	7	308	261.38	46.62
	8	262	285.00	−23.00
	9	258	287.54	−29.54
	10	256	287.40	−31.40
	11	261	285.90	−24.90
	12	288	285.68	2.32
2	1	296	293.54	2.46
	2	276	301.50	−25.50
	3	305	300.57	4.43
	4	308	308.57	−0.57
	5	356	315.08	40.92
	6	393	334.86	58.14
	7	363	361.19	1.81
	8	386	370.99	15.01
	9	443	385.05	57.95
	10	308	413.24	−105.24
	11	358	390.70	−32.70
	12	384	388.67	−4.67

이며, $\tau = 1$일 때 $d_\tau = 1.25(1) = 1.25$이기 때문에, y_{25}의 근사된 95% 예측구간은

$$\begin{aligned} \widehat{y_{25}}(24) \pm z_{\alpha/2} d_\tau \Delta(T) &= (394.77 \pm 1.96(1.25)(24.28)) \\ &= (394.77 \pm 59.486) \\ &= (335.284, 454.256) \end{aligned}$$

이다. 만일 y_{25}가 '358'로 관측되었다면,

$$\begin{aligned} S_{25} &= \alpha y_{25} + (1-\alpha) S_{24} \\ &= 0.16(358) + (1-0.16)(348.03) \\ &= 349.62 \\ S_{25}^{[2]} &= \alpha S_{25} + (1-\alpha) S_{24}^{[2]} \\ &= 0.16(349.62) + (1-0.16)(308.76) \\ &= 315.29 \end{aligned}$$

이며,

$$\begin{aligned} \Delta(25) &= \Delta(t+1) \\ &= \frac{t\Delta(t) + |y_{t+1} - \hat{y}_{t+1}(t)|}{t+1} \\ &= \frac{24\Delta(24) + |y_{25} - \hat{y}_{25}(24)|}{25} \\ &= \frac{24(24.28) + |358 - 394.77|}{25} \\ &= 24.78 \end{aligned}$$

이다. 예를 들어, 시점 25에서 y_{28}의 예측값은

$$\hat{y}_{28}(25) = \left(2 + \frac{0.16(3)}{1-0.16}\right)S_{25} - \left(1 + \frac{0.16(3)}{1-0.16}\right)S_{25}^{[2]}$$

$$= 2.571429(349.62) - 1.571429(315.29)$$

$$= 403.57$$

이다. y_{28} 의 근사된 95% 예측구간을 구하기 위해서 d_3 을 계산한다.

$$d_\tau = 1.25\left[\frac{1 + \dfrac{\alpha}{(1+\nu)^3}\left[(1+4\nu+5\nu^2) + 2\alpha(1+3\nu)\tau + 2\alpha^2\tau^2\right]}{1 + \dfrac{\alpha}{(1+\nu)^3}\left[(1+4\nu+5\nu^2) + 2\alpha(1+3\nu) + 2\alpha^2\right]}\right]^{1/2}$$

이므로 $\tau = 3, \alpha = 0.16, \nu = 0.84$ 를 각각 대입하면, $d_3 = 1.2841986$ 이 된다. 따라서 y_{28} 의 근사된 95% 예측구간은

$$\hat{y}_{28}(25) \pm z_{\alpha/2} d_\tau \Delta(t) = \hat{y}_{28}(25) \pm z_{\alpha/2} d_3 \Delta(25)$$

$$= 403.57 \pm 1.96(1.2841986)(24.78)$$

$$= 403.57 \pm 62.372$$

$$= (341.198,\ 465.942)$$

가 된다. 미래에 대한 예측값들은 새로 관측된 값을 사용하여 똑같은 방법으로 구할 수 있다. 이를 통해 다음과 같이 향후 2년 동안의 S_t, S_t^2, 1시점 후의 예측값, 각 시점의 예측오차를 구할 수 있다.

년	월	시점 t	매출액 y_t	S_t	$S_t^{(2)}$	최근 시점 예측값	예측오차
1	1	25	358	349.62	315.29	395	−37
	2	26	325	345.68	320.16	390	−65
	3	27	414	356.61	325.99	376	38
	4	28	406	364.51	332.15	393	13
	5	29	425	374.19	338.88	403	22
	6	30	347	369.84	343.83	416	−69
	7	31	413	376.75	349.10	401	12
	8	32	435	386.07	355.01	410	25
	9	33	407	389.42	360.52	423	−16
	10	34	438	397.19	366.38	424	14
	11	35	479	410.28	373.41	434	45
	12	36	373	404.31	378.35	454	81
2	1	37	467	414.34	384.11	435	32
	2	38	500	428.05	391.14	450	50
	3	39	535	445.16	399.78	472	63
	4	40	525	457.93	409.09	499	26
	5	41	449	456.50	416.67	516	−67
	6	42	557	472.58	425.62	504	53
	7	43	543	483.85	434.94	528	15
	8	44	433	475.71	441.46	542	−109
	9	45	475	475.60	446.92	516	−41
	10	46	592	494.22	454.49	510	82
	11	47	548	502.83	462.22	542	6
	12	48	520	505.57	469.16	551	−31

다음 주어진 시계열도표는 관측된 매출액과 예측된 매출액을 겹쳐 그린 것이다.

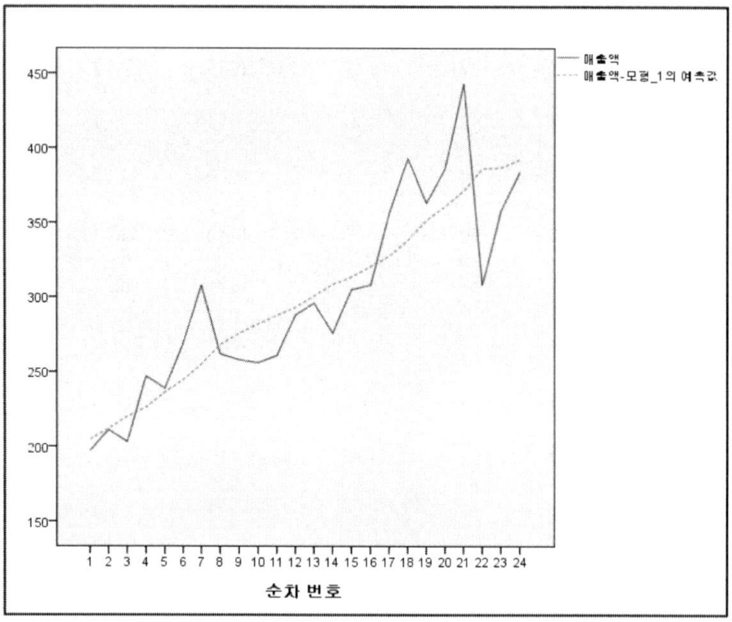

예측값들이 관측된 값들보다 더 평편하며 미끄러움을 알 수 있으며, 이 때문에 지수 '평활'이란 용어가 붙었음을 확인할 수 있다.

2.3.2 Holt-Winters의 쌍모수 이중 지수평활법

시계열이 $y_t = b_0 + b_1 t + \epsilon_t$로 적절히 표현되고, 모수 b_0와 b_1이 시간의 흐름에 따라 서서히 변한다고 하자. Holt-Winters가 제시한 쌍모수 이중 지수평활법은 두 개의 평활계수를 사용하여 시계열을 예측하는 평활기법이다.

시점 (t-1)에서 시계열의 평균수준(또는 영구적 구성요소)의 추정값을 $a_0(t-1)$이라 하자. 즉, $a_0(t-1)$은 원점이 시점 (t-1)로 고려할 때 시계열의 절편 모수인 b_0의 추정값이다. 또한 시점 (t-1)에서 기울기 모수인 b_1(또는 추세 구성요소)의 추정값을 $b_1(t-1)$라고 하자. 만일 시점 t에서 y_t를 관측한다면 $a_0(t-1)$과 $b_1(t-1)$을 최신화시킬 수 있고, 다음과 같이 점예측과 구간예측을 계산할 수 있다.

만일 시점 n에서 y_n을 관측하면,

① 방정식 $a_0(n) = \alpha y_t + (1-\alpha)\{a_0(n-1) + b_1(n-1)\}$을 사용하여 영구적 구성요소의 최신화된 추정값인 $a_0(n)$를 구한다. 이때 α는 0과 1 사이의 값을 갖는 평활계수이다.

② 방정식 $b_1(n) = \beta[a_0(n) - a_0(n-1)] + (1-\beta)b_1(n-1)$을 사용하여 추세 구성요소의 최신화된 추정값인 $b_1(n)$을 구한다. 이때 β는 0과 1 사이의 값을 갖는 평활계수이다.

③ 시점 n에서 미래값 $y_{n+\tau}$의 점예측값은 다음과 같다.

$$\hat{y}_{n+\tau}(t) = a_0(n) + b_1(n)\tau$$

④ 시점 n에서 계산된 $y_{n+\tau}$의 근사된 $100(1-\alpha)\%$ 예측구간은 다음과 같다.

$$\hat{y}_{n+\tau}(n) \pm z_{\alpha/2} d_\tau \Delta(n)$$

여기에서,

$$d_\tau = 1.25 \left[\frac{1 + \dfrac{\theta}{(1+\nu)^3}\left[(1+4\nu+5\nu^2) + 2\theta(1+3\nu)\tau + 2\theta^2\tau^2\right]}{1 + \dfrac{\theta}{(1+\nu)^3}\left[(1+4\nu+5\nu^2) + 2\theta(1+3\nu) + 2\theta^2\right]} \right]^{1/2}$$

θ는 α와 β중 최대값은 $\nu = 1-\theta$이다.

또한 $\Delta(n) = \dfrac{\sum_{t=1}^{n} |y_t - \{a_0(t-1) + b_1(t-1)\}|}{t}$ 이다.

⑤ 시점 (n+1)에서 y_{n+1}을 관측하면, $\Delta(n)$는 다음 주어진 방정식을 사용하여 최신화시킬 수 있다.

$$\Delta(n+1) = \frac{n\Delta(n) + |y_{n+1} - \{a_0(n) + b_1(n)\}|}{n+1}$$

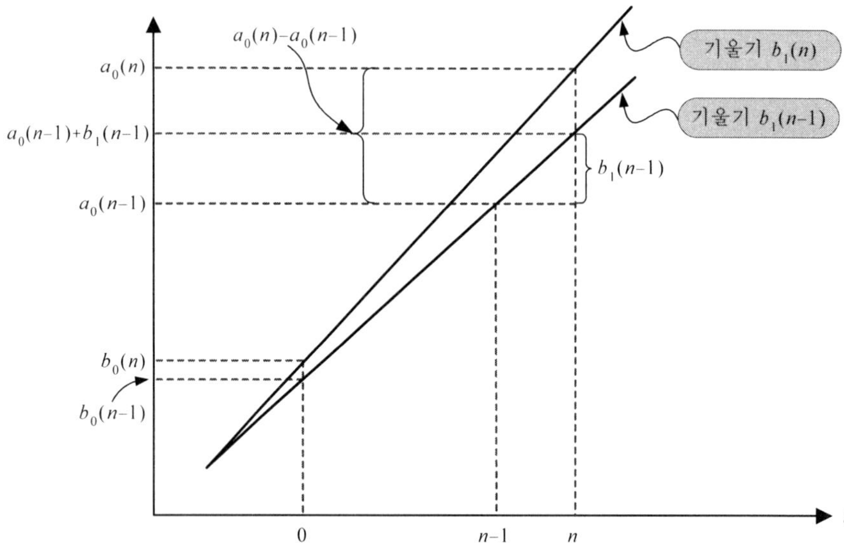

[그림 2.2] Holt-Winters의 쌍모수 이중 지수평활법에서 추정값을 최신화

[그림 2.2]에 나타난 바와 같이, 수준에 대한 최신화 방정식 ①은 시점 n에서 시계열의 평균수준의 추정값인 $a_0(n)$가 새로 관측된 시계열 값 y_n의 비율(α)에 $a_0(n-1) + b_1(n-1)$의 비율($1-\alpha$)를 더한 것과 같다는 것을 의미한다. 추세 구성요소에 대한 최신화 방정식 2에서, $[a_0(n) - a_0(n-1)]$은 최근 시점 n에서 영구적 구성요소의 추정값과 시점 (n-1)에서 영구적 구성요소의 추정값 사이의 차이이다. 최근 시점에서 추세 구성요소의 추정값을

구하기 위해서 시점 $(n-1)$에서 추세 구성요소의 추정값으로 차를 평활한다. 영구적 구성요소의 최신화는 [그림 2.2]에 나타나 있다.

Holt-Winters의 쌍모수 이중 지수평활법에 대한 통계적 근거는 없다. 앞에서 논의한 예측구간 공식 ④는 단일모수 이중 지수평활 예측구간 공식을 직관적으로 수정한 것에 불과하다.

평활계수인 α와 β는 과거 자료를 시뮬레이션된 예측을 통해 결정한다. 이때 시뮬레이션은 추세선을 과거 자료의 50%를 적합시켜 구한 영구적 구성요소와 추세 구성요소의 초기 추정량인 $a_0(0)$과 $b_1(0)$으로부터 시작한다. 예측오차들의 제곱합을 최소화시키는 α와 β의 조합을 찾는다. α와 β가 선택되면, 새로운 초기 추정값인 $a_0(0)$과 $b_1(0)$은 모든 자료를 추세선에 적합시켜 계산된다. 과거 관측값들을 근거로 시점 n까지 영구적 구성요소와 추세 구성요소의 추정값을 각각 최신화시키기 위해 평활방정식을 사용한다. 최신화된 추정값들은 미래 시계열 값들의 예측값을 계산하는 데 사용된다.

2.4 Winters 방법

2.4.1 가법 Winters 방법

다음은 모 회사의 4년에 걸쳐 조사한 분기별 생산품에 대한 수요량이다.

10 31 43 16 11 33 45 17
13 34 48 19 15 37 51 21

이 자료를 다음 주어진 시계열도표로 나타내면, 매 3분기가 다른 분기에 비해 수요량이 월등히 크다는 것을 시각적으로 알 수 있으며, 특히 자기상관함수를 통해서 계절성이 존재함을 재확인할 수 있다. 왜냐하면 분기별 자료이므로 주기의 길이(s)는 '4'가 되며, 주기의 길이의 분수시차(1/2, 1/3 등)

중 1/2에 해당하는 시차(2, 4, 6 등)에서 두드러진 스파이크를 발견할 수 있기 때문이다. 또한 시계열도표를 보면 시계열 변동의 폭이 시간이 경과함에 관계없이 일정하게 유지되므로 '가법(additive)'인 계절적 변동이 존재한다고 판정할 수 있을 것이다. 물론 어느 정도의 선형추세도 발견된다.

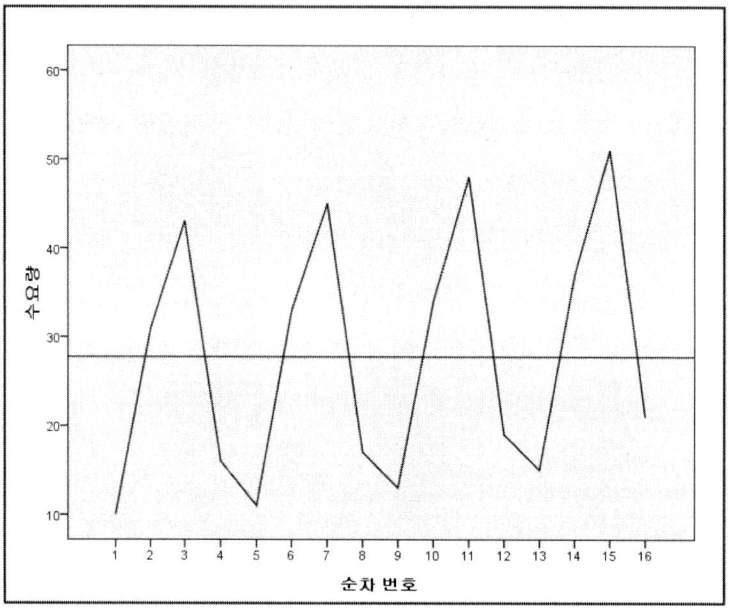

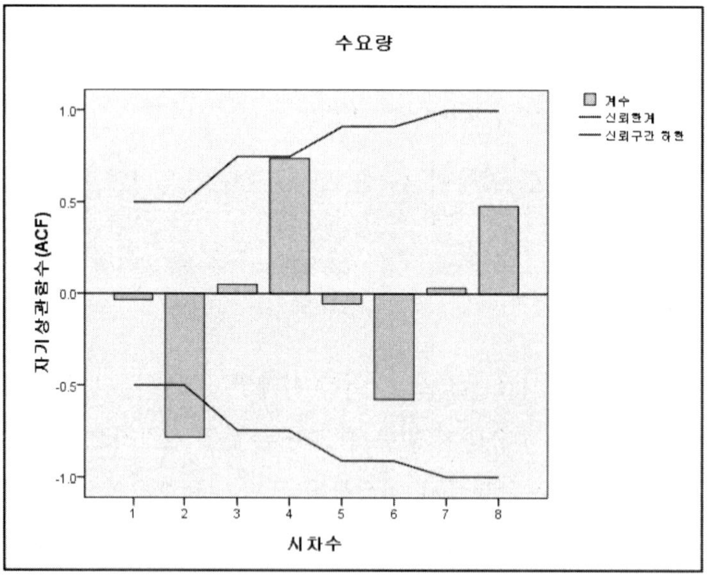

이와 같이 계절적 변동이 고정된 시계열을 다룰 때 지수평활법 중에서 소위 '가법 Winters 방법'을 사용한다. 이를 방정식으로 표현하면,

$$y_t = (b_0 + b_1 t) + I_t + \epsilon_t$$

가 된다. 여기에서 I_t 는 시점 t의 계절적 구성요소이다. 가법 Winters 모형이 잘 적합되기 위해서는 모형모수(b_1)가 시간 경과함에 따라 서서히 변해야 한다. 즉, 선형추세가 서서히 변한다는 가정이 요구된다. 이 경우 고정적인 계절적 변동을 나타내는 계절적 요소(I_t)가 추세에 더해지기 때문에, 계절적인 패턴 역시 서서히 변하고 있다는 가정이 내포되어 있다.

가법 Winters 방법에 대해 다음과 같이 주요한 사항을 요약할 수 있다.

$a_0(t-1)$ 과 $b_1(t-1)$ 을 시점 (t-1)에서 각각 계산한 평균수준(b_0)와 추세 구성요소(b_1)의 추정값이라 하자, $i_t(t-l)$ 을 시점 (t-l)에서 계산된 시점 t에 대한 계절적 요인의 추정값이라 하자. 만일 시점 t에서 y_t 를 관측하면,

① 수준의 최신화된 추정값은

$$a_0(t) = \alpha[y_t - i_t(t-l)] + (1-\alpha)[a_0(t-1) + b_1(t-1)]$$

이다. 여기에서 α는 0과 1 사이에서 값을 갖는 평활계수이다.

② 추세 구성요소(또는 기울기)에 대한 최신화된 추정값은

$$b_1(t) = \gamma[a_0(t) - a_0(t-1)] + (1-\gamma)b_1(t-1)$$

이다. 여기에서 γ는 0과 1 사이에서 값을 갖는 평활계수이다.

③ 계절적 요인인 $i_t(t)$ 의 최신화된 추정값은

$$i_t(t) = \delta[y_t - a_0(t)] + (1-\delta)s_t(t-l)$$

이다. 여기에서 δ는 0과 1 사이에서 값을 갖는 평활계수이다.

④ 시점 n에서 $y_{n+\tau}$에 대한 예측값은 다음과 같다.

$$\hat{y}_{n+\tau}(n) = a_0(n) + b_1(n)\tau + i_{n+\tau}(n+\tau-l)$$

⑤ 시점 n에서 $y_{n+\tau}$의 근사된 $100(1-\alpha)\%$ 예측구간은 다음과 같다.

$$\hat{y}_{n+\tau}(n) \pm z_{\alpha/2} d_\tau \Delta_W(n)$$

여기에서,

$$d_\tau = 1.25 \left[\frac{1 + \dfrac{\theta}{(1+\nu)^3}[(1+4\nu+5\nu^2) + 2\theta(1+3\nu)\tau + 2\theta^2\tau^2]}{1 + \dfrac{\theta}{(1+\nu)^3}[(1+4\nu+5\nu^2) + 2\theta(1+3\nu)\tau + 2\theta^2]} \right]^{1/2}$$

$$\Delta_W(n) = \frac{\sum_{t=1}^{n} |y_t - I_t(t-l) - \{a_0(t-1) + b_1(t-1)\}|}{n}$$

이다. 또한 θ는 α, γ, δ 중 가장 큰 값이며, $\nu = 1-\theta$이다. $i_t(t-l)$은 시점 t에 대한 계절적 요인의 가장 최근 추정값이며, y_t 를 관측하기 전 얻은 추정값이다.

⑥ y_{n+1} 이 시점 $(n+1)$에서 관측된다면, $\Delta_W(n)$은 다음 주어진 식을 사용하여 $\Delta_W(n+1)$로 최신화할 수 있다.

$$\Delta_W(n+1) = \frac{n\Delta_W(n) + [y_{n+1} - i_{n+1}(n+1-l) - \{a_0(n) + b_1(n)\}]}{n+1}$$

이제 가법 Winters 방법을 사용하여 수요량을 예측해보자. 우선 임의로 평활계수 $(\alpha, \gamma, \delta) = (0.2, 0.1, 0.1)$을 사용해보자. 초기 추정값들은 다음 주

어진 가(dummy)변수 회귀모형

$$y_t = b_0 + b_1 t + b_{Q2} x_{Q2,t} + b_{Q3,t} x_{Q3,t} + b_4 x_{Q4,t} + \epsilon_t$$

에 대해서 각 모수들의 최소제곱 추정값들을 구한다. 여기에서 $x_{Q2,t}$, $x_{Q3,t}$, $x_{Q4,t}$는 각각 2분기, 3분기, 4분기에 대한 가변수이다. 그 결과 $a_0(0) = b_0 = 8.75$, $b_1(0) = b_1 = 0.5$, $i_1(0) = 0$, $i_2(0) = b_{Q2} = 21$, $i_3(0) = b_{Q3} = 33.5$, $i_4(0) = b_{Q4} = 4.5$를 얻을 수 있다. 가법 Winters의 최신화된 방정식을 사용하여 초기 추정값부터 끝까지 평활한다. 예를 들어, 시점 1에서 구한 초기 추정값은

$$\begin{aligned}
a_0(1) &= \alpha[y_1 - i_1(0)] + (1-\alpha)[a_0(0) + b_1(0)] \\
&= 0.2(10-0) + 0.8(8.75+0.5) \\
&= 9.4 \\
b_1(1) &= \gamma[a_0(1) - a_0(0)] + (1-\gamma)b_1(0) \\
&= 0.1(9.4-8.75) + 0.9(0.5) \\
&= 0.515 \\
s_1(1) &= \delta[y_1 - a_0(1)] + (1-\delta)s_1(0) \\
&= 0.1(10-9.4) + 0.9(0) \\
&= 0.06
\end{aligned}$$

이다. 이와 같은 방법으로 16개 모든 관측값들을 최신화하는 데 사용될 때 얻은 결과는 다음과 같다.

t	y_t	$a_0(t)$	$b_1(t)$	$i_t(t-4)$	$i_t(t)$
		$a_0(0)=8.75$	$b_1(0)=0.5$		
1	10	9.4000	0.5150	0	0.06
2	31	9.9320	0.5167	21	21.0068
3	43	10.259	0.4977	33.5	33.4241
4	16	10.9054	0.5126	4.5	4.5595
5	11	11.3224	0.5030	0.06	0.0218
6	33	11.8590	0.5064	21.0068	21.0202
7	45	12.2075	0.4906	33.4241	33.3609
8	17	12.6466	0.4855	4.5595	4.5389
9	13	13.1013	0.4824	0.0218	0.0095
10	34	13.4629	0.4703	21.0202	20.9719
11	48	14.0744	0.4844	33.3609	33.4174
12	19	14.5393	0.4825	4.5389	4.5311
13	15	15.0155	0.4819	0.0095	0.0070
14	37	15.6035	0.4925	20.9719	21.0144
15	51	16.3933	0.5222	33.4174	33.5363
16	21	16.8262	0.5133	4.5311	4.4957

만일 1 시점 후 예측값, 3 시점 후 예측값와 구간 예측값을 구하고 싶다면 θ(=0.2)는 (α,γ,δ) 중 최대값이므로, $d_1=1.25$, $d_3=1.3041$이 된다. 그리고,

$$\triangle_W(16)=\frac{\sum_{t=1}^{16}|y_t-i_t(t-4)-\{a_0(t-1)+b_1(t-1)\}|}{16}$$

$$=\frac{1}{16}\{|10-0-(8.75+0.5)|+|31-21-(9.4+0.515)|$$

$$+\cdots+|21-4.5311-(16.3933+0.5222)|\}=0.5173$$

이다. 시점 16 에서 y_{17} 의 예측값은

$$\begin{aligned}\hat{y}_{17}(16) &= a_0(16)+b_1(16)+i_{17}(13)\\ &= 16.8262+0.5133+0.0070\\ &= 17.3465\end{aligned}$$

이며, 시점 16 에서 y_{17} 의 근사된 95% 예측구간은

$$\begin{aligned}\hat{y}_{17}(16)\pm z_{\alpha/2}d_1\triangle_W(16) &= (17.3465\pm 1.96(1.25)(0.5173))\\ &= (17.3465\pm 1.2674)\\ &= (16.0791,\ 18.6139)\end{aligned}$$

이다. 시점 16 에서 y_{19} 의 예측값은

$$\begin{aligned}\hat{y}_{19}(16) &= a_0(16)+b_1(16)3+i_{19}(15)\\ &= 16.8262+(0.5133)3+33.5363\\ &= 51.9024\end{aligned}$$

이며, 시점 16 에서 y_{19} 의 근사된 95% 예측구간은

$$\hat{y}_{19}(16)\pm z_{\alpha/2}d_3\triangle_W(16) = (51.9024\pm 1.96(1.3041)(0.5173))$$

이다. 다음은 최신화된 추정값, 1시점 후 예측값, 3시점 후 예측값, 근사된 95% 예측구간을 시점 17부터 20까지 구한 것이다.

예를 들어, $y_{17}=16$ 이므로

$$\begin{aligned}a_0(17) &= \alpha[y_{17}-s_{17}(13)]+(1-\alpha)[a_0(16)+b_1(16)]\\ &= 0.2(16-0.0070)+0.8(16.8262+0.5133)\\ &= 17.0702\end{aligned}$$

t	y_t	$a_0(t)$	$b_1(t)$	$i_t(t-4)$	$i_t(t)$	$\Delta_W(t)$	$\hat{y}_t(t-1)$	시점 (t-1)에서 y_t의 근사된 95% 예측구간
16	21	16.8262	.5133	4.5311	4.4954	.5173	21.4466	—
17	16	17.0720	.4864	0.0070	−.1007	.5661	17.3465	(16.0791,18.6139)
18	39	17.6424	.4950	21.0144	21.0487	.5585	38.5710	(37.1841,39.9579)
19	53	18.4027	.5215	33.5363	33.6424	.5989	51.6737	(50.3054,53.0420)
20	22	18.6403	.4931	4.4954	4.3818	.6299	23.4196	(21.9523,24.8869)

t	y_t	$\hat{y}_t(t-3)$	시점 (t-3)에서 y_t의 근사된 95% 예측구간
16	21	—	—
17	16	—	—
18	39	—	—
19	53	51.9024	(50.5802,53.2246)
20	22	23.0248	(21.5778,24.4718)

$$\begin{aligned} b_1(17) &= \gamma[a_0(17)-a_0(16)]+(1-\gamma)b_1(16) \\ &= 0.1(17.0702-16.8262)+0.9(0.5133) \\ &= 0.4864 \\ i_{17}(17) &= \delta[y_{17}-a_0(17)]+(1-\delta)s_{17}(13) \\ &= 0.1(16-17.0702)+0.9(0.0070) \\ &= -0.1007 \\ \Delta_W(17) &= \frac{16\Delta_W(16)+|y_{17}-i_{17}(13)-\{a_0(16)+b_1(16)\}|}{17} \\ &= \frac{16(0.5173)+|16-0.0070-(16.8262+0.5133)|}{17} \\ &= 0.5661 \end{aligned}$$

이다. 예를 들어, 시점 17에서 y_{20}의 예측값은

$$\begin{aligned}\hat{y}_{20}(17) &= a_0(17) + b_1(17)3 + i_{20}(16) \\ &= 17.0702 + 0.4864(3) + 4.4954 \\ &= 23.0248\end{aligned}$$

이며, 시점 17에서 y_{20}의 근사된 95% 예측구간은 다음과 같다.

$$\hat{y}_{20}(17) \pm z_{\alpha/2} d_3 \Delta_W(17) = 23.0248 \pm 1.96(1.3041)(0.5661)$$

2.4.2 승법 Winters 방법

다음은 모 대형마트에서 3년에 걸쳐 판매한 특정 음료수의 월별 매출액 시계열 자료이다. 해당마트에서는 특정 음료수의 필요한 수요를 예측한 만큼만 주문하여 재고를 줄이려고 한다. 그렇다면 다음에 조사한 시계열 자료에 근거하여 특정 음료수에 대한 예측값과 예측구간을 어떻게 구할까?

189	229	249	289	260	431	660	777	915	613	485	277
244	296	319	370	313	556	831	960	1152	759	607	371
298	378	373	443	374	660	1004	1153	1388	904	715	441

이 자료를 아래 시계열도표로 나타내면, 매년 9월의 매출액이 다른 달보다 월등히 많았으며, 반면에 매년 1월은 다른 달에 비해 매출액이 훨씬 작았다. 추가로 자기상관함수를 통해서, 사인곡선의 패턴이 반복되어 발생하는 것을 고려해보면 분명히 계절적인 변동이 존재함을 재확인할 수 있다. 또한 시계열도표의 패턴을 살펴보면 시간이 경과함에 따라 계절적 주기 내의 변동의 폭이 갈수록 증가하므로, '승법(multiplicative)'인 계절적 변동이 존재한다. 계절성과 더불어 기울기가 증가하는 선형추세를 발견할 수 있다.

따라서 시간이 경과함에 따라 선형추세와 계절적 변동이 증가하는 패턴 이 서서히 드러나기 때문에, 승법 Winters 지수평활법을 고려할 수 있다. 이를 방정식으로 표현하면 다음과 같다.

$$y_t = (b_0 + b_1 t) \times I_t + \epsilon_t$$

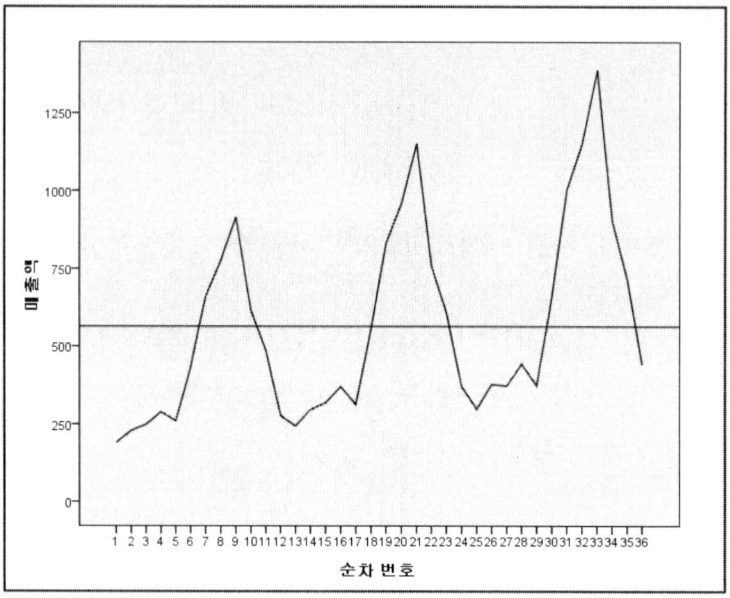

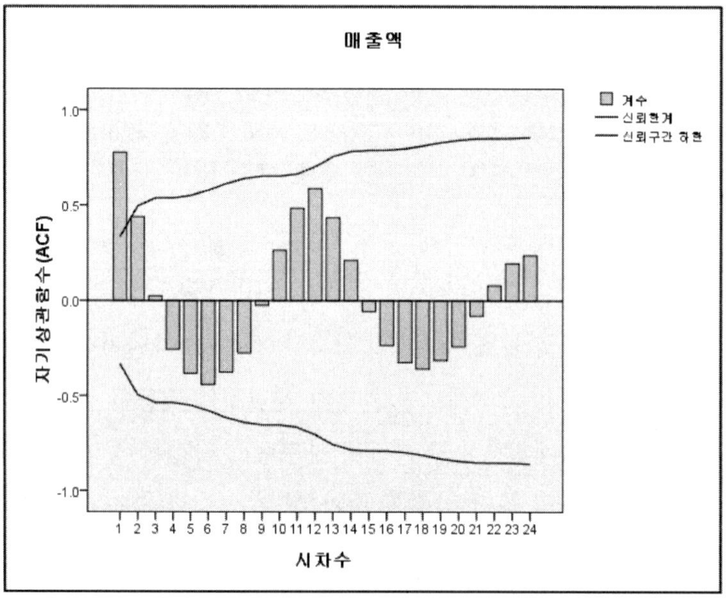

여기에서 I_t는 시점 t에서 계절적 구성요소를 말한다. 물론 여기에서 선형 추세와 (증가하는 계절적 변동을 갖는) 계절적 패턴에 해당하는 시계열 모수들이 시간의 흐름에 따라 서서히 변화한다고 가정한다.

우선 b_1, b_0, I_t 각각의 초기 추정값인 $b_1(0)$, $a_0(0)$, $i_t(0)$을 계산해보자. 과거 m년에 걸친 자료가 있다고 하자. $\bar{y}_i$를 i 년도($i=1,2,\ldots,m$) 관측값들의 평균이라고 하자.

추세 구성요소(b_1)의 초기 추정값은 $b_1(0) = \dfrac{\bar{y}_m - \bar{y}_1}{(m-1)l}$ 이다. 여기에서 $\bar{y}_m$는 m년도 관측값들의 평균이며, m년도 중간에 있는 시계열의 평균수준을 측정한다. 마찬가지로 $\bar{y}_1$은 1년도의 중간에 있는 시계열의 평균수준을 측정한다. 따라서 $(\bar{y}_m - \bar{y}_1)$은 이 평균수준들의 차이를 측정한다. 1년도의 중간과 m년도의 중간 사이를 경과한 계절의 총수는 $(m-1)l$이 된다. 따라서 초기 추정값인 $b_1(0)$은 단순히 1년도 중간부터 m 년도 중간까지 매 계절 평균수준의 변화량을 의미한다. 예를 들어, 앞에서 고려한 특정 음료수 매출액 자료는 3년에 걸친 월별 자료이므로 $m=3$, $l=12$이다. 1년도에 대한 평균 매출액은 $\bar{y}_1 = 447.82$이며, 3년도에 대한 평균 매출액은 $\bar{y}_3 = 677.58$이다. 따라서 추세 구성요소에 대한 초기 추정값은 다음과 같다.

$$
\begin{aligned}
b_1(0) &= \frac{\bar{y}_m - \bar{y}_1}{(m-1)l} \\
&= \frac{677.58 - 447.82}{(3-1)12} \\
&= 9.57
\end{aligned}
$$

시점 0에서 시계열의 평균수준을 나타내는 평균수준(b_0)의 초기 추정값은 $a_0(0) = \bar{y}_1 - \dfrac{l}{2} b_1(0)$이다. 1년도 시작부터 1년도 중간까지 경과된 계절의 수는 $l/2$이다. 따라서 초기 추정값 $a_0(0)$은 1년도의 중간에 있는 시계열의 평균수준에서 1년도 시작부터 1년도 중간까지 평균수준이 변화한 양을 제거한 것이다. 따라서 특정 음료수 매출액 자료에 대한 수준의 초기 추정값은 다음과 같다.

$$a_0(0) = \bar{y}_1 - \frac{l}{2}(b_1(0))$$

$$= 447.82 - \frac{12}{2}(9.57)$$

$$= 390.40$$

l 개의 계절적 요인에 대한 초기 추정값인

$$I_t = \frac{y_t}{\bar{y}_i - \left[\frac{l+1}{2} - j\right] b_1(0)}$$

는 1년도부터 m 년도에 걸쳐 발생하는 매 계절(달, 분기 등) t 에 대해 계산한다. 만일 $1 \leq t \leq l$ 이면 $i=1$, $l+1 \leq t \leq 2l$ 이면 $i=2$ 등이 된다. 따라서 $\bar{y}_i$ 는 계절(달, 분기 등) t가 발생하는 해의 중간에서 시계열의 평균수준을 측정한다. j는 해당년도 내 계절 t 의 위치를 나타낸다. 만일 시계열이 월별 자료($l=12$)이면, 1월은 $j=1$, 2월은 $j=2$, 3월은 $j=3, \cdots$, 12월은 $j=12$ 가 된다. 따라서, $\left[\frac{(l+1)}{2} - j\right]$는 계절(달, 분기 등) t 가 계절 중간으로 떨어진 계절(달, 분기 등)의 수를 측정한다. 여기에서 이 값이 양의 부호를 가지면 계절(달, 분기 등) t 는 해당년도 중간 다음에, 음의 부호를 가지면 계절 t 가 해당년도 중간 전에 발생함을 의미한다. 따라서, $\bar{y}_i - \left(\frac{l+1}{2} - j\right) b_1(0)$ 은 계절 t 에서 시계열의 평균수준을 측정한다. 만일 계절 t가 해당년도 중간 전에 발생하면, 계절 t 에서 평균수준을 얻기 위해 해당년도 중간의 평균수준에서 추세를 뺀다. 만일 계절 t 가 해당 연도 중간 후에 발생하면 추세를 해당년도 중간의 평균수준에 추가시킨다. 물론 계절 t 에서 평균수준을 얻기 위함이다.

이를 예를 들어 설명하기 위해서, 특정 음료수 매출액 자료 중 3년 동안 매년 4월에 해당하는 S_t 를 계산하도록 한다. 첫 해 4월에 대해서는

$$I_4 = \frac{y_4}{\bar{y}_1 - \left(\frac{l+1}{2} - j\right)b_1(0)}$$

$$= \frac{289}{447.82 - \left(\frac{12+1}{2} - 4\right)(9.57)}$$

$$= 0.6818$$

이며, 둘째 해 4월에 대해서는

$$I_{16} = \frac{y_{16}}{\bar{y}_2 - \left(\frac{l+1}{2} - j\right)b_1(0)}$$

$$= \frac{370}{564.83 - \left(\frac{12+1}{2} - 4\right)(9.57)}$$

$$= 0.6840$$

이며, 마지막 해 4월에 대해서는 다음과 같다.

$$I_{28} = \frac{y_{28}}{\bar{y}_3 - \left(\frac{l+1}{2} - j\right)b_1(0)}$$

$$= \frac{443}{677.58 - \left(\frac{12+1}{2} - 4\right)(9.57)}$$

$$= 0.6777$$

I_t에 대한 방정식을 사용하여 각각의 계절적 요소에 대한 m개의 추정값을 얻을 수 있다. 시계열 자료가 월별로 관측되었다면, 매달에 대한 계절적 요소의 m개 추정값을 구할 수 있다. m개의 추정값을 평균화시켜 각각 다른 계절에 대해 한 개의 추정값을 얻는다. 따라서, $t = 1, 2 \cdots, l$에 대해서

$$\bar{i}_t = \frac{1}{m}\sum_{k=0}^{m-1} S_{t+kl}$$

를 구할 수 있으며, 이는 각각 다른 계절에 대해서 계절적인 평균 지수가 된다. 마지막으로 I_t 의 초기 추정값인 i_t 를 t =1,2⋯,l 에 대해서 다음과 같이 정의한다.

$$i_t = \bar{i}_t \left[\frac{l}{\sum_{t=1}^{l} \bar{i_t}} \right]$$

이와 같이 정규화를 통해 초기 추정값인 $i_1(0),\ i_2(0),\ \cdots,\ i_l(0)$에 l을 추가시킨다.

앞에서 다른 여러 가지 개념을 이해하기 위해서, 음료수 매출액 자료의 4월에 해당하는 I_t 값들을 예를 들어 계산해보자.

$$\begin{aligned}\bar{i}_4 &= \frac{i_4 + i_{16} + i_{28}}{3} \\ &= \frac{0.6818 + 0.6840 + 0.6777}{3} \\ &= 0.6812\end{aligned}$$

가 된다. 마찬가지로 나머지 11개월에 대한 $\bar{i}_t$ 값들을 구할 수 있다. 따라서, $\sum_{t=1}^{12} \bar{i}_t = 11.8285$ 이므로 초기 추정값인 $i_t(0)$ 은 다음과 같다.

$$i_t(0) = \bar{i_t} \left[\frac{l}{\sum_{t=1}^{l} \bar{i_t}} \right] = \bar{i_t} \frac{12}{11.8285} = 1.0145\, \bar{i_t}$$

예를 들어, $i_4(0) = 1.0145,\ \overline{i_4} = 1.0125(0.6812) = 0.6897$ 이다. 이 방법을

사용하여 구한 초기 추정값들은 다음과 같다.

$$a_0(0) = 390.40 \qquad b_1(0) = 9.57$$

$$i_1(0) = 0.4841 \qquad i_7(0) = 1.4842$$

$$i_2(0) = 0.5847 \qquad i_8(0) = 1.6927$$

$$i_3(0) = 0.6022 \qquad i_9(0) = 1.9869$$

$$i_4(0) = 0.6911 \qquad i_{10}(0) = 1.2897$$

$$i_5(0) = 0.5859 \qquad i_{11}(0) = 1.0074$$

$$i_6(0) = 0.9965 \qquad i_{12}(0) = 0.5946$$

예측값들은 최신화된 방정식을 사용한 초기 추정값을 반복적으로 평활시켜 구할 수 있다. 이런 최신화된 방정식을 다루기 위해서 시점 $(t-1)$에서 수준의 추정값인 $a_0(t-1)$이 존재한다고 가정한다. 즉, $a_0(t-1)$은 시점 $(t-1)$에서 시계열의 평균수준의 추정값이다. 또한 시점 t에서 새로운 관측값(y_t)을 구한다고 가정하면, y_t를 사용하여 추정값인 $a_0(t-1)$과 $b_1(t-1)$에 새로운 추정값 $a_0(t)$와 $b_1(t)$을 최신화시킨다. 또한 시점 l 앞에서 얻은 계절적 요인의 추정값인 $i_t(t-l)$을 새로운 추정값 $i_t(t)$로 최신화시킨다.

① 수준을 최신화시킨 추정값인 $a_0(t)$는 시점 t에서 시계열의 평균수준에 대한 추정값이며, 방정식

$$a_0(t) = \alpha \frac{y_t}{s_t(t-l)} + (1-\alpha)\left[a_0(t-1) + b_1(t-1)\right]$$

을 사용하여 계산된다. α는 0과 1 사이에서 값을 갖는 평활계수이다.

② 추세에 대한 최신화된 추정값은

$$b_1(t) = \gamma\left[a_0(t) - a_0(t-1)\right] + (1-\gamma)b_1(t-1)$$

이며, γ는 0과 1 사이에 값을 갖는 평활계수이다. 이때 $\left[a_0(t) - a_0(t-1)\right]$은 최근 시점 t에서 구한 수준의 추정값과 최근 시점 바로 직전인 $(t-1)$에서 구한 수준의 추정값의 차이다. 최근 시점 바로 전 시점에서 추세에 대한 추정값을 평활한 차로 최근 시점 t의 추세에 대한 추정값을 산출한다.

③ 계절적 요인에 대한 최신화된 추정값은 다음과 같다.

$$i_t(t) = \delta\frac{y_t}{a_0(t)} + (1-\delta)i_t(t-l)$$

이며, δ는 0과 1 사이에서 값을 갖는 평활계수이다. 여기에서 최신화된 추정값은 l 시점 앞에서 계산한 최근 시점의 계절적 요인의 추정값을 최근 관측된 계절적인 변동으로 평활시켜 구한다. l 시점 앞에서 구한 추정값이 사용된다. 최근 관측된 계절적 변동은 관측값(y_t)을 시계열의 평균수준에 대한 최근 추정값인 $a_0(t)$로 나누어 구할 수 있다.

지금까지 최신화된 방정식을 사용하여 초기 추정값을 평활하는 방법을 살펴보았다. 이를 음료수 매출액 자료에 적용해보기로 하자. 우선 α를 0.20, γ를 0.15, δ를 0.05로 임의로 지정하였다. α, γ, δ의 적절한 값들을 결정하기 위해서는 1시점 후의 예측값을 계산한다. 우선 앞에서 계산한 초기 추정값($a_0(0) = 390.40,\ b_1(0) = 9.57,\ i_1(0) = 0.4841$)을 사용하여, '시점 1'에서 시계열 값에 대해 시간 0의 예측값은

$$\begin{aligned}\hat{y}_1(0) &= \left[a_0(0) + b_1(0)\times 1\right]i_1(0)\\ &= (390.40 + 9.57)0.4841\\ &= 193.63\end{aligned}$$

이다. 따라서 $y_1 = 189$이므로, 예측오차는 $y_1 - \hat{y}_1(0) = 189 - 193.63 = -4.63$이다.

최신화된 추정값인 $a_0(1)$, $b_1(1)$, $i_1(1)$은 다음과 같이 구할 수 있다.

$$
\begin{aligned}
a_0(1) &= \alpha \frac{y_1}{s_1(0)} + (1-\alpha)\left[a_0(0) + b_1(0)\right] \\
&= 0.2\left(\frac{189}{0.4841}\right) + 0.80(390.40 + 9.57) \\
&= 398.06 \\
b_1(1) &= \gamma\left[a_0(1) - a_0(0)\right] + (1-\gamma)b_1(0) \\
&= 0.15(398.06 - 390.40) + 0.85(9.57) \\
&= 9.28 \\
i_1(1) &= \delta \frac{y_1}{a_0(1)} + (1-\delta)i_1(0) \\
&= 0.05\left(\frac{189}{398.06}\right) + 0.95(0.4841) \\
&= 0.4836
\end{aligned}
$$

이 최신화된 추정값들을 사용하여 시점 1에서 y_2에 대한 예측값은 다음과 같이 구할 수 있다.

$$
\begin{aligned}
\hat{y}_2(1) &= \left[a_0(1) + b_1(1) \times 1\right] i_2(0) \\
&= (398.06 + 9.28)0.5847 \\
&= 238.17
\end{aligned}
$$

$y_2 = 229$이므로, 예측오차는 $y_2 - \hat{y}_2(1) = 229 - 238.17 = -9.17$이다.

바로 앞에서 구한 추정값을 사용하여 최신화된 추정값 $a_0(2)$, $b_1(2)$, $i_2(2)$를 다음과 같이 구한다.

$$a_0(2) = \alpha \frac{y_2}{s_2(0)} + (1-\alpha)\left[a_0(1) + b_1(1)\right]$$

$$= 0.2\left(\frac{229}{0.5847}\right) + 0.8(398.06 + 9.28)$$

$$= 404.20$$

$$b_1(2) = \gamma\left[a_0(2) - a_0(1)\right] + (1-\gamma)b_1(1)$$

$$= 0.15(404.20 - 398.06) + 0.85\,[9.28]$$

$$= 8.81$$

$$s_2(2) = \delta \frac{y_2}{a_0(2)} + (1-\delta)i_2(0)$$

$$= 0.05\left(\frac{229}{404.20}\right) + 0.95(0.5847)$$

$$= 0.5838$$

이 과정을 3년(36시점)에 걸쳐 반복해서 계산하여, 다음과 같이 1시점 후 예측값을 얻을 수 있다($\alpha = 0.20$, $\gamma = 0.15$, $\delta = 0.05$).

t	y_t	$a_0(t)$	$b_1(t)$	$i_t(t-12)$	$i_t(t)$	$\hat{y}_t(t-1)$	$y_t-\hat{y}_t(t-1)$
		$a_0(0)=390.40$	$b_1(0)=9.57$				
1	189	398.06	9.28	.4841	.4836	193.63	−4.63
2	229	404.20	8.81	.5847	.5838	238.17	−9.17
3	249	413.11	8.83	.6022	.6022	248.72	.28
4	289	421.18	8.71	.6911	.6909	291.60	−2.60
5	260	432.67	9.13	.5859	.5867	251.88	8.12
6	431	439.94	8.85	.9965	.9957	440.25	−9.25
7	660	447.97	8.73	1.4842	1.40837	666.10	−6.10
8	777	457.16	8.80	1.6927	1.6930	773.05	3.95
9	915	464.87	8.63	1.9867	1.9860	925.82	−10.82
10	613	473.87	8.69	1.2897	1.2899	610.68	2.32
11	485	482.33	8.65	1.0074	1.0073	486.12	−1.12
12	277	485.96	7.90	.5946	.5934	291.94	−14.94
13	244	495.99	8.22	.4836	.4841	238.85	5.15
14	296	504.77	8.30	.5838	.5839	294.35	1.65
15	319	516.40	8.80	.6022	.6030	308.99	10.01
16	370	527.28	9.11	.6909	.6914	362.84	7.16
17	313	535.82	9.03	.5867	.5865	314.68	−1.68
18	556	547.56	9.44	.9957	.9966	542.48	13.52
19	831	557.62	9.53	1.4837	1.4840	826.39	4.61
20	960	567.12	9.52	1.6930	1.6930	960.21	−.21
21	1152	577.33	9.63	1.9860	1.9864	1145.21	6.79
22	759	587.25	9.67	1.2899	1.2900	757.12	1.88
23	607	598.06	9.84	1.0073	1.0077	601.28	5.72
24	371	611.37	10.36	.5934	.5940	360.71	10.29
25	298	620.51	10.18	.4841	.4839	300.95	−2.95
26	378	634.02	10.68	.5839	.5845	368.27	9.73
27	373	639.47	9.89	.6030	.6020	388.75	−15.75
28	443	647.64	9.64	.6914	.6910	448.97	−5.97
29	374	653.35	9.05	.5865	.5858	385.51	−11.51
30	660	662.36	9.04	.9966	.9966	660.18	−.18
31	1004	672.43	9.20	1.4840	1.4844	996.35	7.65
32	1153	681.51	9.18	1.6930	1.6930	1154.02	−1.02
33	1388	692.30	9.42	1.9864	1.9874	1372.01	15.99
34	904	701.53	9.39	1.2900	1.2900	905.23	−1.23
35	715	710.64	9.35	1.0077	1.0076	716.38	−1.38
36	441	724.47	10.02	.5940	.5948	427.71	13.29

$$\sum_{t=1}^{36}\{y_t-\hat{y}_t(t-1)\}^2=2254.3228$$

앞에 주어진 표에서 $i_t(t-l)$은 y_t가 관측되기 전에 구한 것이며 y_t의 예측값인 $\hat{y}_t(t-1)$을 찾는 데 사용된다. $t=1,2,\cdots,12$에 대해 $i_t(t-l) = i_t(0)$이다. y_t가 관측되면 $i_t(t-l)$은 $i_t(t)$로 최신화된다.

최신화된 추정값들인 $a_0(n)$, $b_1(n)$, $i_n(n)$를 구할 때, 미래 시계열 값들의 예측값들을 계산할 수 있다. 다음은 예측값 및 예측구간에 관한 것이다.

④ 시점 n에서 $y_{n+\tau}$에 대한 예측값은 다음과 같다.

$$\hat{y}_{n+\tau}(n) = [a_0(n) + b_1(n)\tau]\, i_{n+\tau}(n+\tau-l)$$

⑤ 시점 n에서 $y_{n+\tau}$의 근사된 $100(1-\alpha)\%$ 예측구간은 다음과 같다.

$$\hat{y}_{n+\tau}(n) \pm z_{\alpha/2}\, d_\tau\, \Delta_W(n)$$

여기에서 d_τ와 $\Delta_W(n)$는 2.4.1절을 참고하기 바란다. 그리고, $i_t(t-l)$은 y_t가 관측되기 전에 구한 추정값으로, 시점 t에 대한 계절적 요소의 가장 최근 추정된 값이다.

⑥ y_{n+1}이 시점 $(n+1)$에서 관측되었다면, $\Delta_W(n)$은 다음 주어진 식을 사용하여 $\Delta_W(n+1)$로 최신화시킬 수 있다.

$$\Delta_W(n+1) = \frac{n\Delta_W(n) + |y_{n+1}/\{i_{n+1}(n+1-l)\} - \{a_0(n) + b_1(n)\}|}{n+1}$$

그리고, 시점 $(n+1)$에서 $y_{n+1+\tau}$에 대한 최신화된 $100(1-\alpha)\%$ 예측구간은 ⑤식에서 n 대신 $(n+1)$로 대치시키면 된다.

시점 $(n+\tau)$에서 예측하기 위해서 시점 $(n+\tau-l)$에서 계산한 계절적 요소의 추정값인 $i_{n+\tau}(n+\tau-l)$을 사용한다. 그러나, 시점 l 이상을 예측한다면, $(n+\tau-l)$은 아직 계산되지 않은 계절적인 요인이 된다. 이런 경우에 예측값을 계산하는 데 적절한 계절적 요인의 가장 최근 추정값을 사용해야 한다.

음료수 매출액 자료에 대한 1시점 후 예측값과 3시점 후 예측값, 예측구간을 계산해보자. 이미 앞에서 언급한 바와 같이, $\theta = 0.2$ 는 세 개의 평활계수 중 최대값이다.

$$\delta = 1 - \theta = 0.80$$

$$d_1 = 1.25$$

$$d_3 = 1.25\left[\frac{1+\frac{.2}{1.8^3}\{[1+4(.8)+5(.8)^2]+2(.2)[1+3(.8)]3+2(.2)^2 3^2\}}{1+\frac{.2}{1.8^3}\{[1+4(.8)+5(.8)^2]+2(.2)[1+3(.8)]+2(.2)^2\}}\right]^{1/2}$$

$$= 1.3041$$

시점 36에서 예측을 시작하기 때문에,

$$\triangle_W(36) = \frac{\sum_{t=1}^{36}\left|\frac{y_t}{i_t(t-12)} - \{a_0(t-1)+b_1(t-1)\}\right|}{36}$$

$$= \frac{1}{36}\left[\left|\frac{189}{0.4841}-(390.40+9.57)\right|+\left|\frac{229}{0.5847}-(398.06+9.28)\right|+\right.$$

$$\left.\cdots+\left|\frac{441}{0.5940}-(710.64+9.35)\right|\right]$$

$$= 8.2354$$

이다. 따라서 $a_0(36) = 724.47$, $b_1(36) = 10.02$, $i_{37}(25) = 0.4839$ 이므로(앞에서 주어진 표 참조), 시점 36에서 y_{37} 의 예측값은

$$\begin{aligned}\hat{y}_{37}(36) &= [a_0(36)+b_1(36)\times 1]\, i_{37}(25)\\ &= [724.47+10.02(1)](0.4839)\\ &= 355.42\end{aligned}$$

이다. 또한 시점 36에서 y_{37}의 근사된 95% 예측구간은

$$\begin{aligned}\hat{y}_{37}(36) \pm z_{\alpha/2} d_1 \triangle_W(36) &= [355.39 \pm 1.96(1.25)(8.3254)]\\ &= (355.39 \pm 20.3972)\\ &= (334.9927, 375.7823)\end{aligned}$$

이다. 3시점 후 예측값을 고려한다면, 시점 36에서 y_{39}의 예측값은

$$\begin{aligned}\hat{y}_{39}(36) &= [a_0(36)+b_1(36)\times 3]\, i_{39}(27)\\ &= [724.47+10.02(3)]\ 0.6020\\ &= 454.2271\end{aligned}$$

이며, 시점 36에서 y_{39}의 근사된 95% 예측구간은

$$\begin{aligned}\hat{y}_{39}(36) \pm z_{\alpha/2} d_3 \triangle_W(36) &= 454.2271 \pm 1.96(1.3041)(8.3254)\\ &= (454.2271 \pm 21.28)\\ &= (432.9471,\ 475.5071)\end{aligned}$$

이다. 만일 $y_{37}=352$로 관측되었다면, 다음과 같이 최신화된 값들을 구할 수 있다.

$$\begin{aligned}a_0(37) &= \alpha\frac{y_{37}}{s_{37}(25)} + (1-\alpha)[a_0(36)+b_1(36)]\\ &= 0.2\left(\frac{352}{0.4839}\right) + 0.8(724.47+10.02)\\ &= 733.2873\end{aligned}$$

$$b_1(37) = \gamma\left[a_0(37) - a_0(36)\right] + (1-\gamma)b_1(36)$$

$$= 0.15(733.09 - 724.47) + 0.85(10.02)$$

$$= 9.81$$

$$s_{36}(37) = \delta\frac{y_{37}}{a_0(37)} + (1-\delta)i_{37}(25)$$

$$= 0.05\left(\frac{352}{733.09}\right) + 0.95(0.4839)$$

$$= 0.4837$$

$$\triangle_W(37) = \frac{36\triangle_W(36) + |352/0.4839 - (724.47 + 10.02)|}{37}$$

$$= 8.2038$$

시점 37에서 y_{38} 의 예측값은

$$\hat{y}_{38}(37) = \{a_0(37) + b_1(37)\times 1\}i_{38}(26)$$

$$= (733.09 + 9.81)0.5845$$

$$= 434.225$$

이며, 시점 37에서 y_{38} 의 근사된 95% 예측구간은

$$\hat{y}_{38}(37) \pm z_{\alpha/2}d_1\triangle_W(37) = \{434.25 \pm 1.96(1.25)(8.2038)\}$$

$$= (434.25 \pm 20.0993)$$

$$= (414.15,\ 454.35)$$

이다. 마지막으로 시점 37에서 y_{40}의 예측값은

$$\hat{y}_{40}(37) = \{a_0(37) + b_1(37) \times 3\} i_{48}(28)$$
$$= \{733.09 + 9.81(3)\}0.6910\}$$
$$= 526.9013$$

이며, 시점 37에서 y_{40}의 근사된 95% 예측구간은 다음과 같다.

$$\hat{y}_{40}(37) \pm z_{\alpha/2} d_3 \triangle_W(37) = \{526.9013 \pm 1.96(0.3041)(8.2038)\}$$
$$= (526.9013 \pm 4.8897)$$
$$= (522.0116,\ 531.791)$$

다음은 승법 Winters 방법에서 $(\alpha, \gamma, \delta) = (0.20, 0.15, 0.05)$를 사용하여, 음료수 매출액 자료에 대한 1시점 후의 예측값, 3시점 후의 예측값을 계산한 결과이며, 참고로 12개의 관측값은 추가로 얻어진 것이다.

n	y_n	$a_0(n)$	$b_1(n)$	$i_n(n-1$	$i_n(n)$	$\triangle_W(n)$	$\hat{y}_n(n-1)$	(n-1)에서 y_n의 근사된 95% 예측구간
36		724.47	10.02			8.2354		
37	352	733.09	9.81	0.4839	0.4837	8.2038	355.39	(335.21, 375.57)
38	445	746.57	10.36	0.5845	0.5851	8.4730	434.25	(414.15, 454.35)
39	453	756.04	10.23	0.6020	0.6019	8.3696	455.67	(434.91, 476.43)
40	541	769.60	10.73	0.6910	0.6916	8.5767	529.51	(509.00, 550.02)
41	457	780.28	10.72	0.5858	0.5858	8.3724	457.13	(436.12, 478.14)
42	762	785.71	9.93	0.9966	0.9953	8.8016	788.34	(767.83, 808.85)
43	1194	797.38	10.19	1.4844	1.4851	8.7998	1181.08	(1159.52, 1202.64)
44	1361	806.84	10.08	1.6930	1.6927	8.6833	1367.19	(1345.63, 1388.75)
45	1615	816.06	9.95	1.9874	1.9869	8.5859	1623.51	(1602.24, 1644.78)
46	1059	825.00	9.80	1.2900	1.2896	8.5097	1065.51	(1044.47, 1086.54)
47	824	831.39	9.29	1.0076	1.0068	8.6906	841.15	(820.30, 862.00)
48	495	838.99	9.03	0.5948	0.5945	8.6860	500.02	(478.73, 521.31)

n	y_n	$\hat{y_n}(n-3)$	(n-3)에서 y_n의 근사된 95% 예측구간
36			
37	352		
38	445		
39	453	454.2271	(433.18, 475.28)
40	541	526.9013	(505.93, 547.87)
41	457	455.5474	(433.89, 477.20)
42	762	784.0551	(762.66, 805.45)
43	1194	1190.1770	(1168.25, 1212.10)
44	1361	1375.4609	(1354.06, 1396.86)
45	1615	1620.7247	(1598.23, 1643.22)
46	1059	1068.0555	(1045.56, 1090.55)
47	824	843.4418	(821.25, 865.64)
48	495	503.1473	(481.20, 525.09)

3년에 걸쳐 관측된 음료수 매출액 자료 모두를 사용하여 수준, 추세 요소, 계절적 요소에 대한 초기 추정값을 계산하였다. 일반적으로 초기 추정값들을 계산하기 위해서는 자료의 일부분만(예: 50%)을 사용하는 것이 좋다. 이는 시계열 모수들이 어떻게 변하는지 알기 위함이다. 그러나, 음료수 매출액 자료의 경우 초기 추정값을 계산하기 위해 모든 자료를 사용하였다. 왜냐하면 계절적 요소에 대한 초기 추정값들을 얻기 위해서 자료의 50%만(1년 6개월)을 사용하기에 충분하지 않기 때문이다.

2.4.3 추세가 없는 Winters 방법

추세가 존재하지 않고 계절적인 변동이 존재하는 시계열을 Winters 방법을 일부 수정해서 다룰 수 있다. 즉, 이에 관련된 방정식은 $y_t = b \times I_t + \epsilon_t$ 로 표현할 수 있을 때이다. 물론 시계열 모수들이 시간이 경과함에 따라 서서히 변한다는 가정이 전제되어야 한다.

다음은 추세가 없는 Winters 방법을 요약한 것이다. $a_0(n-1)$은 시점

$(n-1)$에서 계산한 영구적 구성요소인 b의 추정값, $i_n(n-l)$는 시점 $(n-l)$에서 계산된 시점 n의 계절적 요소의 추정값이라고 하자.

시점 n에서 y_n을 관측하면,

① 수준의 최신화된 추정값은 다음과 같다.

$$a_0(n) = \alpha \frac{y_n}{i_n(n-l)} + (1-\alpha)\alpha_0(n-1)$$

여기에서 α는 0과 1 사이에서 값을 갖는 평활계수이다.

② 계절적 요소의 최신화된 추정값은 다음과 같다.

$$i_n = \delta \frac{y_n}{a_0(n)} + (1-\delta) i_n(n-l)$$

여기에서 δ는 0과 1 사이에서 값을 갖는 평활계수이다.

③ 시점 n의 $y_{n+\tau}$에 대한 예측값은 다음과 같다.

$$\hat{y}_{n+\tau}(n) = a_0(n) i_{n+\tau}(n+\tau-l)$$

여기에서 수준의 초기 추정값인 $a_0(0)$은 과거 자료의 $\frac{m}{2}$년 동안의 관측값들의 평균이다. I_t의 초기 추정값인 $i_t(0)$은 $I_t = \frac{y_t}{a_0(0)}$를 계산하는 것을 제외하고는 선형추세가 존재하는 경우와 동일하게 계산한다.

2.5 지수적인 추세를 갖는 모형

지금까지 다룬 방법들은 추세가 없거나(2.2절) 선형추세가 존재(2.3절, 2.4.1절, 2.4.2절)한다고 가정하였다. 그러나 [그림 2.1](b)의 지수적인 추세는 시계열에 증가율(또는 감소율)이 직선 증가보다 빠를 때 적절하다. 지수적인 추세를 사용할 때 증가율이 고정되었다고 가정한다. Holt-Winters의 쌍모수 이중 평활법, 승법 Winters 방법, 가법 Winters 방법 모두 지수적인 추세를 설명할 수 있다. 이를 하기 위해 $b_1(n)$를 선형 기울기가 아닌 고정된 증가율로 놓는다. 증가율이 고정된 이상, 시점 n에서 시계열의 영구적 구성요소(즉, 수준)는 시점 $(n-1)$에서 시계열의 수준에 증가율을 곱한다. 시점 n에서 예측값은 최신화된 증가율을 최신화된 영구적 구성요소에 적용시켜 구한다. 따라서 Holt-Winters의 쌍모수 이중 지수평활법을 다음과 같이 적용시킬 수 있다.

2.5.1 Holt-Winters의 쌍모수 이중 지수평활법

시점 n에서 y_n를 관측하면

① 다음 주어진 방정식을 사용하여 영구적 구성요소(또는 수준)의 최신화된 추정값인 $a_0(n)$를 구할 수 있다.

$$a_0(n) = \alpha y_n + (1-\alpha)a_0(n-1)b_1(n-1)$$

여기에서, α는 0과 1 사이 값을 갖는 평활계수이다.

② 다음 주어진 방정식을 사용하여 증가율의 최신화된 추정값인 $b_1(n)$을 구할 수 있다.

$$b_1(n) = \beta\left(\frac{a_0(n)}{a_0(n-1)}\right) + (1-\beta)b_1(n-1)$$

여기에서 β는 0과 1 사이 값을 갖는 평활계수이다.

③ 시점 n에서 미래값 $y_{n+\tau}$의 점예측값은 다음과 같다.

$$\hat{y}_{n+\tau}(n) = a_0(n)\{b_1(n)\}^{\tau}$$

2.5.2 지수적인 추세를 갖는 가법 Winters 방법

시점 n 에서 y_n 을 관측하면,

① 다음 주어진 방정식을 사용하여 영구적 구성요소의 최신화된 추정값인 $a_0(n)$를 구한다.

$$a_0(n) = \alpha[y_n - i_n(n-l)] + (1-\alpha)[a_0(n-1)b_1(n-1)]$$

② 다음 식을 사용하여 증가율의 최신화된 추정값인 $b_1(n)$ 을 구한다.

$$b_1(n) \;=\; \beta\left(\frac{a_0(n)}{a_0(n-1)}\right) + (1-\beta)b_1(n-1)$$

③ 다음 식을 사용하여 계절적 요인의 최신화된 추정값인 $I_n(n)$ 을 구한다.

$$i_n(n) \;=\; \gamma\{y_n - a_0(n)\} + (1-\gamma)i_n(n-l)$$

여기에서 α, β, γ는 0과 1 사이 값을 갖는 평활계수이다.

④ 시점 n 에서 미래값($y_{n+\tau}$)의 점예측값은 다음과 같다.

$$\hat{y}_{n+\tau}(n) = a_0(n)\{b_1(n)\}^{\tau} + i_{n+\tau}(n+\tau-l)$$

2.5.3 지수적인 추세를 갖는 승법 Winters 방법

시점 n에서 y_n 을 관측하면,

① 다음 주어진 방정식을 사용하여 영구적 구성요소의 최신화된 추정값인

$a_0(n)$ 을 구할 수 있다.

$$a_0(n) = \alpha \frac{y_n}{i_n(n-l)} + (1-\alpha)a_0(n-1)b_1(n-1)$$

② 다음 주어진 방정식을 사용하여 증가율의 최신화된 추정값인 $b_1(n)$ 을 구할 수 있다.

$$b_1(n) = \beta\left(\frac{a_0(n)}{a_0(n-1)}\right) + (1-\beta)b_1(n-1)$$

③ 다음 주어진 식을 사용하여 계절적 요인의 최신화된 추정값인 $I_n(n)$ 을 구할 수 있다.

$$i_n(n) = \gamma \frac{y_n}{a_0(n)} + (1-\gamma)i_n(n-l)$$

여기에서 α, β, γ 는 각각 0과 1 사이 값을 갖는 평활계수이다.

④ 시점 n 에서 미래값($y_{n+\tau}$)의 점예측값은 다음과 같다.

$$\hat{y}_{n+\tau}(n) = a_0(n)\{b_1(n)\}^{\tau} i_{n+\tau}(n+\tau-l)$$

2.6 진폭이 감소하는 추세

진폭이 감소하는 추세는 지수적인 추세와 달리 시계열의 증가율이 직선 증가보다 느릴 때 적절하다. 추정된 선형추세가 미래에 잘 들어맞지 않을 것이라고 생각될 때 진폭이 감소하는 추세를 사용할 수 있다. 기울기가 시간의 흐름에 따라 감소하면 시계열 수준의 증가율이 감소하게 된다(그림 2.1(c)

참조). 진폭이 감소하는 추세를 소개하기 위해 0과 1 사이의 값을 갖는 감폭계수(ϕ)가 필요하다.

시점 n 에서 추정된 기울기인 $b_1(n)$가 주어졌을 때, 시점 $(n+1)$에서 기울기가 $\phi b_1(n)$, 시점 $(n+2)$에서 $\phi^2 b_1(n)$, 시점 $(n+3)$에서 $\phi^3 b_1(n)$라고 가정하자. 여기에서 감폭계수값이 작을수록 감폭량이 더 커진다. 만일 시점 $(n-1)$에서 기울기의 추정값이 $b_1(n-1)$ 이면, 시점 n 에서 기울기 $\phi b_1(n-1)$을 투영한다. $a_0(n-1)$이 시점 $(n-1)$에서 수준의 추정값이면, 시점 n 에서 수준이 $a_0(n-1)+\phi b_1(n-1)$로 기대될 것이다. 시점 n 에서 미래 시점에 대한 수준의 점예측값은 진폭이 감소하는 기울기를 수준인 $a_0(n)$에 추가시켜 구한다. 진폭이 감소하는 추세를 2.5절과 마찬가지로 Holt-Winters의 쌍모수 이중 지수평활법, 승법 Winters 방법, 가법 Winters 방법에 적용시킬 수 있다. 이를 다음과 같이 요약할 수 있다.

2.6.1 Holt-Winters의 쌍모수 이중 지수평활법

시점 n 에서 y_n 을 관측하면,

① 다음 주어진 식을 이용하여 영구적 구성요소의 최신화된 추정값인 $a_0(n)$을 구한다

$$a_0(n) = \alpha y_n + (1-\alpha)[a_0(n-1) + \phi b_1(n-1)]$$

여기에서 α는 0과 1 사이 값을 갖는 평활계수, ϕ는 0과 1 사이 값을 갖는 감폭계수이다.

② 다음 주어진 식을 이용하여 추세 구성요소의 최신화된 추정값인 $b_1(n)$을 구한다.

$$b_1(n) = \beta[a_0(n) - a_0(n-1)] + (1-\beta)\phi b_1(n-1)$$

여기에서 β는 0과 1 사이 값을 갖는 평활계수이다.

③ 시점 n 에서 미래값($y_{n+\tau}$)의 점예측값은 다음과 같다.

$$\hat{y}_{n+\tau}(n) = a_0(n) + \sum_{i=1}^{\tau} \phi^i b_1(n)$$

2.6.2 진폭이 감소하는 추세를 갖는 가법 Winters 방법

시점 n 에서 y_n 을 관측할 때

① 다음 주어진 식을 이용하여 영구적 구성요소의 최신화된 추정값인 $a_0(n)$ 을 구한다.

$$a_0(n) = \alpha[y_n - i_n(n-l)] + (1-\alpha)[a_0(n-1) + \phi b_1(n-1)]$$

② 다음 주어진 식을 이용하여 추세 구성요소의 최신화된 추정값인 $b_1(n)$ 을 구한다.

$$b_1(n) = \beta[a_0(n) - a_0(n-1)] + (1-\beta)\phi b_1(n-1)$$

③ 다음 주어진 식을 이용하여 계절적 요인의 최신화된 추정값인 $i_n(n)$을 구한다.

$$i_n(n) = \gamma\{y_n - a_0(n)\} + (1-\gamma) i_n(n-l)$$

④ 시점 n 에서 미래값($y_{n+\tau}$) 의 점예측값은 다음과 같다.

$$\hat{y}_{n+\tau}(n) = a_0(n) + \sum_{i=1}^{\tau} \phi^i b_1(n) + i_{n+\tau}(n+\tau-l)$$

2.6.3 진폭이 감소하는 추세를 갖는 승법 Winters 방법

시점 n 에서 y_n 을 관측하면,

① 다음 주어진 식을 이용하여 영구적 구성요소의 최신화된 추정값인 $a_0(n)$을 구한다.

$$a_0(n) = \alpha[y_n - i_n(n-l)] + (1-\alpha)[a_0(n-1) + \phi b_1(n-1)]$$

② 다음 주어진 식을 이용하여 추세 구성요소의 최신화된 추정값인 $b_1(n)$을 구한다.

$$b_1(n) = \beta[a_0(n) - a_0(n-1)] + (1-\beta)\phi b_1(n-1)$$

③ 다음 주어진 식을 이용하여 계절적 요인의 최신화된 추정값인 $i_n(n)$을 구한다.

$$i_n(n) = \gamma \frac{y_n}{a_0(n)} + (1-\gamma) i_n(n-l)$$

여기에서 α, β, γ는 0과 1 사이 값을 갖는 평활계수들이며, ϕ는 0과 1 사이 값을 갖는 감폭계수이다.

④ 시간 n에서 미래값($y_{n+\tau}$)의 점예측값은 다음과 같다.

$$\hat{y}_{n+\tau}(n) = \left[a_0(n) + \sum_{i=1}^{\tau} \phi^i b_1(n)\right] i_{n+\tau}(n+\tau-l)$$

지수적인 추세 및 진폭이 감소하는 추세 방법을 사용할 때 초기 추정값(들)은 다른 분석방법(예: 회귀분석과/또는 분해방법)을 사용하여 구할 수 있다. 평활계수 및 감폭계수는 과거 자료를 시뮬레이션된 예측을 통해 결정한다. 1시점 후 예측오차의 제곱합을 최소화시키는 평활계수들과 감폭계수의 조합을 선택한다.

계절적인 변동이 존재하는 자료에 대해 진폭이 감소하는 추세 방법을 고려하면, 4개의 모수값(즉, 3개의 평활계수와 1개의 감폭 계수)을 결정해야 하기 때문에 어려움이 있을 수 있다. 그러나, 4개 모수를 사용하는 것이 반드시 심각한 문제는 아니다. 많은 수의 모수를 사용하는 방법이 자료를 정확도 있게 예측하는 반면에, 자주 미래 시계열 값들을 부적절하게 예측할 수도 있다. 사용할 수 있는 자료의 양이 적을 때 특히 심각한 문제를 야기할 수 있다. 따라서 계절적인 변동이 존재하는 자료에 대해 진폭이 감소하는 추세를 추가시킨 모형은 자료의 양의 많을 때 잘 사용할 수 있다.

2부 사례분석

|앞|서|일|러|두|기|

1부에서는 수요예측에 관련된 두 가지 일변량 시계열모형인 ARIMA 모형, 지수평활법을 SPSS 17.0과 연관시켜 설명하였다. 2부에서는 실제 수요예측에 관련된 사례를 중심으로 어떤 모형(들)을 고려하며, 고려한 각 모형을 어떻게 구축하고, 그중에서 어떤 모형을 최종 선택할 것인지를 다룬다. 이 사례분석들을 학습함으로써 정량적인 방법에 근거한 종합적인 수요예측을 하는 데 적지 않은 도움이 될 것으로 사료된다. 사례분석을 읽기 전에 독자 스스로가 각 사례분석에서 주어진 시계열에 대해 여러 모형을 구축해 본 후, 분석과정 및 결과를 이 책에 나타난 것과 비교하기 바란다.

사례분석에서 소개한 자료들은 수요예측과 실제로 연관된 분야에서 발췌했다. [사례분석 1~3]은 추세와 계절성이 존재하지 않는 정상적인 시계열 자료, [사례분석 4]는 계절적 변동이 없고 단지 추세만 존재하는 자료, 마지막으로 [사례분석 5~7]은 계절성과 추세 모두 존재하는 시계열 자료를 분석한 사례이다. 물론 주어진 실현값에 대하여 하나 이상의 모형을 고려할 수 있다. 특히 ARIMA 모형의 경우는 더욱 그렇다. 각 사례분석에서 최종 결정된 모형들이 유일하게 선정된 모형은 아니다. 이러한 사례분석들에서 주어진 자료를 더 잘 설명할 수 있는 대체모형을 찾을 수도 있다. 이 책을 읽는 독자들이 더 좋은 대체모형을 찾기를 바란다.

이 사례분석들은 정성적인 방법은 배제하고 단지 대표적으로 사용하는 일변량 시계열분석 방법(ARIMA 모형과 지수평활법)만을 적용하는 한계점이 있음을 유의하기 바라며, 자료의 특성 및 분석자의 주관적인 의도 등에 따라 다른 분석방법(예: 다변량 시계열방법 등)을 고려할 수 있다. 다음에 주어진 로드맵 [그림 C.1]은 SPSS 17.0을 사용하여 실제 상황에서 수요를 예측할 때, 시각적인 판단(시계열도표, 자기상관함수 등)에 근거하여 모형을 구축하기 위한 방향키로 간주하면 될 것이다. 계절성과 추세의 존재 여부에 따라 SPSS 17.0을 사용하여 적용할 수 있는 모형들을 고려한 후, 이들 중 최종모형을 선택하여 원하는 예측값을 산출할 수 있다.

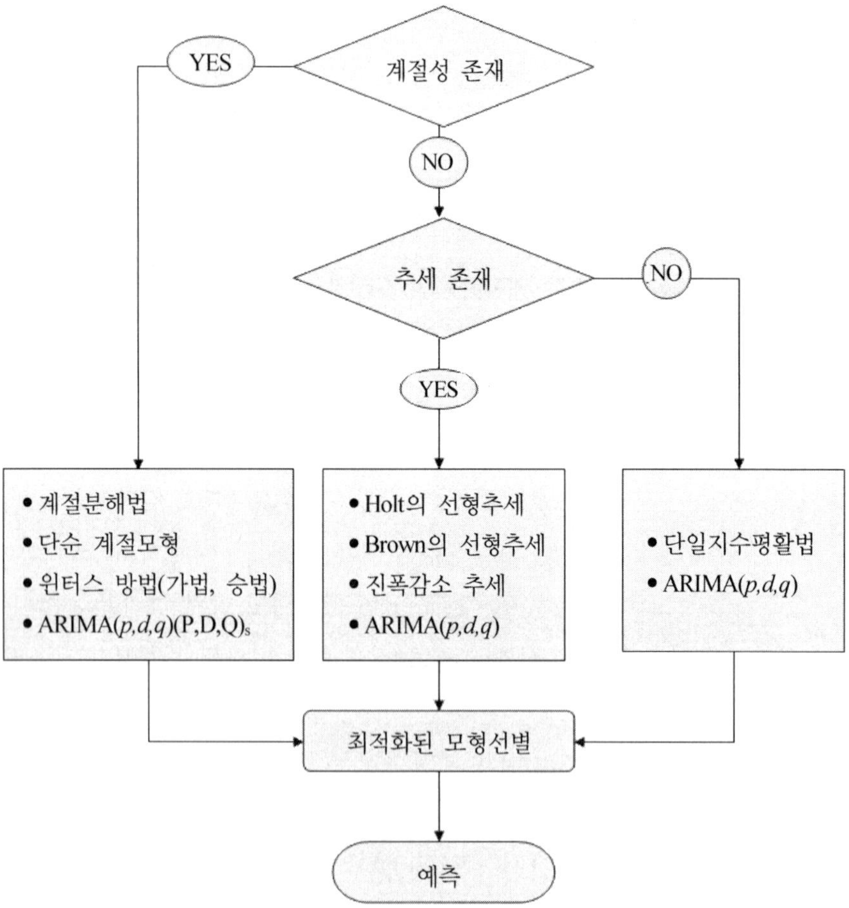

[그림 C.1] 일변량 시계열 수요예측 로드맵(SPSS 17.0 기준)

실전적 분석전략

ARIMA 모형과 지수평활법을 비교적 용이하게 구축하기 위해 필요한 31개의 분석전략을 알아보기로 한다. 이미 많은 분석전략을 1부 1장에서 살펴보았지만, 이를 정리하여 손쉽게 참고할 수 있도록 요약하였다. 2부를 읽기 전에 일변량 ARIMA 모형에 관한 기본 개념을 숙지해야 할 것이다.

다음에 언급할 분석전략을 다음 7개의 사례분석에 단계적으로 적용시켜 일변량 ARIMA 모형을 설정하는 방법을 설명할 것이다. 이 사례분석들을 면밀히 익히고 동시에 SPSS 17.0을 사용하여 단시간 안에 일변량 ARIMA 모형과 지수평활법을 설정할 수 있어야 할 것이다. 다음은 일변량 ARIMA 모형을 설정하기 위한 분석전략이다.

① 모든 자료를 분석하기 전에 그 정확성을 점검해야 한다.

② 이상적인 ARIMA 모형을 설정하기 위해서는 최소 50개 이상의 관측값이 필요하다. 차분으로 말미암아 관측값(들)이 손실되더라도 적절한 식별과 추정을 위해 충분한 자유도가 필요하기 때문이다. 특히 계절적 변동이 존재할 때 50개 이상의 관측값이 필요한 것은 당연하다.

③ 최초 실현값에 대한 시계열도표를 그려 시각적으로 조사하는 것은 중요한 선결 단계이다. 이는 실현값 분산의 정상성 여부를 판정하는 데 매우 중요하다. 몇 가지 통계적 검증 방법을 사용할 수 있지만, 시계열도표를 이용하여 실현값을 조사하는 것은 다른 통계적 검증만큼 유용하다(Granger와 Newbold[9]). 변수의 자연로그 변환은 수요예측에서 다뤄지는 자료에 흔히 사용된다. 이 변환은 실현값의 표준편차가 평균에 비례할 때 사용된다.

④ 모형을 구축하는 데 앞서 시계열도표는 실현값 평균의 정상성 여부를 감지하는 데 도움을 줄 수 있다. 만일 시계열의 평균이 시간에 흐름에 따라 변한다면, 추정된 자기상관함수를 통해 정상성 여부를 재차 확인할 수 있다.

---

9. C. W. J. Granger, and P. Newbold (1977), *Forecasting Economic Time Series*, New York: Academic.

⑤ 또한 시계열도표는 실현값에 대한 계절적 패턴의 존재여부(명백한 계절적 변동, 희미한 계절성, 비계절적 패턴 중 하나)를 아는 데 도움이 된다. 자기상관분석과 추정결과를 통해 모형 내에 계절적 요소를 포함시킬지 여부를 최종 결정한다. 그러나 시계열도표를 통한 선결 조사는 계절적 패턴의 존재여부를 탐지하는 데 보충 정보를 줄 수 있다.

⑥ 분석에 필요한 추정된 자기상관함수의 개수는 약 관측값 개수의 25%이다.

⑦ 수요예측에 관련된 대부분의 시계열 자료는 계절적 패턴을 갖는다. 설사 계절성을 없애기 위해 자료를 조정하더라도 여전히 계절적 패턴이 존재하기도 한다.

⑧ 시계열 자료의 평균을 정상적으로 만들기 위해서는 실현값을 차분해야 한다. 다음은 정상성을 점검할 수 있는 도구를 소개하기로 한다.

(a) 시계열도표

이는 차분 여부를 결정하는 유일한 척도가 아니라 아래에서 소개할 다른 방법들과 더불어 정상성의 단서를 찾는 데 도움을 준다. 시계열도표를 통해서 수준의 뚜렷한 변화(강한 상승 경향 또는 강한 하강 경향) 즉, 눈에 띄는 기울기가 발견되면 차분해야 된다. 수준의 변화가 두드러지게 탐지되면 비계절적 1차 차분($d=1$)을, 기울기가 변화하면 비계절적 2차 차분($d=2$)을 취해야 한다. 일반적으로, 강한 계절적 변동이 감지되면 계절적 1차 차분($D=1$)만을 취한다.

(b) 추정된 자기상관함수

만일 추정된 자기상관함수가 단기시차에서 서서히 감소할 때(즉, '0'으로 절단 또는 '0'으로 급격히 감소하지 않을 때), 자료의 평균은 비정상적이므로 이 자료를 차분해야 된다. 이런 사항은 계절시차의 자기상관함수의 경우에도 별도로 적용한다. 예를 들면, 분기별 자료에는 4의 배수, 월별 자료에는 12의 배수의 자기상관함수를 고려한다. 즉, 계절적 차분을 고려할 때 계절성의 주기의 배수에만 대응하는 자기상관계수(들)를 조사하여 일시적으로 계절시차를 별도의 구조로 다룬다.

(c) 추정된 자기회귀계수의 부호와 크기

추정된 자기회귀계수의 부호와 크기는 정상성 조건을 점검하는 또 다른 도구이다. 승법 자기회귀 계절형 모형을 추정할 때 비계절적 자기회귀계수와 계절적 자기회귀계수에 이 조건들을 별도로 적용한다. 추정된 자기상관함수를 통해 만일 평균이 비정상적이라는 근거가 명백하다면, 비차분된 자료에 대한 자기회귀계수를 추정하지 않고 차분을 행한다.

[정상성 조건과 가역성 조건]

모형	정상성 조건	가역성 조건
AR	p에 의존	항상 가역적
MA	항상 정상적	q에 의존
AR(1)	$\|\phi_1\| < 1$	항상 가역적
	$\|\phi_2\| < 1$	
AR(2)	$\phi_2 + \phi_1 < 1$	항상 가역적
	$\phi_2 - \phi_1 < 1$	
MA(1)	항상 정상적	$\|\theta_1\| < 1$
		$\|\theta_2\| < 1$
MA(2)	항상 정상적	$\theta_2 + \theta_1 < 1$
		$\theta_2 - \theta_1 < 1$
ARMA(p,q)	p에 의존	q에 의존

⑨ 만일 자료가 물리적 단위나 기준 시점 화폐 단위라기보다는 현시세 화폐 단위로 측정되면 비계절적 1차 차분($d=1$)이 자주 필요하다. 비계절적 2차 차분($d=2$)은 상대적으로 흔히 사용하지 않는다.

⑩ 계절적 차분은 실제 상황에서 자주 접하게 되며, 만일 계절적 차분을 하게 될 때 보통 한번($D=1$)만 하면 충분하다.

⑪ 불필요한 차분을 취하면 덜 만족스런 모형을 구축하기 때문에 이를 피해야 한다. 필요 이상의 차분을 하면 자료 내에 인위적인 패턴이 만들어지며

예측오차분산은 불필요하게 커지게 된다. 그러나 의심스러우면 차분을 취해야 하며 판단하기 애매한 경우에 차분하게 되면 뜻밖에 좋은 예측값을 얻을 수 있다. 왜냐하면 예측값은 고정된 평균에 얽매이지 않기 때문이다.

⑫ 추정된 모수들의 상관행렬을 통해 평균의 정상성을 판별할 수 있다. 즉, SPSS 17.0은 추정된 평균으로써 관측값 평균($\overline{y}$)보다는 오히려 자기상관계수(들)와 이동평균계수(들)를 동시에 고려한 평균을 추정한다. 몇 개의 추정된 모형에 근거하여 추정된 자기회귀계수(들)가 정상성 조건을 만족하지만, 추정된 하나 이상의 자기회귀계수(들)는 추정된 평균과 크게 상관될 수 있다($|r| > 0.9$)). 이런 경우 평균의 추정값은 정확할 수 없으며, 가장 현명한 치유책은 자료를 차분하는 것이다.

⑬ 보통 좋은 모형은 모수의 수를 절약하는 원칙에 근거하여 얻을 수 있다. 수요예측에서 다루는 대부분의 자료는 적절한 차분 후에 차수가 2 또는 그 이하의 ARIMA 모형으로 적절히 표현될 수 있다. 일반적으로 차수가 1인 모형이 계절적 부분에 적절하다. 모수절약의 원칙을 염두에 두고, 식별단계에서 비계절시차 1과 2, 첫 두 개의 계절시차들(s, $2s$)을 제외한 시차의 추정된 자기상관함수가 유의하지만 잔차 자기상관함수는 유의하지 않을 수 있다. 차수가 1 또는 2인 모형을 이용하여 만족할 만한 모형을 찾지 못하면, 차수가 큰 모형을 시도한다.

⑭ 먼저 계절적 요소를 식별 및 추정한 후 비계절적 패턴에 관한 잔차 자기상관함수를 조사하면 때때로 더 좋은 결과들은 얻게 된다. 이는 원자료에 근거하여 추정된 자기상관함수에서 두드러진 계절성을 발견할 때 특히 유효하다. [사례분석 6~7]에서 이 분석전략이 어떻게 유용하게 사용되는지를 설명한다.

⑮ 계절적 패턴은 흔히 원자료에 근거한 자기상관함수보다는 비계절적 1차 차분 후 계산된 자기상관함수에서 더 명확히 나타나기 때문에, 차분을 통해 계열의 평균을 정상적으로 만들 필요가 없다고 할지라도 비계절적 1차 차

분 후에 추정된 자기상관함수를 조사하는 것이 좋다.

⑯ 때때로 강한 계절성 때문에 적절한 일변량 ARIMA 모형을 구축하는 데 어려움이 있다. 우선 자료의 계절성을 없애고 계절성이 제거된 시계열에 대해 일변량 ARIMA 모형을 구축한 후, 계절적으로 조정된 요소를 계절성이 제거된 예측값들에 적용할 수는 있다. 그러나, 계절적 패턴을 ARIMA 모형에 통합하는 것이 차라리 훨씬 좋은 방법이다.

⑰ 승법 계절형 ARIMA 모형은 일반적으로 만족할 만한 결과를 얻는다. 의심스러울 때 승법 형태와 가법 형태의 결과를 비교해야만 한다. 승법 형태가 갖는 장점은 정상성 조건과 가역성의 조건을 보다 용이하게 점검할 수 있다는 점이다. 왜냐하면 이 두 조건을 모형의 계절적 부분과 비계절적 부분에 개별적으로 적용할 수 있기 때문이다. [사례분석 7]은 가법 계절형 ARIMA 모형을 나타낸 대표적인 예이다.

⑱ 정상적 자기회귀(AR) 프로세스가 갖는 이론적인 자기상관함수는 지수적으로 감소하거나 진폭이 감소하는 사인곡선 형태이다. 반면에 이론적 편자기상관함수는 두드러진 스파이크 다음에 '0'으로 절단되는 형태이며, 이때 두드러진 스파이크를 갖는 마지막 시차가 자기회귀모형의 차수와 같게 된다.

⑲ 이동평균(MA) 프로세스를 나타내는 이론적인 자기상관함수는 두드러진 스파이크 다음에 '0'으로 절단되는 형태이며, 스파이크를 갖는 마지막 시차가 이동평균모형의 차수와 같게 된다. 이론적인 편자기상관함수는 자기회귀모형이 갖는 자기상관함수와 마찬가지로 지수적으로 감소하거나 또는 진폭이 감소하는 사인곡선 형태를 갖는다.

⑳ 정상적 ARMA 프로세스를 나타내는 이론적 자기상관함수와 편자기상관함수 모두 '0'으로 점차 감소하는 형태이다. 자기상관함수는 첫 $(q-p)$시차 후부터 지수적으로 감소하거나 진폭이 감소하는 사인곡선 형태이며, 편

자기상관함수는 첫 ($p-q$) 시차 후부터 감소한다.

㉑ 계절적 자기회귀 프로세스나 계절적 이동평균 프로세스는 [분석전략 18~20]에서 언급한 비계절적 프로세스와 동일한 자기상관함수와 편자기상관함수의 특징을 갖는다. 유일한 차이점은 계절적 프로세스에 대한 자기상관함수와 편자기상관함수는 계절적 주기의 배수 시차들만을 고려한다는 점이다. 예를 들면, 분기별 자료의 정상적 계절형 자기회귀 프로세스의 경우, 시차 4, 8, 12 등의 이론적 자기상관함수는 지수적으로 감소하는 형태이다. 반면에 분기별 자료의 계절적 이동평균 프로세스의 경우, 이론적 자기상관함수는 시차 4에만 뚜렷한 스파이크를 갖고 나머지 4의 배수 시차 8, 12, 16 등에서는 '0'의 값을 갖는 형태이다.

㉒ 때때로 초기 식별단계에서 모수가 절약된 혼합모형을 식별하기 어렵다. [사례분석 2]와 [사례분석 4]는 이러한 어려움을 나타내 주는 예이다. 자기회귀모형을 우선적으로 추정하고, 잔차 자기상관함수에 근거하여 관련된 계수들을 덧붙이는 방법이 효과적이다. 이렇게 함으로써 모수가 절약된 모형을 용이하게 구축할 수 있으며, 불필요한 계수를 모형에 삽입하는 것을 피할 수 있다.

㉓ 모형의 차수는 추정할 계수의 최대수로 결정된다. 예를 들면, 항상 MA(2)모형은 항상 계수 θ_2를 포함하지만, 계수 θ_1을 모형에 포함하거나 하지 않을 수도 있다. 다음의 두 개의 MA(2)모형을 고려해보자.

$$\tilde{y}_t = (1-\theta_1 B - \theta_2 B^2)\epsilon_t \text{ 와 } \tilde{y}_t = (1-\theta_2 B^2)\epsilon_t$$

[사례분석 2]는 두 개의 MA(2)모형 중 후자에 해당한다.

㉔ 추정단계에서 추정된 계수에 대한 t-검증통계량의 절대값이 '2.0'보다 훨씬 작을 때 이 계수를 모형에 포함시키지 않으며, 특히 시차 1과 2 또는 계절시차를 제외한 시차들의 계수들에 더욱 주의를 기울여야 한다.

㉕ 차분한 시계열의 평균이 '0'이 아니며 이 시계열이 결정적 추세일 때만 상수항을 차분한 자료에 포함시킨다. 자연과학에 다뤄지지 않는 자료는 흔히 적절한 차분 후에 통계적으로 '0'인 평균을 갖는다. 평균이 '0'이면 모형 안의 상수항은 0이 되며, 예측값에 대한 추세는 단순히 확률적이 된다. SPSS 17.0을 사용하여 자기회귀계수 및 이동평균계수와 동시에 평균을 추정할 때, 추정된 평균과 상수의 통계적 유의성을 점검 후에 경험에 입각하여 결정을 내려야 한다.

㉖ 다음 표는 추정된 자기상관함수에 대한 t-통계량의 절대값의 실전적 경고수준을 요약한 것이다.

(a) 식별단계에서 t-통계량의 절대값이 대략 '1.6'을 초과하는 비계절적 자기상관계수에 주목한다. 이들 시차의 계수들은 추정단계에 거의 통계적으로 유의하다.

(b) 식별단계와 모형검진단계에서 t-통계량의 절대값이 대략 '1.25'를 초과하는 계절적 자기상관계수에 주목한다. 이와 관련하여 추정된 계절형 자기회귀계수 또는 계절형 이동평균계수는 추정단계에서 거의 통계적으로 매우 유의하다. 만일 계절시차($s, 2s, \ldots$)의 잔차 자기상관함수가 통계적으로 '0'이면, 계절적 주기의 반절인 시차($0.5s, 1.5s, \ldots$)와 계절시차들에 근접한 시차($s+1,\ s-1,\ 2s+1,\ 2s-1, \ldots$)의 잔차 자기상관함수에 대한 t-통계량의 절대값이 '1.25'를 초과하는지를 주목하여 앞에서와 같이 이를 적용한다.

(c) 모형검진단계에서 단기시차(1, 2, 3 등)의 잔차 자기상관계수에 대한 t-통계량의 절대값이 '1.25'를 초과하면, 이 단기시차(1, 2, 3 등)에 대응하는 계수를 추정한다. 단기시차의 잔차 자기상관계수에 대한 t-통계량값들은 "Bartlett의 근사" 때문에 때때로 과소평가되기도 한다.

(d) 앞 (a)(b)(c) 경우 편자기상관함수에 대한 t-검증통계량의 절대값의 실전적 경고수준은 '2.0'이다.

[추정된 자기상관계수에 대한 t-통계량의 절대값의 실전적 경고수준]

자기상관함수 시차	식별단계 (초기 추정된 자기상관함수)	검진단계 (잔차 자기상관함수)
단기시차(1, 2, 3)	1.6	1.25
계절시차(s, 2s, ...)	1.25	1.25
계절적 주기에 근접한 시차들 (s-1, s+1, 2s-1, 2s+1, ...)와 계절적 주기의 반에 대응하는 시차들 (0.5s, 1.5s, ...)	-	1.25
기타	1.6	1.6

유의 사항: 계절적 차분을 하거나 모형에 계절적 자기회귀계수 또는 이동평균계수를 포함시킨 후 계절시차($s, 2s, \ldots$)에 대응하는 자기상관함수가 통계적으로 유의하지 않을 때만 계절시차에 근접한 시차(들) 또는 계절적 주기의 반에 대응하는 시차(들)에 주의를 기울인다.

㉗ 잔차 자기상관함수에 근거하여 모형을 재설정할 때 모수가 더 절약된 모형을 얻기 위해 계수를 한번에 하나씩 모형에 포함시킨다. 이렇게 함으로써 불필요한 계수를 모형에 삽입시키는 문제를 피할 수 있다. 때때로 단지 하나의 계수를 모형에 포함시켜 복잡한 잔차 자기상관함수를 쉽게 해석할 수 있다.

㉘ 최종 ARIMA 모형을 설정한 후 잔차들을 플롯한다. 이는 잘못 기재된 자료를 찾을 수 있는 단서가 되며, 또한 자료에 내재된 변동의 원인을 더 자세하게 파악할 수 있기 때문이다. [사례분석 2]는 두 번째 이유를 잘 설명하는 예이다.

㉙ 추정된 계수 간의 상관계수 절대값이 '0.9' 이상이면, 이 ARIMA 모형을 채택하지 않는 것이 좋다. 이런 경우 추정된 계수들이 불안전한 경향이 있다. 즉, 추정된 계수(들)가 특정적인 실현값에 크게 영향을 받으며, 자료 패턴에 약간의 변화만 있더라도 계수의 추정값이 크게 변한다.

㉚ 모형의 최종점검은 예측력(ability to forecast)이다. 모수가 절약된 모형을 선호하지만, 그렇지 않은 모형이 더 좋은 예측값을 산출한다면 이 모형을 선택해야 할 것이다.

㉛ 시계열도표와 자기상관함수를 사용한 시각적인 판단에 의존하여 여러 종류의 지수평활법 중 타당한 것을 선택한다. 다시 말해서, 추세의 유형(선형, 지수적, 진폭 감소), 계절성의 존재성 여부 및 (만일 계절성이 존재한다면), 시간의 흐름에 따라 시계열 변화의 폭이 일정한지(가법), 증가하는지(승법), 변화의 폭과 관계가 없는지(단순)를 고려한다. 만일 추세 및 계절성의 유형이 애매모호한 경우에는 가능성이 있는 모든 지수평활법을 고려하여, 그중 모형 적합 통계량과 예측력에서 우위에 있는 모형을 최종 선택하면 된다.

참고로 1장에서 언급한 ARIMA 모형구축 3단계를 반복적으로 적용하더라도 가장 좋은 ARIMA 모형을 찾는다는 보장은 없다([그림 1.3] 참조). 다음에 주어진 [그림 C.2]의 ARIMA 모형구축의 절차는 실제 수요예측을 하는 데 한층 구체적이며 효율적으로 적용할 수 있는 로드맵이다.

우선 주어진 시계열 자료에 대한 계절성의 존재 여부를 시계열도표와 자기상관함수를 사용하여 판단한 후, 계절성이 존재하지 않으면 ARIMA(p,d,q)모형을 고려한다. 우선 시계열도표 및 자기상관함수를 사용하여 정상성을 만족하는지 여부를 점검하여 비정상적이면 비계절적차분을 통해서 정상적인 시계열로 만든다. 그리고 [분석전략 22] 즉, "자기회귀 모형을 우선적으로 추정하고, 잔차 자기상관함수에 근거하여 관련된 계수들을 덧붙이는 방법"을 적용한다.

반면 계절성이 존재할 경우에는 우선적으로 (필요하다면) 비계절적 및 계절적 평균의 정상성을 만족시키기 위해서, 비계절적 및 계절적 차분을 실시한다. 그리고, [분석전략 14] 즉, "먼저 계절적 요소(p,q)를 식별 및 추정한 후 비계절적 패턴에 관한 잔차 자기상관함수를 조사하여 비계절적 요소(p,q)를 모형에 추가시켜 ARIMA(p,d,q)(p,d,q)$_s$모형을 구축한다.

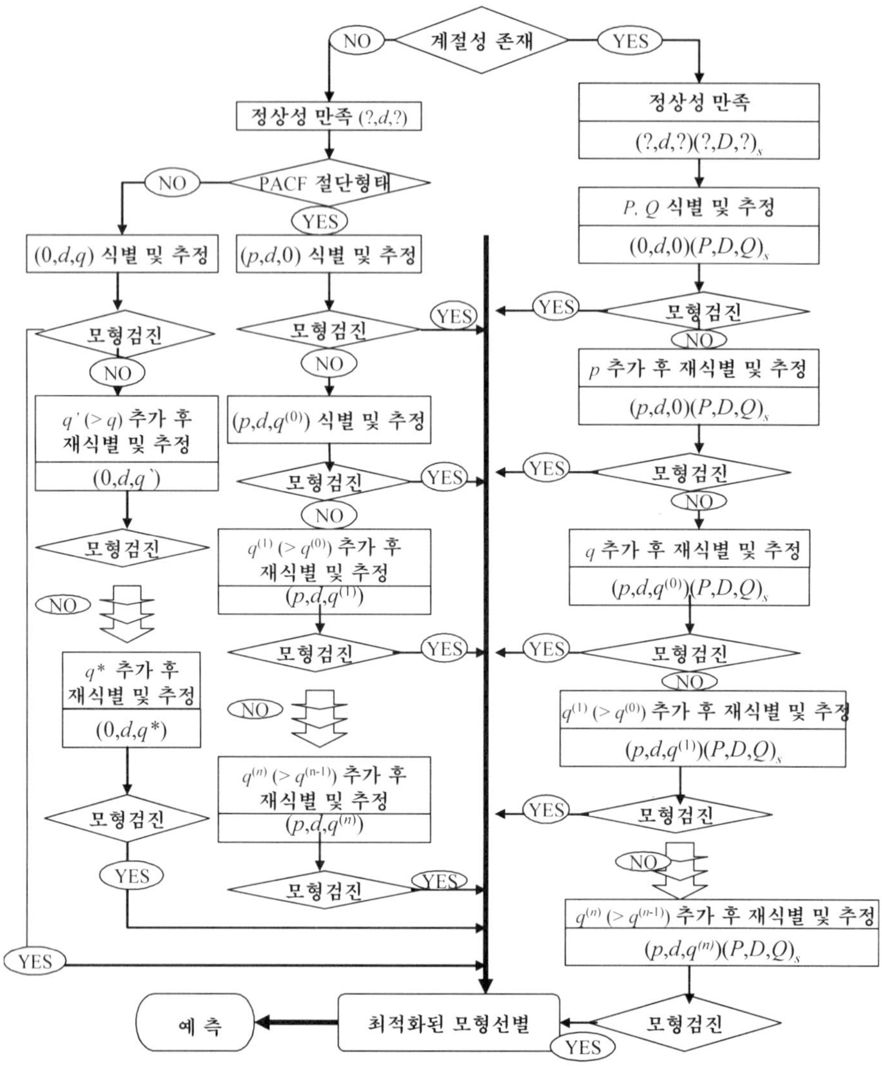

[그림 C.2] 실전적 ARIMA 모형구축의 로드맵

[사례분석 1]

모 제조사의 재고량 예측

Demand Forecasting of Time Series

C1.1 자료설명

다음에 고려한 시계열 자료는 1996년 1월부터 2008년 5월까지 국내 모 제조사에서 생산한 제품에 대한 재고량으로 총 149개의 관측값으로 이뤄져 있다(사례분석01.sav). 재고관리는 기업경영에 중요한 변수로서 재고량은 늘거나 줄어들기 마련이다. 당연히 경영진의 입장에서는 재고량이 '0' 이하로 떨어지거나 과도하게 늘어나지 않기를 바랄 것이다. 만일 재고량에 대한 예측량을 과도하게 예측하면 소량의 물품만을 생산하므로 후에 추가로 주문을 서둘러야 할 것이며, 한편으로는 고객을 다른 기업에 빼앗기기 때문에 판매 기회를 놓치게 될 것이다. 반면에 예측량을 너무 작게 예측하면 너무 많은 양의 제품을 생산하게 되어 과잉 투자에 대한 손실과 함께 재고에 대한 부담을 안게 되었다. 따라서, 향후 이 제조사에서는 적절한 판매전략과 예산편성, 재무계획, 설비투자계획, 생산계획, 구매계획 및 재고계획 등을 수립하려는 일환으로 해당 제품의 재고량을 예측하는 데 목적이 있다.

흔히 시계열 자료를 플롯하여 계열 내에 패턴 및 숨어 있는 특징을 파악할 필요가 있다. 이에 관련된 사항은 몇 가지로 요약할 수 있다.

① 전반적인 추세(즉, 시간의 흐름에 따라 증가 및 감소경향)가 존재하는가?
② 계절성(즉, 매년 되풀이되는 주기적인 패턴)이 존재하는가?
③ 시점들 간에 매끄럽게(고르게) 혹은 거칠게 변하는가?
④ 시계열 내에 갑작스런 변동이 존재하는가?
⑤ 시간의 흐름에 따라 단기변동이 증가 및 감소하는가? 계열의 전반적인 수준은 어떤가?
⑥ 이상값(들)이 존재하는가?

이를 SPSS 17.0에 적용시키기 위해서 우선 시계열 자료에 대한 날짜를 정의해야 한다. 즉, 팝업메뉴에서 데이터(D) ▸날짜 정의(A)...를 선택하면, 다음과 같이 "날짜 정의" 대화상자가 나타난다.

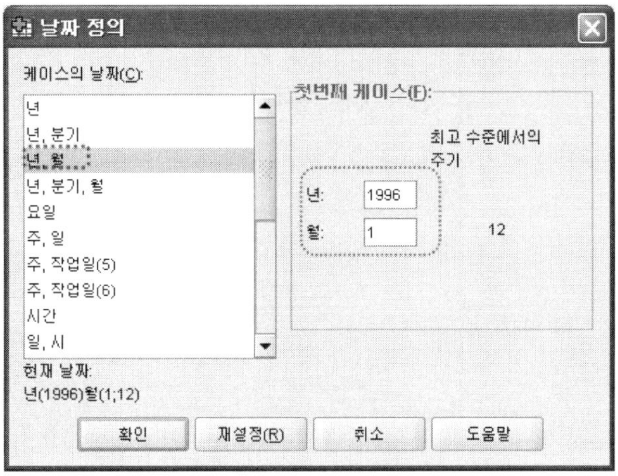

1996년 1월부터 월별로 측정된 시계열 자료이기 때문에, '케이스의 날짜(C):' 란에서 '년,월'을 선택하며 '첫번째 케이스(F):' 란에 각각 '1996'과 '1'을 입력한 후 확인 단추를 누른다. 이때 SPSS Statistics Data Editor 창에서 3개의 변수(즉, YEAR_, MONTH_, DATE_)가 생성된다. 이는 1장 9절에서 다룬 계절성의 주기를 지정하며, 필요에 따라서 분석자가 원하는 날짜를 선택하여 원하는 분석을 하는 데 도움이 된다.

다음으로 팝업메뉴에서 분석(A) ▸예측 ▸순차도(N)...를 선택하면, "순차도표" 대화상자가 나타난다. '변수(V):' 란과 '시간축 설명(A):' 란의 '재고량'과 'DATE_'를 각각 선택하여 오른쪽으로 이동시킨다.

추가로 형식(F)... 단추를 누른 후 '계열 평균에 참조선(R)'을 체크한다. 계속 단추를 누른 후 "순차도표" 대화상자의 확인 단추를 누르면, 앞에 주어진 시계열도표를 얻을 수 있다.

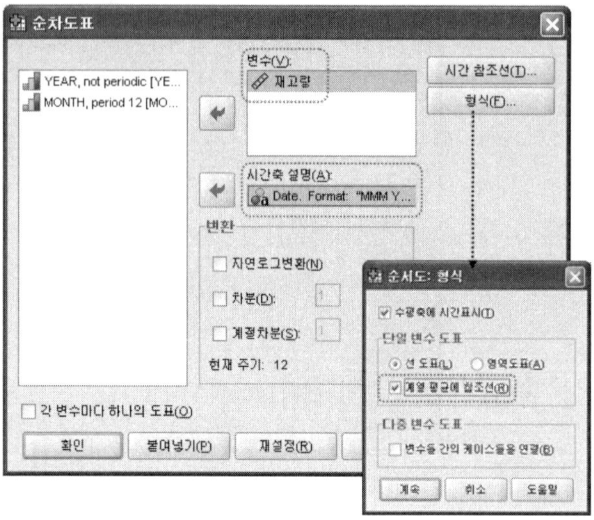

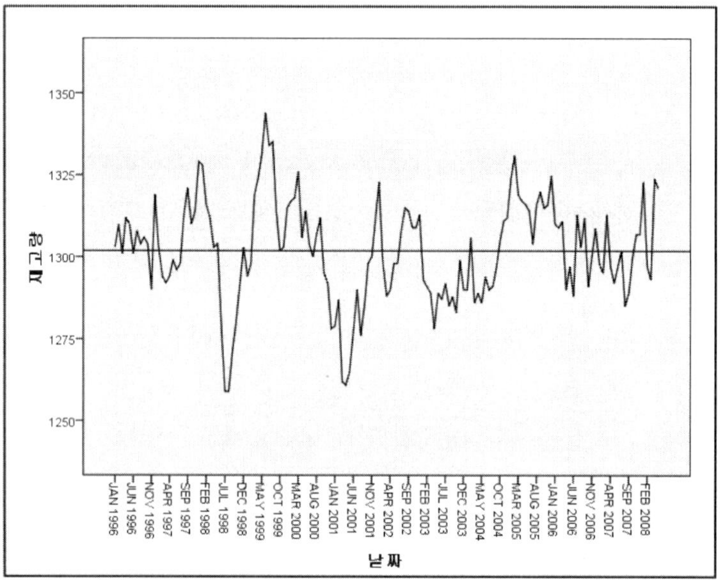

[그림 C1.1] 재고량의 시계열도표

앞에 주어진 재고량 자료를 시계열도표로 나타낸 결과, 다음과 같은 사실을 알 수 있다.

① 계열 내에서 어느 특정한 추세(즉, 전반적인 기울기가 증가 또는 감소하는 패턴)

를 발견할 수 없고, 단지 시계열의 평균을 중심으로 임의로 위 아래로 움직이는 것을 알 수 있다. 즉, 평균이 정상적임을 시각적으로 알 수 있다.

② 명백한 계절성을 발견할 수 없다. 만일 계절적 변동이 존재한다면, 이 자료의 경우 1년 단위를 하나의 주기로 간주하기 때문에 매년 특정한 달이 다른 달들에 비해 월등히 큰 값 또는 작은 값을 가져야 할 것이다. 계절적인 변동에 대해서는 이미 앞 1부 1장 9절에서 자세히 다룬 바 있다.

③ 각각의 관측값들이 앞 시점의 관측값들과 가까운 값을 갖는 경향이 있다는 의미에서 '기억이 존재'한다. 이런 현상은 시계열 자료에서 흔히 발생하며, 이를 '양의 자기상관(positive autocorrelation)'이라 부른다. 참고로 기억 또는 자기상관을 나타내는 시계열은 평활법을 적용하기 용이하다. 평활법은 확률적인 변동을 어느 정도 제거함으로써 계열의 정상성을 강조하게 된다. 일단 이런 정상성을 식별하면, 이를 이용하여 미래값을 예측할 수 있다.

➜ C1.2 예비단계(추세 및 계절성 점검)

우선 모형을 구축하기 전에 예비 절차가 필요하다. 시계열도표와 자기상관함수를 사용하여 시계열 자료 내에 추세 및 계절성의 존재 여부를 확인해야 한다. 이 두 가지 요소의 존재 여부 및 형태에 따라 적용할 모형을 선택된다([그림 C.1] 참조).

출력된 시계열도표 [그림 C1.1]을 대략 살펴보면 시계열이 정상적임을 알 수 있다. 관측값들이 고정된 평균을 중심으로 놓여 있고, 분산은 시간의 흐름에 따라 일정하게 고정되어 있는 것으로 보인다. 다시 말해서 두드러진 (선형 또는 지수적 또는 진폭감소) 추세를 발견할 수 없다.

또한 계절성 존재여부를 파악하기 위해서 일단 주기의 길이를 '12'로 고려하면(월별 자료이기 때문에), 두드러지게 반복되는 패턴을 발견할 수 없다.

주기성의 존재여부를 좀 더 객관적으로 판단하기 위해서는 아래 주어진 자기상관함수 [그림 C1.2]를 살펴보면, 주기시차(즉, 12의 배수)인 시차 12,24,36에서 뚜렷한 스파이크를 발견할 수 없으며, 부호가 모두 양이면서 봉우리 형태가 반복되거나 부호가 번갈아 바뀌는 사인곡선의 패턴인 형태를 찾아볼 수 없다(1부 1.9.1절 참조). 한마디로 말해서 계절적인 변동이 존재하지 않는다.

참고로 SPSS 17.0을 사용하여 재고량에 대한 자기상관함수를 구하기 위해서는, 팝업메뉴에서 분석(A) ▸예측 ▸자기상관(A)...을 선택한 후, 아래에 주어진 "자기상관(A)" 대화상자의 '변수(V):' 란으로 '재고량'을 이동시키고, 옵션(O)... 단추를 누른다. "자기상관 도표: 옵션" 대화상자에서 '최대 시차수(M):' 란에 '37'을 입력하고, 표준오차법에서 'Bartlett 근사(B)'를 선택한다. 참고로 자기상관함수에 고려할 시차의 개수는 전체 관측값 수의 25%인 37개(=149/4)이다.

지금까지 시계열도표와 자기상관함수를 사용한 시각적인 판단에 근거하여 추세 및 계절성 존재 여부를 타진해 본 결과, 시계열 내에 두 가지 요소 모두 존재하지 않음을 알 수 있다. 향후 재고량에 대한 예측값을 산출하기 위해서 고려할 모형은 ARIMA(*p,d,q*)모형과 단순 지수평활법이다([그림 C.1] 참조).

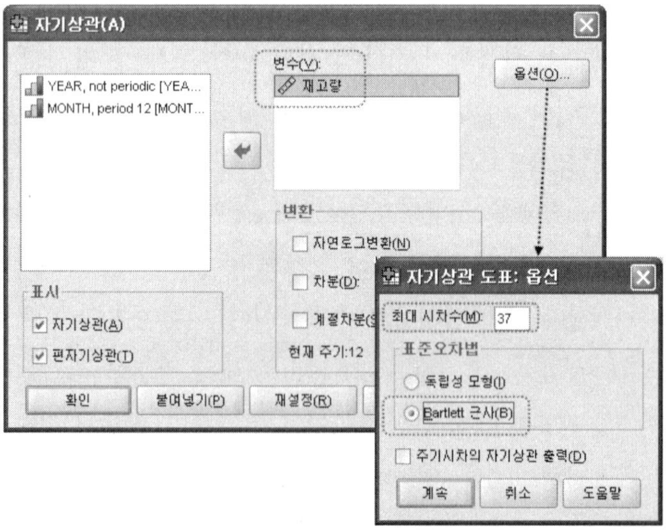

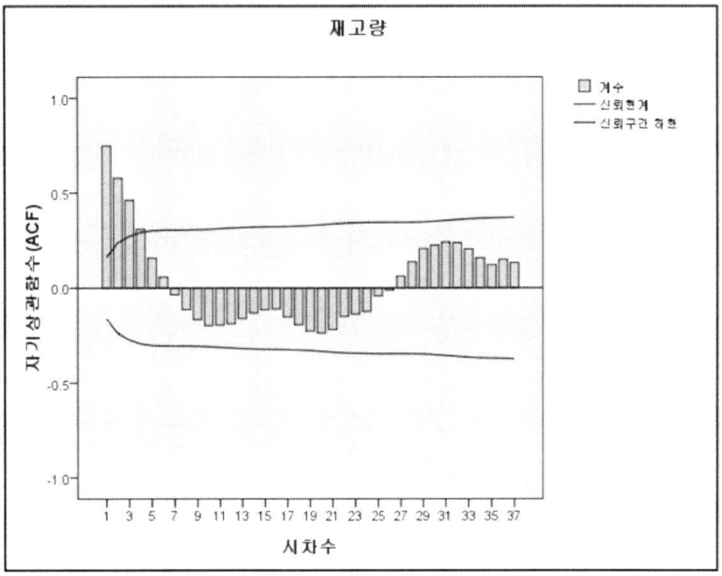

[그림 C1.2] 재고량의 자기상관함수

C1.3 모형구축

앞에서 고려한 두 개의 모형 즉, ARIMA 모형, 단순 지수평활법을 SPSS 17.0을 사용하여 순서대로 구축하여 보자. 우선 1장에서 다룬 ARIMA 모형을 구축해보자.

C 1.3.1 ARIMA(p, d, q) 모형의 식별, 추정 및 모형검진

1) 정상성 점검 및 식별단계

우선 차분하지 않은 자료에 근거하여 추정된 자기상관함수 [그림 C1.2]를 살펴보면 차분을 할 필요가 없음을 알 수 있다. 왜냐하면 자기상관함수가 서서히 감소하는 형태가 아니며(시차 1부터 0.779, 0.578, 0.463, 0.310, 0.158 등), 시차 5부터 모든 자기상관계수들은 5% 유의수준을 표시하는 신뢰한계선 안으로 들어가 있기 때문에 통계적으로 '0'이다. 즉, ARIMA 모형구축절차([그림 C.2] 참조)의 정상성 조건 단계에서 '$d=0$'으로 결정한다. 즉, 평균을 정상적으로 만들기 위한 비계절적인 차분은 필요가 없다.

다음은 자기상관함수와 편자기상관함수를 사용하여 자기회귀요소(p)와 이동평균요소(q)를 임시로 결정하는 식별단계로 넘어가자.

참고로 SPSS 17.0을 사용하여 재고량에 대한 편자기상관함수를 구하기 위해서는, 앞 "자기상관(A)" 대화상자의 '표시' 란에 디폴트로 지정된 '편자기상관(T)'을 체크한다.

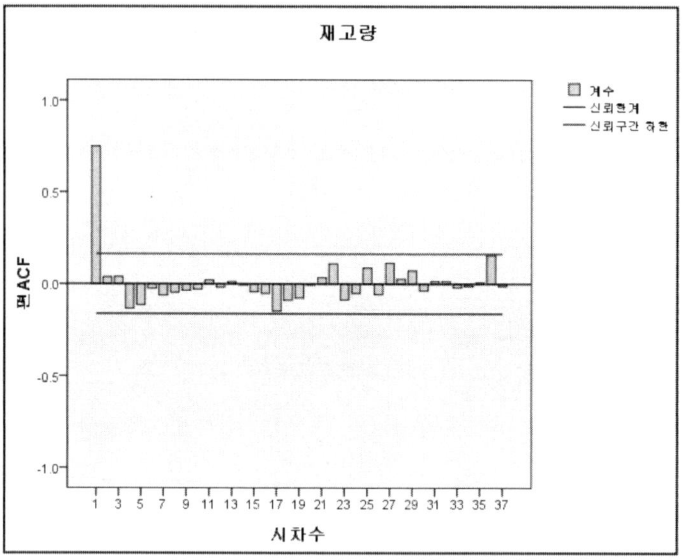

[그림 C1.3] 재고량의 편자기상관함수

얼핏 두 개의 상관함수를 비교하면, 편자기상관함수가 자기상관함수에 비해 절단형태임을 확인할 수 있다. 다시 말해서, 추정된 편자기상관함수는 점차 감소하기보다는 '시차 1 이후'에 통계적으로 '0'으로 급격히 감소하는 패턴으로 간주할 수 있다. 모형식별단계에서 감소형태보다도 절단형태에 중점을 두어 판단하는 것이 좋다. 따라서 처음 시도할 수 있는 것은 차수가 '1'인 자기회귀모형인 AR(1)모형이다.

2) **추정 및 모형검진단계**: AR(1)모형

우선 처음 식별한 AR(1)모형을 다음과 같이 설정하여 추정해보자.

$$(1-\phi_1 B)\widetilde{y_t} = \epsilon_t \qquad \text{또는} \qquad y_t = C + \phi_1 y_{t-1} + \epsilon_t \qquad [3.1]$$

여기에서 $\widetilde{y_t} = y_t - \mu$ 이다.

SPSS 17.0을 사용하여 재고량에 대한 AR(1)모형 즉, [C1.1]식을 추정하기 위해서는 분석(A) ▸예측 ▸모형 생성(C)...을 선택하여 "시계열 모형 생성기" 대화상자가 나타나면, '방법(M):' 란을 누른 후 ARIMA 를 선택한다.

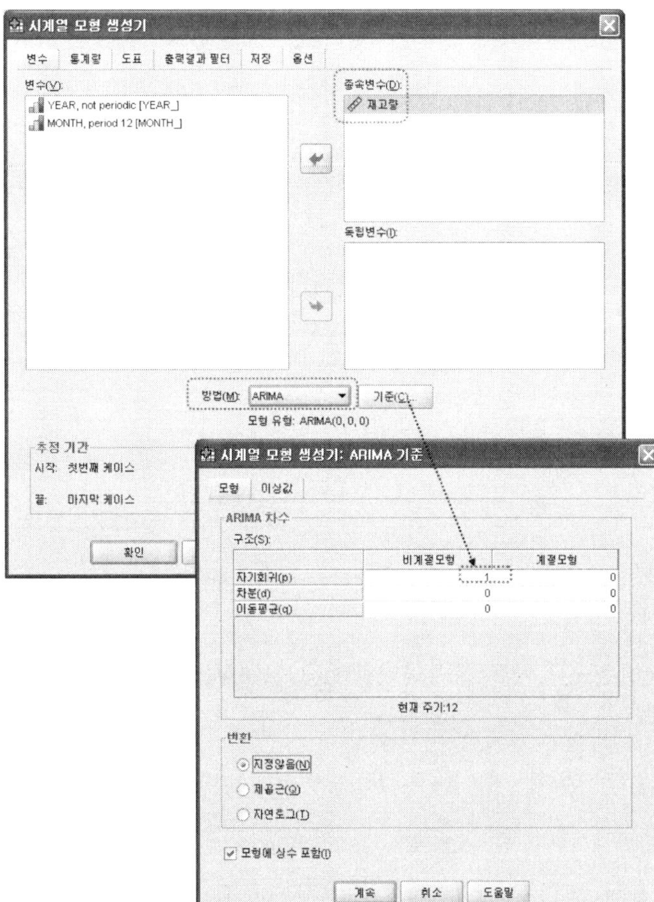

그리고, [기준(C)...]을 누른 후, “시계열모형생성기: ARIMA 기준” 대화상자에서 ‘비계절모형’과 ‘자기회귀(p)’가 교차되는 부분에 ‘1’을 입력한다. 이는 AR(1)모형을 추정함을 지정하는 것이며, 참고로 ‘모형에 상수포함(I)’은 디폴트이다. 추가로 좌측상단의 ‘통계량’ 단추를 누른 후, ‘개별모형의 통계량’란에서 ‘모수추정값(P)’을 체크한다.

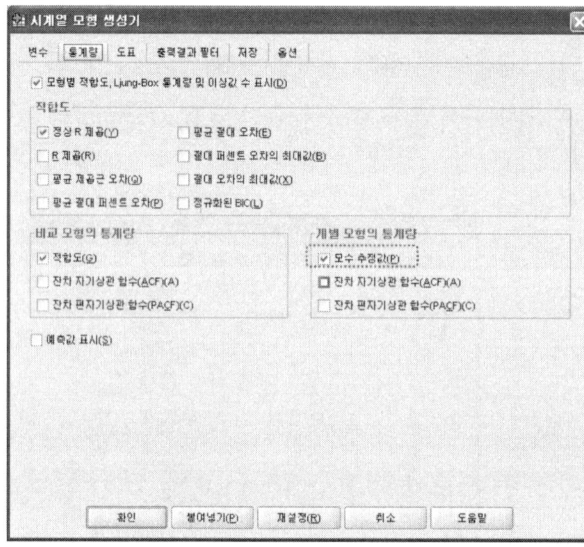

[표 C1.4] AR(1)모형 추정결과

ARIMA 모형 모수					추정값	SE	t	유의확률
재고량-모형_1	재고량	변환 안 함	상수항		1302.301	3.353	388.437	.000
			AR	시차 1	.752	.055	13.789	.000

추정된 자기상관계수의 절대값 $|\hat{\phi}_1| = 0.752$ 가 ‘1’보다 작기 때문에 정상성 조건을 만족한다. 또한 p값은 거의 ‘0’에 가깝기 때문에 5% 유의수준에서 이 계수는 통계적으로 ‘0’이 아니다. 자기회귀계수(ϕ_1)를 모형에 포함시켜야 한다. 추정된 상수는 $\hat{C} = \hat{\mu}(1-\hat{\phi}_1) = 1302.301(1-0.752) \approx 322.97$이 된다. 이때 추정된 상수항($\hat{C}$)에 해당하는 p값 역시 ‘0.000’이므로, 통계적으로 유의하게 되어 모형에 포함시킨다.

지금까지 식별단계에서 고려한 상수항이 포함된 AR(1)모형이 정상성, 모수의 통계적 유의성 모두를 만족하기 때문에 그 다음 단계인 모형검진 단계로 넘어가자. 추정단계에 대한 사항은 1.3.6절을 참조하길 바란다.

모형검진을 위해서 사용하는 도구는 잔차이다. 이미 1부에서 언급한 바와 같이, 잔차($\hat{\epsilon}_t$)는 관측할 수 없는 백색잡음(ϵ_t)을 추정한 값이다. 이 백색잡음항은 통계적으로 독립이라고 가정하였다. 따라서 모형을 추정한 후에 생성되는 잔차는 백색잡음항이 갖는 성질 중 특히 독립성을 유지하고 있어야 할 것이다. 잔차들을 사용하여 독립성을 점검할 수 있는 도구로서 잔차도표, 잔차 자기상관함수, 잔차 편자기상관함수, Box-Ljung 검증통계량을 고려할 수 있다.

우선 AR(1)모형을 추정하여 생성된 잔차들의 두 개의 잔차 상관함수 즉 전차 자기상관함수와 잔차 편자기상관함수를 고려해보자. 잔차 자기상관함수는 AR(1)모형을 추정하여 얻어진 잔차들에 근거하여 계산한 것이다. 이때 만일 잔차 자기상관함수들이 통계적으로 유의하지 않으면 즉, '0'이면 AR(1)모형이 적절하다고 판단한다.

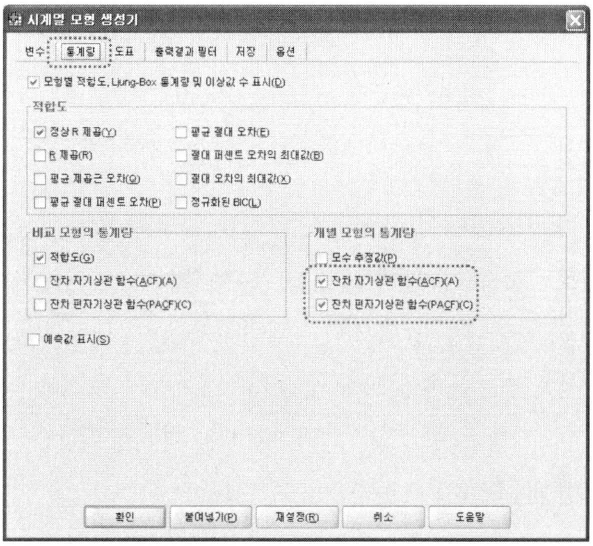

이를 SPSS 17.0에 적용하기 위해서는 "시계열 모형 생성기" 대화상자의 좌측 상단의 '통계량' 단추를 누른 후 '개별 모형의 통계량' 란에서 '잔차 자기상관함수(ACF)(A)'와 '잔차 편자기상관함수(PACF)(C)'를 체크한다.

그 결과 다음과 같이 수치로 계산된 잔차 자기상관함수, 잔차 편자기상관함수와 각각의 표준오차(SE)를 얻을 수 있다. 아래 자기상관함수의 표준오차는 1.7.3절 "Bartlett 근사"를 사용하여 계산된 값이다([1.26]식 참조).

참고로 시차 7 이후에 대응하는 상관계수는 생략하였다.

[표 C1.5] 잔차 자기상관함수와 잔차 편자기상관함수-1

잔차 ACF

모형		1	2	3	4	5	6	7
재고량-모형_1	자기상관함수(ACF)	-.030	.012	.127	.021	-.050	.000	-.025
	SE	.082	.082	.082	.083	.083	.084	.084

잔차 PACF

모형		1	2	3	4	5	6	7
재고량-모형_1	편자기상관함수(PACF)	-.030	.011	.128	.029	-.053	-.021	-.031
	SE	.082	.082	.082	.082	.082	.082	.082

앞에 나타난 두 개의 잔차 자기상관함수를 통해서 t-검증통계량의 절대값이 단기시차(시차 1, 2, 3)에서 '1.25', 그 밖의 시차에서 '1.6'보다 큰 값을 발견할 수 없다. 예를 들어, '시차 1'과 '시차 2'의 잔차 자기상관계수에 대한 t-검증통계량의 절대값은 각각 $\left|\dfrac{-0.030}{0.081}\right| \approx 0.37$, $\left|\dfrac{0.012}{0.082}\right| \approx 0.15$이다. 이는 잔차들이 통계적으로 서로 상관되어 있지 않음을 의미하며, 통계적으로 "백색잡음항의 독립성"을 보장한다는 의미이다.

또 다른 방법으로 상관함수를 수치 대신 그림으로 나타난 결과를 얻고 싶으면, "시계열 모형 생성기" 대화상자의 좌측 상단의 '도표' 단추를 누른 후 '개별 모형 도표' 란에서 '잔차 자기상관함수(ACF)(A)'와 잔차 편자기상관함수(PACF)(C)'를 체크한다.

마찬가지로, 수치로 주어진 출력결과 [표 C1.5]와 마찬가지로, 잔차들이 서로 독립임을 알 수 있다. 왜냐하면, 95% 신뢰한계선 밖으로 튀어 나와

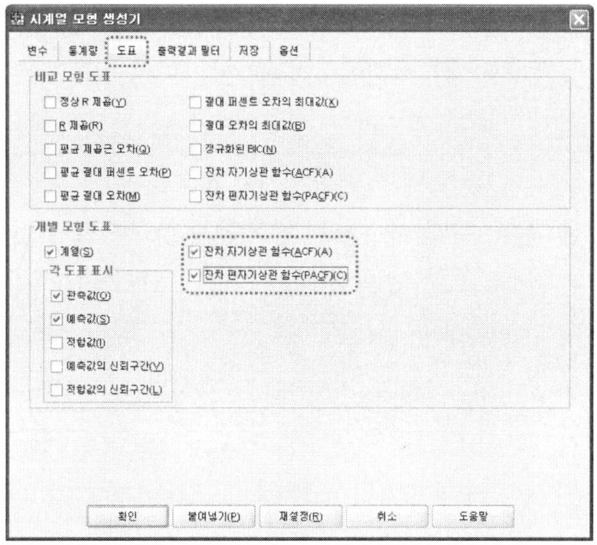

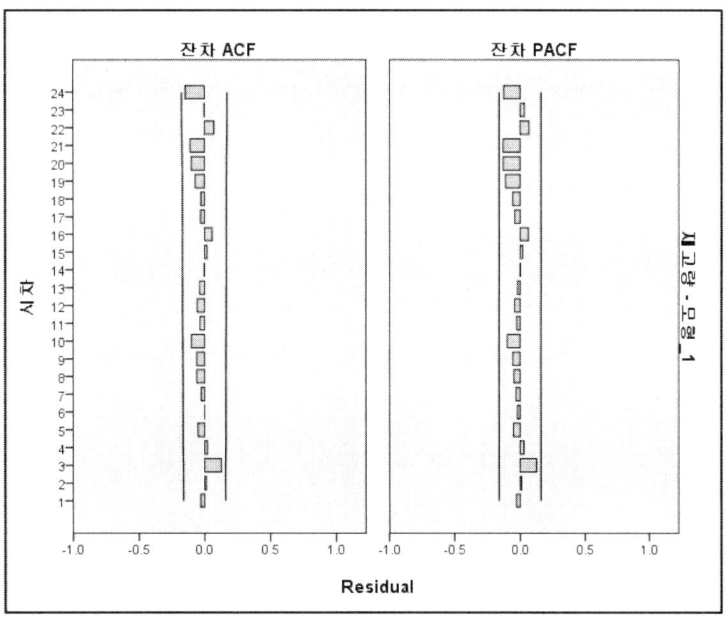

[그림 C1.6] 잔차 자기상관함수와 잔차 편자기상관함수-2

있는 스파이크를 하나도 발견할 수 없기 때문이다. 만일 특히 단기시차(예: 1, 2, 3)이나 계절시차(12, 24 등)에서 눈에 띄게 신뢰한계선 밖으로 튀어나온 스파이크를 발견하게 되면, 고려한 모형을 재검토해야 하며 식별단계로 다시 돌아가서 재분석해야 한다(재식별). 다시 말해서, 잔차 자기상관함수의 단기 시차(들)에서 두드러진 스파이크가 발견되면, 이는 고려한 자기회귀요소(이 경우 AR(1)모형)에 이동평균(MA) 요소를 추가시켜 ARMA(1, q)모형을 고려한다. 물론 이때 차수 q는 신뢰한계선 밖으로 튀어나온 단기시차들 중 가장 큰 스파이크를 갖는 시차가 된다. 이에 관련된 사항은 [사례분석 2]에서 자세히 다루기로 한다.

마찬가지로 잔차 편자기상관함수를 사용하여 AR(1)모형을 적합한 후 자기회귀요소를 추가시킬 필요가 있는지 여부를 점검해야 한다. [그림 C1.6]의 잔차 편자기상관함수를 살펴보면 단기시차에서 신뢰한계선 밖으로 튀어나온 스파이크를 하나도 발견할 수 없기 때문에 더 이상 자기회귀요소를 추가할 필요가 없다.

다음으로 모형검진을 하기 위한 또 다른 도구로 잔차도표(residual plot)를 고려할 수 있다. SPSS 17.0의 "시계열 모형 생성기" 대화상자의 좌측 상단의 '저장' 단추를 누른 후 '변수(V):' 란에서 '잡음 잔차'를 체크한다. 그 결과 SPSS Statistics Data Editor 창에서 'NResidual_재고량_모형_1'이란 새로운 변수로 저장된다.

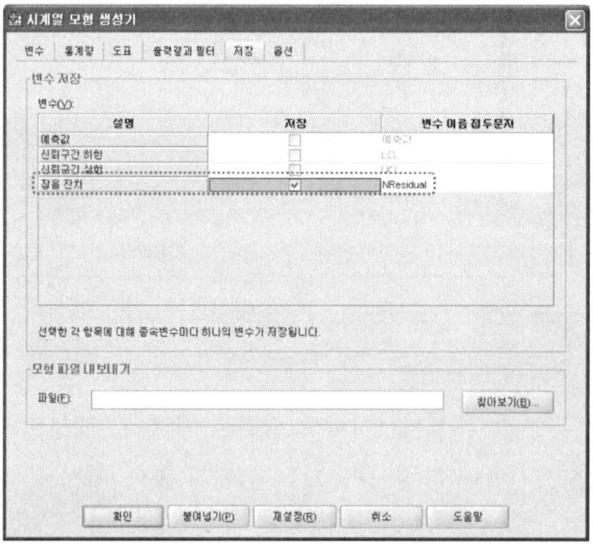

다음으로 팝업메뉴에서 분석(A) ▸예측 ▸순차도(N)...를 선택하면, "순차도표" 대화상자가 나타난다. '변수(V):' 란과 '시간축 설명(A):' 란의 '재고량_모형_1의 잡음 잔차'와 'DATE_'를 각각 선택하여 오른쪽으로 이동시킨다.

추가로 [형식(F)...] 단추를 누른 후 '계열 평균에 참조선(R)'을 선택한다. [계속] 단추를 누른 후, "순차도표" 대화상자의 [확인] 단추를 누르면, 앞에 주어진 시계열도표를 얻을 수 있다.

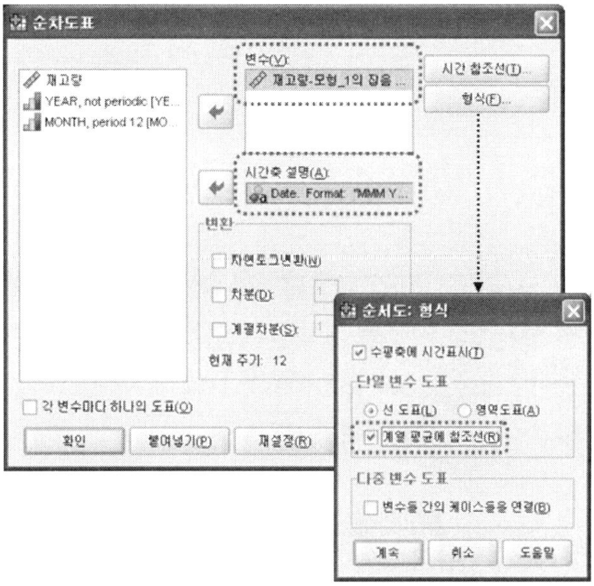

다시 말해서, '재고량' 대신 AR(1)모형을 적합시킨 후 생성된 잔차를 시계열도표로 나타내면 '잔차도표'가 된다.

잔차도표 [그림 C1.7]을 살펴보면, 이렇다 할 패턴을 찾을 수 없으며 각 잔차들이 임의로 흩어져 있다. 이러한 사실을 감안하면 잔차의 독립성과 등분산성이 보장됨을 시각적으로 판단할 수 있다.

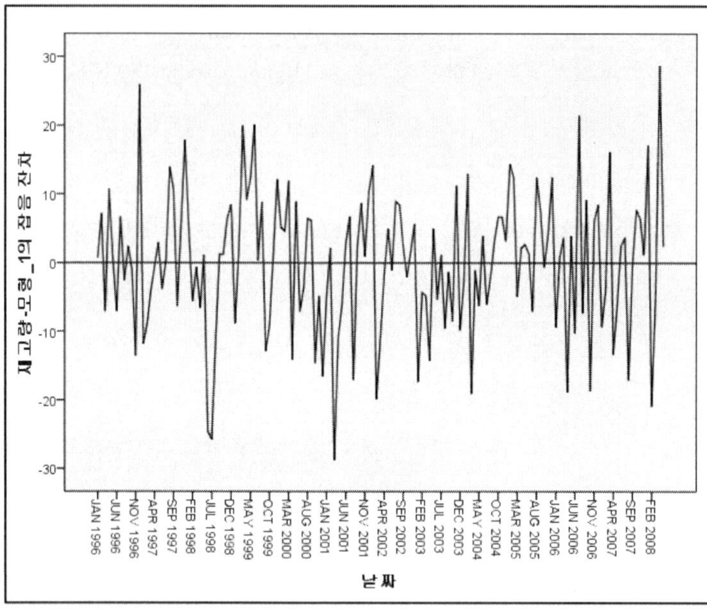

[그림 C1.7] AR(1)모형을 적합 후 잔차도표

1.7.4절에서 언급한 Box-Ljung 검증통계량을 사용하여 백색잡음항 간의 상관계수 모두가 '0'이라는 귀무가설을 검증할 수 있다. "시계열 모형 생성기" 대화상자의 좌측 상단의 '통계량' 단추를 누른 후, '모형별 적합도, Box-Ljung 통계량 및 이상값 수 표시(D)'를 체크한다.

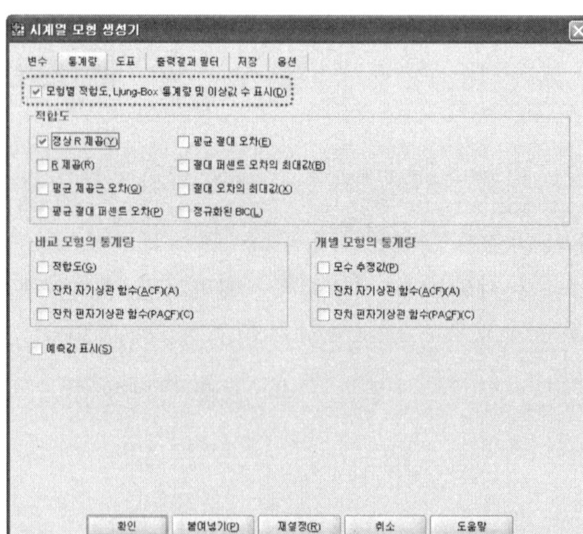

다음 주어진 Box-Ljung 검증통계량에 대한 p값(0.970)이 유의수준 5%보다 훨씬 크기 때문에 "백색잡음항이 독립이다"는 귀무가설을 채택한다.

[표 C1.8] AR(1)모형을 적합 후 Box-Ljung Q-통계량

모형 통계량						
		모형적합 통계량	Ljung-Box Q(18)			
모형	예측변수 수	정상 R 제곱	통계량	자유도	유의확률	이상값 수
재고량-모형_1	0	.567	7.812	17	.970	0

다음으로 백색잡음항이 갖는 세 가지 가정 중 정규성 가정을 만족하는지 여부를 알기 위해서 잔차 정규확률도표와 정규성 검증을 실시할 수 있다.

팝업메뉴에서 분석(A) ▸기술통계량 ▸데이터탐색(E)...을 선택하면, "데이터 탐색" 대화상자가 나타난다. '종속변수(D):' 란으로 변수 '재고량_모형_1의 잡음 잔차'를 이동시킨다. 그리고 '도표(T)' 단추를 누른 후, "데이터 탐색: 도표" 대화상자에서 '검정과 함께 정규성도표(O)'를 체크한다.

그 결과 [그림 C1.9]의 정규확률도표가 전반적으로 직선형태에 가깝고, 두 개의 정규성 검증통계량에 대한 p값(0.200, 0.728) 모두가 유의수준 5%보다 훨씬 크기 때문에 "백색잡음항이 정규분포를 따르는 모집단에서 추출되었다"는 귀무가설을 채택하게 된다. 시계열분석에서 정규성 가정에 대한 점검은 독립성 가정만큼 중요시되지는 않기 때문에 절대시할 필요는 없다.

따라서 이 재고량 시계열 자료를 ARIMA 모형으로 적합한다면 계절성이 패턴이 존재하지 않는 AR(1)모형을 고려할 수 있다.

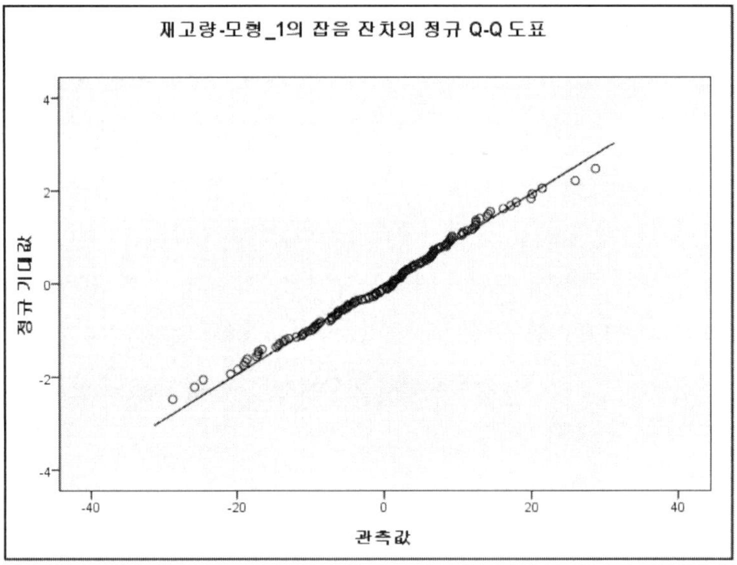

[그림 C1.9] 잔차 정규 확률 도표

[표 C1.10] 잔차의 정규성 검증

정규성 검정

	Kolmogorov-Smirnov[a]			Shapiro-Wilk		
	통계량	자유도	유의확률	통계량	자유도	유의확률
재고량-모형_1의 잡음 잔차	.064	149	.200*	.993	149	.728

a. Lilliefors 유의확률 수정

*. 이것은 참인 유의확률의 하한값입니다.

1.3.2 단순 지수평활법

시계열을 평활하는 목적은 확률적인 변동을 떼어버리는 것이다. 이를 통해서 관측된 시계열 내에 명백히 드러나는 패턴을 이용하여 미래값을 예측하게 된다. 시계열에서 미래값을 예측할 때 고려해야 할 것은 다음과 같다.

- **가장 최근 관측된 값**: 대부분의 시계열은 양의 자기상관을 나타낸다. 이는 각각의 관측값들이 선행하는 관측값들과 양의 상관관계를 갖는 것을 의미한다.
- **수준(또는 전반적인 평균)**: 계열에서 특정적인 패턴을 찾을 수 없을 때 때때로 가장 좋은 단서가 될 수 있다.
- **추세(또는 기울기)**: 만일 재고량이 매일 10단위씩 감소한다면 예측값을 이러한 추세에 맞추어 조정시켜야 할 것이다.
- **계절적인 평균**: 만일 가을에 장난감의 재고량을 예측한다면, 크리스마스, 신정 및 구정 각각의 앞 시점과 뒤 시점에 따르는 계절적인 패턴을 주목해야 할 것이다.

앞에서 다룬 여러 기준에 근거하여 다음과 같이 두 가지 극단적인 예측 접근 방법을 고려할 수 있다.

- 시계열의 과거 자료를 무시하고 가장 최근 관측값에 지속되는 관측값으로 예측할 수 있다. 이 접근 방법은 양의 시계열 상관이 앞에 주어진 여러 패턴들을 압도할 때 정당화된다.
- 가장 최근 관측값을 무시하고 시계열의 평균, 추세, 계절성에 근거하여 예측한다. 이 접근 방법은 시계열 상관을 무시할 만큼 시점이 충분히 길 때 의미가 있다. 이 경우 가장 최근에 관측된 관측값은 다른 것들보다 훨씬 유용하지 않게 되어, 시계열의 과거 관측값들에 근거한 패턴들(평균, 추세, 계절성)에 근거하여 예측을 해야 할 것이다.

일반적인 상황에서는 앞에서 다른 두 접근 방법을 혼합하여 미래값들을 예측하고 싶을 것이다. 즉, 관측값들의 평균, 추세, 계절성을 사용하면서 추가로 최근 관측값에 더 많은 가중치를 주고 싶을 것이다. 바로 이러한 전략을 투영시킨 것이 지수평활법이다.

최근 관측값에 가중치를 주는 전략은 계열수준, 추세 및 계절성에 적용할 수 있다. 일반적으로 최근 관측값들은 다음과 같은 상황에서 신뢰성 있는 지침이 된다.

- 계열의 총체적 수준이 서서히 변할 때
- 계열의 추세가 서서히 변할 때
- 계절적 변동의 강도가 변할 때(한 예로, 휴일의 효과가 더 크거나 더 작을 때 추가로 가중치를 최근 휴일이 포함된 계절에 부여한다).

1부 2장에서 추세와 계절성의 존재 여부에 따라 각기 사용할 수 있는 여러 개의 지수평활법에 대해서 다루었다. 앞 C1.3절에서 살펴본 바와 같이, 재고량을 ARIMA 모형으로 구축하는 과정에서 추세와 계절성 모두 시계열 내에 존재하지 않는 것으로 확인되었다. 즉, 기울기가 없는 방정식 $y_t = b + \epsilon_t$ 를 고려할 수 있으며, 이 경우 b 가 시간의 흐름에 따라 서서히 변한다는 가정을 하면, 단순 지수평활법을 적용할 수 있을 것이다.

모형적합 및 모형검진

플롯된 시계열 자료를 보고 가장 잘 적합하는 일반 평활계수(α)값을 추측하기는 쉽지 않다. 물론 계절성 및 진폭이 감소하는 추세에 관련된 평활계수들 역시 마찬가지다. 실제로 계열에 가장 잘 적합하는 평활계수값을 찾기 위해 여러 값들을 시도해야 할 것이다. 우선 4개의 평활계수들 중 어느 평활계수가 필요한지 여부를 결정한다. 이 사례분석에서 고려하는 재고량 자료의 경우, 앞에서 살펴본 시계열도표 [그림 C1.1]을 통해서 뚜렷한 추세를 발견할 수 없다. 따라서, 추세에 해당하는 평활계수인 γ 와 ϕ 는 불필요하다. 또한 계절적인 변동을 발견할 수 없으므로, 계절성에 해당하는 평활계수(δ) 역시 불필요하게 된다. 따라서 전반적인 수준에 해당하는 일반 평활계수인 α만을 추정하면 된다.

지수평활법에서 사용되는 4개의 평활계수를 통해서 시계열 프로세서에서 발생하는 변화들에 얼마나 빨리 반응하는지를 지정해 준다. 지수평활 알고리즘은 시계열의 처음부터 시작하여 한꺼번에 한 시점씩 끝까지 수행한다. 각 단계에서 가장 최근 관측값을 사용하여 추세, 계절성 및 추세의 진폭에 대한 각각의 추정값을 조정한다. 앞에서 고려한 4개의 평활계수가 '0'에 가까운 값을 가지면, 추정값들은 고정되며 동일할 것이다. 반면에 이 평활계수들이 '1'에 가까우면, 추정값들이 매우 유동적이며 수준, 추세, 계절성 및 진폭이 변하고 있다는 사실에 반응한다.

일반적으로 평활계수를 쉽게 추정하는 방법 중 하나는 격자검색법(grid search method)이다. 평활계수를 등간격으로 쪼개 생성된 각각의 값에 대해 예측값이 실제값들과 얼마나 잘 일치하는지를 측정한다. 흔히 여러 통계량 중 오차제곱합(sum of squared errors, SSE)을 사용하는데, 가장 작은 오차제곱합을 산출한 평활계수값을 선택한다.

만일 하나 이상의 평활계수를 격자검색법을 사용하여 지정하면, 관련된 모든 평활계수들 조합에 대한 오차제곱합을 계산하게 된다. 한 예로, 주어진 모형에 추세와 계절성을 동시에 고려한다면, 두 평활계수 조합에 대한 오차제곱합을 계산한다. 따라서 필요 이상의 평활계수를 포함시키지 않는 것이 효율적이다.

이를 SPSS 17.0에 적용하기 위해서는 SPSS Statistics Data Editor 창에서 팝업메뉴 분석(A) ▸예측 ▸모형 생성(C)...을 선택하여 "시계열 모형 생성기" 대화상자가 나타나면, '방법(M):' 란에서 [지수평활 ▾]을 선택한다.

그리고, 바로 우측의 [기준(C)...] 단추를 누른 후, "지수 평활 기준" 대화상자에서 '모형 유형' 란의 '비계절모형:'에서 '단순(S)'을 체크한다. 이로써 단순 지수평활법을 지정하게 된다. 그 다음으로는 좌측 상단의 '통계량' 단추를 누른 후, '개별 모형의 통계량' 란에서 '모수 추정값(p)'을 체크한다.

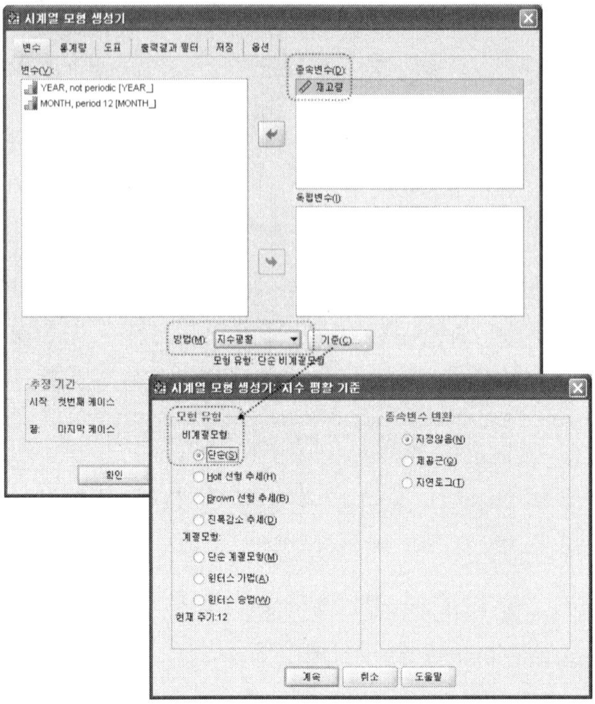

[표 C1.11] 단순 지수평활법의 평활계수 추정

지수평활 모형 모수						
모형			추정값	SE	t	유의확률
재고량-모형_1	변환 안 함	알파(수준)	.802	.081	9.944	.000

추정된 일반 평활계수 $\hat{\alpha} = 0.802$ 이며, 최대값이 '1'이라는 사실을 감안하면 상당히 크다. 이는 먼 과거 관측값들에 비해 가장 최근 관측값에 매우 큰 비중을 둘 때 재고량에 대한 예측을 잘할 수 있음을 시사한다.

C1.3.1절의 ARIMA 모형과 마찬가지로, 잔차를 사용하여 모형 타당성을 검진해야 할 것이다. 우선 단순 지수평활법을 추정하여 생성된 잔차를 시계열도표로 나타내 보자. 앞에서 언급한 바와 같이, SPSS 17.0의 "시계열 모형 생성기" 대화상자의 좌측 상단의 '저장' 단추를 누른 후 '변수(V):' 란에서 '잡음 잔차'를 체크한다. 그 결과 SPSS Statistics Data Editor 창에서 'NResidual_재고량_모형_1_A'이란 변수가 하나 더 만들어진다. 다음으로 팝

업메뉴에서 분석(A) ▸예측 ▸순차도(N)...를 선택하여 "순차도표" 대화상자에서 앞과 동일한 작업을 실행하여 다음과 같이 잔차도표를 나타낼 수 있다.

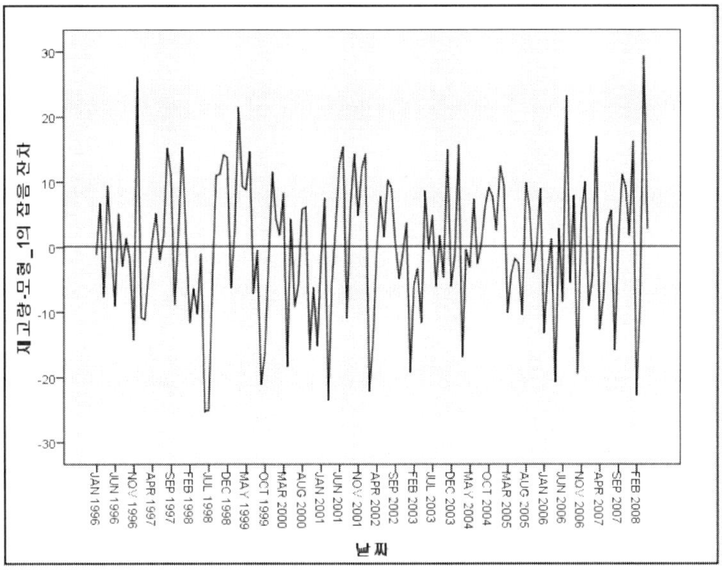

[그림 C1.12] 단순 지수평활법 적합 후 잔차도표

AR(1)모형에 근거한 잔차도표 [그림 C1.7]과 같이, 눈에 띄게 드러난 패턴은 찾을 수 없고 잔차들이 임의로 고루 분포되어 있다. 역시 잔차의 독립성과 등분산성을 만족함을 시각적으로 확인할 수 있으며, 이는 고려한 $\hat{\alpha} = 0.802$ 인 단순 지수평활법이 적절함을 나타낸다.

다음으로 "시계열 모형 생성기" 대화상자의 좌측 상단의 '통계량' 단추를 누른 후, '모형별 적합도, Box-Ljung 통계량 및 이상값 수 표시(D)'를 체크함으로써, Box-Ljung 검증통계량을 사용하여 백색잡음항 간의 독립성을 검증할 수 있다.

[표 C1.13] 단순 지수평활법 적합 후 Box-Ljung Q-통계량

모형 통계량

모형	예측변수 수	모형적합 통계량	Ljung-Box Q(18)			이상값 수
		정상 R 제곱	통계량	자유도	유의확률	
재고량-모형_1	0	.033	9.789	17	.912	0

Box–Ljung 검증통계량에 대한 p값(0.912)이 유의수준 5%보다 훨씬 크기 때문에 역시 "백색잡음항이 독립이다"는 귀무가설을 채택한다.

마지막으로 정규성 가정을 만족하는지 여부를 알기 위해서 잔차 정규확률도표와 정규성 검증을 실시해야 할 것이다. SPSS 17.0을 실행하는 과정이 C1.3.1절과 동일하므로 독자의 몫을 돌린다. 물론 "백색잡음항이 정규분포를 따르는 모집단에서 추출되었다"는 귀무가설을 만족한다.

▶ 적절하지 않은 평활계수를 선택한다면?

평활계수(α)의 선택의 중요성을 살펴보기 위해, α를 '0.8' 대신 '0.1'을 선택하여 단순 지수평활법에 적합시켰다고 해보자. 앞 시계열도표에 나타난 두 개의 선 중, 평균을 중심으로 짙게 표현된 선은 $\alpha = 0.1$로 적합한 값이며, 반면에 다소 연한색으로 위아래 폭이 크게 표현된 선은 관측값이다.

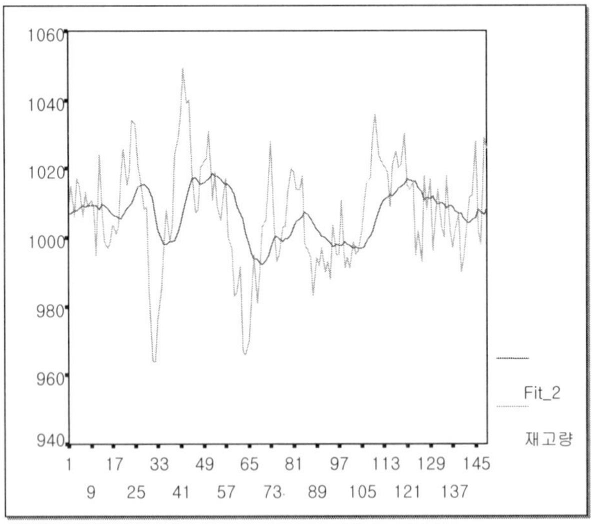

그 결과 $\alpha = 0.1$인 단순 지수평활법에 근거한 예측값들은 이에 대응하는 관측값들과 큰 차이가 나며(즉, 잔차가 크며), 모든 시점에 걸쳐 시계열 평균에 가까운 값을 갖게 된다. 즉, 적절한 평활계수보다 작은 평활계수를 적합시키면, 생성된 예측값들은 비탄력적으로 되며, 시계열의 변동에 민첩하

게 반응하지 못하게 된다.

▶ 언제 지수평활법을 사용하는가?

지수평활법은 단기예측 즉, 1시점 후 예측에 사용할 수 있다. 적절한 평활계수를 선택하면, 최근에 더 가까운 관측값에 대해 더 많은 정보를 뽑아내어 예측력을 좋게 한다. 물론 더 먼 미래를 예측할수록 최근 정보가 급속히 동나게 된다. 지수평활법은 자료를 통계적인 이론에 근거해서 고려하지 않는다. 대신 한꺼번에 한 시점을 예측하고, 이 예측값을 새로운 자료로 조정한다. 특히 한꺼번에 한 시점을 예측할 때와 재고량 자료과 같이 많은 계열을 정기적으로 반복해서 예측할 때 유용하다.

C1.4 최종모형

3.3절에서 AR(1)모형과 단순 지수평활법을 사용하여 재고량 시계열 자료을 적절하게 적합할 수 있었다. 그렇다면 이 두 모형 중 어느 모형이 예측 모형으로 더 타당할까? 물론 이에 대한 답변은 절대시할 수 없지만, 분명한 것은 최종 예측값을 산출하기 위해서는 하나의 모형만을 선택해야 할 것이다. 그렇다면 좋든 싫든 간에 타당한 통계적인 선택 기준에 근거하여 이를 수행하는 것이 합당할 것이다.

1부 1.6.2절에서 다룬 적합도 통계량을 사용하여, 적합한 모형이 자료를 얼마만큼 설명하는지 비교할 수 있다. 이를 SPSS 17.0에 적용하기 위해서는 SPSS Statistics Data Editor 창에서 팝업메뉴 분석(A) ▸예측 ▸모형 생성(C)...을 선택하여 “시계열 모형 생성기” 대화상자가 나타나면, ‘통계량’ 단추를 누른 후, 아래 주어진 9개의 통계량을 체크한다.

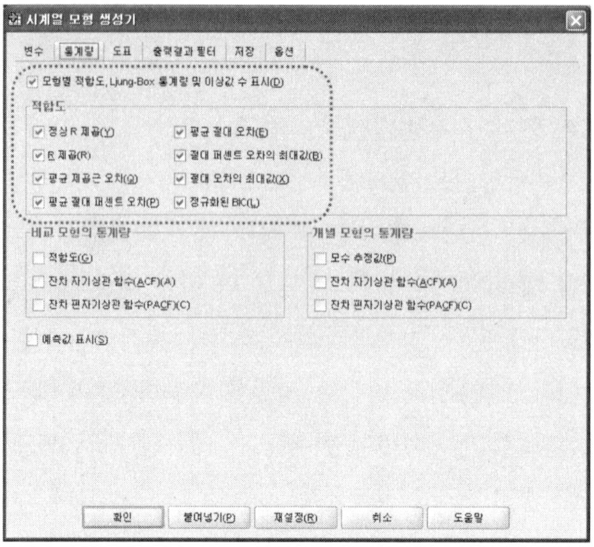

우선 [표 C1.14]에서 주어진 모형적합 통계량 중에서, AR(1)모형에 근거한 정상 R제곱과 R제곱이 단순 지수평활법에 근거한 것보다 크다. 또한 RMSE를 비롯한 나머지 모형적합 통계량 값들을 비교하면, AR(1)모형에 근거한 MaxAPE를 제외한 모든 통계량값은 단순 지수평활법의 것보다 작다는 것을 알 수 있다. 따라서 재고량을 적합시키기 위해 고려한 두 개의 모형 중, 모형적합 통계량에 관점에서 보면, AR(1)모형이 단순 지수평활법보다 우위에 있다고 판단할 수 있다.

게다가 백색잡음항 간의 독립성 정도를 측정하는 'Box-Ljung' 검증통계량을 고려하면, AR(1)모형이 역시 단순 지수평활법보다 다소 우위에 있다는 것을 재확인할 수 있다. 왜냐하면, AR(1)모형에 근거한 p값(0.970)이 단순 지수평활법에 근거한 것(0.912)보다 크기 때문이다.

[표 C1.14] 모형통계량 비교

모형 설명

			모형 유형
모형 ID	재고량	모형_1	ARIMA(1,0,0)(0,0,0)

모형 통계량

		모형 재고량-모형_1
예측변수 수		0
모형적합 통계량	정상 R 제곱	.567
	R 제곱	.567
	RMSE	10.351
	MAPE	.621
	MAE	8.086
	MaxAPE	2.282
	MaxAE	28.795
	정규화된 BIC	4.741
Ljung-Box Q(18)	통계량	7.812
	자유도	17
	유의확률	.970
이상값 수		0

모형 설명

			모형 유형
모형 ID	재고량	모형_1	단순

모형 통계량

		모형 재고량-모형_1
예측변수 수		0
모형적합 통계량	정상 R 제곱	.033
	R 제곱	.525
	RMSE	10.807
	MAPE	.663
	MAE	8.624
	MaxAPE	2.214
	MaxAE	29.318
	정규화된 BIC	4.794
Ljung-Box Q(18)	통계량	9.789
	자유도	17
	유의확률	.912
이상값 수		0

지금까지 모형을 비교하기 위해서 잔차에 근거하여 계산한 여러 가지 모형통계량을 고려하였다. 이보다 더 중요시 되는 것은 미래의 값을 어느 정도 잘 예측하는지를 결정하는 '예측력(ability to forecast)'이다. 1부 1.7.6절에서 언급한 바와 같이, 물론 미래에 발생할 값을 서로 비교하는 것은 불가능하다. 이 기준에 근거하여 두 모형의 예측력을 간접적으로 비교하기 위해서는, 최근 대략 10%에 해당하는 15개월(2007년 3월부터 2008년 5월까지) 관측값을 제거한 후 각 모형에 근거하여 제거된 15개 시점의 예측값을 산출한다(forecast history). 우선 AR(1)모형에 근거하여 제거된 15개의 관측값을 예측하기 위해서 총 134(=149-15)개의 관측값에 대한 예측값을 산출해보자.

이를 SPSS 17.0에 적용하기 위해서는 SPSS Statistics Data Editor 창에서 팝업메뉴 '데이터(D) ▸케이스 선택'을 고른 후 "케이스 선택" 대화상자가 나타난다. '조건을 만족하는 케이스(C)'를 체크한 후, 조건(I)... 단추를 눌러 2007년 2월까지만 선택하는 명령어를 입력한다.

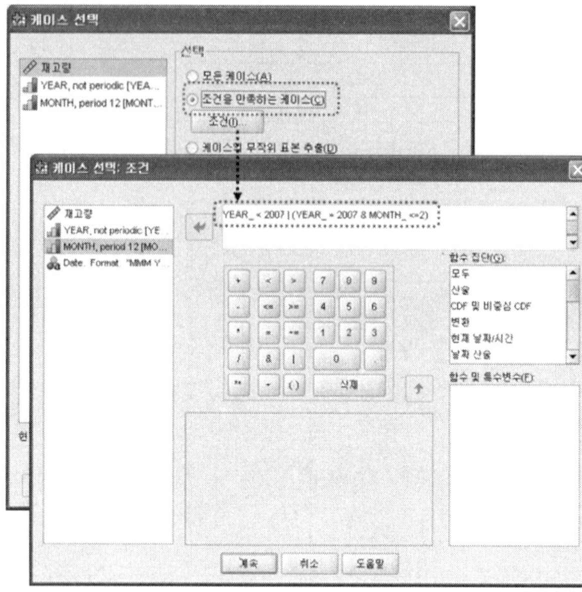

실행시킨 후 SPSS Statistics Data Editor 창을 보면, 135번째 케이스 즉, 2007년 3월부터 149번째 마지막 관측값(2008년 5월)까지 제외시킨 것을 확인할 수 있다.

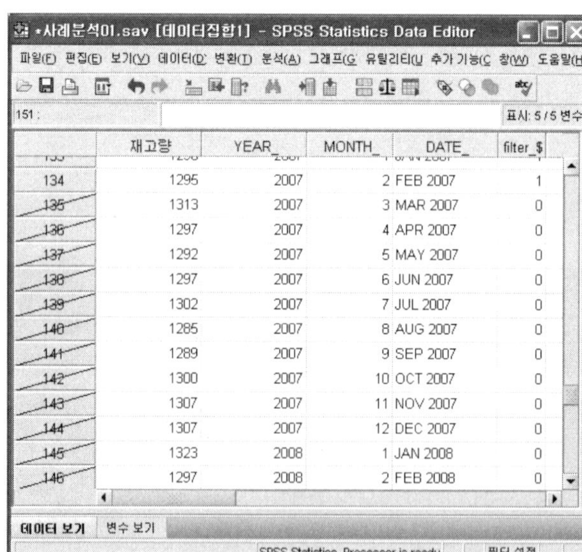

SPSS 17.0을 사용하여 AR(1)모형과 단순 지수평활법에 근거하여 제거된 최근 15개 시점의 관측값을 예측해보자. 앞에서 두 모형을 추정하는 방법과 동일하게, 팝업메뉴에서 분석(A) ▸예측 ▸모형 생성(C)...을 선택하여 "시계열 모형 생성기" 대화상자가 나타나면, '방법(M):'란에서 [ARIMA ▾] 를 선택한다. 물론 [조건(I)...] 단추를 눌러 'ARIMA 차수' 란의 '자기회귀(p)'에 '1'을 입력한다.

그리고 "시계열 모형 생성기" 대화상자의 좌측 상단의 '저장' 단추를 누른 후, '변수 저장' 란에서 '예측값'을 체크한다. 이는 SPSS Statistics Data Editor 창에 '예측값_재고량'이란 변수로 저장시키기 위함이다.

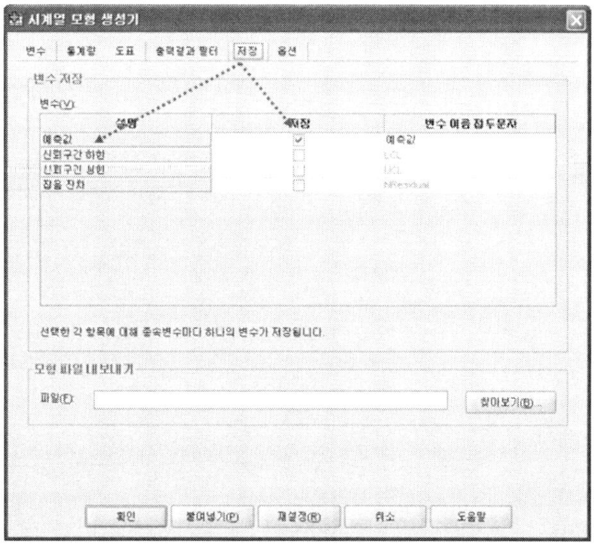

또한 원시계열 자료에서 제외한 최근 15개 시점의 관측값을 AR(1)모형에 근거하여 예측(또는 적합)하기 위해서, "시계열 모형 생성기" 대화상자의 '옵션' 단추를 누른 후, 추정 기간 끝의 다음 첫 번째 케이스에서 지정한 날짜까지(C)'를 체크한다. 그리고, 가장 최근 시점인 '2008년 5월'을 다음과 같이 '날짜(D):' 란에 각각 '2005'와 '5'를 입력한다.

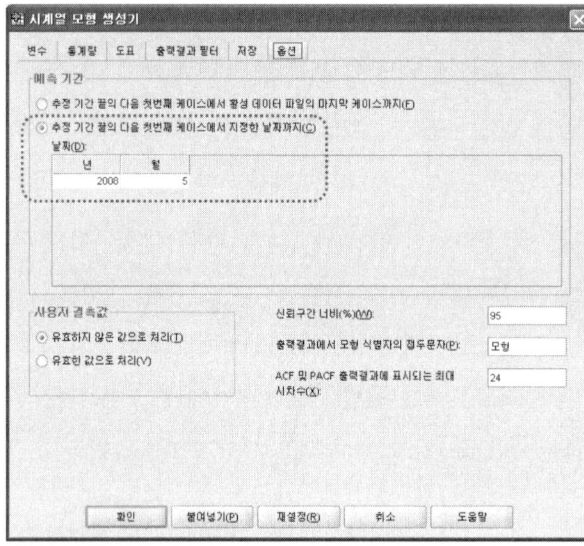

그 결과 아래와 같이, '예측값_재고량_모형1'이란 변수로 15개의 예측값을 얻을 수 있다.

	재고량	YEAR_	MONTH_	DATE_	filter_$	예측값_재고량_모형_1
134	1295	2007	2	FEB...	1	1299
135	.	2007	3	MAR...	.	1296
136	.	2007	4	APR...	.	1298
137	.	2007	5	MAY...	.	1299
138	.	2007	6	JUN...	.	1299
139	.	2007	7	JUL...	.	1300
140	.	2007	8	AUG...	.	1300
141	.	2007	9	SEP...	.	1300
142	.	2007	10	OCT...	.	1301
143	.	2007	11	NOV...	.	1301
144	.	2007	12	DEC...	.	1301
145	.	2008	1	JAN...	.	1301
146	.	2008	2	FEB...	.	1301
147	.	2008	3	MAR...	.	1301
148	.	2008	4	APR...	.	1301
149	.	2008	5	MAY...	.	1301

마찬가지로 단순 지수평활법에 근거한 15개 시점의 예측값을 산출하기 위해서는, 단지 "시계열 모형 생성기" 대화상자에서 '변수' 단추를 누른 후 '방법(M):' 란의 [지수평활 ▾]로 바꾸고, [기준(C)...] 단추를 누른 후 '단순(S)'을 선택하여 실행하면 된다. 마찬가지로, '예측값_재고량_모형1_A' 란 변수로 15개의 예측값을 얻을 수 있다(모두 '1296').

다음에 주어진 표의 두 번째 열은 분석 전에 제거된 6개의 관측값이며, 세 번째 열과 네 번째 열에 주어진 6개 값들은 AR(1)모형과 $\alpha=0.323074$로 지정한 단순 지수평활법을 사용하여 제거된 6개의 관측값들을 각각 예측한 값이다.

[표 C1.15] 예측력을 사용한 모형 비교

날짜	관측값	AR(1)모형	단순 지수평활법
2007.03	1313	1296	1296
2007.04	1297	1298	1296
2007.05	1292	1299	1296
2007.06	1297	1299	1296
2007.07	1302	1300	1296
2007.08	1285	1300	1296
2007.09	1289	1300	1296
2007.10	1300	1301	1296
2007.11	1307	1301	1296
2007.12	1307	1301	1296
2008.01	1323	1301	1296
2008.02	1297	1301	1296
2008.03	1293	1301	1296
2008.04	1324	1301	1296
2008.05	1321	1301	1296

AR(1)모형에 근거하여 산출된 예측값들이 단순 지수평활법에 근거한 것들보다 다소 제거된 관측값에 더 가깝다는 것을 알 수 있다. 예측력의 관점에서 고려하면, 어느 모형을 선택해도 별 문제가 없어 보인다. 따라서 지금까지 고려한 두 개의 선택 기준(모형통계량과 예측력)을 종합하면, AR(1)모형이 단순 지수평활법보다 다소 우위에 있다고 판단된다.

AR(1)모형을 사용하여 향후 1년(2008년 6월부터 2009년 5월까지) 12개 예측값을 구해보면, 아래 [그림 C1.16]과 같이 시계열의 평균(1301.91)으로 수렴

해가는 것을 알 수 있다. 이러한 현상은 이미 C1.2절의 예비점검을 할 때, 주어진 재고량 시계열 자료에 두드러진 추세가 존재하지 않고 평균이 정상적이라는 사실을 그대로 반영한다.

[그림 C1.16] AR(1)모형 예측값의 시계열도표-1

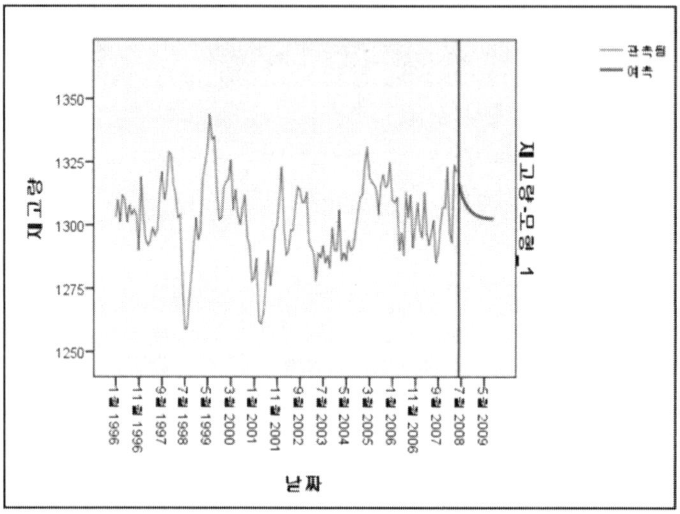

참고로 [그림 C1.16]을 얻기 위해서는, 팝업메뉴에서 "시계열 모형 생성기" 대화상자를 연 후, 다음과 같이 '변수', '저장', '옵션' 단추에 적절한 사항을 선택 및 입력하면 된다.

AR(1)모형에 근거하여 산출된 적합값(또는 예측값)과 관측값이 얼마나 일치하는지를 시각적으로 판단하기 위해서는, 관측값과 예측값을 동시에 겹쳐 그린 시계열도표를 그리면 될 것이다.

[그림 C1.17]에 나타난 예측값 산출을 위한 프로시저를 실행한 후에, 팝업메뉴에서 분석(A) ▸예측 ▸순차도(N)...를 선택하면, "순차도표" 대화상자가 나타난다. '변수(V):' 란에 '재고량'과 '예측값_재고량_모형1'을, '시간축 설명(A):' 란에 'DATE_'를 각각 이동시킨다.

[그림 C1.17] 예측값 산출을 위한 프로시저

그 결과 [그림 C1.18]과 같이, AR(1)모형에 근거하여 산출된 적합값 거의 대부분이 관측값과 일치하는 것을 시각적으로 확인할 수 있다.

물론 신뢰한계선을 이 시계열도표에 추가하고 싶으면, "시계열 모형 생성기" 대화상자의 상단에 있는 '저장' 단추를 누른 후 '변수 저장' 상자에서 '신뢰구간 하한'과 '신뢰구간 상한'을 체크한 후 실행한다. 그리고 동일한 방법으로 순차도표를 그리면 된다. 이때 "순차도표" 대화상자의 '변수(V):' 란에 4개의 변수를 이동시키면 될 것이다.

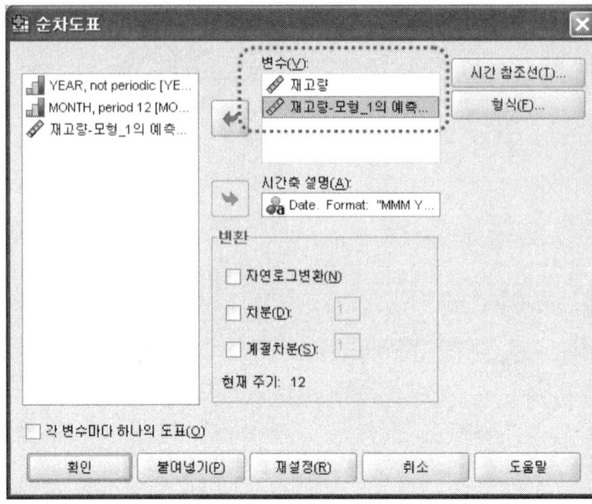

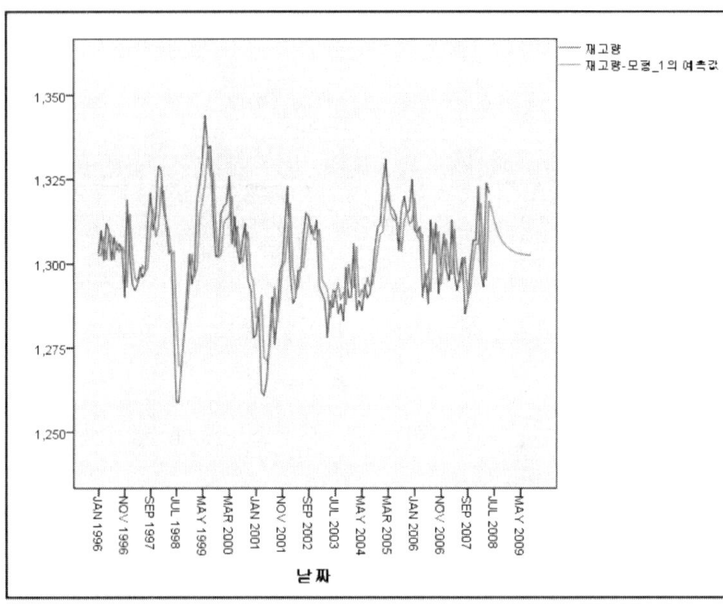

[그림 C1.18] AR(1)모형 예측값의 시계열도표-2

C1.5 [사례분석 1]을 마치며

[사례분석 1]에서는 추세와 계절성이 존재하지 않는 시계열 자료를 예측하기 위해서, 두 가지 일변량 시계열분석방법(ARIMA 모형, 단순 지수평활법)을 사용하여 그중에서 AR(1)모형을 최적모형으로 선택하였다. 최종모형을 판가름하는 척도로서 '예측력'과 '모형통계량'을 사용하였다. 그러나 추세와 계절성이 존재하지 않는 시계열 자료를 예측할 경우, 항상 ARIMA 모형이 최적모형으로 사용할 수 있는 것이 아니다. 단지 이 사례분석은 하나의 예에 지나지 않으며 다른 시계열의 경우, 두 개의 모형 중 어느 것이 최적모형으로 선택될지는 아무도 모를 것이다.

[사례분석 2] 저축률

Demand Forecasting of Time Series

C2.1 자료설명 및 예비단계(추세 및 계절성 점검)

저축률은 가처분 개인소득 중 저축이 차지하는 비율이다. 이 사례분석에서는 1955년부터 1979년까지 미국의 저축률에 관한 100개의 분기별 관측값을 분석한다(사례분석02.sav). 이 자료들은 미국 상무성 발표 전 계절성을 제거하여 수정된 것이다(*Business Conditions Digest*, 1980 참조). 그 당시 저축률에 근거하여 유동성 자금의 흐름을 이해하며, 더 나아가 경기 변동을 설명하는 데 그 목적이 있었다. 왜냐하면 소득 중 더 많은 양을 저축할 때 용역과 재화에 대한 지출이 줄어들고, 생산량에 대한 총수요가 감소되면 국민 생산을 저하되고 실업을 증가될지도 모르기 때문이다.

다음은 저축률 자료를 플롯하여 시계열도표로 나타낸 것이다.

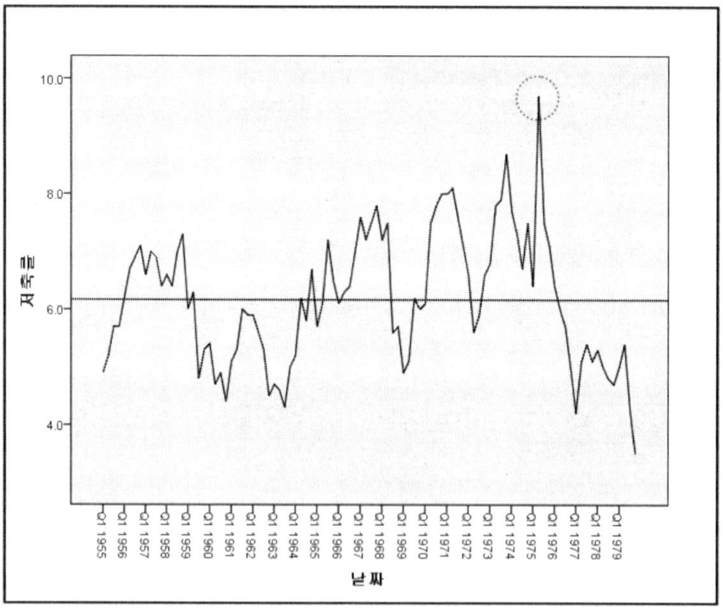

[그림 C2.1] 저축률의 시계열도표

출력된 시계열도표 [그림 C2.1]을 살펴보면, 몇 개의 관측값을 제외하면 대체적으로 시계열이 정상적임을 알 수 있다. 다시 말해서 관측값들이 고정된 평균을 중심으로 놓여 있고, 분산은 시간의 흐름에 따라 일정하게 고정되어 있는 것으로 보인다. 분기별 자료이기 때문에 주기의 길이는 '4'가 된다. 4의 배수(4, 8, 12 등)를 한 묶음으로 단위로 간주할 때, 각 묶음에서 두드러지게 반복되는 패턴을 발견할 수 없다. 추가로 [그림 C2.1]에 원으로 표시된 관측값은 다른 관측값에 비해서 유난히 큰 값을 갖는 점은 주목할 만하다.

또 다른 방법으로 주기성의 존재여부를 파악하기 위해서 자기상관함수 [그림 C2.3]을 살펴보면, 주기시차(4, 8, 12 등)에서 신뢰한계선 밖으로 튀어나온 스파이크를 발견할 수 없다. 물론 부호가 모두 양이면서 봉우리 형태가 반복되거나 부호가 번갈아 바뀌는 사인곡선의 패턴인 형태를 찾아볼 수 없다. 다시 말하면, 계절적인 변동이 존재하지 않는다. 추가로 단기시차(예: 1, 2, 3, 4)의 자기상관계수(0.765, 0.653, 0.485, 0.344)가 다소 주관적이지만 서서히 감소하는 형태는 아니다. 이를 통해서 주어진 저축률 시계열 자료의 평균이 일정함을 재확인할 수 있으며, 따라서 비계절적인 차분을 실시할 필요가 없게 된다. 즉, ARIMA(p,d,q)모형에서 '$d=0$'이다.

C2.2 ARIMA 모형

C2.2.1 식별단계

다음은 차분하지 않은 자료에 근거하여 추정된 자기상관함수와 편자기상관함수이다. 이때 관측값의 25%인 25개 자기상관함수를 고려한다. SPSS 17.0을 사용하여 두 개의 상관함수를 얻기 위한 절차는 C1.1절을 참고하길 바란다.

첫 3개의 스파이크만이 5% 유의수준을 표시하는 신뢰한계선 밖으로 튀어 나와 있고, 첫 4개의 t-검증통계량(=자기상관계수/표준오차)의 절대값(7.65, 4.44, 2.79, 1.84)만이 실전적 경고수준 '1.6'을 초과한다. 물론 5% 유의수준에서 '시차 3 이후'의 자기상관계수들은 통계적으로 '0'이다.

[표 C2.2] 자기상관함수와 편자기상관함수-1

자기상관

계열:저축률

시차	자기상관	표준 오차 오류[a]	Box-Ljung 통계량 값	자유도	유의확률[b]
1	.765	.100	60.350	1	.000
2	.653	.147	104.759	2	.000
3	.485	.174	129.534	3	.000
4	.344	.187	142.114	4	.000
5	.240	.193	148.283	5	.000
6	.161	.196	151.096	6	.000
7	.107	.197	152.344	7	.000
8	.134	.198	154.344	8	.000
9	.130	.199	156.244	9	.000
10	.164	.200	159.290	10	.000
11	.151	.201	161.915	11	.000
12	.072	.202	162.519	12	.000
13	.041	.203	162.717	13	.000
14	-.013	.203	162.737	14	.000
15	-.051	.203	163.055	15	.000
16	-.088	.203	163.986	16	.000
17	-.166	.203	167.365	17	.000
18	-.179	.204	171.335	18	.000
19	-.151	.206	174.195	19	.000
20	-.139	.207	176.641	20	.000
21	-.142	.208	179.245	21	.000
22	-.117	.209	181.027	22	.000
23	-.122	.210	182.998	23	.000
24	-.161	.210	186.462	24	.000
25	-.175	.212	190.611	25	.000

편자기상관

계열:저축률

시차	편자기상관	표준 오차 오류
1	.765	.100
2	.163	.100
3	-.143	.100
4	-.088	.100
5	.010	.100
6	.015	.100
7	.002	.100
8	.163	.100
9	.002	.100
10	.041	.100
11	-.052	.100
12	-.198	.100
13	.026	.100
14	.012	.100
15	-.004	.100
16	-.045	.100
17	-.160	.100
18	-.001	.100
19	.103	.100
20	.003	.100
21	-.122	.100
22	.068	.100
23	-.018	.100
24	-.200	.100
25	.022	.100

모형을 식별하기 위해 우선적으로 고려할 점은 상관함수의 감소형태보다는 절단형태에 초점을 두어야 한다. 두 개의 상관함수 중 편자기상관함수가 자기상관함수에 비해 절단형태에 가깝다([그림 C2.3] 참조). 따라서 편자기상관함수가 '0'으로 절단하는 형태를 가지면 자기회귀모형을 고려한다(1부 1.5.3절의 [그림 1.10] 참조). 또한 자기상관함수가 지수적으로 감소하는 패턴이므로 처음 시도할 수 있는 것은 자기회귀모형이다.

일반적으로 초기 식별단계에서 ARIMA 모형에 대한 명백한 증거를 발견할 수 없으면 자기회귀모형부터 식별을 시작하는 것이 좋다.

그렇다면 자기회귀 모형의 차수는 무엇일까? 가장 먼저 생각할 수 있는 선택은 높은 차수를 갖는 자기회귀모형보다는 가장 간단한 AR(1)모형이다. 그 이유는 다음과 같다.

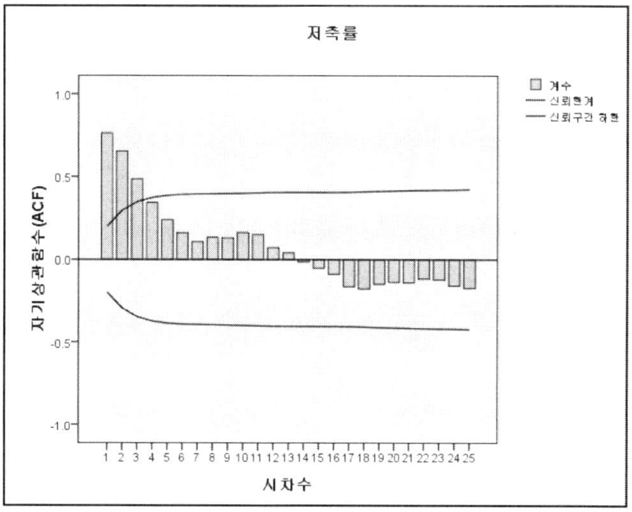

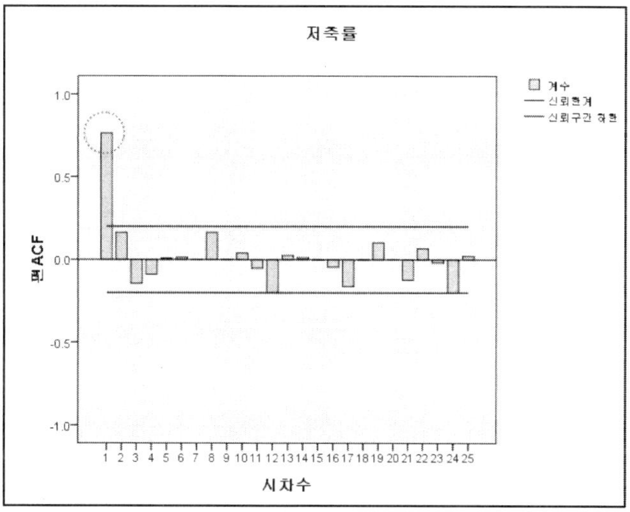

[그림 C2.3] 자기상관함수와 편자기상관함수-2

첫째, 자기상관함수는 대체적으로 AR(1)모형의 형태로 감소한다. $\phi_1 = 0.765$을 갖는 AR(1)모형에 대해서, 이론적인 자기상관함수들은 0.765, $(0.765)^2 \approx 0.585$, $(0.765)^3 \approx 0.448$, $(0.765)^4 \approx 0.342$ 등이다. 앞에서 추정된 자기상관함수는 이 계산된 패턴에 가깝다(0.765, 0.653, 0.485, 0.344 등). 물론 추정된 자기상관함수들이 이론적인 것들과 정확히 같을 수는 없다. 이는 표본오차(sampling errors) 때문에 기인한다.

둘째, 추정된 편자기상관함수를 통해 AR(1)모형을 선택한다. 추정된 편자기상관함수는 점차 감소하기보다는 절단형태를 가지며 시차 1 이후에 '0'으로 절단되는 형태이며 '시차 1 이후'의 모든 t-통계량에 대한 절대값들이 '2.0'보다 작기 때문에 차수가 '1'(즉, $p=1$)인 자기회귀모형이 된다. 추정단계에서 AR(1)모형을 다음과 같이 설정한다.

$$(1-\phi_1 B)\tilde{y}_t = \epsilon_t \qquad \text{또는} \qquad y_t = C + \phi_1 y_{t-1} + \epsilon_t$$

C2.2.2 추정단계 및 모형검진단계

[표 C2.4] AR(1)모형 추정결과

ARIMA 모형 모수

				추정값	SE	t	유의확률
저축률-모형_1	저축률	변환 안 함	상수항	6.014	.360	16.694	.000
			AR 시차 1	.812	.062	13.025	.000

추정된 자기회귀계수의 절대값($|\hat{\phi}_1| = 0.812$)이 '1'보다 작기 때문에 정상성 조건을 만족한다. 그리고, $\hat{\phi}_1$의 t값(13.025)이 '2.0'보다 훨씬 크므로(즉, p값은 거의 0이다), 5% 유의수준에서 이 계수는 통계적으로 '0'이 아니다. 즉, 모형에 포함시켜야 한다. 추정된 상수는 $\hat{C} = \hat{\mu}(1-\hat{\phi}_1) = 6.014(1-0.812) \approx 1.13$이 된다. 이때 추정된 상수항($\hat{\mu}$)에 대한 t-통계량의 절대값(=16.694)이 '2.0'보다 크므로, 상수항 역시 모형에 포함시킨다. 지금까지 상수항을 포함한 AR(1)모형이 정상성과 계수의 유의성을 만족스럽기 때문에 모형검진단계로 넘어가자.

모형검진을 하기 위한 주요 도구는 다음 나타난 잔차 자기상관함수이다. 물론 여기에서 잔차 자기상관함수는 AR(1)모형을 추정하여 얻어진 잔차들을 계산한 것이다. 이때, 잔차($\hat{\epsilon}_t$)는 관측할 수 없는 백색잡음(ϵ_t)을 추정한 값이다. 이 백색잡음항들은 통계적으로 독립이라고 가정하였다. 그래서, AR(1)모형을 추정하여 얻은 백색잡음들 즉, 잔차들의 독립성 가설을 검증한다. 만일 잔차 자기상관함수들이 통계적으로 유의하지 않으면 AR(1)모형이 적절하다고 판정한다.

다음에 주어진 [그림 C2.5] 잔차 자기상관함수에서 두드러지게 나타난 특징은 '시차 2'에서 두드러진 스파이크가 있다는 것이다. 이는 잔차들이 통계적으로 서로 상관되어 있다는 증거이다.

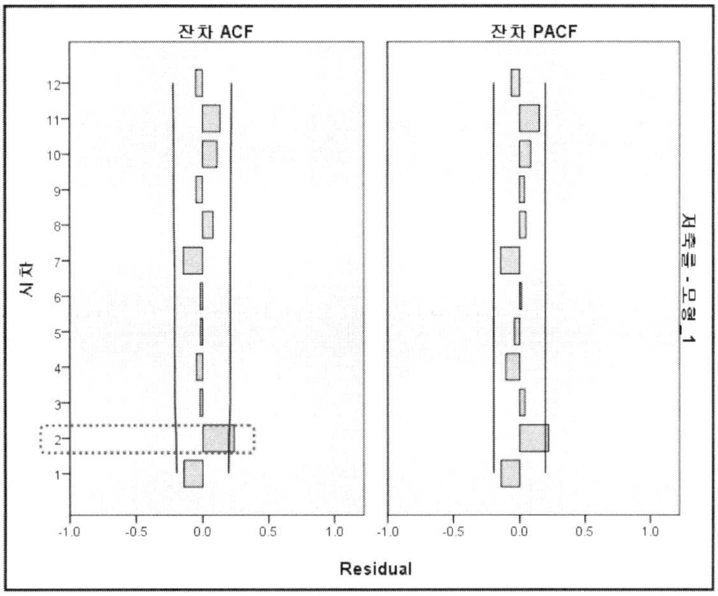

[그림 C2.5] 자기상관함수-1과 편자기상관함수

또한 '시차 2'의 잔차 자기상관계수에 대한 t-검증통계량$\left(= \frac{0.237}{0.102} \approx 2.32\right)$의 절대값이 '1.25'보다 훨씬 크다([표 C2.6] 참조).

이는 AR(1)모형을 적합한 후 생성된 시차가 2개씩 떨어진 잔차들 간 상관관계가 존재함을 나타낸다. 다시 말해서 AR(1)모형만으로 저축률 시계열 자료를 설명하는 것은 적절하지 않으며, AR(1)모형에 잔차들 간의 관계를 설명할 수 있는 또 다른 요소를 추가해야 한다.

[표 C2.6] 잔차 자기상관함수-2

잔차 ACF

	모형	
	저축률-모형_1	
	자기상관함수 (ACF)	SE
1	-.140	.100
2	.237	.102
3	-.019	.107
4	-.047	.107
5	-.015	.108
6	-.018	.108
7	-.144	.108
8	.080	.110
9	-.048	.110
10	.111	.110
11	.133	.111
12	-.050	.113

다시 정리하면, 모형을 추정한 후 특히 단기시차(1,2,3 등)나 계절시차에서 스파이크가 두드러진 잔차 자기상관계수들을 발견하게 되면 모형을 재검토해야 하며, 식별단계로 돌아가서 재분석해야 한다.

C2.2.3 재식별단계

모형검진에서 임시적으로 식별한 AR(1)모형이 부적절하기 때문에 원래의 자기상관함수와 편자기상관함수로 돌아가 다시 생각하는 것이 좋다. 때때로 이 두 상관함수를 재검토함으로써 앞에서 모호하게 나타난 특징들을 명확히 간파할 수 있다. 그러나, 특이하게 나타난 사실이 없기 때문에 이를 다시 분석하는 것은 도움이 될 것 같지 않다. [그림 C2.3]의 첫 네 개 혹은 다섯 개 시차에 걸쳐 편자기상관함수들이 어느 정도 파도형태(사인곡선 모양) 패턴으로 감소하는 것을 감지할 수 있다. 그러나, 전반적으로 점차 감소하기보다는 절단형태로 보인다. 따라서 재식별을 하기 위한 주요한 도구로서, AR(1)모형을 근거로 한 잔차 자기상관함수를 사용한다. '시차 2'에서 스파이크가 두드러진 잔차 자기상관함수를 다음과 같이 해석할 수 있다.

첫째, 표본오차 때문에 24개의 잔차 자기상관함수 중 하나가 통계적으로 유의하다고 생각하여 이를 무시할 수 있다. 그러나, 이 경우 이를 무시하지 말아야 한다. 특히 이런 현상은 단기시차(여기서는 시차 2)에서 발생하였기 때문에 특별한 주의를 기울여야 한다. 더구나 '시차 2'의 t-통계량에 대한 절대값(2.32)은 단기시차가 갖는 경고수준 '1.25'를 초과한다.

둘째, AR(1)모형에 '시차 2'의 자기회귀계수를 포함한 모형을 고려한다. 즉, AR(2)모형을 고려한다는 것이다. 이는 좋은 대안은 아니다. AR(1)모형으로부터 생성된 잔차들이 자기회귀구조를 갖는다면, 앞에 나타난 잔차 자기상관함수는 지수적 또는 사인곡선 형태로 감소하는 패턴을 가져야 할 것이다. 그러나 이런 패턴은 보이지 않으므로 계수 ϕ_2를 추정할 필요가 없다. 더구나 '시차 2'의 편자기상관계수는 통계적으로 유의하지 않다. 이 두 가지의 사실에 근거하여 계수(ϕ_2)가 추가된 AR(2)모형은 고려하지 않는다.

셋째, AR(1)모형의 계수(ϕ_1)과 함께 MA(2)모형의 계수(θ_2)를 추정할지도 모른다. AR(1)모형에 근거한 잔차 자기상관함수 중 '시차 2'의 잔차 자기상관계수는 통계적으로 유의하지만, 나머지 시차들의 잔차 자기상관계수들은 통계적으로 유의하지 않아서 절단형태로 간주할 수 있다. 이는 '시차 2'에서 고려해야 할 항은 자기회귀보다는 이동평균임을 제시한다.

앞에서 제시한 세 가지 점을 감안하여 다음과 같은 차수가 '1'인 이동평균항의 계수(θ_1)가 '0'인 ARMA(1,2)모형을 고려한다.

$$(1-\phi_1 B)\widetilde{y_t} = (1-\theta_2 B^2)\epsilon_t$$

또는

$$y_t = C + \phi_1 y_{t-1} - \theta_2 \epsilon_{t-2} + \epsilon_t$$

이다. 여기에서, $\widetilde{y_t} = (y_t - \overline{y})$이다.

$\theta_1 = 0$인 ARMA(1,2)모형을 추정하기 전에 다음 사항을 짚고 넘어가자. AR(1)모형에 근거한 잔차 자기상관함수를 다시 살펴보면, '시차 1'의 잔차 자기상관계수에 대한 t-검증통계량의 절대값(1.40)이 경고수준 '1.25'보다 크다. 그래서 ARMA(1,1)모형이나 차수가 '1'인 이동평균항의 계수 (θ_1)이 '0'이 아닌 ARMA(1,2)모형을 고려할 수 있다.

다음 두 가지 이유에 근거하여 앞에서 제시한 두 개의 대안들은 보류하고, 당분간 차수가 '1'인 이동평균항의 계수 θ_1 이 '0'인 ARMA(1,2)모형을 선택한다.

첫째, AR(1)모형에 근거한 잔차 자기상관함수 중 '시차 2'의 잔차 자기상관계수에 대한 t-통계량의 절대값(2.32)은 '시차 1'에 해당하는 값(1.40)보다 훨씬 크다. 만일 이 두 개의 t-통계량의 절대값들이 서로 비슷하면 계수 θ_2 보다 계수 θ_1 을 선호할 것이다.

둘째, 추정된 자기상관계수 간에 서로 크게 상관될 수 있다. 통계적으로 유의한 자기상관계수 하나가 근방에 있는 자기상관계수들에 영향을 주어서 크게 할 수 있다. 이 경우 '시차 2'의 잔차 자기상관계수는 너무 커서 '시차 1'의 자기상관계수를 크게 할 수 있다.

C2.2.4 재추정단계 및 모형 재검진단계

$\theta_1 = 0$ 인 ARMA(1,2)모형을 추정한 결과는 다음과 같다.

[표 C2.7] $\theta_1 = 0$ 인 ARMA(1,2)모형 재추정결과

ARIMA 모형 모수

					추정값	SE	t	유의확률
저축률-모형_1	저축률	변환 안 함	상수항		6.021	.336	17.944	.000
			AR	시차 1	.738	.078	9.484	.000
			MA	시차 2	-.341	.107	-3.183	.002

$|\hat{\phi}_1| = 0.738 < 1$ 이므로 정상성 조건과, 역시 $|\hat{\theta}_2| = 0.341 < 1$이므로 가역성 조건도 만족한다. 더 나아가 $\hat{\phi}_1$ 와 $\hat{\theta}_2$ 에 대한 t-검증통계량의 절대값(9.48, 3.18) 모두가 2.0보다 크기 때문에(또는 각각의 p값(0.000,0.002)이 유의수준 5%보다 작기 때문에), 두 계수는 통계적으로 '0'이 아니다.

그렇다면, SPSS 17.0을 사용하여 어떻게 $\theta_1 = 0$ 인 ARMA(1,2)모형을 추정할 수 있을까? 우선 다음과 같이 "시계열 모형 생성기" 대화상자의 '방법(M):' 란에서 'ARIMA'를 선택한다.

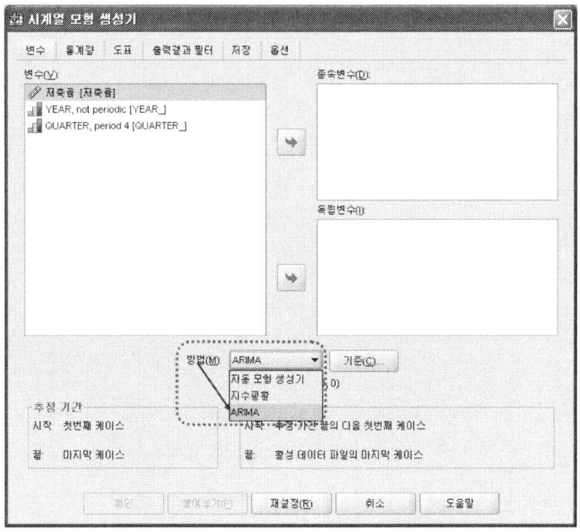

그리고, 바로 우측의 기준(C)... 단추를 누른 후, "시계열 모형 생성기: ARIMA 기준" 대화상자의 'ARIMA 차수' 란에서 '자기회귀(p)'와 '이동평균(q)'에 각각 '1'과 '2'를 입력한다.

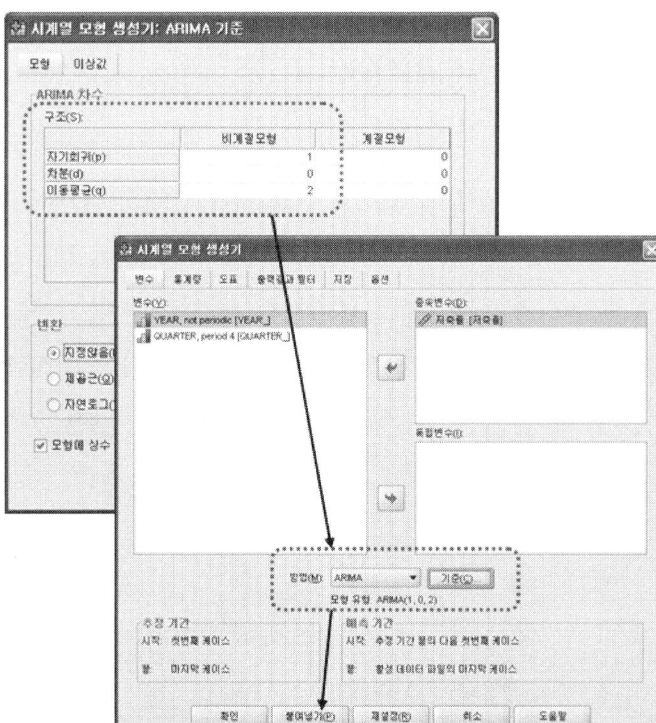

물론 여기에서 실행을 하면, $\theta_1 \neq 0$ 인 ARMA(1,2)모형이 적합될 것이다. 따라서, $\theta_1 = 0$ 인 ARMA(1,2)모형을 추정하기 위해서는 명령문을 직접 수정해야 할 것이다. 즉, 바로 위 그림 하단의 붙여넣기(P) 단추를 누른 후, 아래와 같이 “MA[2,1]”을 “MA[2]”로 수정한다. 그리고 팝업메뉴 실행(R) ▸ 모두(A)를 선택하면 된다.

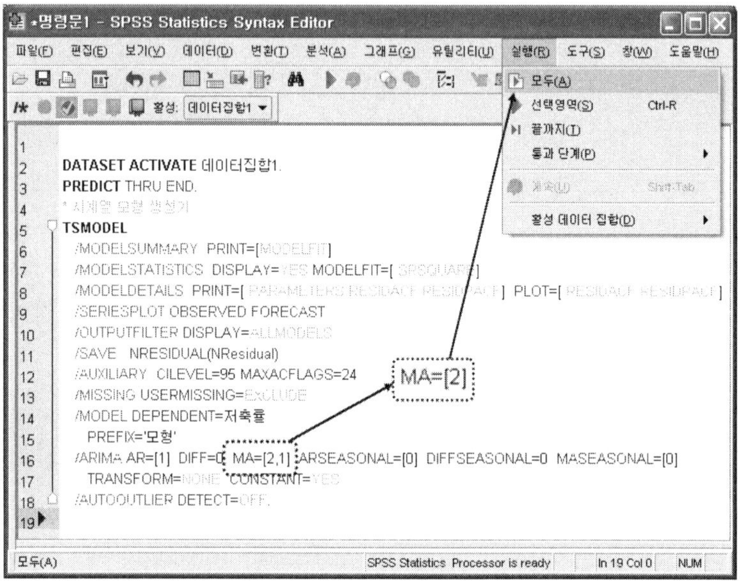

지금까지 $\theta_1 = 0$ 인 ARMA(1,2)모형은 만족스러운 추정결과를 얻었으므로 모형검진단계로 넘어가자. 다음은 잔차 자기상관함수이다.

$\theta_1 = 0$ 인 ARMA(1,2)모형이 적절하기 위해서 백색잡음(ϵ_t)들이 통계적으로 독립이어야 할 것이다. 백색잡음은 직접 관측할 수 없지만, 반면에 잔차($\hat{\epsilon}_t$)는 앞 모형에 적합된 후 생성된 백색잡음의 추정값이다. 잔차 자기상관함수에서 실전적 경고수준 ‘1.25’보다 큰 t-통계량의 절대값을 하나도 발견할 수 없으며, Box-Ljung 카이제곱검증한 결과 모든 시차에서 유의하지 않았다([표 C2.8] 참조). 두 사실에 근거하여 추정된 모형의 백색잡음항들이 서로 독립임을 알 수 있다.

[표 C2.8] ARMA(1,2)모형 추정 후 잔차 자기상관함수-1

자기상관

계열:저축률-모형_1의 잡음 잔차

시차	자기상관	표준 오차 오류[a]	Box-Ljung 통계량		
			값	자유도	유의확률[b]
1	-.034	.100	.120	1	.729
2	-.002	.100	.120	2	.942
3	.040	.100	.292	3	.962
4	-.004	.100	.294	4	.990
5	.040	.100	.462	5	.993
6	-.002	.100	.463	6	.998
7	-.113	.100	1.870	7	.967
8	.057	.102	2.229	8	.973
9	-.024	.102	2.296	9	.986
10	.122	.102	3.993	10	.948
11	.128	.104	5.878	11	.881
12	-.062	.105	6.322	12	.899
13	.052	.105	6.634	13	.920
14	-.021	.106	6.684	14	.946
15	.033	.106	6.817	15	.963
16	.133	.106	8.969	16	.915
17	-.141	.108	11.425	17	.834
18	-.096	.109	12.571	18	.816
19	-.056	.110	12.972	19	.840
20	.026	.111	13.062	20	.876
21	-.133	.111	15.326	21	.806
22	.053	.112	15.698	22	.831
23	.115	.112	17.438	23	.787
24	-.059	.114	17.912	24	.807
25	-.091	.114	19.046	25	.795

a. 가정된 기본 공정은 시차 수에서 1을 뺀 것과 같은 차수인 MA입니다. Bartlett 근사가 사용되었습니다.

b. 점근 카이제곱 근사를 기준으로 합니다.

이러한 사실을 그림으로 표현한 [그림 C2.9]를 살펴보면, 95% 신뢰한계선 밖으로 튀어나온 스파이크를 하나도 찾아볼 수 없다.

$\theta_1 = 0$ 인 ARMA(1,2)모형에 근거한 잔차 자기상관함수 중 '시차 1'의 잔차 자기상관계수(−0.034)는 AR(1)모형에 대응하는 것(−0.140)보다 훨씬 작다. 이는 $\theta_1 = 0$ 인 ARMA(1,2)모형이 AR(1)모형보다 더 적절한 모형임을 뒷받침해 주는 또 다른 근거가 된다.

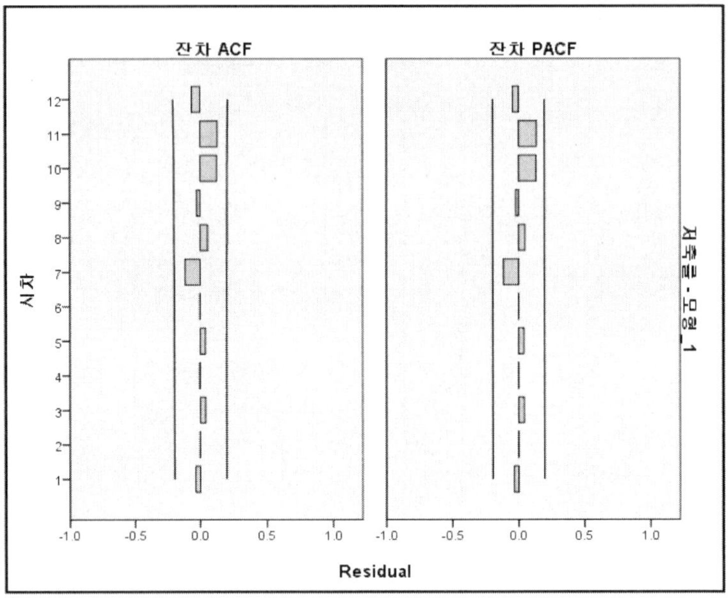

[그림 C2.9] ARMA(1,2)모형 추정 후 잔차 자기상관함수-2

또한 Box-Ljung 검증통계량에 대한 p값(0.704)이 유의수준 5%보다 훨씬 크기 때문에 역시 "백색잡음항이 독립이다"는 귀무가설을 채택한다.

[표 C2.10] ARMA(1,2)모형 추정 후 모형 통계량

모형 통계량

		모형
		저축률-모형_1
예측변수 수		0
모형적합 통계량	정상 R 제곱	.654
	R 제곱	.654
	RMSE	.681
	MAPE	8.461
	MAE	.509
	MaxAPE	38.165
	MaxAE	3.031
	정규화된 BIC	-.630
Ljung-Box Q(18)	통계량	12.571
	자유도	16
	유의확률	.704
이상값 수		0

적합된 모형에서 얻어진 잔차들을 점검하는 것은 중요하다. 흔히 잔차

도표를 사용하여 다소 주관적이지만 잔차들의 독립성, 등분산성, 이상값을 시각적으로 탐색할 수 있다. 다음은 $\theta_1 = 0$ 인 ARMA(1,2)모형에서 얻어진 잔차들은 플롯한 것이다.

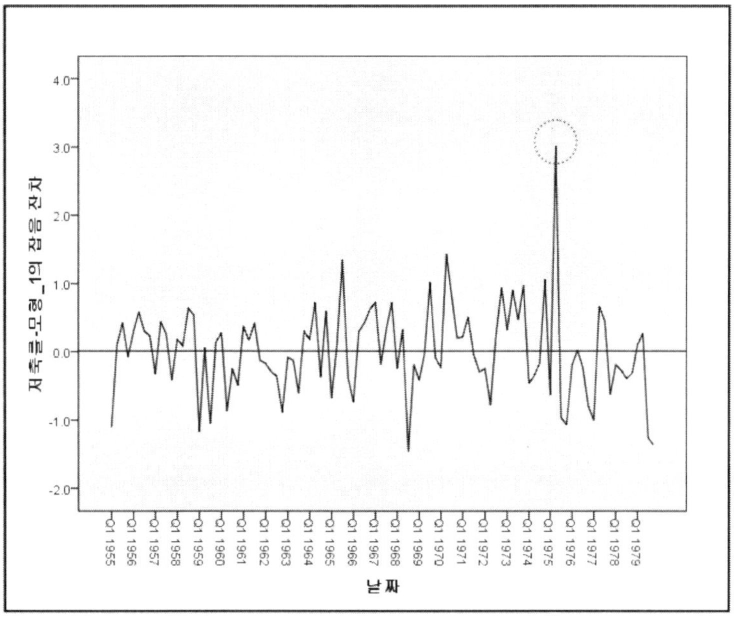

[그림 C2.11] ARMA(1,2)모형 추정 후 잔차도표

눈에 띄게 드러난 패턴은 찾을 수 없고 잔차들이 임의로 고루 분포되어 있다. 역시 잔차의 독립성과 등분산성을 만족함을 시각적으로 확인할 수 있다. 그러나, 특히 1975년 2분기에 해당하는 잔차는 다른 잔차들에 비해서 잔차 평균(0.007)으로부터 유난히 벗어나 있다(참고로 표준편차는 0.67이다). 즉, 1979년 2분기에서 관측값(9.7)이 유난히 큰 이유를 살펴본 결과, 그 당시 상무성에서 1975년 3월까지 세금 환불을 공포하였기 때문에 1975년 4월부터 뜻밖의 가처분 개인소득이 증가하게 되었고 자연적으로 저축률이 상승하게 된 것이다. 따라서 가계 수입이 일시적으로 변하면 소비보다는 저축에 영향을 준다는 기초 경제이론을 고려하면 이런 현상은 쉽게 납득할 수 있을 것이다. 1979년 2분기의 관측값(9.7)과 같이 외적으로 설명할 수 있는 사

건, 소위 개입(intervention)이 발생하면, 추정된 ARIMA 모형에 근거한 미래값을 예측하는 정확도가 감소할 수 있다. 이러한 면은 C1.4절에서 예측력을 설명할 때 그대로 나타난다.

이와 같이 잔차를 검토함으로써 때때로 실현값에 내재하는 변동의 원인을 규명할 수 있다. 그리고 하나 이상의 큰 잔차를 유발시키는 특정적인 사건을 식별하여, 그 사건의 효과를 나타낼 수 있는 변수를 ARIMA 모형에 포함시켜 더 정확한 예측값을 산출할 수 있을 것이다. 이를 소위 개입모형(intervention model)이라 부르며, 자세한 것은 Box와 Tiao,[10] McCleary와 Hay[11] 또는 Cleaey와 Levenbach[12]를 참고하길 바란다.

여하튼 [그림 C2.8]의 잔차도표를 통해서 잔차의 독립성과 등분산성이 만족하는 함을 알게 되었고, 추가로 이상값을 탐색하여 더 정밀한 모형을 모색할 필요성을 느꼈다. 다음으로 대표적으로 일변량 시계열 자료를 분석하는 데 사용되는 지수평활법을 적용시켜 보자.

C2.3 지수평활법

앞 C2.1절에서 살펴본 바와 같이, 저축률 자료에 대한 시계열도표 및 자기상관함수를 통해서 추세와 계절성 모두 시계열 내에 존재하지 않는 것으로 확인되었다. 다시 말해서, [사례분석 1]의 C1.3.2절에서 고려한 기울기가 없는 방정식 $y_t = b + \epsilon_t$ 를 고려할 수 있으며, 이 경우 b가 시간의 흐름에 따라 서서히 변한다는 가정을 하면 단순 지수평활법을 적용할 수 있다.

---

10. G. E. P. Box and G. C. Tiao (1975), "Intervention Analysis with Applications to Economic and Environmental Problems," *Journal of the American Statistical Association*, 70, 70.

11. R. McCleary and R.A. Hay, Jr (1980), *Applied Time Series Analysis for the Social Sciences*, Beverly Hills, California: Sage Publications.

12. J. P. Cleary and H. Levenbach (1982), *The Professional Forecaster*, Belmont: California: Lifetime Learning Publications.

[표 C2.12] 단순 지수평활법의 평활계수 추정결과

지수평활 모형 모수						
모형			추정값	SE	t	유의확률
저축률-모형_1	변환 안 함	알파(수준)	.796	.100	8.002	.000

추정된 일반 평활계수 $\hat{\alpha} = 0.796$ 이다. 따라서 C1.3.2절과 마찬가지로, 잔차를 사용하여 모형타당성을 검진해야 할 것이다.

우선 C1.3.2절에서 SPSS 17.0을 사용한 절차와 동일하게 수행하면, 다음과 같은 잔차도표를 얻을 수 있다.

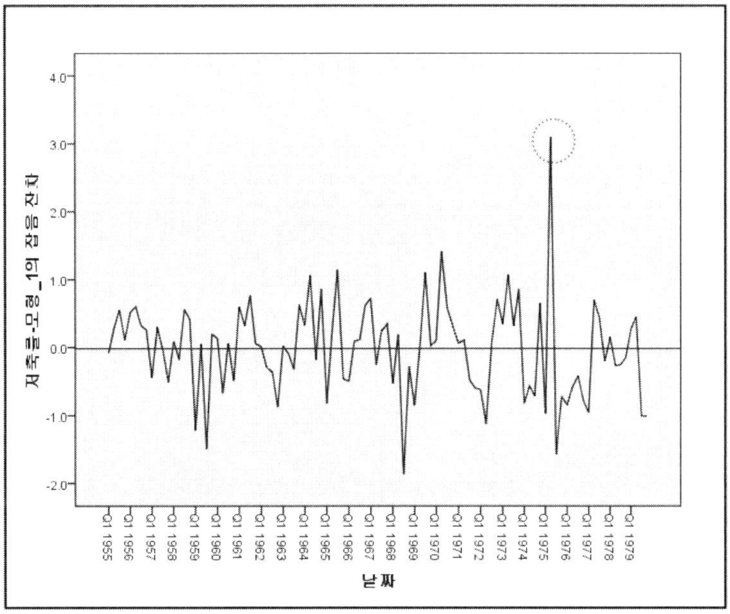

[그림 C2.13] 단순 지수평활법 적합 후 잔차도표

ARMA(1,2)모형에 근거한 잔차도표 [그림 C2.11]과 같이, 잔차의 독립성과 등분산성을 만족함을 시각적으로 확인할 수 있으며, 이는 고려한 $\hat{\alpha} = 0.796$ 인 단순 지수평활법이 적절함을 나타낸다.

아래 주어진 Box-Ljung 검증통계량을 사용하여 백색잡음항의 독립성을 검증할 수 있다.

[표 C2.14] 단순 지수평활법 적합 후 모형 통계량

모형 통계량		
		모형
		저축률-모형_1
예측변수 수		0
모형적합 통계량	정상 R 제곱	.051
	R 제곱	.618
	RMSE	.708
	MAPE	8.771
	MAE	.533
	MaxAPE	33.229
	MaxAE	3.103
	정규화된 BIC	-.643
Ljung-Box Q(18)	통계량	21.696
	자유도	17
	유의확률	.197
이상값 수		0

Box-Ljung 검증통계량에 대한 p값(0.197)이 유의수준 5%보다 훨씬 크기 때문에 역시 "백색잡음항이 독립이다"는 귀무가설을 채택한다.

마지막으로 정규성 가정을 만족하는지 여부는 독자의 몫으로 돌린다.

C2.4 최종모형

C2.3절에서 ARMA(1,2)모형과 단순 지수평활법을 사용하여 저축률 시계열 자료를 적절하게 적합할 수 있었다. 그렇다면 어느 모형을 예측모형으로 최종 선택할 것인가?

우선 [사례분석 1]과 마찬가지로, 9개의 적합도 통계량을 사용하여 적합한 모형이 자료를 얼마만큼을 설명하는지를 비교할 수 있다. 이는 [표 C2.10]과 [표 C2.14]를 비교하면 된다. ARMA(1,2)모형에 근거한 '정상 R제곱'과 'R제곱' 모두 단순 지수평활법에 근거한 것보다 크다. 또한 MaxAPE와 정규화된 BIC를 제외한 나머지 모형통계량값은 ARMA(1,2)모형이 단순

지수평활법의 것보다 작다. 무엇보다도 백색잡음항의 독립성을 나타내는 'Ljung-Box Q-통계량'에 대한 p값을 보면 ARMA(1,2)모형에 근거한 값이 단순 지수평활법의 것보다 월등히 크다(0.704 대 0.197). 따라서 모형적합 통계량의 관점에서 보면 AR(1,2)모형이 단순 지수평활법보다 우위에 있다고 판단할 수 있다.

모형의 우위성을 결정하기 위한 또 다른 방법으로서, 미래의 값을 어느 정도 잘 예측하는지를 결정하는 '예측력'을 사용한다. 즉, 최근 10%에 해당하는 10개월(1977년 3분기부터 1979년 4분기까지) 관측값을 제거한 후 각 모형에 근거하여 제거된 10개 시점의 예측값을 산출한다.

SPSS 17.0에 적용하기 위해서는 "케이스 선택" 대화상자에서 [조건(I)...] 단추를 눌러 1977년 2분기까지만 선택하는 명령어를 다음과 같이 입력한다.

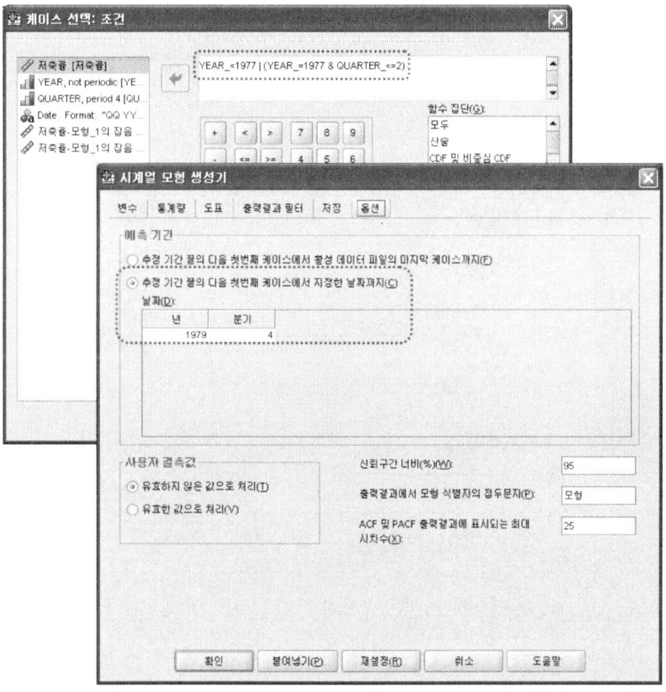

나머지는 C1.4절의 행한 절차와 동일하며, 최근 10개 시점의 관측값을 ARMA(1,2)모형과 단순 지수평활법에 근거하여 예측하기 위해서, "시계열

모형 생성기" 대화상자의 '옵션' 단추를 누른 후, 추정기간 끝의 다음 첫 번째 케이스에서 지정한 날짜까지(C)'를 체크한다. 그리고, 가장 최근 시점인 '1979'와 '4'를 '날짜(D):' 란에 입력한다. 물론 ARIMA(1,2)모형에 근거한 10개의 예측값을 얻기 위해서는 "시계열 모형 생성기" 대화상자의 하단의 붙여넣기(P) 단추를 누른 후 명령문을 실행시키는 SPSS Statistics Syntax Editor 창을 열어서 "MA = [2,1]"을 "MA = [2]"로 수정한 후 실행해야 할 것이다.

그 결과 아래 [표 C2.15]에 주어진 10개의 예측값을 비교하면, 단순 지수평활법에 근거하여 산출된 예측값 모두가 ARMA(1,2)모형에 근거한 것들보다 제거된 관측값에 더 가깝다는 것을 알 수 있다.

[표 C2.15] 예측력을 사용한 모형 비교

날짜	관측값	ARMA(1,2)모형	단순 지수평활법
1977.3Q	5.4	5.0	5.0
1977.4Q	5.1	5.7	5.0
1978.1Q	5.3	5.9	5.0
1978.2Q	5.0	6.0	5.0
1978.3Q	4.8	6.1	5.0
1978.4Q	4.7	6.1	5.0
1979.1Q	5.0	6.2	5.0
1979.2Q	5.4	6.2	5.0
1979.3Q	4.3	6.2	5.0
1979.4Q	3.5	6.2	5.0

따라서 저축률 시계열 자료에 대한 최종모형을 선택하기 위한 기준으로, 예측력의 관점에서 고려하면 단순 지수평활법이, 모형적합도 관점에서 보면 ARMA(1,2)모형이 각각 우위에 있다고 판단된다.

[사례분석 1]과 마찬가지로, 이 사례분석에서 고려한 두 개의 모형의 평균이 정상적이며 기울기가 일정하다는 가정에서 분석을 실행하였기 때

문에(C2.1 예비단계 참조), 어느 일정한 시점부터 예측값이 수렴하는 것을 알 수 있다(6.2와 5.0). 그러나, 시계열 자료에 대한 모형구축을 하는 궁극적인 목표가 정확도 있는 미래값을 예측한다는 관점에서 보면, 모형적합도보다는 예측력을 더욱 중요시할 수 있다. 따라서 저축률 시계열 자료에 대한 최종 모형으로 $\alpha = 0.796$인 단순 지수평활법을 선택할 수 있다.

단순 지수평활법에 근거하여 향후 2년(1980년 1분기부터 1981년 4분기까지) 8개 시점에 대한 예측값을 산출하면 모두 '3.7'이 되며, 이를 시계열도표로 나타내면 다음과 같다. 점선은 적합된 값이며, 점선 끝부분에 사각형으로 표시된 부분은 8개의 예측값이다.

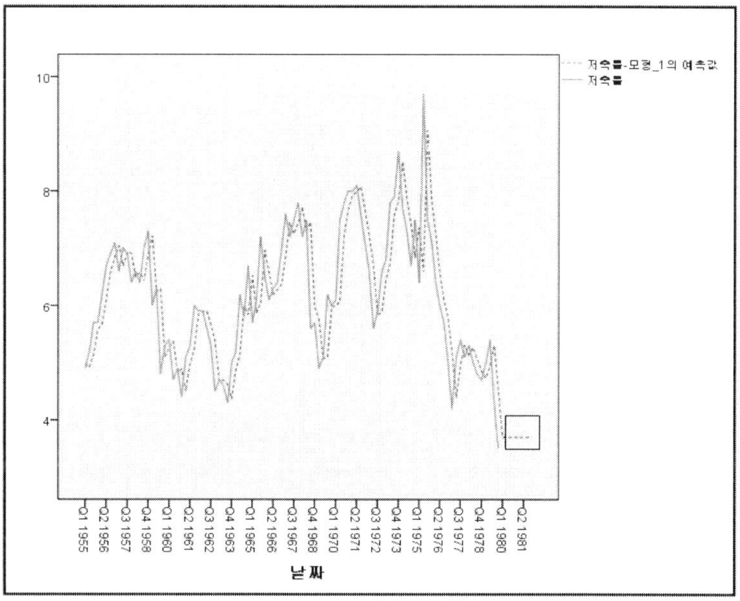

[그림 C2.16] 관측값과 적합값에 대한 시계열도표

[그림 C2.16]을 통해서 단순 지수평활법에 근거하여 산출된 적합값 대부분이 관측값과 일치하는 것을 시각적으로 확인할 수 있다.

C2.5 [사례분석 2]를 마치며

[사례분석 2]는 [사례분석 1]과 달리, AR(1)모형 추정 후 모형검진단계에서 잔차분석을 통해서 AR(1)모형이 타당하지 않음을 알게 되었다. 이와 같이 때때로 초기 식별단계에서 모수가 절약된 ARIMA 모형을 식별하기 쉽지 않다. [사례분석 2]는 이러한 어려움을 나타내 주는 사례이다.

"주어진 시계열 자료에서 계절적인 변동이 존재하지 않고 정상적일 때 $(d=0)$, 종종 AR(p)모형을 우선적으로 추정하고 생성된 잔차 자기상관함수에 근거하여 관련된 MA(q) 계수들을 추가시켜 ARMA(p,q)모형을 구축하는 방법"이 효과적이다. 이 분석전략을 적용함으로써 모수가 절약된 모형을 찾을 수 있으며, 불필요한 계수를 모형에 삽입하는 것을 피할 수 있다. 다시 말해서, 모형의 차수는 총 계수의 수가 아닌 추정할 계수의 최대 수로 결정된다. 본 사례분석의 경우 AR(1)모형을 추정 후 계산한 잔차 자기상관계수 중 '시차 2'만 유의하였다([그림 C2.5]와 [표 C2.6] 참조). 이는 적어도 차수가 '2'인 MA항(즉, θ_2)을 모형에 포함시켜야 함을 의미한다. 물론 MA(2)모형은 항상 계수 θ_2를 포함하지만, 계수 θ_1을 모형에 포함시키거나 제외시킬 수도 있다. 그러나, '시차 1'의 잔차 자기상관계수는 더 이상 유의하지 않기 때문에, 차수가 '1'인 MA항(즉, θ_1)을 제외한 MA(2)모형을 고려해야 할 것이다. 즉, 다음 주어진 두 개의 MA(2)모형 중 후자를 재식별한다.

$$\tilde{y}_t = (1-\theta_1 B - \theta_2 B^2)\epsilon_t \text{ 와 } \quad \tilde{y}_t = (1-\theta_2 B^2)\epsilon_t$$

저축률 시계열 자료의 경우, 잔차분석을 통해서 1975년 2분기에서 유난히 큰 잔차를 관측하였다. 갑작스런 세금 환불로 인해서 그전에 시계열 자료에 존재하는 패턴에 영향을 주게 된 것이다. 이 경우 다음 주어진 방법을 고려할 수 있다.

① 주어진 자료가 잘못 입력되었으면, 이를 수정함으로써 이탈된 잔차를 효

율적으로 제거할 수 있다.

② 이상값들은 프로세서 내에 본질적으로 간직하고 있는 우연의 요소를 반영한다는 점을 감안하면 무시될 수 있다. 자료를 더 많이 수집할수록 더 많은 이상값이 발생할 수 있다.

③ 자료를 수정함으로써 이상값들을 제거할 수 있다. 만일 면밀히 조사한 후 자료입력 오류나 규명할 수 있는 사건을 발견할 수 없으면, 관측값들을 수정할지도 모른다. 이는 주의를 매우 기울여야 한다. 자료를 더 잘 적합시키는 모형을 찾기 위해 임의로 자료를 수정하는 것은 위험천만한 생각일 수 있다. 만일 이상값(들)을 포함한 프로세서가 확률적 성질을 전혀 갖지 않거나 추정 및 예측 결과에 심하게 부정적 효과를 주지 않는다고 확신한다면, 이 방법을 고려할 수 있을 것이다. 만일 주어진 자료가 많을 때, 이 방법은 다음과 같이 실행한다. 첫째, 이상값이 발생한 시점 바로 전 관측값까지를 근거로 모형을 설정한다. 둘째, 설정된 모형을 근거로 하여 1시점 후 예측값을 계산한다. 끝으로, 이상값(들)을 예측된 값(들)으로 대치한 후 새롭게 생성된 자료에 근거하여 다시 ARIMA 모형을 설정한다.

④ 앞에서 제시한 세 가지 방법보다 더 정교하게 이상값(들)을 설명할 수 있는 기법은 4장에서 언급한 개입모형을 사용하는 것이다. 이 분석을 통해 이상값(들)이 발생한 시점(들)을 면밀히 조사하여, 논리적으로 큰 편차를 일으키는 특정적인 사건(들)을 규명하며, 더 나아가 이 사건(들)이 프로세서에 미친 효과를 설명할 수 있다. 이는 2권에서 자세히 다루기로 한다.

[사례분석 3] 주택허가 건수

C3.1 자료설명

주택산업은 통상 국민경제에 영향을 준다. 향후 주택건설과 경기를 파악할 수 있는 선행지표로 주택허가 건수와 주택착공 건수를 고려할 수 있다. 이들을 각각 당월 건축허가 건수와 신규 주택착공 건수로 정의한다. 특히 주택허가 건수는 경제상황(침체기, 회복기 등)을 알 수 있게 해주는 중요한 요인 중의 하나이며, 경기가 침체국면으로 가기 전에 감소하고 침체가 끝나기 전에 증가한다. 따라서 주택산업의 활동수준은 주택산업에 종사하는 사람들뿐만 아니라 경제추이에 관심 있는 사람들에게도 중요한 의미가 될 것이다.

이번 사례분석에서는 1947년에서 1967년까지의 분기별 자료를 다루며, 이 자료는 분석 전에 계절적 변동을 제거하였다(사례분석03.sav). 참고로 이 자료는 미국 상무성에서 발간하는 *Business Conditions Digest*(July, 1978)에서 발췌하였다. 다음은 84개의 관측값들을 시계열도표로 나타낸 것이다.

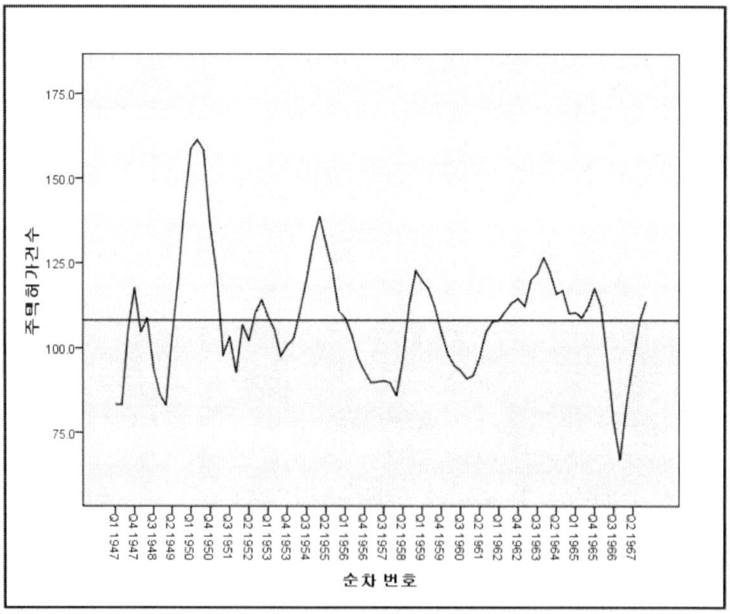

[그림 C3.1] 주택 허가 건수의 시계열도표

시계열 내에서 어느 특정한 추세를 발견할 수 없고, 단지 관측값들이 시계열의 평균을 중심으로 임의로 위 아래로 움직이는 것을 알 수 있다. 즉, 평균이 정상적임을 시각적으로 알 수 있다. 분기별 자료이기 때문에 1년 단위로 주기를 고려하면 주기의 길이는 '4'가 된다. 역시 매 주기마다 어느 특정한 분기에서 다른 달들에 비해 월등히 큰 값 또는 작은 값을 갖는 규칙을 찾을 수 없다.

이 시계열은 미국 상무성에서 발표하기 앞서 계절적 변동을 제거하였지만, 이 과정에서 오류를 범했다면 여전히 계절적 패턴을 지니고 있을지 모른다. 이러한 가능성을 점검하기 위해서 계절적 주기의 배수시차(s, $2s$, $3s$, ...)에서 유의한 자기상관계수들을 찾는다. 즉, 분기별 자료($s=4$)에 대해 시차 4, 8, 12, … 등을 주목한다.

이때 SPSS 17.0에서 계절시차(4, 8, 12 등)의 자기상관계수만을 고려하려면, "자기상관 도표: 옵션" 대화상자에서 '주기시차의 자기상관 출력(D)'을 체크하여 실행하면 된다.

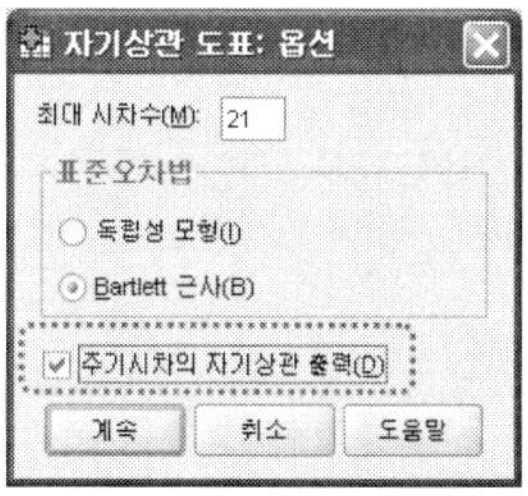

아래 주어진 주기시차(4, 8, 12, 16, 20)에 대한 자기상관함수를 살펴보면, 95% 신뢰한계선 밖으로 튀어나온 자기상관계수는 하나도 찾을 수 없다. 이는 주기시차의 상관계수 모두가 통계적으로 '0'임을 의미하며, 더 나아가서 계절적인 변동이 존재하지 않음을 재확인할 수 있다.

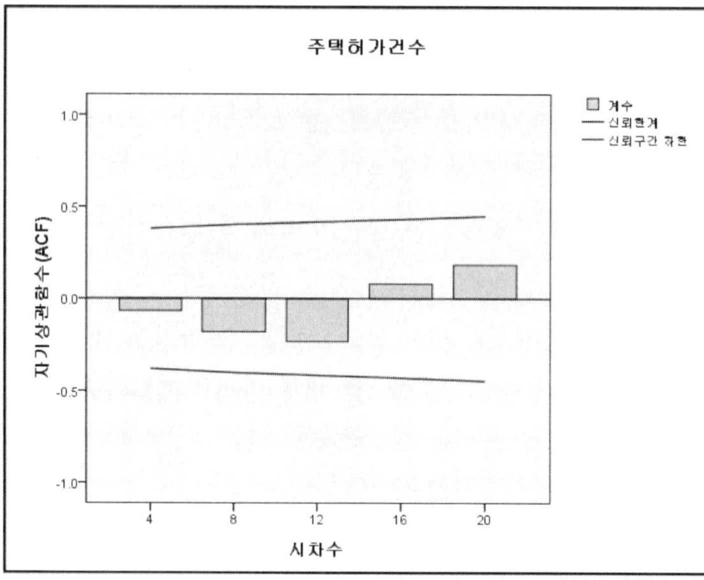

[그림 C3.2] 주기시차의 자기상관함수-1

계절시차의 자기상관계수들에 대한 t-통계량의 절대값들 중 실전적 경고수준 '1.25'를 초과하는 것이 없기 때문이다([표 C3.3] 참조).

[표 C3.3] 주기시차의 자기상관함수-2

자기상관

계열:주택허가건수

시차	자기상관	표준 오차 오류
4	-.067	.191
8	-.181	.202
12	-.234	.208
16	.082	.215
20	.184	.224

C3.2 식별단계

우선 처음으로 할 작업은 자료의 정상성 여부를 결정하는 것이다. 이미 앞 시계열도표 [그림 C3.1]을 보면 분산은 일정해 보인다. 다음은 원자료에 대해 추정된 자기상관함수와 편자기상관함수를 나타낸 것이다. 물론 이때 84개 관측값 중 25%인 21개의 상관계수를 고려한다.

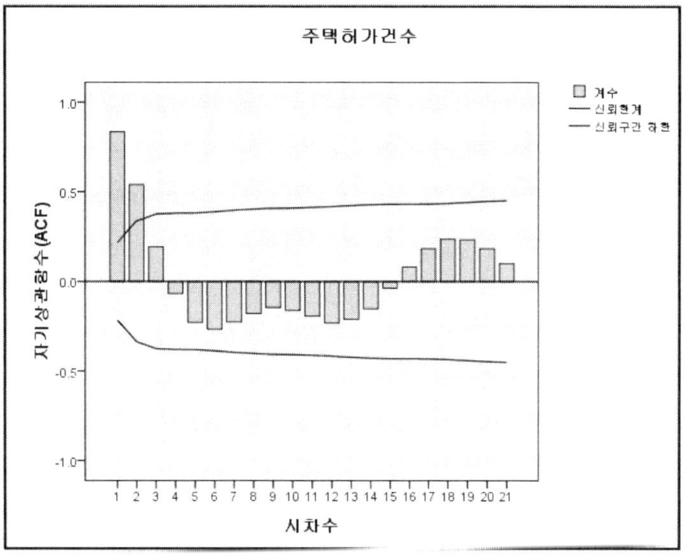

[그림 C3.4] 원자료의 자기상관함수-1

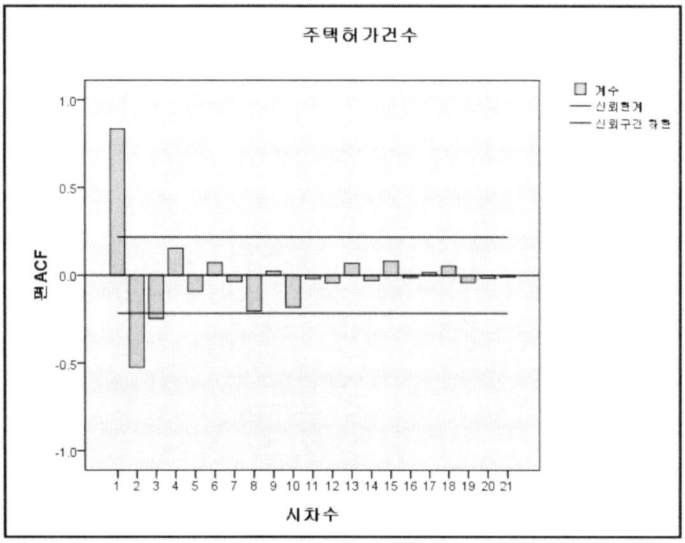

[그림 C3.5] 원자료의 편자기상관함수-1

만약 추정된 자기상관함수가 급격히 감소하지 않으면 평균이 비정상적이라고 생각할 수 있지만, 추정된 자기상관함수는 급격히 '0'으로 줄어든다. 참고로 단기시차 1, 2, 3의 자기상관계수가 각각 0.835, 0.539, 0.193이다([표 C3.6] 참조). 단지 첫 두 개의 자기상관계수만이 95% 신뢰한계선 밖으로 벗어나 있으며, 이 두 개 시차의 자기상관계수에 대한 t-통계량의 절대값(7.66, 3.19)만이 실전적 경고수준 '1.6'을 초과한다. 이러한 사실을 고려하면, 정상적인 평균을 만들기 위해 차분이 불필요하다고 결론 내릴 수 있다.

[표 C3.6] 원자료의 자기상관함수-2와 편자기상관함수-2

자기상관

계열:주택허가건수

시차	자기상관	표준 오차 오류a
1	.835	.109
2	.539	.169
3	.193	.188
4	-.067	.191
5	-.231	.191
6	-.267	.194
7	-.228	.198
8	-.181	.202
9	-.146	.203
10	-.163	.205
11	-.195	.206
12	-.234	.208
13	-.213	.212
14	-.153	.214
15	-.037	.215
16	.082	.215
17	.183	.216
18	.237	.218
19	.234	.221
20	.184	.224
21	.100	.225

편자기상관

계열:주택허가건수

시차	편자기상관	표준 오차 오류
1	.835	.109
2	-.525	.109
3	-.248	.109
4	.154	.109
5	-.090	.109
6	.072	.109
7	-.035	.109
8	-.206	.109
9	.023	.109
10	-.184	.109
11	-.019	.109
12	-.043	.109
13	.068	.109
14	-.030	.109
15	.080	.109
16	-.012	.109
17	.014	.109
18	.052	.109
19	-.040	.109
20	-.016	.109
21	-.010	.109

다음 관심사는 추정된 자기상관함수와 편자기상관함수를 고려하여 하나 이상의 모형을 임시로 식별하는 것이다. 앞에서 이미 언급한 바와 같이, 평균이 정상적이기 때문에 차분이 필요없다($d=0$)고 단정하였다. 그래서, 모형식별을 하기 위해 비차분된 자료를 근거로 한 추정된 자기상관함수와 편

자기상관함수를 들여다보는 것이 적절하다.

첫째, 자기회귀모형 즉, AR(p)모형을 고려한다. 이는 아주 좋은 선택은 아니다. 왜냐하면, 자기상관함수의 형태가 자기회귀모형을 만족할 만큼 급격히 감소하지 않는다. 오히려 자기상관함수는 '시차 2 이후'에 '0'으로 절단형태를 갖는다. 자기상관함수가 사인곡선 패턴으로 감소한다고 생각하더라도 '시차 2 이후' 자기상관계수들 중 통계적으로 유의한 것은 하나도 없다. 5% 유의수준에서 시차 2 이후 시차들 중 이에 해당하는 자기상관계수들에 대한 t-통계량의 절대값들 가운데 실전적 경고수준 '1.6'을 초과하는 것은 없다. 그래서, 자기상관함수를 지수함수 형태 또는 사인곡선 패턴으로 감소하는 것으로 해석하는 것은 적절하지 못하다. 더구나 추정된 편자기상관함수는 '0'으로 절단형태라기보다는 서서히 감소하는 모양을 나타낸다. 이 두 개 그림을 통하여 자기회귀모형이 적절하다고 생각할 수 없다.

그렇다면 이동평균모형 즉, MA(q)모형을 고려하는 것은 어떤가? 추정된 자기상관함수를 보면 '시차 2 이후'에 '0'으로 절단형태이며, 편자기상관함수는 부호가 번갈아 바뀌며 점차 감소하는 형태이다. 이는 바로 MA(2)모형과 일치한다. 분명히 자기회귀모형보다 MA(2)모형을 고려하는 것이 낫다.

마지막으로 ARMA 모형을 고려해보자. 초기 식별단계에서 ARMA 모형을 적절하게 식별하는 것은 어려울 수도 있다. 그러나, 비차분된 자료의 추정된 자기상관함수와 편자기상관함수를 통해서 두 상관함수 모두가 감소형태로 간주할 때 흔히 사용하는 ARMA(1,1)모형과 일치하는지 비교해 볼 수 있다.

추정된 자기상관함수와 편자기상관함수가 과연 ARMA(1,1)모형과 일치할까? 일반적으로 ARMA 모형의 자기상관함수와 편자기상관함수 모두가 '0'으로 절단형태이기보다는 오히려 점진적으로 '0'을 향해 감소한다. 추정된 편자기상관함수는 점차적으로 감소하는 형태이지만, 반면에 추정된 자기상관함수는 '시차 2 이후' 절단형태이다. 따라서 MA(2)모형이 ARMA(1,1)모형보다 더 선호된다. 선택된 MA(2)모형은 다음과 같이 표현된다.

$$\tilde{y}_t = (1-\theta_1 B - \theta_2 B^2)\epsilon_t \quad \text{또는} \quad y_t = C - \theta_1 \epsilon_{t-1} - \theta_2 \epsilon_{t-2} + \epsilon_t$$

C3.3 추정 및 모형검진

다음은 MA(2)모형의 추정결과이다.

[표 C3.7] MA(2)모형의 추정결과

ARIMA 모형 모수

			추정값	SE	t	유의확률
주택허가건수-모형_1	상수항		108.330	2.604	41.600	.000
	MA	시차 1	-1.134	.068	-16.624	.000
		시차 2	-.830	.074	-11.247	.000

두 개의 추정된 계수($\hat{\theta}_1$ 과 $\hat{\theta}_2$) 모두 통계적으로 유의하고, MA(2)모형의 가역성의 필요조건을 만족한다. 왜냐하면, $|\hat{\theta}_2| = 0.830 < 1$, $\hat{\theta}_2 + \hat{\theta}_1 = -1.964 < 1$, $\hat{\theta}_2 - \hat{\theta}_1 = 0.304 < 1$ 이기 때문이다. 추정단계에서 고려한 조건들을 만족하므로 이제 모형검진 단계로 넘어가자.

다음 주어진 Box-Ljung 검증통계량의 p값(0.003)이 5% 유의수준보다 훨씬 작기 때문에 백색잡음항의 독립성을 만족하지 않는다.

[표 C3.8] MA(2)모형 적합 후 Box-Ljung 통계량

모형 통계량

	Ljung-Box Q(18)			
모형	통계량	자유도	유의확률	이상값 수
주택허가건수-모형_1	36.246	16	.003	0

또 다른 모형검진 도구로 사용되는 잔차 자기상관함수를 살펴보면([표 C3.9] 참조), 그다지 만족스럽지 못하다.

[표 C3.9] MA(2)모형 적합 후 잔차 자기상관함수

자기상관

계열:주택허가건수-모형 1의 잡음 잔차

시차	자기상관	표준 오차 오류[a]	Box-Ljung 통계량 값	자유도	유의확률[b]
1	.235	.109	4.797	1	.029
2	.259	.115	10.702	2	.005
3	.169	.122	13.261	3	.004
4	-.156	.124	15.469	4	.004
5	-.173	.127	18.219	5	.003
6	-.082	.130	18.836	6	.004
7	-.150	.130	20.952	7	.004
8	-.092	.132	21.764	8	.005
9	.012	.133	21.778	9	.010
10	-.161	.133	24.312	10	.007
11	-.071	.135	24.814	11	.010
12	-.180	.136	28.074	12	.005
13	-.127	.139	29.711	13	.005
14	-.126	.140	31.340	14	.005
15	.032	.141	31.446	15	.008
16	.011	.141	31.458	16	.012
17	.131	.141	33.319	17	.010
18	.164	.143	36.246	18	.007
19	.090	.145	37.138	19	.008
20	.137	.146	39.263	20	.006
21	.043	.147	39.479	21	.009

왜냐하면 첫 5개 시차의 잔차 자기상관계수의 t-통계량의 절대값(2.16, 2.25,1.38,1.25,1.36)이 잔차 자기상관함수의 단기시차 경고수준 '1.25'보다 크기 때문이다. 이는 자료 내에 이미 이동평균계수를 포함한다는 가정에서 자기회귀패턴도 동시에 포함하고 있음을 내포한다.

자기회귀계수를 모형에 포함시켜야 되는지를 알아보기 위해서, [그림 C3.10]의 잔차 편자기상관함수를 사용하는 것은 그다지 도움이 되지 않는다. 왜냐하면 시차 1, 2, 4에서 통계적으로 유의한 스파이크를 발견할 수 있기 때문이다.

만일 MA(2)모형에 이 3개의 차수들을 포함하는 자기회귀항들을 추가하면 "모수절약의 원칙"에 위배될 수 있다. 그리고, 자기회귀항이 MA(2)모형에 추가되면, 이동평균계수들(θ_1과 θ_2)이 불필요하게 될지도 모른다.

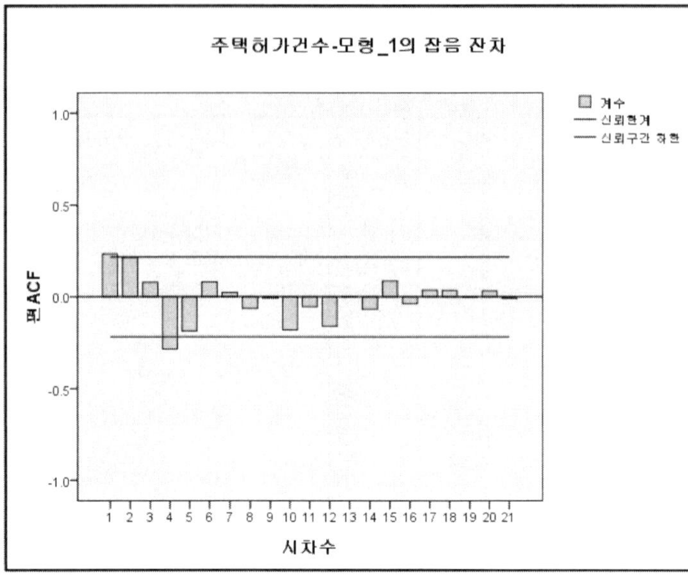

[그림 C3.10] MA(2)모형 적합 후 잔차 편자기상관함수

이런 상황에서 취해야 할 생각은 원자료에 근거한 추정된 자기상관함수와 편자기상관함수를 다시 들여다보고 재식별하는 것이다.

C3.4 재식별, 추정 및 모형검진

원자료에 근거한 추정된 자기상관함수와 편자기상관함수를 다시 들여다보면 확연히 드러나는 점이 있다. 원자료의 추정된 편자기상관함수 [그림 C3.5]가 '0'으로 절단되는 형태이기보다는 서서히 '0'으로 감소했지만, MA(2)모형을 진단한 결과 자기회귀항을 모형 안에 추가해야 된다는 사실을 알았다. 만일 '0'으로 절단되는 형태라면 단순히 자기회귀모형만을 고려했을 것이다. 그래서, 자기상관함수와 편자기상관함수 모두 사인곡선 형태로 점차 감소하는 ARMA 모형으로 결론지을 수밖에 없다. 우선 모수가 절약되고 흔히 사용하는 ARMA(1,1)모형을 선택하여 식별할 수 있다.

$$(1-\phi_1 B)\widetilde{y_t} = (1-\theta_1 B)\epsilon_t \quad \text{또는} \quad y_t = C + \phi_1 y_{t-1} - \theta_1 \epsilon_{t-1} + \epsilon_t$$

다음은 ARMA(1,1)모형을 추정 및 모형검진의 결과를 나타낸 것이다.

[그림 C3.11] ARMA(1,1)모형 추정결과

ARIMA 모형 모수

			추정값	SE	t	유의확률
주택허가건수-모형_1	상수항		107.473	5.427	19.804	.000
	AR	시차 1	.783	.077	10.201	.000
	MA	시차 1	-.327	.120	-2.712	.008

$\hat{\phi}_1$ 과 $\hat{\theta}_1$ 의 t-통계량의 절대값 모두가 '2.0'보다 크며, 각각 정상성 조건과 가역성 조건인 $|\hat{\phi}_1| < 1$, $|\hat{\theta}_1| < 1$ 을 만족한다. 그러나, Box-Ljung 검증통계량의 p값(0.001) 역시 5% 유의수준보다 훨씬 작기 때문에 백색잡음항의 독립성을 만족하지 않는다([표 C3.12] 참조). 또한, [표 C3.13]에 각 시차별로 나타난 p값 대부분이 5% 유의수준보다 훨씬 작다.

[표 C3.12] ARMA(1,1)모형 적합 후 Box-Ljung 통계량

모형 통계량

모형	Ljung-Box Q(18) 통계량	자유도	유의확률
주택허가건수-모형_1	38.626	16	.001

불행히도 아래와 같이 잔차 자기상관함수를 통해 만족할 만한 결과를 발견할 수 없다. 왜냐하면 첫 6개 중 5개(시차 4제외) 시차의 잔차 자기상관계수에 대한 t-통계량의 절대값(1.33, 2.23, 1.92, 2.48, 1.26) 모두가 실전적 경고수준 '1.25'보다 크기 때문이다. 다시 말해서, 잔차 자기상관함수가 점차적으로 감소하는 형태이므로 추가적으로 자기회귀항이 필요하다는 것을 알 수 있다.

[표 C3.13] ARMA(1,1)모형 적합 후 잔차 자기상관함수

자기상관

계열:주택허가건수-모형_1의 잡음 잔차

시차	자기상관	표준 오차 오류[a]	Box-Ljung 통계량 값	자유도	유의확률[b]
1	.145	.109	1.830	1	.176
2	.247	.111	7.201	2	.027
3	-.226	.118	11.756	3	.008
4	-.117	.123	12.990	4	.011
5	-.308	.124	21.642	5	.001
6	-.168	.133	24.259	6	.000
7	-.003	.135	24.259	7	.001
8	-.051	.135	24.508	8	.002
9	.142	.136	26.459	9	.002
10	-.058	.137	26.792	10	.003
11	.048	.138	27.015	11	.005
12	-.215	.138	31.664	12	.002
13	-.040	.142	31.827	13	.003
14	-.166	.142	34.686	14	.002
15	.029	.144	34.775	15	.003
16	.039	.144	34.935	16	.004
17	.107	.144	36.169	17	.004
18	.150	.145	38.626	18	.003
19	.098	.147	39.697	19	.004
20	.088	.148	40.564	20	.004
21	.027	.149	40.648	21	.006

[표 C3.14]의 잔차 편자기상관함수를 살펴보면 역시 점차적으로 감소하는 형태이지만 조잡해 보인다. 만일 이 두 상관함수가 모두 감소하는 형태라면 ARMA(1,1)모형에 자기회귀항과 이동평균항 모두를 추가해야 할 필요가 있다.

그렇다면 다음 행로는 어디인가? 지금까지 우리는 완전히 만족스러운 모형을 찾지 못했고(MA(2)모형), 몇 가지 눈에 보이는 형태를 바꿔 생각하여 ARMA(p,q)모형이 적절하다고 결정했지만, 차수(즉, p와 q의 값)들을 식별하는 데 어려움을 겪고 있다.

[표 C3.14] ARMA(1,1)모형 적합 후 잔차 편자기상관함수

잔차 PACF		
	모형	
	주택허가건수-모형_1	
	편자기상관함수(PACF)	SE
1	.145	.109
2	.231	.109
3	-.310	.109
4	-.115	.109
5	-.164	.109
6	-.134	.109
7	.125	.109
8	-.146	.109
9	.038	.109
10	-.114	.109
11	-.096	.109
12	-.166	.109
13	-.071	.109
14	-.107	.109
15	-.045	.109
16	-.019	.109
17	-.066	.109
18	.020	.109
19	.021	.109
20	-.030	.109
21	.095	.109

그렇다면 [사례분석 2]에서 언급한 분석전략을 되새겨보자. 즉 "처음 AR(p)모형을 추정한 후 생성된 잔차 자기상관함수를 근거로 MA(q)항을 모형에 추가시켜 결국 ARMA(p,q)모형을 구축한다." 이를 적용시켜 ARMA 모형의 식별을 때때로 쉽게 할 수 있다. 자기회귀항으로부터 분석을 시작하면 적절한 이동평균항을 선택할 수 있는 명백한 잔차 자기상관함수를 얻을 수 있기 때문이다. 반면에 이동평균항으로부터 시작하면, 통계적으로 유의한 몇 개의 자기상관계수만을 제거하게 되므로 잔차 자기상관함수는 해석하기 어려운 감소형태 또는 진폭이 감소하는 사인곡선 형태가 되는 경향이 있다. 자기회귀항으로부터 식별을 시작하면 자기회귀는 지수함수로 감소하는 형태나 진폭이 축소하는 사인곡선 패턴과 관계가 있기 때문에 통계적으로 유의한 자기상관계수(들)를 많이 제거할 수 있다. 이 방법은 잔차 자기상관함수에 여전히 남아 있는 문제를 탐지하는 데 비교적 쉽다.

앞에서 제시한 분석전략을 이용하여, 우선 자료에 다음과 같이 AR(1)

모형을 적합시킨다.

$$(1-\phi_1 B)\widetilde{y_t} = \epsilon_t \quad \text{또는} \quad y_t = C + \phi_1 y_{t-1} + \epsilon_t$$

다음은 AR(1)모형을 추정한 결과와 모형검진한 것이다.

[표 C3.15] AR(1)모형 추정결과

ARIMA 모형 모수

			추정값	SE	t	유의확률
주택허가건수-모형_1	상수항		107.007	6.200	17.260	.000
	AR	시차 1	.847	.057	14.822	.000

앞 결과에서 보는 바와 같이, $\hat{\phi}_1$은 통계적으로 매우 유의하며(p값 = 0.000), 정상성 조건($|\hat{\phi}_1| = 0.847 < 1$)을 만족한다. 그래서, 이동평균항을 추가시켜 더 적절한 모형을 찾기 위해서, 다음 잔차 자기상관함수를 점검해보기로 하자.

[표 C3.16] AR(1)모형 적합 후 잔차 자기상관함수-1

잔차 ACF

	모형	
	주택허가건수-모형_1	
	자기상관함수 (ACF)	SE
1	.440	.109
2	.188	.128
3	-.218	.132
4	-.271	.136
5	-.388	.142
6	-.248	.154
7	-.054	.159
8	.018	.159
9	.139	.159
10	.034	.161
11	.007	.161
12	-.183	.161
13	-.128	.163
14	-.170	.164
15	-.014	.167
16	.053	.167
17	.149	.167
18	.182	.168
19	.158	.171
20	.107	.172
21	.038	.173

앞의 잔차 자기상관함수는 '0'으로 급격히 절단된 형태라기보다는 파도 모양의 패턴으로 점차 감소한다. 즉, 첫 6개 잔차 자기상관계수에 대한 t-통계량의 절대값 모두 실전값 경고수준 '1.25'보다 크다(4.04, 1.47, 1.65, 1.99, 2.73, 1.61). AR(1)모형부터 얻은 잔차들을 통해 이 자료는 분명히 AR 모형 또는 ARMA 모형으로 표현될 수 있다. 다시 말해서, 이 두 모형 모두 잔차들 내에 자기회귀요소가 남아 있다. 그리고, 다음 주어진 잔차 편자기상관함수의 패턴은 점차적으로 감소하는 형태를 나타내므로, AR 모형이라기보다는 오히려 ARMA 모형을 제시한다. 우선 이동평균 부분은 그대로 두고 자기회귀 부분에 초점을 맞추기로 하자.

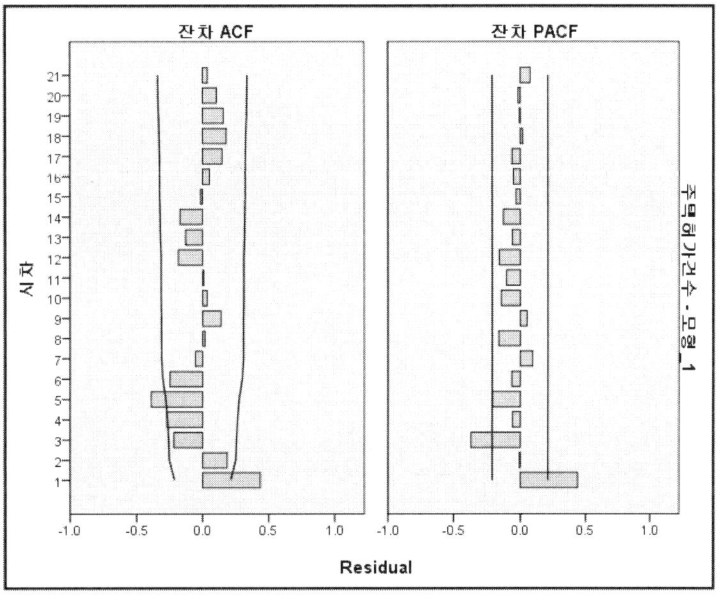

[그림 C3.17] AR(1)모형 적합 후 잔차 상관함수-2

AR(1)모형을 적합한 후 산출된 잔차들을 고려하면, 자기회귀요소는 AR(1), AR(2), 심지어 AR(3)까지 될 수 있다. 잔차 자기상관함수의 형태가 진폭이 축소하는 사인곡선 모양이므로 AR(2)모형 또는 AR(3)모형이 더 적합할 수 있지만, 때때로 AR(1)모형의 추정된 자기상관함수는 단순히 감소하는 형태이기보다는 파도형태를 갖는다.

만일 AR(1)모형 적합 후 생성된 잔차 내에 자기회귀요소가 AR(2)이면, 원자료(y_t)는 AR(3)모형이 적절할 것이다. 그리고, 잔차들의 형태가 AR(1) 패턴을 따르게 되면, 원자료는 AR(2)모형에 적합할 것이다. 이를 구체적으로 살펴보자.

첫째 AR(1)모형 내의 ϵ_t 대신 자기상관된 b_t를 이용하여 바꾼다. 그리고, 자기회귀계수를 ϕ_1^* 로 표시하여 시차 1의 다른 자기회귀계수들과 구별하면,

$$(1-\phi_1^* B)\widetilde{y_t} = b_t$$

가 된다. 이제 b_t 를 AR(2)모형으로 표현하면 다음과 같다.

$$(1-\phi_1' B-\phi_2' B^2)b_t = \epsilon_t$$

이때 ϵ_t 들은 서로 독립이다. 앞 식에 b_t 대신 $(1-\phi_1^* B)\widetilde{y_t}$ 를 대입하면,

$$(1-\phi_1' B-\phi_2' B^2)(1-\phi_1^* B)\widetilde{y_t} = \epsilon_t$$

가 된다. 앞 식의 왼쪽 항을 전개하면,

$$(1-\phi_1 B-\phi_2 B^2-\phi_3 B^3)\widetilde{y_t} = \epsilon_t$$

가 되며, 여기에서,

$$\phi_1 = \phi_1^* + \phi_1', \quad \phi_2 = \phi_2' - \phi_1^*\phi_1', \quad \phi_3 = -\phi_1^*\phi_2'$$

이다. 그러므로 AR(1)모형의 잔차(b_t)가 AR(2)패턴을 따른다면, 결국 원자료(y_t)는 AR(3)모형을 의미한다. 마찬가지로 AR(1)모형의 잔차(b_t)가 AR(1) 패턴을 따른다고 가정하면, 다음과 같이 앞과 똑같은 방법으로 원자료(y_t)는 AR(2)모형이 된다.

$$(1-\phi_1 B-\phi_2 B^2)\widetilde{y_t} = \epsilon_t \quad \text{또는} \quad y_t = C+\phi_1 y_{t-1}+\phi_2 y_{t-2}+\epsilon_t$$

"모수절약의 원칙"을 고수하기 위해 당분간 AR(3)모형보다는 AR(2)모형을 선택하도록 하자. 즉, AR(1)모형의 잔차(b_t)가 AR(1)패턴을 따른다고 가정하면, 다음과 같은 AR(2)모형 추정한 결과를 얻을 수 있다.

[표 C3.18] AR(2)모형 추정결과

ARIMA 모형 모수

			추정값	SE	t	유의확률
주택허가건수-모형_1	상수항		108.102	3.463	31.219	.000
	AR	시차 1	1.315	.092	14.279	.000
		시차 2	-.555	.092	-6.047	.000

$\hat{\phi}_1$과 $\hat{\phi}_2$에 대한 t-통계량의 절대값 모두가 '2.0'보다 크며, AR(2)모형의 3가지 정상성 조건을 만족시킨다(정상성 조건이 만족되는 이유는 독자의 몫으로 남겨둔다). 다음 주어진 잔차 자기상관함수를 보면 상당히 말끔하게 잘 정돈되어 보인다.

[표 C3.19] AR(2)모형 적합 후 잔차 자기상관함수-1

잔차 ACF

	모형: 주택허가건수-모형_1	
	자기상관함수 (ACF)	SE
1	-.159	.109
2	.241	.112
3	-.162	.118
4	.110	.120
5	-.156	.122
6	-.052	.124
7	.062	.124
8	-.137	.125
9	.112	.126
10	-.157	.128
11	.060	.130
12	-.243	.130
13	.046	.136
14	-.150	.136
15	.066	.138
16	.007	.138
17	.037	.138
18	.094	.138
19	.019	.139
20	.059	.139
21	.014	.139

물결 모양의 패턴은 없어지고, 단기시차 중 단지 첫 5개 중 4개의 자기상관계수에 대한 t-통계량의 절대값(1.46, 2.15, 1.37, 1.28)만이 실전적 경고수준 '1.25'를 초과한다. 우리는 초점을 두어야 할 점은 '시차 2'의 잔차 자기상관계수가 유난히 크다는 사실이다.

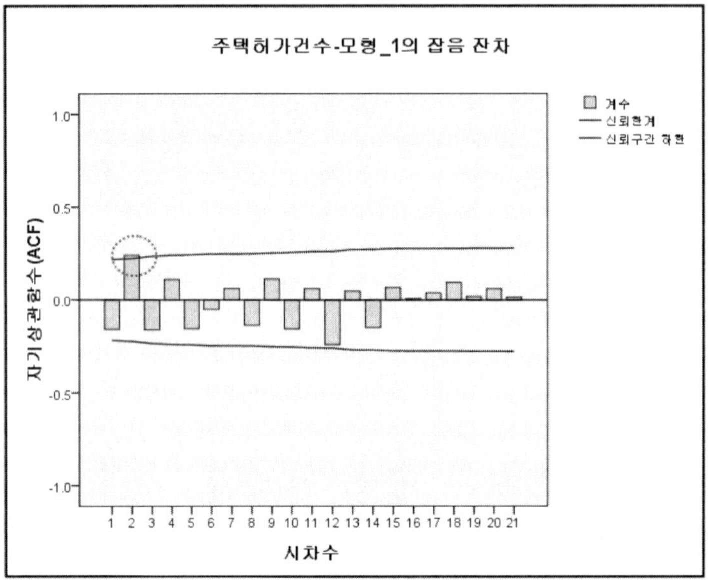

[그림 C3.20] AR(2)모형 적합 후 잔차 자기상관함수-2

시차 1,3,5에서 t-통계량의 절대값은 경고수준보다 크지만, 이 두 개의 자기상관계수들은 상대적으로 큰 t-통계량의 절대값을 갖는 '시차 2'의 자기상관계수와 단지 음으로 상관되었을지 모른다. 차수가 '2'인 이동평균계수를 AR(2)모형에 추가하면 만족할 만한 모형을 얻게 될지도 모른다. 이를 확인하기 위해 다음 주어진 $\theta_1 = 0$ 인 ARMA(2,2)모형을 고려해보자.

$$(1 - \phi_1 B - \phi_2 B^2)\tilde{y}_t = (1 - \theta_2 B^2)\epsilon_t$$

또는

$$y_t = C + \phi_1 y_{t-1} + \phi_2 y_{t-2} - \theta_2 \epsilon_{t-2} + \epsilon_t$$

다음은 앞에서 언급한 ARMA(2,2)모형을 추정한 결과이다.

[표 C3.21] ARMA(2,2)모형 추정결과

ARIMA 모형 모수						
			추정값	SE	t	유의확률
주택허가건수-모형_1	상수항		107.883	3.476	31.034	.000
	AR	시차 1	1.228	.102	12.032	.000
		시차 2	-.545	.093	-5.861	.000
	MA	시차 2	-.431	.122	-3.545	.001

앞 결과를 통해 ARMA(2,2)모형은 만족할 만하다. 왜냐하면 추정된 모든 계수들은 통계적으로 유의하며, 또한 정상성 조건($|\hat{\phi}_2| = 0.545 < 1$, $\hat{\phi}_2 - \hat{\phi}_1 = -1.7730 < 1$, $\hat{\phi}_2 + \hat{\phi}_1 = 0.683 < 1$)과 가역성 조건($|\hat{\theta}_2| = 0.431 < 1$, $\hat{\theta}_2 + \hat{\theta}_1 = \hat{\theta}_2 - \hat{\theta}_1 = -0.431 < 1$)을 동시에 만족한다.

그렇다면, ARMA(2,2)모형의 적합성을 진단하기 위해 잔차 자기상관함수는 어떤가? 다음 결과를 보면 어느 정도 모형이 적절함을 알 수 있다.

[표 C3.22] ARMA(2,2)모형 적합 후 잔차 자기상관함수-1

자기상관

계열:주택허가건수-모형_1의 잡음 잔차

시차	자기상관	표준 오차 오류[a]	Box-Ljung 통계량 값	자유도	유의확률[b]
1	-.018	.109	.030	1	.863
2	-.070	.109	.462	2	.794
3	-.047	.110	.656	3	.884
4	.215	.110	4.836	4	.305
5	-.123	.115	6.216	5	.286
6	-.092	.116	7.003	6	.321
7	.046	.117	7.203	7	.408
8	-.095	.117	8.055	8	.428
9	.015	.118	8.078	9	.526
10	-.100	.118	9.052	10	.527
11	-.006	.119	9.055	11	.617
12	-.202	.119	13.141	12	.359
13	.008	.123	13.148	13	.436
14	-.089	.123	13.967	14	.452
15	.055	.124	14.284	15	.504
16	-.005	.124	14.287	16	.577
17	.039	.124	14.455	17	.635
18	.071	.125	15.010	18	.661
19	.038	.125	15.175	19	.711
20	.035	.125	15.313	20	.758
21	.026	.125	15.390	21	.803

'시차 4와 12'의 자기상관계수에 대한 t-통계량의 절대값(1.95, 170)을 제외하고는 나머지 모든 시차의 상관계수에 대한 t-통계량의 절대값들은 실전적 경고수준보다 작으며, 모든 Box-Ljung 통계량의 p값은 5% 유의수준에서 모두 유의하지 않다. 여기에서 주목해야 할 점은 AR(2)모형에 근거한 잔차 자기상관함수에서 '시차 1과 3'의 잔차 자기상관계수가 만족할 만큼 작아졌다는 것이다. 그래서, '시차 2'의 자기상관계수는 이웃하는(시차 1과 3) 자기상관계수들보다 상대적으로 커서 그 주위의 계수들과 음의 상관관계가 있음을 알 수 있다. 그러나, ARMA(2,2)모형을 근거로 하여 계산된 자기상관함수 중 여전히 '시차 4'의 자기상관계수에 대한 t-통계량의 절대값(1.95)은 단기시차의 경고수준보다 크다. 이는 C3.2절에서 다루기로 한다. 또한 [표 C3.22]에서 모든 시차의 Box-Ljung p값이 모두 유의수준 5%보다 월등히 크기 때문에 "백색잡음항의 독립성"을 강력히 지지해 준다.

다음은 ARMA(2,2)모형에 근거하여 잔차들을 플롯한 잔차도표이다.

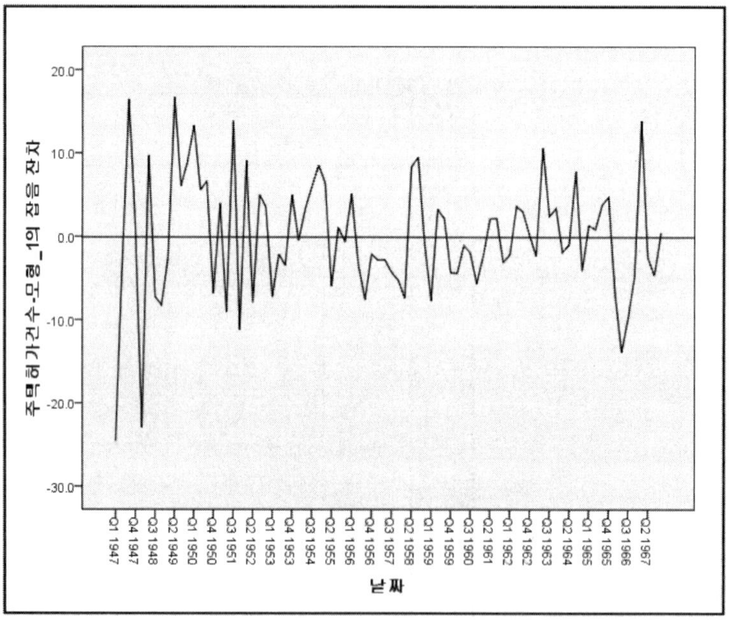

[그림 C3.23] ARMA(2,2)모형 적합 후 잔차도표

눈에 두드러지게 드러나는 패턴을 찾아볼 수 없고 잔차들이 평균을 중

심으로 임의로 흩어져 있는 것을 확인할 수 있다. 따라서 '시차 4'의 잔차 자기상관계수가 통계적으로 유의한 점을 제외하고는 ARMA(2,2)모형은 주택허가 건수 시계열 자료를 적합시키는 데 적절하다고 판정할 수 있다.

C3.5 대체모형

C3.5.1 AR(3)모형

[그림 C3.5]의 원자료의 편자기상관함수에서 '시차 3' 이후의 자기상관함수가 절단형태로 간주하면, 원자료 y_t는 AR(3)모형으로 식별할 수 있다. 다음은 AR(3)모형에 대한 추정결과이다.

[표 C3.24] AR(3)모형 추정결과

ARIMA 모형 모수

			추정값	SE	t	유의확률
주택허가건수-모형_1	상수항		108.258	2.488	43.504	.000
	AR	시차 1	1.121	.105	10.709	.000
		시차 2	-.087	.164	-.530	.598
		시차 3	-.354	.105	-3.360	.001

앞에서 보는 바와 같이, 추정계수 $\hat{\phi}_2$ 는 통계적으로 매우 유의하지 않기 때문에(p값=0.598), 이 계수를 모형으로부터 제거해야 한다. 그렇다면, AR(3)모형에서 계수 ϕ_2 를 제거한 모형은 과연 어떤가? 다음은 이를 추정한 결과이다.

참고로 SPSS 17.0에서 $\phi_2=0$ 인 AR(3)모형을 추정하기 위해서는, SPSS Statistics Syntax Editor 창에서 여러 명령문 중에서 "AR[3,2,1]"을 "AR[3,1]"로 수정해야 할 것이다.

[표 C3.25] $\phi_2 = 0$ 인 AR(3)모형 추정결과

ARIMA 모형 모수

			추정값	SE	t	유의확률
주택허가건수-모형_1	상수항		108.251	2.425	44.638	.000
	AR	시차 1	1.075	.056	19.357	.000
		시차 3	-.402	.055	-7.367	.000

앞에서 보는 바와 같이 두 개의 추정계수들 모두 통계적으로 매우 유의하며, 정상성의 필요조건인 $\hat{\phi}_1 + \hat{\phi}_2 + \hat{\phi}_3 = 0.6730 < 1$ 을 만족한다. 그리고, 단기시차의 모든 잔차 자기상관계수들에 대한 t-통계량의 절대값들이 실전적 경고수준 '1.25'보다 작으며, Box-Ljung 통계량의 p값 모두가 5% 유의수준에서 모두 유의하지 않다. 이 결과 계수 $\phi_2 = 0$ 인 AR(3)모형은 적절하다.

[표 C3.26] $\phi_2 = 0$ 인 AR(3)모형 적합 후 잔차 자기상관함수

자기상관

계열:주택허가건수-모형_1의 잡음 잔차

시차	자기상관	표준 오차 오류	Box-Ljung 통계량 값	자유도	유의확률
1	.129	.109	1.448	1	.229
2	-.021	.111	1.488	2	.475
3	-.103	.111	2.436	3	.487
4	.112	.112	3.570	4	.467
5	-.077	.113	4.115	5	.533
6	-.023	.114	4.164	6	.654
7	.065	.114	4.563	7	.713
8	-.048	.115	4.781	8	.781
9	.057	.115	5.098	9	.826
10	-.067	.115	5.534	10	.853
11	-.040	.116	5.694	11	.893
12	-.214	.116	10.300	12	.590
13	-.054	.120	10.594	13	.645
14	-.117	.121	12.001	14	.606
15	.028	.122	12.083	15	.673
16	-.004	.122	12.085	16	.738
17	.042	.122	12.272	17	.783
18	.056	.122	12.618	18	.814
19	.036	.123	12.762	19	.851
20	.027	.123	12.844	20	.884
21	.015	.123	12.870	21	.913

또한 아래 주어진 잔차도표를 통해서 AR(3)모형이 적절함을 재확인할

수 있다.

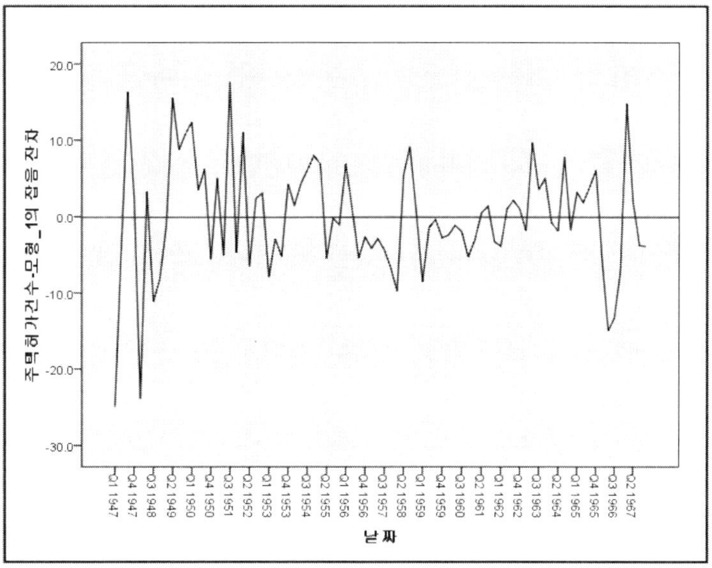

[그림 3.27] $\phi_2 = 0$ 인 AR(3)모형 적합 후 잔치도표

C3.5.2 ARMA(2,4)모형

앞에서 ARMA(2,2)모형이 어느 정도 적절하다고 단정하였지만, 이 모형에 근거한 잔차 자기상관함수에서 여전히 '시차 4'의 자기상관계수에 대한 t-통계량의 절대값(1.95)이 경고수준 '1.25'보다 크다는 것을 알았다([표 C3.22] 참조). 차수 '4'인 이동평균계수를 ARMA(2,2)모형에 추가시킨 다음 주어진 $\theta_1 = \theta_3 = 0$ 으로 한 ARMA(2,4)모형을 고려해보자.

$$(1 - \phi_1 B - \phi_2 B^2)\tilde{y_t} = (1 - \theta_2 B^2 - \theta_4 B^4)\epsilon_t$$

또는

$$y_t = C + \phi_1 y_{t-1} + \phi_2 y_{t-2} - \theta_2 \epsilon_{t-2} - \theta_4 \epsilon_{t-4} + \epsilon_t$$

다음은 앞에서 언급한 ARMA(2,4)모형을 추정한 결과와 잔차 자기상관함수이다.

[표 C3.28] ARMA(2,4)모형 추정결과

ARIMA 모형 모수

			추정값	SE	t	유의확률
주택허가건수-모형_1	상수항		108.148	3.548	30.481	.000
	AR	시차 1	1.248	.093	13.479	.000
		시차 2	-.665	.089	-7.451	.000
	MA	시차 2	-.552	.123	-4.492	.000
		시차 4	-.411	.137	-3.003	.004

앞 결과를 통해 ARMA(2,4)모형 역시 만족할 만하다. 추정된 모든 계수들은 통계적으로 유의하며, 또한 정상성 조건 ($|\hat{\phi}_2| = 0.665 < 1, \hat{\phi}_2 - \hat{\phi}_1 = -1.913 < 1, \hat{\phi}_2 + \hat{\phi}_1 = 0.583 < 1$)과 가역성 필요조건($\hat{\theta}_1 + \hat{\theta}_2 + \hat{\theta}_3 + \hat{\theta}_4 = -0.9630 < 1$)을 동시에 만족한다.

[표 C3.29] ARMA(2,4)모형 적합 후 잔차 자기상관함수

자기상관

계열:주택허가건수-모형_1의 잡음 잔차

시차	자기상관	표준 오차 오류	Box-Ljung 통계량 값	자유도	유의확률
1	-.034	.109	.101	1	.750
2	-.106	.109	1.094	2	.579
3	.087	.110	1.769	3	.622
4	.072	.111	2.241	4	.691
5	-.129	.112	3.765	5	.584
6	.072	.114	4.240	6	.644
7	.001	.114	4.240	7	.752
8	-.193	.114	7.787	8	.455
9	.043	.118	7.965	9	.538
10	-.078	.118	8.553	10	.575
11	-.080	.119	9.189	11	.604
12	-.132	.119	10.933	12	.535
13	-.002	.121	10.934	13	.616
14	-.113	.121	12.242	14	.587
15	.089	.122	13.070	15	.597
16	.003	.123	13.070	16	.668
17	.031	.123	13.173	17	.725
18	.069	.123	13.694	18	.749
19	.020	.124	13.739	19	.799
20	.036	.124	13.882	20	.836
21	.039	.124	14.056	21	.867

그리고 단기시차들의 잔차 자기상관계수들에 대한 t-통계량의 절대값들 중 실전적 경고수준 '1.25'를 초과하는 것은 없으며, 모든 Box-Ljung 통계량의 p값 모두가 5% 유의수준에서 모두 유의하지 않다.

그렇다면, ARMA(2,2)모형, AR(3)모형, ARMA(2,4)모형 중 어느 것을 선택해야 할까? 모형을 선택하는 데 궁극적으로 고려해야 할 지침은 "모수절약의 원칙"과 "예측력"이다. 모수절약의 원칙을 고려할 때 AR(3)모형, ARMA(2,2)모형, ARMA(2,4)모형 순서로 선호된다. 왜냐하면 AR(3)모형을 추정할 계수의 수는 2개, ARMA(2,2)모형은 3개, ARMA(2,4)모형은 4개의 계수를 추정해야 하기 때문이다.

그러나, 일단 3개의 모형 간의 예측력을 간접적으로 비교하기 위해서는, 가장 최근의 1년에 해당하는 1967년 4개의 분기별 관측값을 제거한 후 각각 3개의 모형을 적합시켜 이 제거된 관측값들을 예측한다. 그리고, 3개의 모형 중 어느 모형에 근거한 예측값이 제거 전 4개의 관측값과 가장 가까운지를 비교한다.

다음은 4개의 관측값들을 제거한 후, 3개의 모형에 근거하여 다시 4개의 값을 예측한 결과이다.

[표 C3.30] 예측력을 이용한 ARIMA 모형 비교

날짜	관측값	ARMA(2,2)모형	AR(3)모형	ARMA(2,4)모형
1967.1Q	83.5	68.4	67.2	67.4
1967.2Q	95.8	79.0	75.2	74.6
1967.3Q	107.7	93.0	88.8	88.1
1967.4Q	113.7	104.9	103.8	102.5

ARMA(2,2)모형의 예측값 모두가 다른 2개의 모형들의 것보다 모든 시점에서 관측값에 가장 가까운 예측값을 갖는다. 그리고, 이 세 모형에 근거하여 추정된 모든 계수들은 4개의 관측값들을 제거하기 전 추정값들과의 차이가 각각 '0.1' 이내에 있다(독자의 몫).

참고로 우선 이를 SPSS 17.0에 적용하기 위해서는 "케이스 선택: 조건"

대화상자에서 'year_〈 1967'을 다음과 같이 입력하고, "시계열 모형 생성기" 대화상자의 '예측 기간' 란에 '1967'과 '4'를 입력한다.

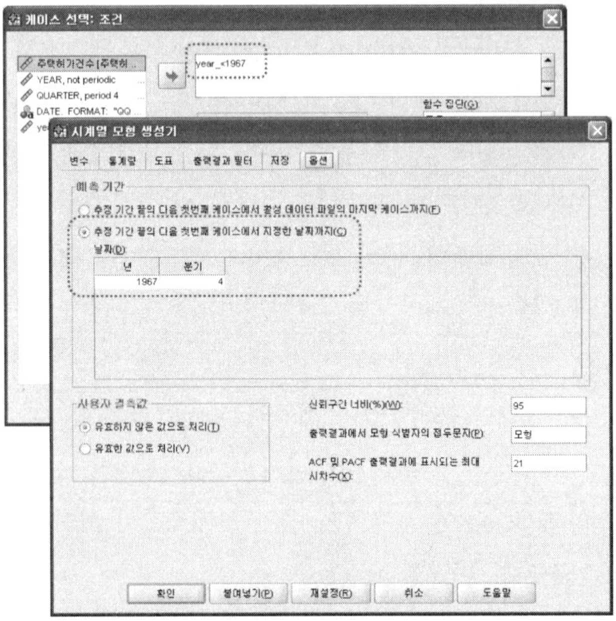

마지막으로, 3개의 다른 ARIMA 모형에 대한 모형적합도를 측정하는 8개의 통계량과 Box-Ljung 통계량을 서로 비교함으로써 모형의 우위성을 결정할 수 있다.

모형적합 통계량의 관점에서 ARMA(2,4)모형이, 백색잡음항의 독립성의 강도에 대한 관점에서는 AR(3)모형이 각각 다소 우위에 있다. 그러나, 어느 모형이 나머지 두 개의 모형과 비교할 때 차별화하여 선택할 수 있는 모형은 없을 듯싶다. 특히 본 사례분석의 경우, 3개의 ARIMA 모형 중 예측력, 모수절약의 원리, 모형통계량의 관점에서 모두 우위를 차지하는 모형은 없다. 궁극적인 수요예측의 목표가 보다 정확도 있는 예측값을 산출하는 점이라는 관점에서 저자는 ARMA(2,2)모형을 선호하고 싶다.

[표 C3.31] 모형통계량을 이용한 ARIMA 모형 비교

모형통계량		ARMA(2,2)모형	AR(3)모형	ARMA(2,4)모형
모형적합 통계량	정상 R제곱	0.811	0.805	0.817
	R제곱	0.811	0.805	0.817
	RMSE	7.620	7.696	7.547
	MAPE	5.542	5.537	5.231
	MAE	5.764	5.725	5.378
	MaxAPE	29.511	29.953	29.848
	MaxAE	24.583	24.951	24.848
	정규화된 BIC	4.273	4.240	4.306
Box-Ljung Q(18)	p값	0.451	0.700	0.473

C3.6 주기성과 자기회귀모형

역사적으로 주택산업은 강한 주기성이 강한 패턴으로 변화한다. 그리고, 전반적 경기주기보다 다소 앞서 가지만, 이 주기는 매우 일치한다. Box와 Jenkins[13]는 $\phi_1^2+4\phi_2<0$ 조건을 만족하는 AR(2)모형은 준주기성(quasi-period) 패턴을 갖는다고 지적했다. 추정한 ARMA(2,2)모형 역시 ($\phi_1^2+4\phi_2\approx-0.67306\ <0$ 이므로) 준주기적인 요소가 있다.

원자료의 자기상관함수 [그림 C3.4]를 살펴보면, 대략 '시차 11'에서 시작되는 사인곡선 패턴이 반복하는 것을 알 수 있다. 물론 이 형태는 자기회귀요소를 설명한다. 그리고, 주택허가 건수 자료의 주기가 대략 11분기(3년)임을 암시한다. 이는 세계 2차 대전 후 대략 3년 내지 5년 동안 일어나는 전형적인 경기주기와 일치한다.

Jenkins[14]는 AR(2)모형이 갖는 준주기성은 확률적(stochastic)이라고 주장

13. G. E. P. Box, G. M. Jenkins, and G. C. Reinsel (1994), *Time Series Analysis: Forecasting and Control*, 3rd ed. New Jersey: Prentice Hall.

했다. 이러한 준주기성은 백색잡음(ϵ_t)의 형태에 따라 주기(cycle), 위상(phase), 진폭(amplitude)의 확률적인 변화를 보인다. 따라서 이런 종류의 모형들은 주기가 확률적이기 때문에 주기성 경제 자료를 표현하는 데 중요하다.

C3.7 최종모형

[사례분석 1]과 [사례분석 2]와 마찬가지로, 주택허가 건수 시계열 자료에 대한 시계열도표 및 자기상관함수를 통해서 추세와 계절성 모두 시계열 내에 존재하지 않는 것으로 확인되었다. 따라서 단순 지수평활법을 적용할 수 있다.

[표 C3.32] 단순 지수평활법의 평활계수 추정

지수평활 모형 모수

모형		추정값	SE	t	유의확률
주택허가건수-모형_1	알파(수준)	1.000	.110	9.089	.000

추정된 일반 평활계수 $\hat{\alpha} = 1.000$이다. [표 C3.30]과 같이 예측력을 이용하여 4개의 예측값을 산출(모두 66.9)하면, ARMA(2,2)모형의 것에 비해 열등하다. 또한 [표 C3.31]과 같이, 8개의 모형통계량을 이용하여 ARMA(2,2)모형의 것과 비교하여도 동일한 결과를 얻는다. 무엇보다도 단순 지수평활법을 적합시킨 후 생성된 잔차에 대한 Box-Ljung 통계량을 계산하면 불행히도 백색잡음항의 독립성을 만족시키지 못한다. 따라서 주택허가 건수 시계열 자료에 대한 최종모형으로 ARMA(2,2)모형을 선택할 수 있다.

최종모형으로 고려한 ARMA(2,2)모형에 근거하여 향후 1년(1968년 1분기부터 1968년 4분기까지) 예측값을 시계열도표로 나타내면, 주택허가 건수가 감소할 것으로 예상된다. 이는 [그림 C3.33]의 직사각형으로 표시된 부분에

14. G. M. Jenkins (1979), *Practical Experiences with Modelling and Forecasting Time Series*, Jersey, Channel Islands: Gwilym Jenkins and Partners.

서 확인할 수 있으며, 예측값은 시간 순서로 113.1, 111.4, 109.3, 107.7이다.

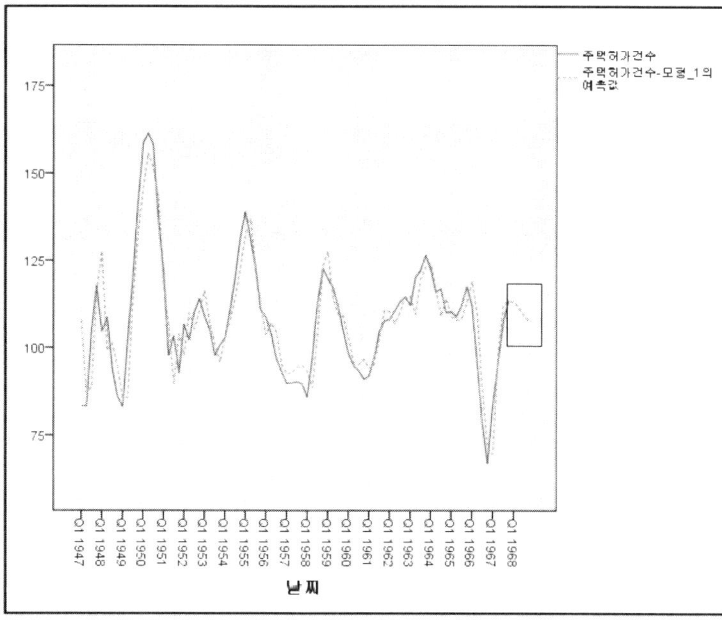

[그림 C3.33] 예측값에 대한 시계열도표

C3.8 [사례분석 3]을 마치며

본 사례연구에서는 주어진 시계열 자료에 대해서 3개의 타당한 ARIMA 모형을 구축하였으며, 그중에서 최적의 모형을 결정하기 위한 도구로서 "모수절약의 원칙", "예측력", "모형통계량"을 사용하였다. 이 경우 다행히도 3개 선택 기준을 동시에 만족하는 모형을 찾는다면 별 문제가 되지 않겠지만, 만일 그렇지 않을 경우에는 다른 모형들에 비해 더 정확도 있는 예측값을 산출할 수 있는 예측력이 큰 모형이 선호될 수 있다.

또한 "식별단계에서 일단 편자기상관함수에서 절단형태가 감지되면 AR(p)모형을 추정한다. 그 다음 잔차 자기상관함수의 q 시차에서 두드러진 스파이크가 발견되면 MA(q)를 추가시켜 ARMA(p,q)모형을 재식별한다"는 분석전략을 적용한 대표적인 사례분석이다.

[사례분석 4]
소주재고량

C4.1 자료설명

다음 주어진 시계열 자료는 1995년 1월부터 2006년 12월까지 총 144개 관측값으로 구성된 국내 월별 소주재고량이다(사례분석04.sav).

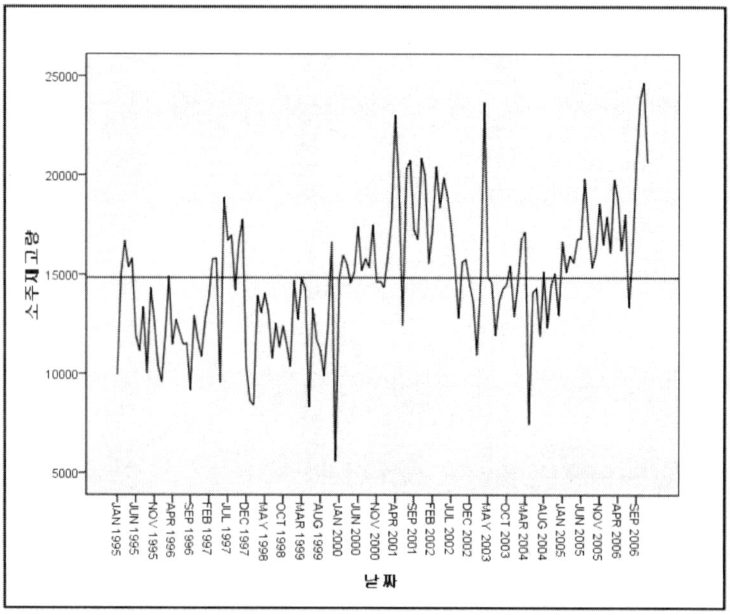

[그림 C4.1] 소주재고량의 시계열도표

C4.2 추세 및 계절성 존재여부 파악

앞 사례분석들과 마찬가지로, 주어진 시계열 자료에 대한 모형을 구축하기 전에 시계열도표와 자기상관함수를 사용하여 추세 및 계절성 존재여부를 시각적으로 판단해야 할 것이다. 우선 시계열도표인 [그림 C4.1]을 면밀히 살펴보면, 전반적으로 기울기가 증가하는 데 선형이라기보다는 다소 2차함수 또는 지수적인 형태로 판단할 수 있다. 이와 같이 전반적인 평균이 일정하지 않음은 다음에 주어진 자기상관함수 [그림 C4.2]를 통해서 재확인할 수 있다.

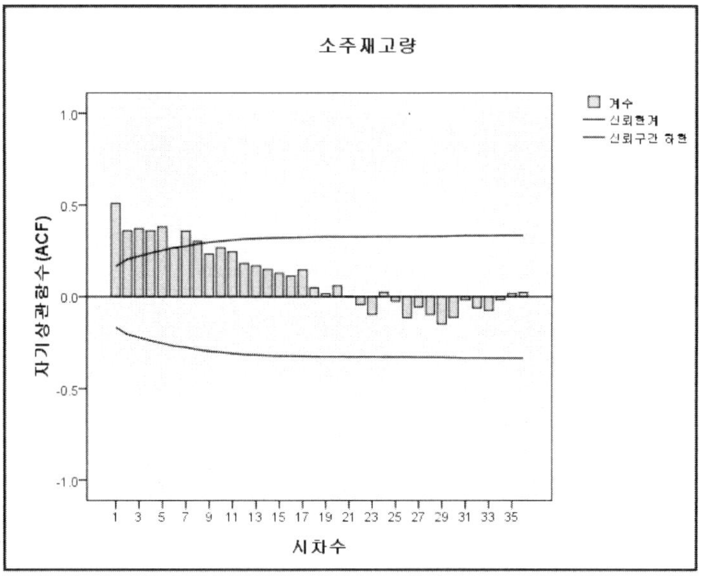

[그림 C4.2] 소주재고량의 자기상관함수

왜냐하면 단기시차(예: 시차 1부터 5까지)의 자기상관계수가 각각 0.509, 0.360, 0.372, 0.359, 0.381이기 때문에(즉, 급격하게 감소하는 형태가 아님), 시계열의 평균이 비정상적이다. 따라서 평균이 일정하지 않기 때문에 추세형태를 명확히 판정하지 못하더라도 분명히 추세는 존재함을 확신할 수 있다. 추가로 분산은 시간이 흐름에 따라 일정해 보인다.

다음으로 계절성의 존재여부를 파악하기 위해서, [그림 C4.3]에서 주기의 길이(12) 배수시차인 12, 14, 36을 살펴보면 신뢰한계선 밖으로 튀어나온 스파이크를 하나도 발견할 수 없으며, 더군다나 부호가 번갈아 바뀌는 사인곡선이나 부호가 모두 양이면서 여러 개의 봉우리가 나타나는 형태를 발견할 수 없다. 즉 계절적인 변동이 존재하지 않는다.

물론 [그림 C4.1]을 대충 살펴보면, 매년 특정시점에서 큰 값을 발견할 수 있지만, 시계열도표보다는 자기상관도표를 통해서 계절성의 존재여부를 더 명확하게 판정할 수 있다.

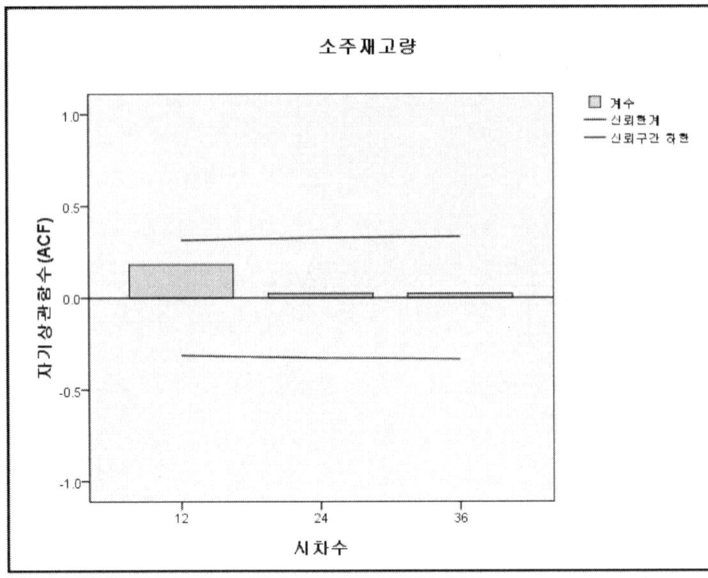

[그림 C4.3] 계절시차의 자기상관함수

C4.3 ARIMA(p,d,q)모형의 식별, 추정 및 모형검진

C4.3.1 정상성 점검 및 식별단계

C4.2절에서 원자료에 대한 시계열도표와 자기상관함수를 통해서 주어진 시계열의 평균은 더 이상 정상성을 만족하지 못하는 것을 시각적으로 확인할 수 있었다. 다시 말해서 시계열도표에서 전반적으로 추세가 상승하는 것을 발견하였고, 자기상관함수는 급격히 감소하는 형태가 아니었다. 따라서 주어진 시계열의 평균을 정상적으로 만들기 위해서 비계절적인 1차 차분 ($d=1$)을 실시해야 한다.

비계절적 1차 차분된 시계열도표를 그리기 위해서는, "순차도표" 대화상자의 '변환' 란에서 '차분(D):'을 체크하고 '1'을 입력한다.

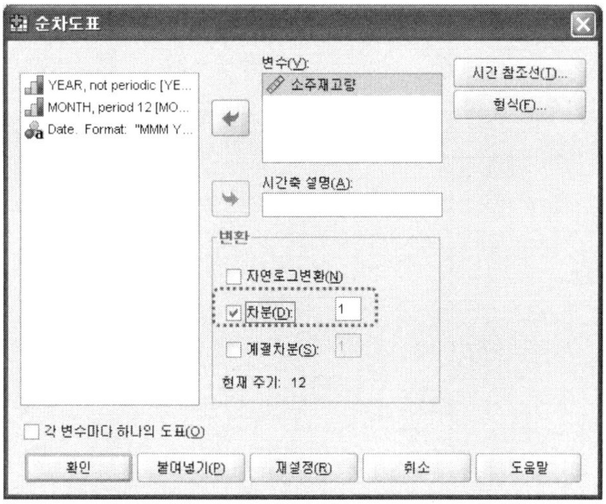

그 결과, [그림 C4.4]와 같이 시계열 평균이 정상적으로 되었다.

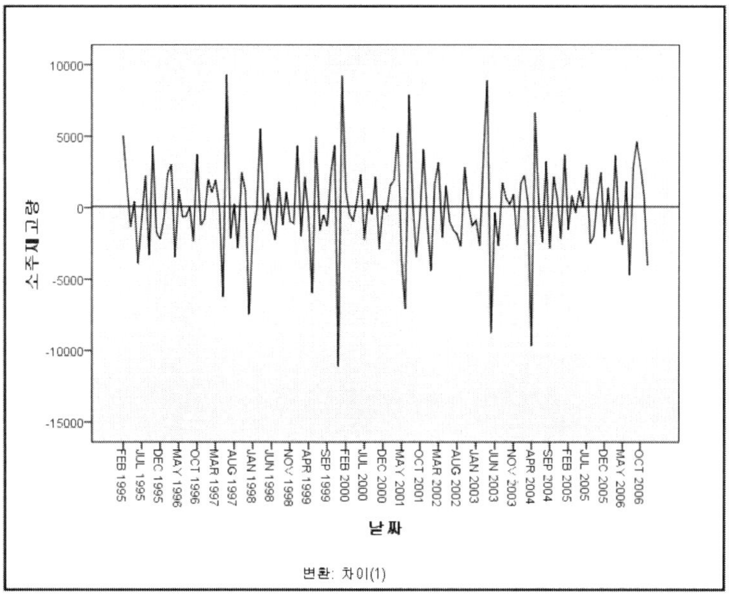

[그림 C4.4] 비계절적 1차 차분 후 시계열도표

추가로 비계절적 1차 차분된 시계열 자료에 대한 두 개의 상관함수를 SPSS 17.0을 사용하여 구하기 위해서는 “자기상관(A)” 대화상자의 ‘변환’

란의 '차분(D):'을 체크하고 '1'을 입력한다.

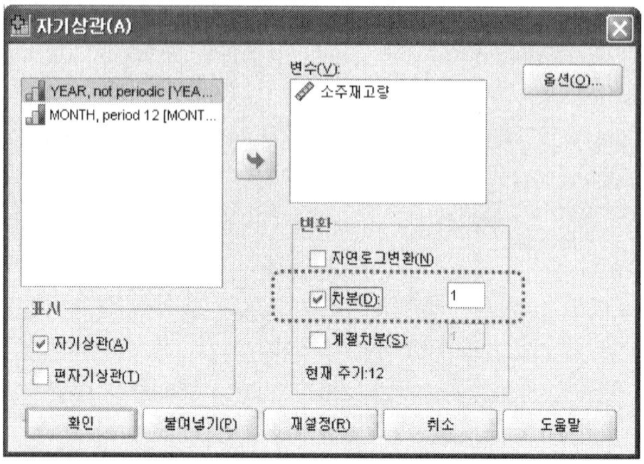

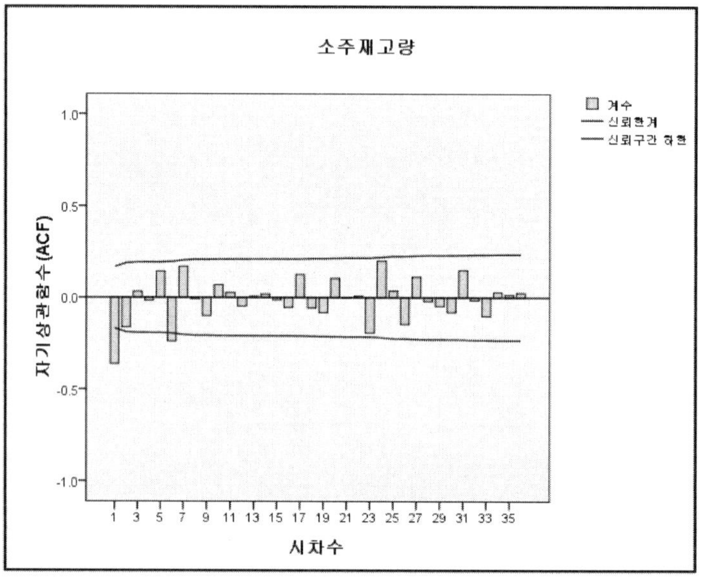

[그림 C4.5] 비계절적 1차 차분 후 자기상관함수

다음에 주어진 자기상관함수 [그림 C4.5]를 살펴보면, 원자료에 대한 자기상관함수 [그림 C4.2]에 비해 시차 1 이후에 급격히 감소하는 것을 알 수 있다. 이를 통해서 평균이 정상적이 되었고 더 이상의 차분이 필요없음을 거듭 확인할 수 있다.

다음 단계로 두 개의 상관함수인 [그림 C4.5]와 [그림 C4.6]을 사용하여, ARIMA(p,d,q)모형에서 자기회귀요소와 이동평균요소를 나타내는 p와 q를 임시로 결정해야 한다. 이미 "AR요소와 MA요소를 식별할 때 감소형태보다도 절단형태에 가까운 상관함수에 주목하라"고 언급한 바 있다. 다시 말해서 자기상관함수 [그림 C4.5]는 '시차 1 이후'에 절단형태로 간주하면 MA(1)모형, 편자기상관함수 [그림 C4.6]은 '시차 2 이후'에 절단형태로 간주하면 AR(2)모형이 된다. 따라서 비계절적인 1차 차분($d=1$)을 앞에서 이미 취한 것을 고려하면, 두 개의 임시모형인 ARIMA(0,1,1)모형과 ARIMA(2,1,0)모형을 식별할 수 있다.

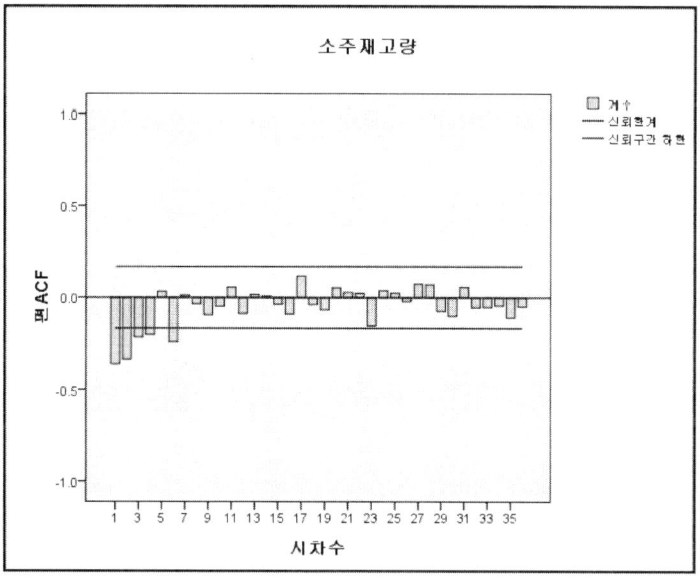

[그림 C4.6] 비계절적 1차 차분 후 편자기상관함수

C4.3.2 추정 및 모형검진단계

우선 두 개의 식별한 모형 중 ARIMA(0,1,1)모형을 다음과 같은 식으로 표현할 수 있다.

$$(1-B)\widetilde{y_t} = (1-\theta_1 B)\epsilon_t \quad \text{또는} \quad y_t - y_{t-1} = C - \epsilon_t - \theta_1 \epsilon_{t-1}$$

여기에서 $\widetilde{y_t} = y_t - \mu$ 이다.

아래와 같이 ARIMA(0,1,1)모형을 추정해 본 결과, 상수항에 대한 p값(0.372)이 유의수준 5%보다 훨씬 크기 때문에, 모형에서 제외시킨 후 다시 적합시킨다.

ARIMA 모형 모수

			추정값	SE	t	유의확률
소주재고량-모형_1	상수항		52.329	58.405	.896	.372
	차분		1			
	MA	시차 1	.753	.058	12.886	.000

참고로 "시계열 모형 생성기: ARIMA 기준" 대화상자의 □ 모형에 상수 포함(I) 을 실행함으로써 모형에서 상수항을 제외시킨다.

아래 주어진 추정결과 [표 C4.7]을 보면, 추정된 계수의 절대값 $|\hat{\theta}_1| = 0.744 < 1$ 이므로 가역성 조건을 만족하며, 통계적으로 유의하다(p값=0.000).

[표 C4.7] 상수항을 제거한 ARIMA(0,1,1)모형 추정결과

ARIMA 모형 모수

			추정값	SE	t	유의확률
소주재고량-모형_1	차분		1			
	MA	시차 1	.744	.059	12.590	.000

추정단계에서 별다른 문제점이 발견되지 않기 때문에 모형검진단계로 넘어가자. 잔차 자기상관함수 [그림 C4.8]과 잔차 편자기상관함수 [그림 C4.9] 모두 단기시차에서 두드러진 스파이크를 하나도 발견할 수 없다. 이는 잔차의 독립성이 만족되고 더 이상의 자기회귀요소 및 이동평균요소가 추가적으로 요구되지 않음을 의미한다.

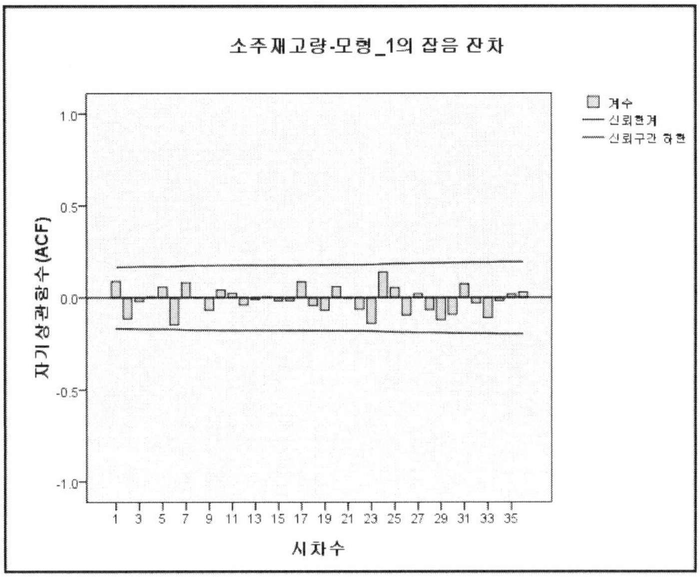

[그림 C4.8] ARIMA(0,1,1)모형 적합 후 잔차 자기상관함수

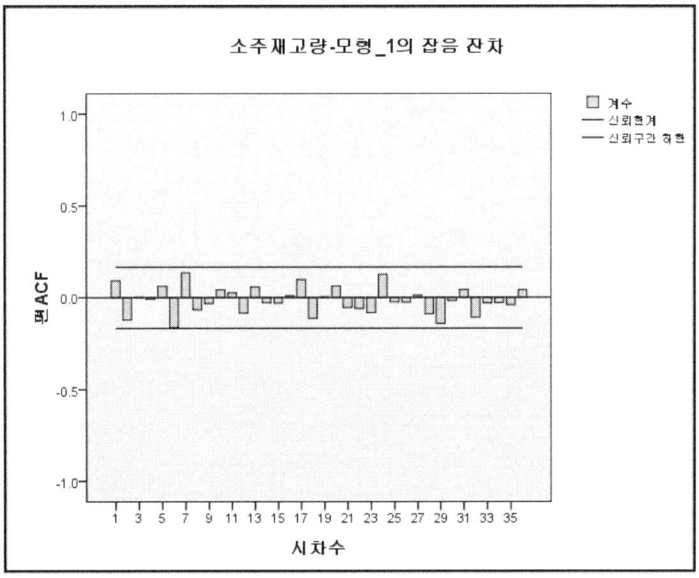

[그림 C4.9] ARIMA(0,1,1)모형 적합 후 잔차 편자기상관함수

또한 모든 시차에 걸쳐 Box-Ljung 통계량의 p값 모두가 유의수준 5% 보다 월등히 크기 때문에 백색잡음항의 독립성을 보장한다([표 C4.10] 참조). 더 나아가 아래 주어진 잔차도표 [그림 C4.11]을 통해서 잔차의 독립성과 등분산성이 만족되는 것을 시각적으로 확인할 수 있다.

[표 C4.10] ARIMA(0,1,1)모형 적합 후 Box-Ljung 통계량

자기상관

계열:소주재고량-모형_1의 잡음 잔차

시차	자기상관	표준 오차 오류	Box-Ljung 통계량 값	자유도	유의확률
1	.091	.084	1.218	1	.270
2	-.113	.084	3.107	2	.212
3	-.019	.085	3.159	3	.368
4	.005	.085	3.162	4	.531
5	.061	.085	3.714	5	.591
6	-.147	.086	6.968	6	.324
7	.083	.087	8.019	7	.331
8	.002	.088	8.020	8	.432
9	-.068	.088	8.729	9	.463
10	.042	.088	9.002	10	.532
11	.023	.088	9.089	11	.614
12	-.039	.089	9.330	12	.675
13	-.009	.089	9.342	13	.747
14	.005	.089	9.345	14	.808
15	-.016	.089	9.387	15	.856
16	-.015	.089	9.424	16	.895
17	.087	.089	10.674	17	.873
18	-.042	.089	10.969	18	.896
19	-.068	.089	11.740	19	.896
20	.062	.090	12.396	20	.902
21	-.004	.090	12.399	21	.928
22	-.063	.090	13.089	22	.931
23	-.140	.090	16.463	23	.835
24	.141	.092	19.941	24	.700

따라서 소주재고량에 대한 적절한 모형으로 ARIMA(0,1,1)모형을 고려할 수 있다. 추가로 또 다른 모형으로 ARIMA(2,1,0)모형을 식별한 바 있다. 이 모형이 타당한지를 추정단계 및 모형검진단계를 거쳐 살펴보기로 하자.

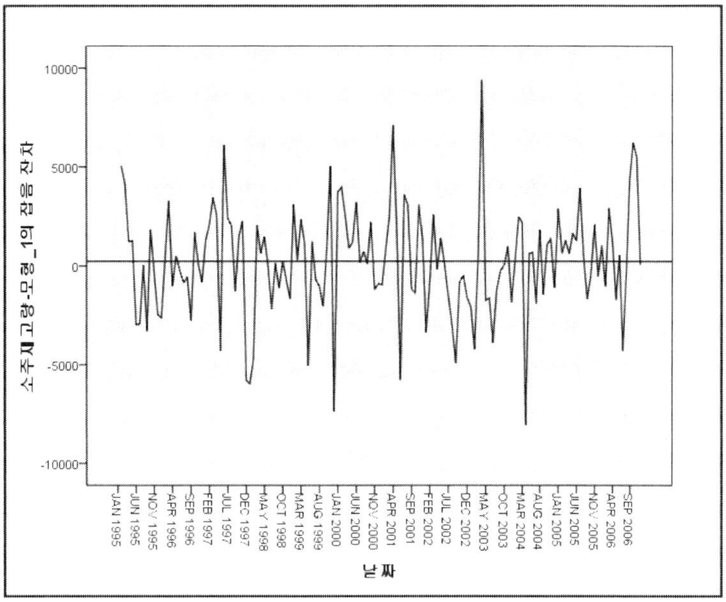

[그림 C4.11] ARIMA(0,1,1)모형 적합 후 잔차도표

C4.3.3 대체모형, 재식별, 재추정

대체모형으로 고려한 ARIMA(2,1,0)모형은 다음과 같이 표현할 수 있다.

$$(1-\phi_1 B-\phi_2 B^2)(1-B)\tilde{y}_t = \epsilon_t$$

또는

$$y_t - y_{t-1} = C + \phi_1(y_t - y_{t-1}) + \phi_2(y_{t-1} - y_{t-2}) + \epsilon_t$$

여기에서 $\tilde{y}_t = y_t - \mu$ 이다.

아래 추정결과 [표 C4.12]를 살펴보면, $|\hat{\phi}_2| = 0.350 < 1$, $\hat{\phi}_2 - \hat{\phi}_1 = 0.15 < 1$, $\hat{\phi}_2 + \hat{\phi}_1 = -0.85 < 1$ 이므로 가역성 조건을 만족하며, 두 개의 계수 모두 통계적으로 유의하다(각 p값=0.000). 참고로 상수항이 모형에 포함되었을 때 상수에 대한 p값(0.601)이 유의수준 5%보다 훨씬 크기 때문에 모형에서 상수항을 제거하였다. 따라서 추정단계에서 문제될 점을 발견할 수 없기 때문에 ARIMA(2,1,0)모형에 대한 타당성을 검진해보자.

[표 C4.12] 상수항 제거된 ARIMA(2,1,0)모형 추정결과

ARIMA 모형 모수

			추정값	SE	t	유의확률
소주재고량-모형_1	AR	시차 1	-.500	.080	-6.267	.000
		시차 2	-.350	.079	-4.414	.000
	차분		1			

아래 주어진 두 개의 잔차 상관함수 [그림 C4.13]을 살펴보면, '시차 3'의 스파이크가 신뢰한계선 밖으로 튀어 나와 있다.

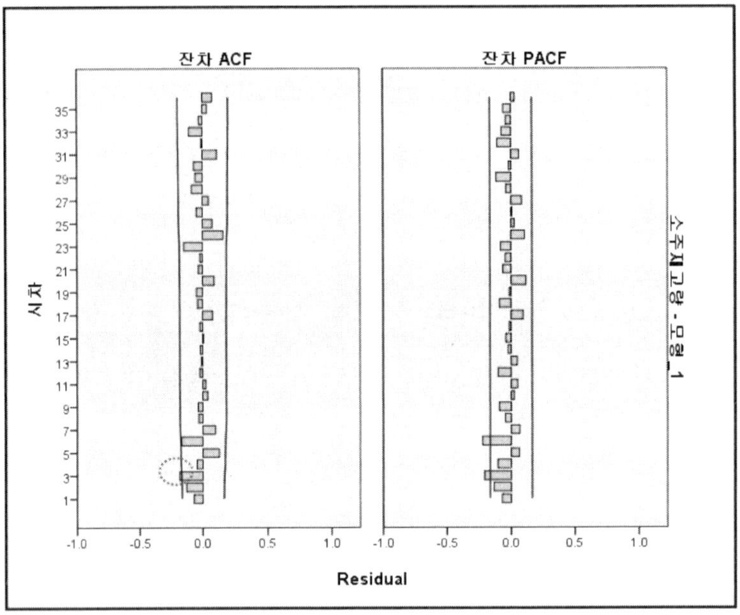

[그림 C4.13] ARIMA(2,1,0)모형 적합 후 잔차 상관함수

잔차 자기상관함수의 절단형태에 초점을 두면 차수가 '3'인 이동평균 요소를, 반면에 잔차 편자기상관함수에 초점을 두면 차수가 '3'인 자기회귀 요소를 ARIMA(2,1,0)모형에 추가해야 할 것이다. 그러나, 이미 [사례분석 2~3]에서 적용시킨 분석전략 즉, "주어진 시계열 자료에서 계절적 변동이 존재하지 않을 경우, AR(p)모형을 우선적으로 추정하고 생성된 잔차 자기상관함수에 근거하여 관련된 MA(q)계수들을 추가시켜 ARMA(p,q)모형을

구축한다"를 적용시켜 보자. 다시 말해서 잔차 자기상관함수를 고려하여, 다음과 같이 $\theta_1 = \theta_2 = 0$ 인 ARIMA(2,1,3)모형을 재식별하여 추정할 수 있다.

$$(1 - \phi_1 B - \phi_2 B^2)(1 - B)\tilde{y}_t = (1 - \theta_3 B^3)\epsilon_t$$

또는

$$y_t - y_{t-1} = C + \phi_1(y_t - y_{t-1}) + \phi_2(y_{t-1} - y_{t-2}) + \epsilon_t - \theta_3 \epsilon_{t-3}$$

여기에서 $\tilde{y}_t = y_t - \mu$ 이다.

[표 C4.14] $\theta_1 = \theta_2 = 0$ 인 ARIMA(2,1,3)모형 추정결과

ARIMA 모형 모수

			추정값	SE	t	유의확률
소주재고량-모형_1	AR	시차 1	-.649	.078	-8.336	.000
		시차 2	-.553	.091	-6.086	.000
	차분		1			
	MA	시차 3	.514	.097	5.298	.000

ARIMA(2,1,3)모형의 추정결과 [표 C4.14]를 살펴보면, 세 개의 추정된 계수 모두가 통계적으로 매우 유의하며(각 p값>0.05), 정상성 조건과 가역성 조건 모두를 만족시킨다(이에 관한 점검은 독자의 몫으로 돌린다). 참고로 상수항에 대한 p값=0.315이므로 ARIMA(2,1,3)모형에서 상수항을 제거하였다.

이제 ARIMA(2,1,3)모형의 타당성을 검진해보자. 아래 주어진 두 개의 잔차 상관함수 [그림 C4.15]를 살펴보면, 단기시차에서 신뢰한계선 밖으로 튀어나온 스파이크는 더 이상 발견할 수 없다.

물론 '시차 6과 23'에서 다소 큰 스파이크를 발견할 수 있지만, 이는 단기시차에 해당하지 않으며 불규칙 변동에 기인하는 것으로 간주한다. 이러 관점에서 보면 두 개의 잔차 상관함수를 통해서 자기회귀요소나 이동평균요소로 더 이상 설명할 수 없음을 알 수 있다.

ARIMA(0,1,1)모형과 마찬가지로, 모든 시차에 걸쳐 Box-Ljung 통계량의 p값 모두가 유의수준 5%보다 월등히 크기 때문에 백색잡음항의 독립성을 만족한다(관련 표 생략). 더 나아가 아래 주어진 잔차도표 [그림 C4.16]을 통해서 잔차의 독립성과 등분산성이 만족되는 것을 시각적으로 확인할 수 있다.

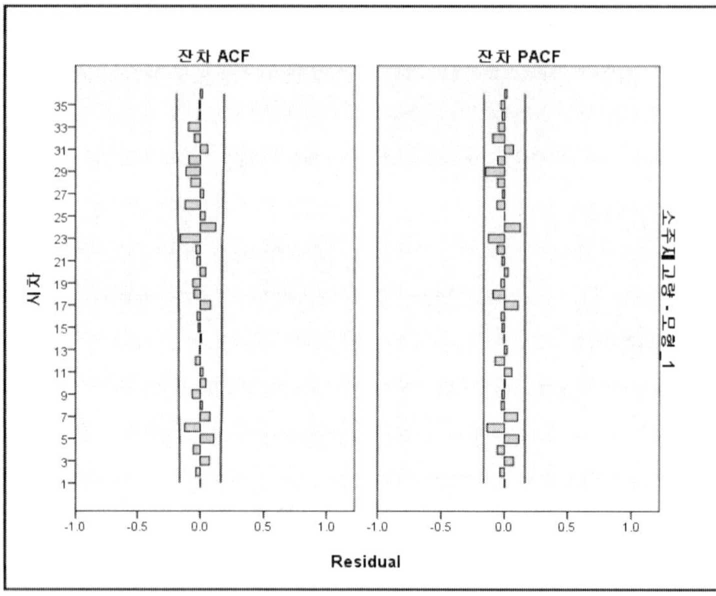

[그림 C4.15] ARIMA(2,1,3)모형 적합 후 잔차 상관함수

아래 주어진 잔차도표 [그림 C4.16]을 통해서 잔차의 독립성과 등분산성이 만족되는 것을 시각적으로 확인할 수 있다.

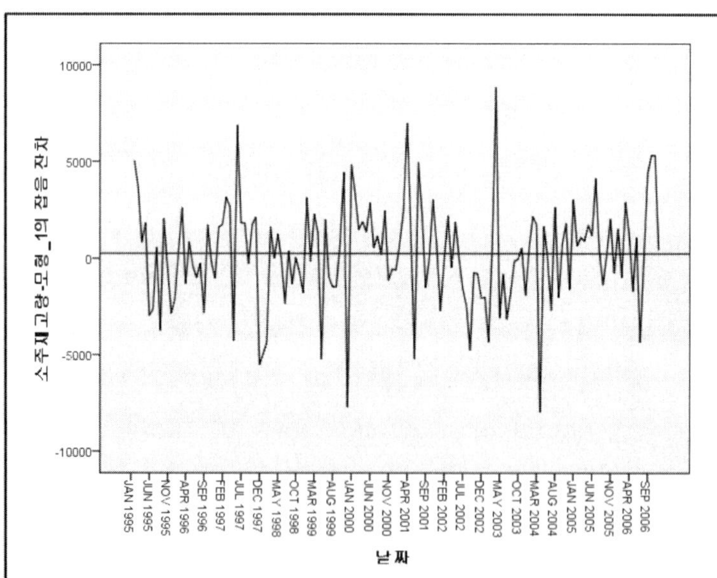

[그림 C4.16] ARIMA(2,1,3)모형 적합 후 잔차도표

C4.3.4 최종 ARIMA 모형 선택

[사례분석 3]과 마찬가지로, 모형구축단계를 거쳐 타당한 두 개의 ARIMA(0,1,1)모형과 ARIMA(2,1,3)모형을 찾았다. 과연 어느 모형이 더 나을까? 우선 "모수절약의 원칙"에 근거하여 사용된 모수의 개수를 고려하면 ARIMA(0,1,1)모형이 우위에 있다. ARIMA(0,1,1)모형에 사용된 모수의 개수(1개)가 ARIMA(2,1,3)모형의 것(3개)보다 작기 때문이다. 다음으로 "예측력"에 대한 우위를 결정하기 위해서 최근 대략 10% 자료인 12개(2006년 1월부터 12월까지)의 관측값을 제거한 후 각 모형에 근거하여 제거된 12개 시점의 예측값을 산출한다.

[표 C4.17] 예측력을 이용한 ARIMA 모형 비교

날짜	관측값	ARIMA(0,1,1)모형	ARIMA(2,1,3)모형
2006.01	17914	16831	**16368**
2006.02	16104	**16831**	16611
2006.03	19797	16831	**16844**
2006.04	18807	16831	**16542**
2006.05	16213	**16831**	16609
2006.06	18046	16831	**16743**
2006.07	13338	**16831**	16613
2006.08	16191	**16831**	16621
2006.09	20811	16831	**16693**
2006.10	23814	16831	**16639**
2006.11	24677	16831	**16633**
2006.12	20626	16831	**16669**

[표 C4.17]을 따르면, ARIMA(0,1,1)모형에 근거하여 산출된 예측값들이 ARIMA(2,1,3)모형에 근거한 것들에 비해 다소 관측값에 가깝다.

추가로 모든 자료에 근거하여 계산된 추정값과 축소된 관측값에 근거하여 계산된 추정값은 각각 ARIMA(0,1,1)모형과 ARIMA(2,1,3)모형에 대해서 다음과 같이 정리할 수 있다.

ARIMA(0,1,1)모형			
추정모수	제거 전	제거 후	차이
$\hat{\theta}_1$	0.744	0.766	0.022

ARIMA(2,1,3)모형			
추정모수	제거 전	제거 후	차이
$\hat{\phi}_1$	-0.649	-0.677	0.028
$\hat{\phi}_2$	-0.553	-0.593	0.040
$\hat{\theta}_3$	0.514	0.525	0.011

위에 주어진 두 개의 표에서 관측값을 제거하기 전과 제거한 후 계산한 추정값들의 차의 절대값이 모두 '0.1'보다 작다. 이는 두 모형 모두가 최근에 가까운 관측값들이 초기 관측값들과 동일한 프로세스에서 생성되었다는 사실을 뒷받침해 준다. 따라서 "예측력"의 관점에서 두 모형은 거의 차이가 없음을 알 수 있다.

마지막으로, [표 C4.18]과 같이 3개의 다른 ARIMA 모형에 대한 모형적합도를 측정하는 8개의 통계량과 Box-Ljung 통계량을 서로 비교해보자.

[표 C4.18] 모형통계량을 이용한 ARIMA 모형 비교

모형통계량		ARIMA(0,1,1)모형	ARIMA(2,1,3)모형,
모형적합 통계량	정상 R제곱	0.291	**0.310**
	R제곱	0.319	**0.337**
	RMSE	2771.253	**2753.362**
	MAPE	15.506	**15.434**
	MAE	2092.188	**2074.512**
	MaxAPE	**132.191**	138.182
	MaxAE	9411.174	**8871.372**
	정규화된 BIC	**15.889**	15.945
Box-Ljung Q(18)	p값	0.858	**0.861**

모형적합 통계량과 Box-Ljung 통계량의 관점에서, ARIMA(2,1,3)모형이 ARIMA(0,1,1)모형보다 우위에 있다. 그러나, 최종모형을 선택하는 데 중요한 기준이 되는 예측력, 모수절약의 원리에 입각해서 판단하면 ARIMA(0,1,1)모형을 선택해야 할 것이다.

C4.4 지수평활법

앞 C4.2절에서 시계열도표와 자기상관함수를 사용하여 국내 소주재고량 자료는 추세는 존재하지만 계절성은 존재하지 않는 것으로 판정하였다. 그러나 [그림 C4.1]의 전반적인 추세(즉, 기울기)를 살펴보면, 선형인지 2차 함수 형태로 휘어진 지수적인 형태인지 애매하다. 분명한 것은 진폭이 감소하는 추세는 아니다. 따라서 선형 또는 지수적인 형태의 추세를 동시에 고려하여 최적의 모형을 선택하면 될 것이다.

다음 주어진 [표 C4.19]와 [표 C4.20]은 "시계열 모형 생성기: 지수 평활 기준" 대화상자의 '모형 유형' 란에서 'Holt 선형추세(H)'와 'Brown 선형추세(B)'를 각각 고려하여 추정한 결과이다.

[표 C4.19] Holt 선형추세의 평활계수 추정

지수평활 모형 모수

모형		추정값	SE	t	유의확률
소주재고량-모형_1	알파(수준)	.200	.049	4.119	.000
	감마(추세)	1.872E-5	.030	.001	1.000

[표 C4.20] Brown 선형추세의 평활계수 추정

지수평활 모형 모수

모형		추정값	SE	t	유의확률
소주재고량-모형_1	알파(수준 및 추세)	.122	.021	5.866	.000

지수평활계수를 추정한 후 생성된 잔차를 사용하여 여전히 체계적인 상관관계가 존재하는지 여부를 점검해야 할 것이다. 또한 [표 C4.21]과 [그림 C4.22]의 Brown의 선형추세 방법에 근거하여 산출된 잔차 자기상관함수를

[표 C4.21] Brown의 선형추세에 대한 잔차 자기상관함수-1

자기상관

계열:소주재고량-모형_1의 잡음 잔차

시차	자기상관	표준 오차 오류	Box-Ljung 통계량		
			값	자유도	유의확률
1	.112	.083	1.858	1	.173
2	-.098	.084	3.271	2	.195
3	-.011	.085	3.288	3	.349
4	.014	.085	3.317	4	.506
5	.072	.085	4.095	5	.536
6	-.137	.086	6.949	6	.326
7	.077	.087	7.855	7	.346
8	-.003	.088	7.856	8	.448
9	-.080	.088	8.841	9	.452
10	.037	.088	9.057	10	.527
11	.025	.088	9.154	11	.608
12	-.042	.088	9.436	12	.665

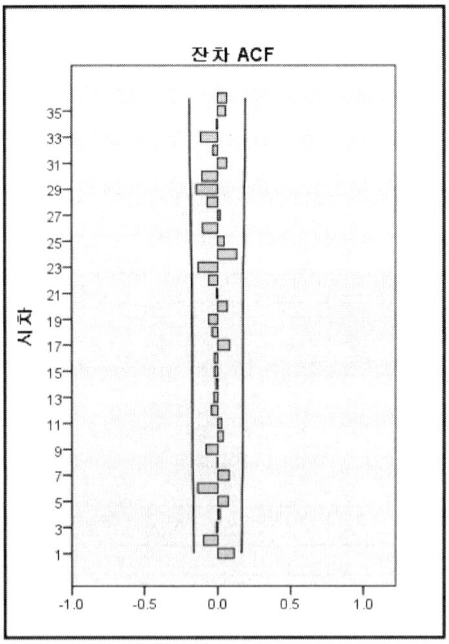

[그림 C4.22] Brown의 선형추세에 대한 잔차 자기상관함수-2

통해서 통계적으로 유의한 스파이크를 발견할 수 없으며, Box-Ljung 통계량의 p값 모두가 유의수준 5%보다 큰 것을 확인할 수 있다. 따라서 백색잡음항의 독립성이 통계적으로 보장된다. 따라서 잔차 내에 추가적으로 설명할 수 있는 상관관계는 없는 것으로 판정할 수 있다.

추가로 아래 주어진 잔차도표를 통해서 잔차의 독립성과 등분산성이 만족함을 알 수 있다. 따라서 소주재고량 자료를 [표 C4.20]와 같이 Brown의 선형추세 지수평활법으로 적합시킬 수 있다.

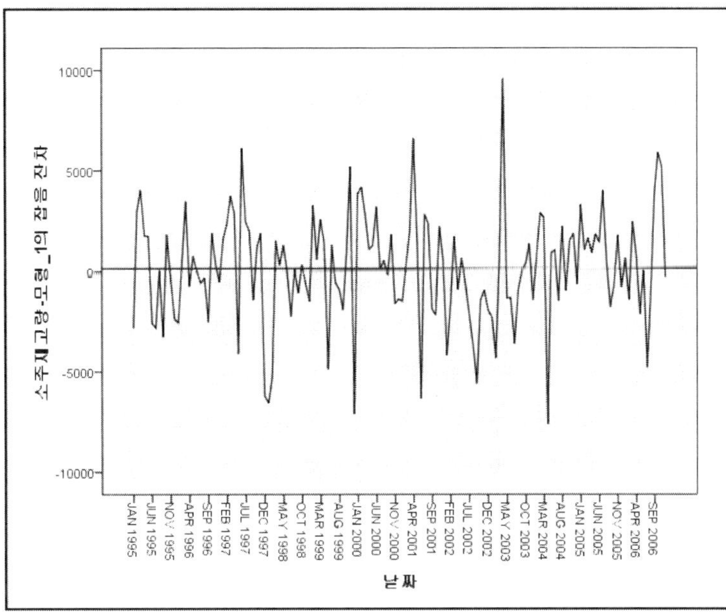

[그림 C4.23] Brown의 선형추세에 대한 잔차도표

마찬가지로 Holt 선형추세 지수평활법을 근거하여 생성된 잔차분석을 실행하여 소주재고량 자료에 적합시킬 수 있다. 이에 관련된 점검은 독자의 몫으로 돌린다.

C4.5 최종모형

C4.3절~C4.4절에서 ARIMA(0,1,1)모형과 두 개의 지수평활법을 사용하여 소주재고량 시계열 자료를 적절하게 적합할 수 있었다. 그렇다면 예측모형으로서 어느 모형을 최종 선택할 것인가?

[표 C4.17]과 마찬가지로, 최근 1년에 해당하는 12개월(2006년 3분기부터 1979년 4분기까지) 관측값을 제거한 후, 3개의 모형(ARIMA(0,1,1)모형, Holt 선형추세, Brown 선형추세)에 근거하여 제거된 12시점의 예측값을 각각 산출할 수 있다. 그리고 [표 C4.24]와 같이, 관측값에 가장 근접한 예측값을 비교함으로써 예측력을 비교할 수 있다.

[표 C4.24] 예측력을 이용한 모형비교

날짜	관측값	ARIMA(0,1,1)	Holt	Brown
2006.01	17914	16831	16884	**17226**
2006.02	16104	**16831**	16915	17342
2006.03	19797	16831	16947	**17459**
2006.04	18807	16831	16978	**17575**
2006.05	16213	**16831**	17010	17692
2006.06	18046	16831	17041	**17808**
2006.07	13338	**16831**	17072	17925
2006.08	16191	**16831**	17104	18041
2006.09	20811	16831	17135	**18157**
2006.10	23814	16831	17167	**18274**
2006.11	24677	16831	17198	**18390**
2006.12	20626	16831	17230	**18507**

그 결과, 대체적으로 Brown 선형추세에 근거한 예측값이 나머지 2개의 모형의 것보다 우위에 있음을 확인할 수 있다. 반면에 [표 C4.25]에 주어진 모형통계량을 이용하여 3개의 모형을 비교한 결과, 그 차이가 미미하여 ARIMA(0,1,1)모형에 절대적으로 우세하다고 단언할 수는 없다.

[표 C4.25] 모형통계량을 이용한 모형비교

모형통계량		ARIMA(0,1,1)	Holt	Brown
모형적합 통계량	정상 R제곱	0.291	**0.744**	0.736
	R제곱	0.319	**0.337**	0.316
	RMSE	2771.253	**2753.017**	2787.489
	MAPE	**15.506**	15.665	15.851
	MAE	2092.188	**2090.575**	2133.199
	MaxAPE	132.191	132.283	**127.442**
	MaxAE	9411.174	**8822.633**	9590.572
	정규화된 BIC	**15.889**	15.910	15.900
Box-Ljung Q(18)	p값	**0.858**	0.815	0.854

지금까지 소주재고량에 대해 적합한 두 개의 ARIMA 모형 중 하나와 'Brown 선형추세' 지수평활을 찾아 어느 모형을 최종모형으로 선택할지를 살펴보았다. 결론적으로 두 모형 중 여러 기준을 한꺼번에 만족시키는 모형은

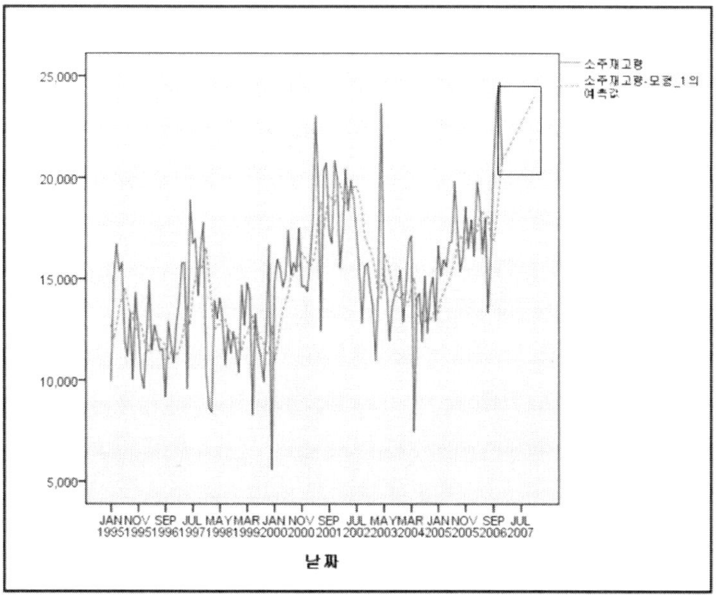

[그림 C4.26] 예측값에 대한 시계열도표

없으나 분석자의 견해에 따라 둘 중 하나를 선택해도 무방할 수 있다. 역시 "예측력"에 초점을 두면 'Brown 선형추세' 지수평활법을 최종모형으로 선택할 수 있다.

최종모형으로 고려한 'Brown 선형추세' 지수평활법에 근거하여 향후 1년(2007년 1월부터 2007년 12월까지) 예측값을 시계열도표로 나타내면, 급속히 증가할 것으로 예상된다([그림 C4.26]의 직사각형으로 표시된 부분 참조).

C4.6 [사례분석 4]를 마치며

① [사례분석 1~3]과 달리, 본 사례분석에서 다룬 시계열 자료의 평균은 비정상적이었다. 대다수 이런 형태의 시계열은 '시차 1'의 자기상관계수가 '1.0'에 가깝고(0.9 이상), 시차 1 이후 시차들의 자기상관계수들은 서서히 감소한다. 그러나 비정상적인 평균을 갖는 시계열의 주요한 특성은 추정된 자기상관함수가 서서히 감소한다는 사실이다. 몇몇 비정상적인 시계열의 첫 자기상관계수는 '1.0'보다 훨씬 작을지 모르나, 나머지 자기상관계수들은 '0'으로 서서히 감소한다. 이 경우 비계절적인 차분을 취해 평균을 정상적으로 만든다. 그 다음 모형구축 방법은 [사례분석 1~3]과 동일한 절차를 거쳐 이뤄진다.

② 주어진 시계열을 지수평활법에 적용시킬 때, 계절성의 존재여부는 주기시차의 배수(s, $2s$ 등)의 자기상관계수의 유의성을 통해서 뚜렷하게 규명할 수 있지만, 추세의 존재여부와 유형에 대한 판단은 시계열도표에 의존할 수밖에 없다. 이 때문에 극히 주관적인 시각적인 판단으로 최적의 지수평활법을 찾지 못할 수도 있다. 따라서 가능하다고 여기는 모든 지수평활법을 적합시킨 후, 추정 평활계수의 유의성, 모형통계량, 백색잡음항의 독립성의 강도, 예측력 등을 비교하여 상대적으로 우위에 있는 지수평활법을 선택하는 것이 돌다리를 두드려 가는 방법이 될 것이다. 본 사례분석의 경우, 'Holt의 선형추세'와 'Brown의 선형추세'가 이에 해당된다.

[사례분석 5]

열차탑승객 수

C5.1 자료설명

본 장의 사례분석부터 자료 내에 계절적 변동이 존재하는 시계열 자료에 대해서 다루기로 한다. 여기에서 고려하는 시계열 자료는 1996년 1월부터 2005년 12월까지 국내 열차를 이용한 탑승객 수를 월별로 조사한 것이다(사례분석05.sav). 한국철도공사(KORAIL) 해당 담당자들은 탑승객 수를 정확하게 예측함으로써 예산 편성, 객차 운영, 명절 및 성수기 동안의 인력 확보, 관광 서비스 연계 사업 등에 관련된 중요한 의사결정을 할 수 있을 것이다.

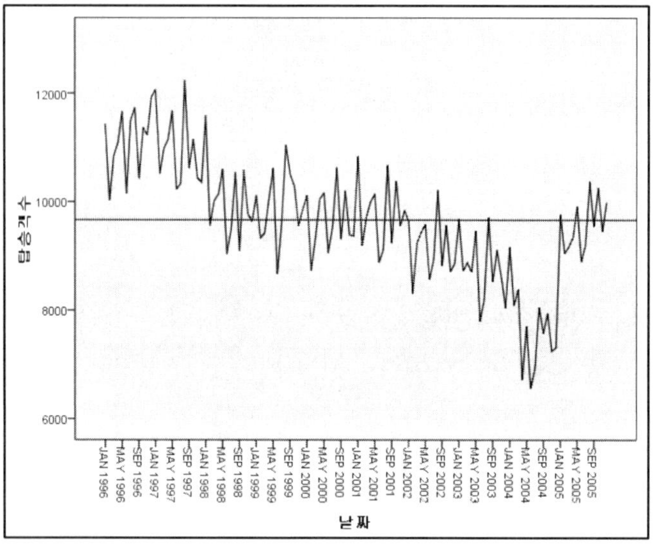

[그림 C5.1] 열차 탑승객 수의 시계열도표

C5.2 정상성 및 계절성 존재여부 점검

시계열도표 [그림 C5.1]에서 전반적인 추세가 선형으로 감소하는 형태로 간주할 수 있으나, 특히 시계열의 끝부분에서 급격히 상승하는 것을 확인할 수 있다. 이러한 점을 감안하면, 우선 시계열의 평균이 일정하지 않기 때문에 비계절적인 차분을 실시하여 평균을 정상적으로 만들 필요가 있다. 다음 주어진 자기상관함수 [그림 C5.2]를 통해서 재차 비계절적인 차분을 할 필요성을 확인할 수 있다. 단기시차들(예: 1, 2, 3, 4, 5)의 자기상관계수를 살펴보면 급격히 감소하기보다는 오히려 증가하기 때문이다. 참고로 단기시차들의 자기상관계수는 시차순으로 0.636, 0.648, 0.702, 0.679, 0.645이다.

다음으로 주기성의 존재여부에 대해 살펴보자. [그림 C5.1]에서 뚜렷한 주기적인 특성을 찾을 수 없다. 왜냐하면, 매년 특정한 달의 관측값이 다른 달의 관측값보다 뚜렷하게 크거나 작지 않기 때문이다. 주기성을 발견하기 위한 또 다른 도구로 자기상관함수를 고려하면([그림 C5.2] 참조), 모든 자기상관계수의 부호가 모두 양이지만, 산의 모양이 반복되는 패턴이라고 장담할 수 없다. 그러나 계절시차 중 '시차 12'에서 스파이크가 튀어나와 있음을 발견할 수 있으며, 이는 계절적인 변동이 존재함을 암시한다([그림 C5.2] 안의 원으로 표시된 부분 참조). 참고로 1.9.1절에서 언급한 바와 같이, 계절적인 변동이 존재할 경우 자기상관함수에 나타나는 전형적인 형태는 부호가 모두 양이면서 봉우리 형태가 반복되거나 부호가 번갈아 바뀌는 사인곡선의 패턴이었다.

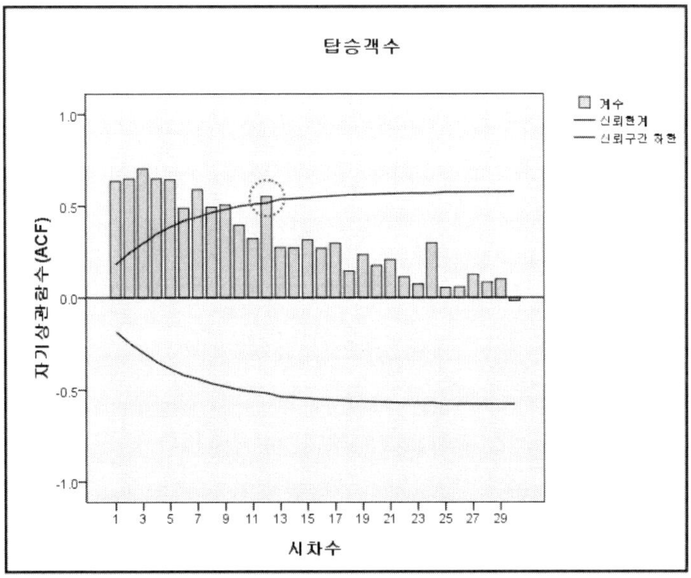

[그림 C5.2] 열차탑승객 수의 자기상관함수

지금까지 밝혀진 사실을 정리하면, 시계열도표를 통해서 계절적인 변동을 탐색할 수 없었지만, 자기상관함수의 계절시차들 중 '시차 12'에서 두드러진 스파이크(남은 불씨)를 발견하였다. 만일 이러한 사실을 발견하지 못하고 다음 단계로 넘어갔다고 가정하자. 즉 주어진 시계열 자료의 평균을 정상적으로 만들기 위해 비계절적인 1차 차분($d=1$)을 취한다.

다음 주어진 [그림 C5.3]의 비계절적인 1차 차분을 실시한 후 시계열도표를 살펴보면, [그림 C5.1]과는 달리 더 이상 감소하는 추세를 찾을 수 없으며 눈에 띄게 시계열 자료의 평균이 정상적으로 되었음을 시각적으로 판단할 수 있다.

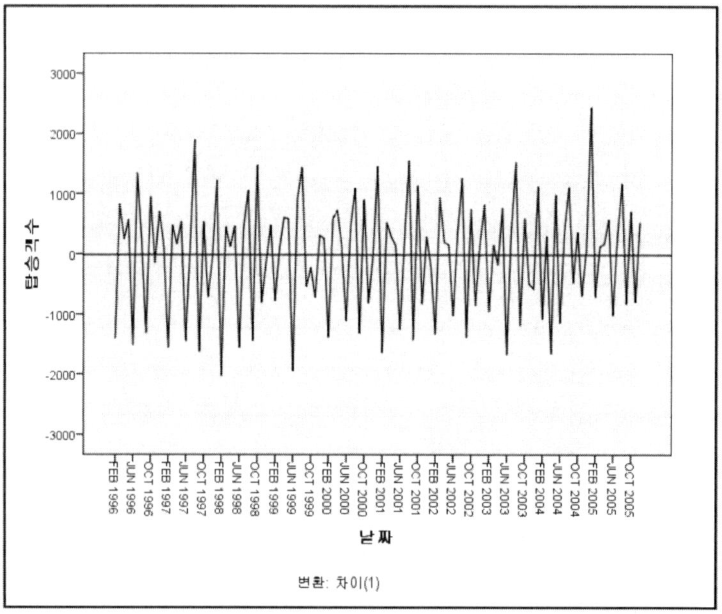

[그림 C5.3] 비계절적 1차 차분($d=1$) 후 시계열도표

마찬가지로 평균의 정상성을 재확인하기 위해서, 비계절적인 1차 차분시킨 시계열 자료의 자기상관함수인 [그림 C5.4]를 살펴보면 단기시차들의 자기상관계수들이 '시차 1' 이후에 '0'으로 급격히 감소하는 형태이므로, 비계절적 요소는 정상적으로 되었다. 왜냐하면 '시차 2에서 5'까지의 자기상

관계수들 모두 통계적으로(유의하지 않아) '0'이기 때문이다. 즉, 비계절적인 1차 차분 후 정상적인 시계열 자료가 되었음을 의미한다. 그러나 [그림 C5.2]와는 달리 계절시차(12, 24 등)의 스파이크가 신뢰한계선 밖으로 튀어나왔다([그림 C5.4]의 두 개의 원으로 표시된 부분 참조). 다시 말해서 계절성의 존재를 더 명확히 발견하게 되었다.

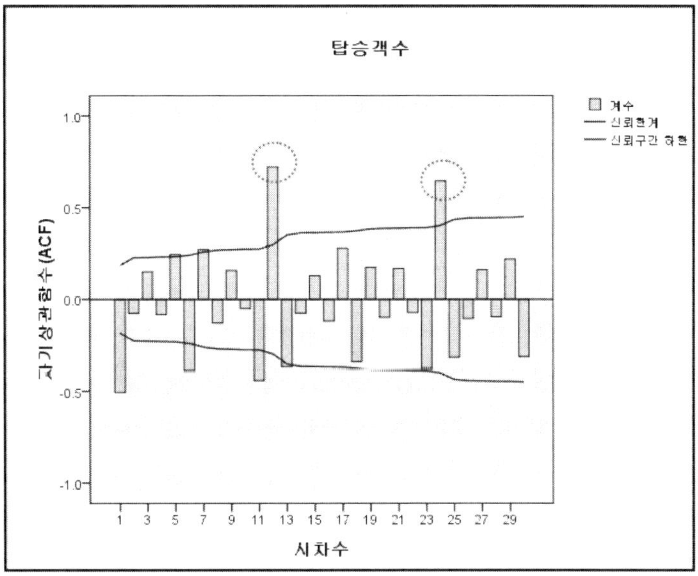

[그림 C5.4] 비계절적 1차 차분($d=1$) 후 자기상관함수

그렇다면 자기상관함수에서 어떻게 계절적인 변동을 더 확실히 관찰할 수 있을까? 이를 풀 수 있는 열쇠는 "비계절적인 차분(d)"이다. 1.3.1절에서 차분을 통해서 비정상적인 시계열의 평균을 정상적으로 만들 수 있고, 특히 비정상적인 시계열에 대한 자기상관함수는 대체로 아주 천천히 감소하는 형태를 갖는다는 것을 학습하였다. 따라서 이런 이유 때문에, 비정상적인 시계열에 계절적인 변동이 존재하더라도 계절적인 변동을 나타내는 요소가 자기상관함수에 숨겨져 있을 수 있다. 다음에 주어진 분석전략은 계절적인 변동을 탐색하는 데 도움이 된다.

"[그림 C5.1]과 같이 평균이 비정상적인 시계열 자료의 경우, 일단 비계절적인 차분(d)을 취해 평균을 정상적으로 만든 후 자기상관함수를 구하면 계절적인 변동의 존재여부를 더 뚜렷하게 판가름할 수 있다."

비계절적 1차 차분된 자료에 근거한 자기상관함수의 '시차 12와 24'에서 두드러진 스파이크를 발견할 수 있기 때문에 계절적 MA(2) 구조일 가능성이 있다. 이동평균 모형은 항상 정상적이므로 계절적인 패턴은 자동적으로 정상적이며 계절적 차분이 불필요하다. 만일 추정된 자기상관함수에서 12의 배수 시차들의 자기상관계수들이 점차적으로 감소하거나(자기회귀모형 암시) '0'으로 급속히 절단하는(이동평균 모형 암시) 형태인지 판별하기 위해서는 더 많은 관측값이 필요할 것이다. 그러나, 이 경우에서는 관측값 수의 1/4인 30개의 추정된 자기상관함수만을 이용하기로 한다. 비계절적 1차 차분된 자료의 시계열도표를 살펴보면, 실현값의 평균은 월별로 주기적으로 변한다. 더 나아가서 비계절적 1차 차분 후 계산한 편자기상관함수를 보면, '시차 24'의 편자기상관계수에 대한 t-통계량의 절대값(=0.146 / 0.092=1.59)이 '2.0'보다 작기 때문에 비계절적 1차 차분 후 계절적 요소가 자기회귀형태임을 확인할 수 있다. 이 모든 것을 고려하면 계절적 차분이 필요하다.

비계절적 1차 차분 후 계산된 두 개의 상관함수들에서 계절성 주기의 반에 해당하는 시차들(5, 6, 7, 11, 13, 23 등)의 자기상관계수들이 두드러진 스파이크를 가지지만 당분간 이를 무시하도록 하자. 계절성이 두드러지면 추정된 자기상관함수의 계절적 주기의 비율(1 / 2, 1 / 3,...)에 해당하는 시차들 또는 계절적 주기시차 근방에서 두드러진 스파이크들이 생긴다. 계절적 차분을 하거나 적절한 자기회귀항과 이동평균항으로 모형화하면 이런 현상은 흔히 잔차 자기상관함수에서 자연 사멸된다. 이는 C5.3절에서 다루기로 한다.

비계절적 1차 차분(d=1) 후 계산된 자기상관함수인 [그림 C5.4]를 살펴보면, 계절적인 주기시차(12와 24)에서 두드러진 스파이크를 발견할 수 있었다. 원자료에 대한 자기상관함수 [그림 C5.2]의 '시차 12'만(시차 24는 제외) 스파이크가 뚜렷하였다. 이는 바로 평균이 비정상적이기 때문에 '시차 24'의 자기상관계수에 대한 통계적 유의성이 묻혀 있었던 것이다. 따라서 ARIMA(p,d,q)모형에 계절적 요소를 추가시킨 ARIMA(p,d,q)(p,d,q)$_s$모형을 고려해야 할 것이다.

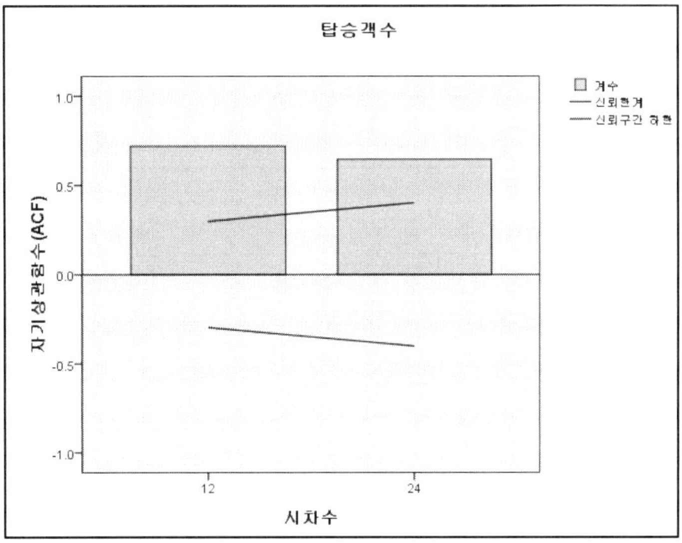

[그림 C5.5] 비계절적 1차 차분(d = 1)후 계절시차의 자기상관함수

추가로 계절시차(12, 24 등)의 자기상관계수가 급격히 감소하는 형태가 아니기 때문에([그림 C5.5] 참조), 1.9.3절에서 다룬 계절적인 차분(D)을 취함으로써 계절형 평균을 정상적으로 만들어야 할 것이다. 이를 SPSS 17.0에 적용시키기 위해서는 "자기상관(A)" 대화상자의 '변환' 란에 각각 '차분(D):'과 '계절 차분(S):'을 체크한다.

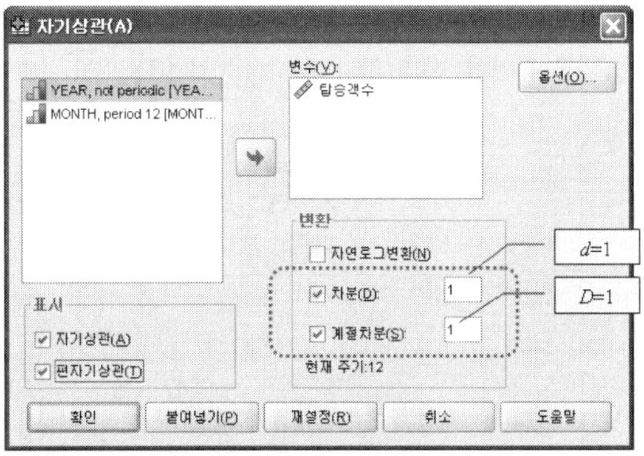

아래 주어진 [그림 C5.6]을 통해서 계절시차(12, 24, 36)의 자기상관함수가 '시차 12' 이후에 급격히 감소하는 형태임을 확인할 수 있었다. 따라서

추가적 계절적 차분이 필요하지 않다. 즉, 계절적인 1차 차분(D=1)으로 충분하다.

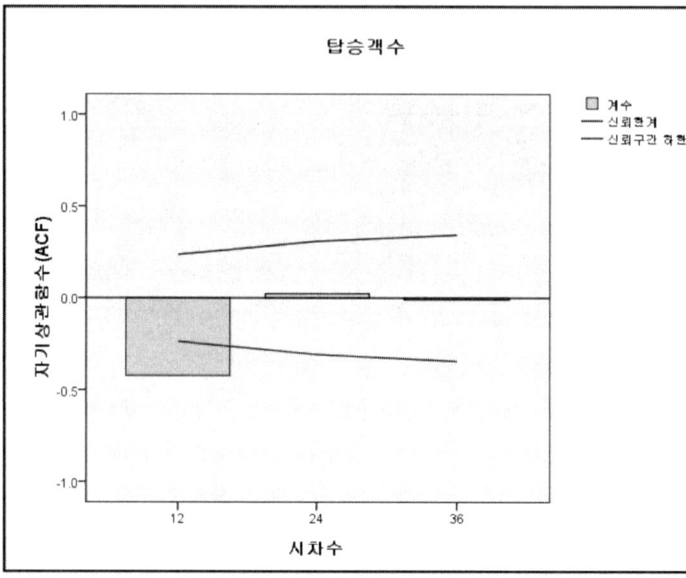

[그림 C5.6] 비계절적 1차 차분(d=1)과 계절적 1차 차분(D=1) 후 계절시차의 자기상관함수

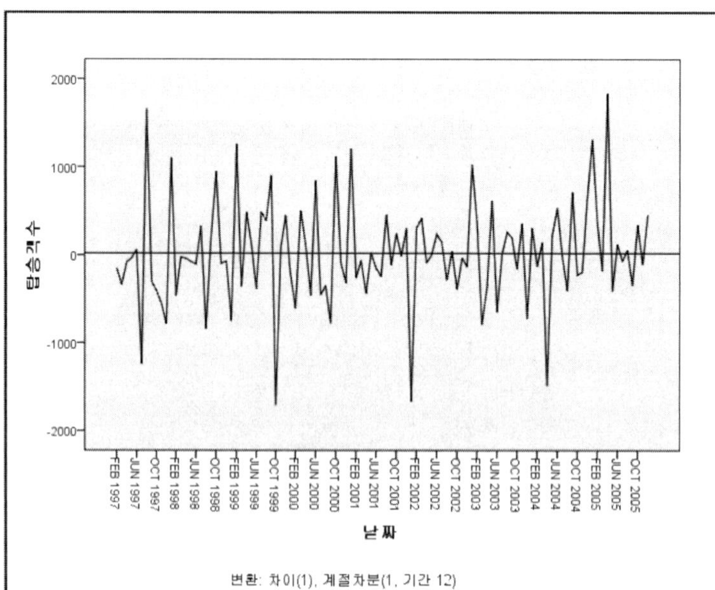

[그림 C5.7] 비계절적 1차 차분(d=1)과 계절적 1차 차분(D=1) 후 시계열도표

최종적으로 비계절적 및 계절적인 1차 차분을 취한 후 시계열도표를 살펴보면, 시계열의 평균과 분산 모두가 정상적이 되었음을 [그림 C5.7]을 통해서 확인할 수 있다. 즉, ARIMA(p,1,q)(P,1,Q)$_s$모형을 고려하였다.

C5.3 ARIMA 모형의 식별, 추정 및 모형검진

C5.3.1 ARIMA(0,1,1)(0,1,1)$_{12}$모형

지금부터는 자기상관함수와 편자기상관함수를 사용하여 주어진 시계열 자료를 계절적 변동과 비계절적 변동에 대한 자기회귀요소(P,p)와 이동평균요소(Q,q)를 임시로 결정해야 할 것이다.

다음은 비계절적 1차 차분 및 계절적 1차 차분 모두 취한 후 추정된 자기상관함수와 편자기상관함수이다.

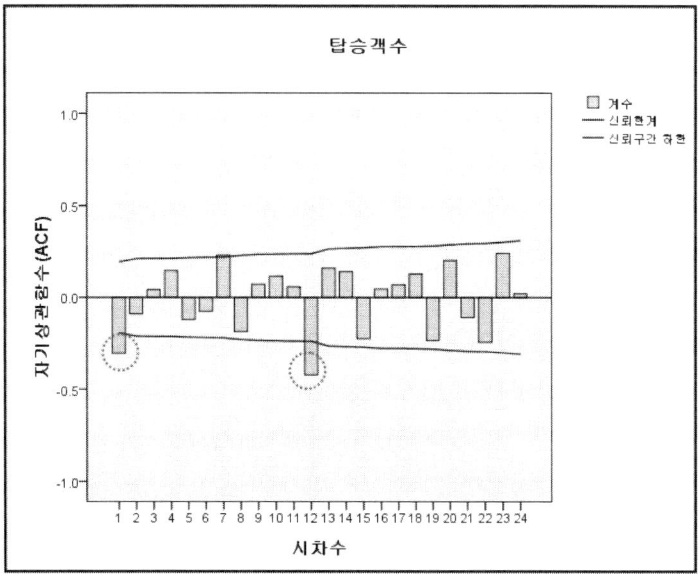

[그림 C5.8] d=1과 D=1 후 자기상관함수

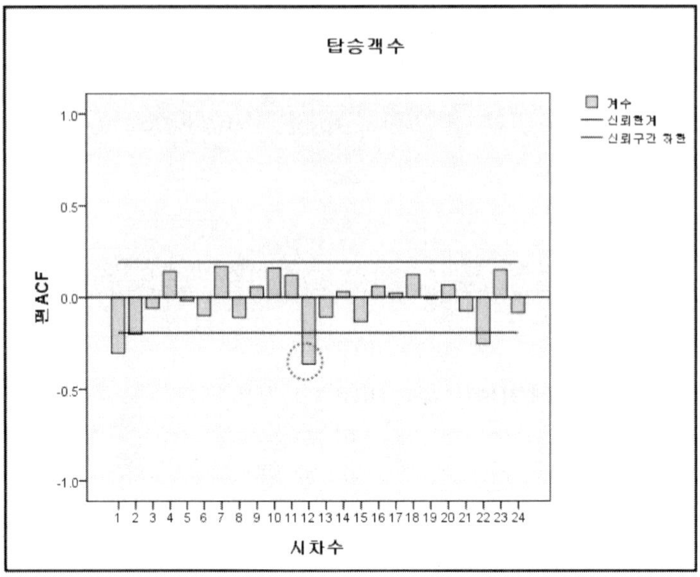

[그림 C5.9] $d=1$과 $D=1$ 후 편자기상관함수

이제 적절한 모형을 식별하는 작업이 매우 쉬워졌다. [그림 C5.8]의 시차 5, 6, 7, 11, 13 등의 상관계수 모두가 더 이상 통계적으로 유의하지 않다. [그림 C5.8]에서 '시차 1'의 스파이크는 비계절적 이동평균항, 시차 12의 스파이크는 계절적 이동평균계수를 제시한다. '시차 12'의 자기상관계수에 대한 t-통계량의 절대값(|-0.421 / 0.119|=3.54)은 실전적인 계절적 경고수준 '1.25'보다 크다. 따라서 계절적 변동 및 비계절적 변동을 동시에 갖는 자료 분석에 유용한 승법 ARIMA 모형인 ARIMA(0,1,1)(0,1,1)$_{12}$모형을 다음과 같이 고려할 수 있다.

$$(1-B)(1-B^{12})\tilde{y}_t = (1-\Theta_{12}B^{12})(1-\theta_1 B)\epsilon_t$$

물론 편자기상관함수 [그림 C5.9]를 살펴보면, '단기시차 1과 2'와 '계절시차 12'에서 두드러진 스파이크를 발견할 수 있다. 이는 비계절적 자기회귀항, '시차 12'의 스파이크는 계절적 자기회귀항을 각각 제시한다. 이에 대해서는 대체모형에서 다루기로 하고, 우선 ARIMA(0,1,1)(0,1,1)$_{12}$모형을 추정하기로 하자. 이때 상수항은 통계적으로 유의하지 않기 때문에 모형에서 제외시켰다(p값=0.462).

[표 C5.10] ARIMA(0,1,1)(0,1,1)$_{12}$모형 추정결과

ARIMA 모형 모수						
			추정값	SE	t	유의확률
탑승객수-모형_1	차분		1			
	MA	시차 1	.358	.093	3.839	.000
	계절차분		1			
	MA, 계절	시차 1	.741	.133	5.567	.000

두 개의 추정된 계수들 모두가 통계적으로 유의하며(t-통계량의 절대값 모두가 '2.0'보다 크다), 가역성 조건($|\hat{\theta}_1| < 1$, $|\widehat{\Theta}_{12}| < 1$)을 만족한다. 승법 ARIMA 모형에서 가역성 조건은 계절적 계수와 비계절적 계수에 개별적으로 적용해야 된다.

참고로 SPSS 17.0에서 ARIMA(0,1,1)(0,1,1)$_{12}$모형을 적합시키기 위해서는 다음과 같이, "시계열 모형 생성기: ARIMA 기준" 대화상자의 'ARIMA 차수' 란에 해당 차수를 입력하면 된다.

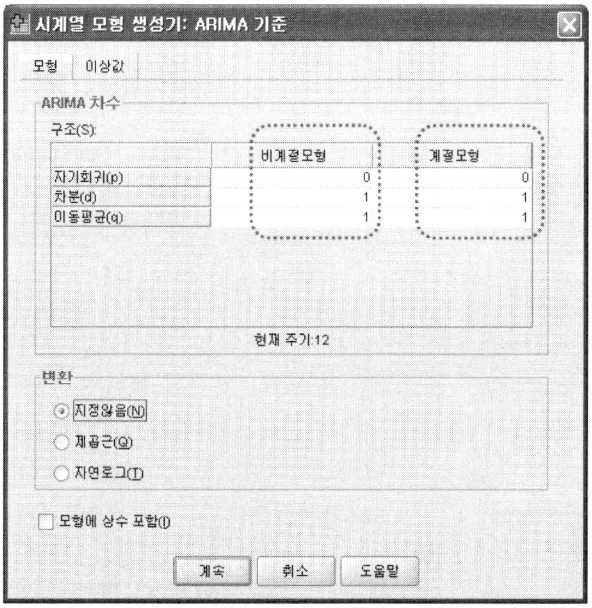

계절형 모형을 검진하는 방법은 "계절시차의 잔차 자기상관계수들에 초점을 맞춘다"는 점을 제외하고는 비계절형 모형의 진단 방법과 동일하다. 다음은 ARIMA(0,1,1)(0,1,1)$_{12}$모형에 근거한 잔차 자기상관함수이다.

[표 C5.11] 결과를 통해서 ARIMA(0,1,1)(0,1,1)$_{12}$모형은 주어진 자료를 아주 잘 설명한다. 왜냐하면 '시차 4'의 잔차 자기상관계수에 대한 t-통계량의 절대값(1.63)이 실전적 경고수준 '1.25'보다 큰 것을 제외하고, 단기시차와 계절시차의 잔차 자기상관계수에 대한 t-통계량의 절대값이 실전적 경고수준보다 작고, Box-Ljung 통계량의 p값 모두가 매우 크기 때문에 백색잡음항의 독립성을 보장한다. 그래서, 이 모형의 타당성을 더 이상 의심할 여지가 없다.

[표 C5.11] ARIMA(0,1,1)(0,1,1)$_{12}$모형의 잔차 자기상관함수

자기상관

계열:탑승객수-모형_1의 잡음 잔차

시차	자기상관	표준 오차 오류	Box-Ljung 통계량 값	자유도	유의확률
1	.001	.097	.000	1	.996
2	-.103	.097	1.183	2	.553
3	-.013	.098	1.203	3	.752
4	.161	.098	4.153	4	.386
5	.031	.100	4.262	5	.512
6	-.050	.100	4.552	6	.602
7	.138	.100	6.770	7	.453
8	.001	.102	6.770	8	.562
9	-.047	.102	7.035	9	.634
10	-.046	.102	7.291	10	.698
11	.021	.103	7.346	11	.770
12	-.033	.103	7.483	12	.824
13	.006	.103	7.487	13	.875
14	-.027	.103	7.581	14	.910
15	-.118	.103	9.360	15	.858
16	.036	.104	9.528	16	.890
17	.038	.104	9.713	17	.915
18	.065	.104	10.266	18	.923
19	-.088	.105	11.304	19	.913
20	.064	.105	11.853	20	.921
21	-.138	.106	14.447	21	.850
22	-.172	.107	18.511	22	.675
23	.176	.110	22.811	23	.472
24	.038	.113	23.018	24	.519

그렇다면, '시차 4'의 잔차 자기상관계수가 유의하다고 가정하면 이는 차수가 '4'인 이동평균항을 ARIMA(0,1,1)(0,1,1)$_{12}$모형에 추가시켜 $\theta_2 = \theta_3 = 0$인 ARIMA(0,1,4)(0,1,1)$_{12}$모형을 고려해야 할 것이다.

[표 C5.12] ARIMA(0,1,4)(0,1,1)$_{12}$모형 추정결과

ARIMA 모형 모수

			추정값	SE	t	유의확률
탑승객수-모형_1	차분		1			
	MA	시차 1	.357	.093	3.828	.000
		시차 4	-.151	.092	-1.644	.103
	계절차분		1			
	MA, 계절	시차 1	.763	.136	5.623	.000

[표 C5.12]의 추정결과, 차수가 4인 이동평균계수(θ_4)는 더 이상 유의하지 않아, ARIMA(0,1,1)(0,1,4)$_{12}$모형은 적절치 않다고 판정할 수 있다.

다음은 ARIMA(0,1,1)(0,1,1)$_{12}$모형에 근거하여 산출된 잔차도표이다. [사례분석 2]와 마찬가지로, 잔차의 독립성과 등분산성을 만족하지만 한 가지 문제가 되는 결과를 발견할 수 있다.

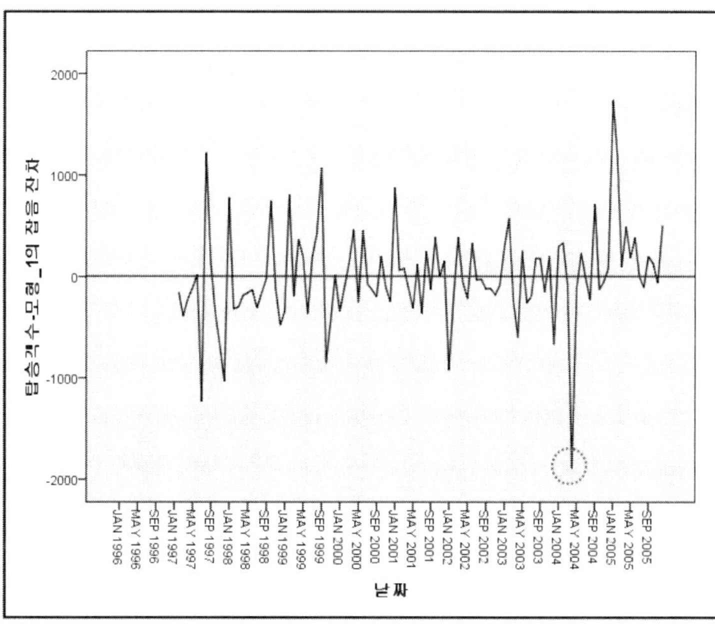

[그림 C5.13] ARIMA(0,1,1)(0,1,1)$_{12}$모형 적합 후 잔차도표

2004년 4월에 해당하는 잔차가 매우 크다. 자료를 점검한 결과 이에 해당하는 관측값 또한 잘 기재되었다. 이는 고속열차(KTX) 개통으로 인해서 급격히 탑승객 수가 감소한 것으로 추측된다. 이와 같이 이탈된 하나의 값으로 인해 때때로 추정결과에 큰 영향을 준다면, 소위 개입모형(intervention model)과 같은 정교한 기법을 이용하여 시계열 자료를 설명할 수 있다.

C5.3.2 대체모형

편자기상관함수 [그림 C5.9]를 사용하여 추가적으로 가능성이 있는 자기회귀요소를 발견할 수 있다. 이미 C5.3.1절에서 언급한 바와 같이, 단기시차 1, 2와 계절시차 12의 편자기상관계수가 통계적으로 유의하기 때문에(t-통계량의 절대값(각각 3.12, 2.06, 3.75) 모두가 '2.0'보다 크다), 비계절적 차수가 '1' 또는 '2'인 자기회귀요소, 계절적 차수가 '1'인 자기회귀요소를 고려할 수 있다. 즉, ARIMA(1,1,0)(1,1,0)$_{12}$모형 또는 ARIMA(2,1,0)(1,1,0)$_{12}$모형을 추가로 고려할 수 있다.

1) ARIMA(1,1,0)(1,1,0)$_{12}$모형

우선 ARIMA(1,1,0)(1,1,0)$_{12}$모형을 고려해보자. ARIMA(2,1,0)(1,1,0)$_{12}$모형에 비해 모수가 절약된 모형이며, '시차 1'의 자기상관계수에 영향을 받아서 '시차 2'의 자기상관계수가 자동적으로 커지는 경향이 있을 수 있기 때문이다. ARIMA(1,1,0)(1,1,0)$_{12}$모형은 다음과 같이 고려할 수 있다.

$$(1-\phi_1 B)(1-\Phi_{12} B^{12})(1-B)(1-B^{12})\tilde{y}_t = \epsilon_t$$

다음 주어진 [표 C5.14]는 ARIMA(1,1,0)(1,1,0)$_{12}$모형을 추정한 결과이다. 여기에서 상수항은 통계적으로 유의하지 않기 때문에 모형에서 제외시켰다(p값=0.619).

[표 C5.14] ARIMA(1,1,0)(1,1,0)$_{12}$모형 추정결과

ARIMA 모형 모수							
			추정값	SE	t	유의확률
탑승객수-모형_1	AR	시차 1	-.353	.094	-3.767	.000
	차분		1			
	AR, 계절	시차 1	-.570	.088	-6.465	.000
	계절차분		1			

두 개의 추정된 계수들 모두가 통계적으로 유의하며(t-통계량의 절대값 모두가 '2.0'보다 크다), 정상성 조건($|\hat{\phi}_1| < 1$, $|\widehat{\Phi_{12}}| < 1$)을 만족한다.

[표 C5.15] ARIMA(1,1,0)(1,1,0)$_{12}$모형의 잔차 자기상관함수

자기상관

계열:탑승객수-모형_1의 잡음 잔차

시차	자기상관	표준 오차 오류	Box-Ljung 통계량 값	자유도	유의확률
1	-.057	.097	.358	1	.550
2	-.130	.097	2.224	2	.329
3	-.017	.099	2.254	3	.521
4	.144	.099	4.588	4	.332
5	.064	.101	5.056	5	.409
6	-.065	.101	5.550	6	.475
7	.103	.101	6.787	7	.451
8	-.001	.102	6.787	8	.560
9	.013	.102	6.807	9	.657
10	-.040	.102	6.998	10	.726
11	.023	.102	7.062	11	.794
12	-.044	.103	7.302	12	.837
13	.042	.103	7.516	13	.874
14	-.009	.103	7.526	14	.913
15	-.102	.103	8.847	15	.885
16	.029	.104	8.953	16	.915
17	.004	.104	8.955	17	.942
18	.088	.104	9.967	18	.933
19	-.087	.105	10.968	19	.925
20	.062	.105	11.486	20	.933
21	-.130	.106	13.763	21	.880
22	-.130	.107	16.097	22	.811
23	.225	.109	23.106	23	.455
24	-.133	.113	25.589	24	.374

[표 C5.15]의 잔차 자기상관함수를 통해서 ARIMA(1,1,0)(1,1,0)$_{12}$모형이 적절함을 알 수 있다. 왜냐하면 '시차 2'의 잔차 자기상관계수에 대한

t-통계량의 절대값(1.34)이 실전적 경고수준 '1.25'보다 큰 것을 제외하고, 단기시차와 계절시차의 잔차 자기상관계수에 대한 t-통계량의 절대값이 실전적 경고수준보다 작고, Box-Ljung 통계량의 p값 모두가 매우 크기 때문에 백색잡음항의 독립성을 보장한다. 그래서 이 모형의 타당성을 더 이상 의심할 여지가 없다.

그렇다면, '시차 2'의 잔차 자기상관계수가 유의하다고 가정하면, 차수가 '2'인 이동평균항을 추가시켜 $\theta_1 = 0$인 ARIMA(1,1,2)(1,1,0)12모형을 고려해보자.

[표 C5.16] ARIMA(1,1,2)(1,1,0)12모형 추정결과

ARIMA 모형 모수

			추정값	SE	t	유의확률
탑승객수-모형_1	AR	시차 1	-.400	.099	-4.022	.000
	차분		1			
	MA	시차 2	.120	.108	1.111	.269
	AR, 계절	시차 1	-.567	.091	-6.256	.000
	계절차분		1			

[표 C5.16]의 추정결과, 차수가 2인 이동평균계수(θ_2)가 유의하지 않기 때문에 ARIMA(1,1,2)(1,1,0)12모형은 적절치 않다.

다음으로 잠시 보류한 ARIMA(2,1,0)(1,1,0)12모형을 추정해보자.

[표 C5.17] ARIMA(2,1,0)(1,1,0)12모형 추정결과

ARIMA 모형 모수

			추정값	SE	t	유의확률
탑승객수-모형_1	AR	시차 1	-.390	.100	-3.895	.000
		시차 2	-.107	.099	-1.080	.282
	차분		1			
	AR, 계절	시차 1	-.560	.091	-6.168	.000
	계절차분		1			

마찬가지로, 자기회귀계수(ϕ_2)가 유의하지 않기 때문에([표 C5.17] 참조) ARIMA(2,1,0)(1,1,0)12모형 역시 적절치 않다.

따라서 최종적으로 대체모형으로 ARIMA(1,1,0)(1,1,0)$_{12}$모형을 고려할 수 있으며, [그림 C5.18]의 잔차도표 역시 [그림 C5.13]과 동일한 결과를 가진다. 즉, 잔차의 독립성과 등분산성을 만족하지만, 외적인 사건으로 인해서 특이하게 큰 잔차를 산출하게 된다.

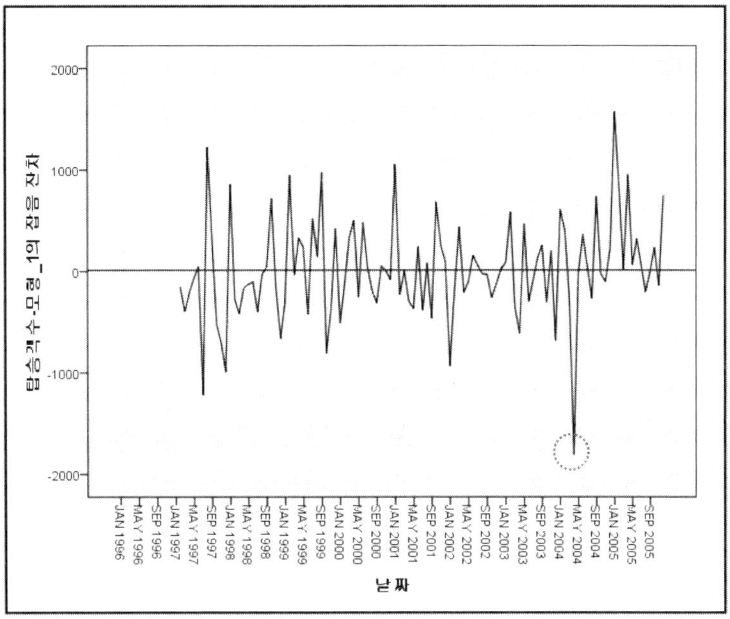

[그림 C5.18] ARIMA(1,1,0)(1,1,0)$_{12}$모형 적합 후 잔차도표

2) 최종 ARIMA 모형 선택

지금까지 탑승객 수 시계열 자료에 대해서 두 개의 승법 ARIMA 모형(ARIMA(0,1,1)(0,1,1)$_{12}$모형, ARIMA(1,1,0)(1,1,0)$_{12}$모형)을 구축하였다. 앞 사례분석들과 마찬가지로 하나만을 최종 선택해야 할 것이다. 우선 "모수절약의 원칙"에 근거한 우위성을 고려하면 동일하다. 왜냐하면 두 모형에 각각 2개의 모수를 사용하였기 때문이다.

다음으로 "예측력"에 대한 우위를 결정하기 위해서 최근 대략 10% 자료인 12개(2005년 1월부터 12월까지)의 관측값을 제거한 후 각 모형에 근거하여 제거된 12개 시점의 예측값을 산출하였다. [표 C5.19]의 결과에 근거하여 관측값에 가까운 개수를 고려하면 ARIMA(0,1,1)(0,1,1)$_{12}$모형이 우위에 있을 수 있다고 판단할 수 있을 것이다. 그러나 ARIMA 모형이 단기예측에 적합한 예측방법이라는 사실을 주목하면, 후반 예측값의 정확도보다는 초반 예측값의 것에 초점을 두어야 한다. 즉, 첫 3개의 예측값을 고려하면 반드시 ARIMA(0,1,1)(0,1,1)$_{12}$모형이 우위에 있다고 장담할 수 없을 것이다.

[표 C5.19] 예측력을 이용한 ARIMA 모형 비교-1

날짜	관측값	ARIMA(0,1,1)(0,1,1)$_{12}$	ARIMA(1,1,0)(1,1,0)$_{12}$
2005.01	9767	7989	**8181**
2005.02	9055	6712	**7209**
2005.03	9174	7163	**7409**
2005.04	9347	**6979**	6588
2005.05	9922	**7516**	7447
2005.06	8903	**6156**	6008
2005.07	9200	**6615**	6387
2005.08	10378	**7891**	7736
2005.09	9551	6787	**6857**
2005.10	10259	**7456**	7348
2005.11	9460	**6767**	6764
2005.12	9989	**6787**	6472

추가로 모든 자료에 근거하여 계산된 추정값과 10% 축소된 관측값에 근거하여 계산된 추정값을 각각 다음과 같이 정리할 수 있다.

[표 C5.20] 예측력을 이용한 ARIMA 모형 비교-2

ARIMA(0,1,1)(0,1,1)$_{12}$모형			
추정 모수	제거 전	제거 후	차이
$\hat{\theta}_1$	0.358	0.597	**0.239**
$\hat{\Theta}_{12}$	0.741	0.791	0.050

ARIMA(1,1,0)(1,1,0)$_{12}$모형			
추정 모수	제거 전	제거 후	차이
$\hat{\phi}_1$	-0.353	-0.408	0.055
$\hat{\Phi}_{12}$	-0.570	-0.562	0.008

4개의 추정값들의 변화값 중 추정값들의 차의 절대값이 실전적 경고수준 '0.1'보다 훨씬 큰 것을 발견할 수 있다. 이는 주어진 시계열 자료를 ARIMA(0,1,1)(0,1,1)$_{12}$모형으로 적합할 때, 이 모형 내 비계절적 이동평균요소로 설명하는 것이 불안정함을 단적으로 나타내 주고 있다.

마지막으로, [표 7.21]에서 2개의 ARIMA 모형의 자료 적합의 근접도를 측정하는 8개의 통계량과 Box-Ljung 통계량을 서로 비교해보자.

[표 C5.21] 모형 통계량을 이용한 ARIMA 모형 비교

모형통계량		ARIMA(0,1,1)(0,1,1)$_{12}$	ARIMA(1,1,0)(1,1,0)$_{12}$
모형적합 통계량	정상 R제곱	**0.360**	0.305
	R제곱	**0.785**	0.766
	RMSE	**485.460**	506.181
	MAPE	**3.555**	3.873
	MAE	**335.226**	364.733
	MaxAPE	28.111	**26.867**
	MaxAE	1890.459	**1809.778**
	정규화된 BIC	**12.458**	12.541
Box-Ljung Q(18)	p값	0.852	**0.868**

모형적합 통계량의 관점에서는 ARIMA(0,1,1)(0,1,1)$_{12}$모형이, Box-Ljung 통계량의 관점에서는 ARIMA(1,1,0)(1,1,0)$_{12}$모형이 우위에 있다.

지금까지 최종모형을 선택하는 데 중요한 기준이 되는 예측력, 모수절약의 원리, 모형통계량을 사용하여 두 개의 ARIMA 모형을 비교하였는데, 어느 한 모형이 절대적인 우위에 있지 못했다. 저자의 입장에서는 예측력의 관점에서 첫 3개의 예측값이 관측값에 상대적으로 가깝고, 10% 자료를 제거 후 추정 계수의 차이가 '0.1' 내에 있는 ARIMA(1,1,0)(1,1,0)$_{12}$모형을 선택할 수 있다. 그러나, 분석자의 견해(예: 자료 적합의 근접도)에 따라 처음 고려한 ARIMA(0,1,1)(0,1,1)$_{12}$모형을 최종 ARIMA 모형으로 선택할 수 있을 것이다.

C5.4 지수평활법

C5.2절에서 이 시계열 자료에 계절성이 존재함을 알게 되었다. 분명한 것은 시계열의 평균수준이 시간이 흐름에 따라 감소 즉, 일정하지 않았다. 반면에 시간의 흐름에 따라 시계열 내의 계절성이 존재하지만 일정하거나, 계절적인 주기 내의 변동(즉, 분산)이 변하지 않고 일정한 것으로 판단된다. 분명한 것은 시계열의 분산이 시간 흐름에 따라 점차 커지는 경우 즉, 승법 계절형태는 아니라는 점이다.

따라서 SPSS 17.0에 적용하기 위해서는 "시계열 모형 생성기: 지수 평활 기준" 대화상자에서 '단순 계절모형(M)'과 '윈터스 가법(A)'을 동시에 고려한다.

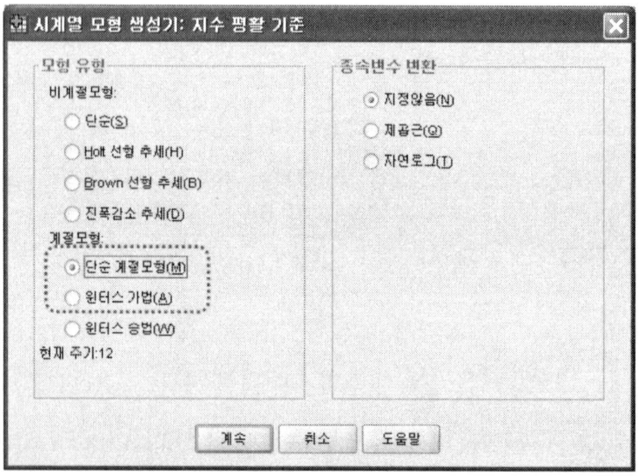

다음은 두 개의 계절모형에 대한 평활계수를 추정한 값이다.

[표 C5.22] 단순 계절모형의 평활계수 추정

지수평활 모형 모수

모형			추정값	SE	t	유의확률
탑승객수-모형_1	변환 안함	알파(수준)	.600	.085	7.071	.000
		델타(계절)	4.065E-6	.103	3.963E-5	1.000

[표 C5.23] 윈터스 가법 모형의 평활계수 추정

지수평활 모형 모수

모형			추정값	SE	t	유의확률
탑승객수-모형_1	변환 안 함	알파(수준)	.647	.089	7.258	.000
		감마(추세)	.001	.013	.043	.966
		델타(계절)	.001	.132	.008	.994

C5.3절과 마찬가지로, 두 개의 지수평활법 중 예측력, 모형적합 통계량, Box-Ljung 통계량을 고려하여 단순 계절모형이 더 우위에 있음을 확인할 수 있다. 이에 관한 설명은 이미 [사례분석 4]와 C5.3절에서 충분히 다루었기 때문에 생략하기로 한다. 또한 단순 계절 지수평활법에 대한 잔차도표, 잔차 자기상관함수, 각 시차별로 계산한 Box-Ljung 통계량을 사용하여 "백색잡음항에 대한 독립성 및 등분산성"에 대한 검증 역시 생략하며, 이는 독자의 몫으로 돌린다.

[표 C5.24] 예측력을 이용한 지수평활 비교

날짜	관측값	단순 계절	윈터스 가법
2005.01	9767	**8265**	8013
2005.02	9055	**6939**	6658
2005.03	9174	**7432**	7141
2005.04	9347	**7496**	7196
2005.05	9922	**7991**	7677
2005.06	8903	**6586**	6267
2005.07	9200	**7110**	6787
2005.08	10378	**8633**	8034
2005.09	9551	**7176**	6839
2005.10	10259	**7902**	7560
2005.11	9460	**7244**	6884
2005.12	9989	**7360**	6965

[표 C5.25] 모형 통계량을 이용한 지수평활 비교

모형통계량		단순 계절	윈터스 가법
모형적합 통계량	정상 R제곱	**0.576**	0.563
	R제곱	**0.876**	0.873
	RMSE	**402.969**	408.173
	MAPE	2.980	**2.971**
	MAE	283.715	**282.856**
	MaxAPE	26.167	**25.990**
	MaxAE	**1759.737**	1772.728
	정규화된 BIC	**12.078**	12.143
Box-Ljung Q(18)	p값	**0.765**	0.685

C5.5 최종모형 및 예측

지금까지 두 개의 승법 ARIMA 모형과 두 개의 지수평활법을 고려하여 각각 우위에 있는 모형 즉, ARIMA(1,1,0)(1,1,0)$_{12}$모형과 단순 계절 지수평활을 선택하였다. 이제 남은 작업은 두 모형에 대한 예측력([표 C5.19]와 [표 C5.24])과 모형통계량([표 C5.21]과 [표 C5.25])을 비교하여 우위에 있는 모형을 최종 선택하면 된다. 즉, 단순 계절 지수평활법이 두 기준에 근거하여 우월함을 알 수 있다.

단순 계절 지수평활법을 이용하여 다음과 같이 2006년 12월까지 향후 1년에 해당하는 예측값을 구하면, 탑승객 수는 더 이상 크게 증가 및 감소하지 않으며 최근 수준으로 유지될 것으로 나타났다([그림 C5.26]의 직사각형 참조). 물론 12개의 예측값은 1년을 주기로 나타나는 패턴을 그대로 유지하는 계절성을 간직하고 있다.

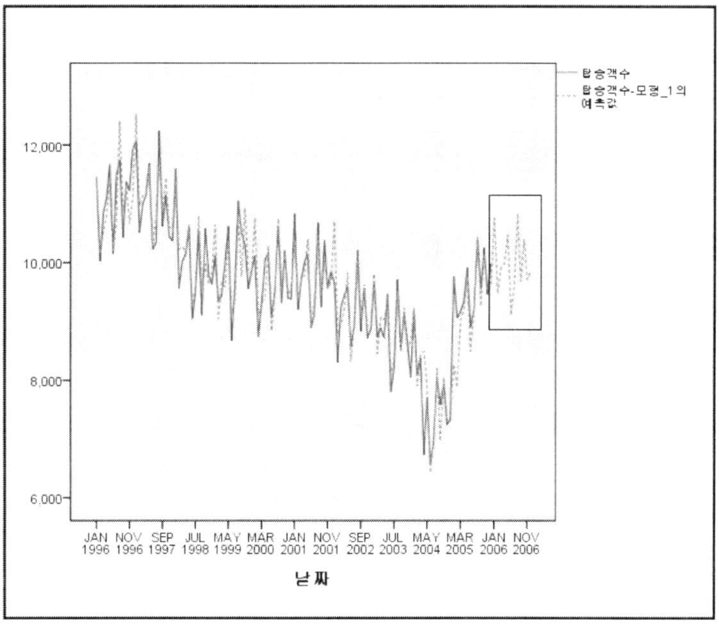

[그림 C5.26] 예측값에 대한 시계열도표

C5.6 [사례분석 5]를 마치며

본 사례분석에서는 비계절적 변동과 계절적 변동이 동시에 존재하는 시계열 자료를 살펴보았다. 특히 계절적인 변동의 존재성 여부는 "자기상관함수의 계절시차의 배수(월별 자료인 경우 12,24 등)의 자기상관계수 중 어느 하나 이상에서 통계적으로 유의한 스파이크가 발견되면 계절적인 변동이 존재한다"는 점에 주목하면 될 것이다.

때때로 주어진 시계열 자료에 계절적인 패턴이 존재하더라도 원자료에 대한 시계열도표나 자기상관함수에 계절성이 명확하게 나타나지 않을 수 있다. 이 경우 비록 원자료의 평균이 정상적이라도, 계절적인 패턴을 쉽게 식별하기 위해서는 비계절적 1차 차분($d=1$) 후 추정된 자기상관함수와 편자기상관함수를 조사하는 것이 좋다. [사례분석 5]가 바로 이에 해당하는 경우이다.

[사례분석 6]

담배소비량

Demand Forecasting of Time Series

C6.1 자료설명

C6.2 ARIMA 모형식별, 추정 및 모형검진

C6.3 지수평활법 및 최종모형 선택

C6.4 [사례분석 6]을 마치며

C6.1 자료설명

다음은 1969년 1월부터 1976년 12월까지 월별 담배 소비량을 시계열도표로 나타낸 것이다(사례분석06.sav). 우선 먼저 눈에 띄는 것은 시계열의 평균수준이 시간의 흐름의 따라 감소하므로 비계절적 차분이 필요할 듯싶다.

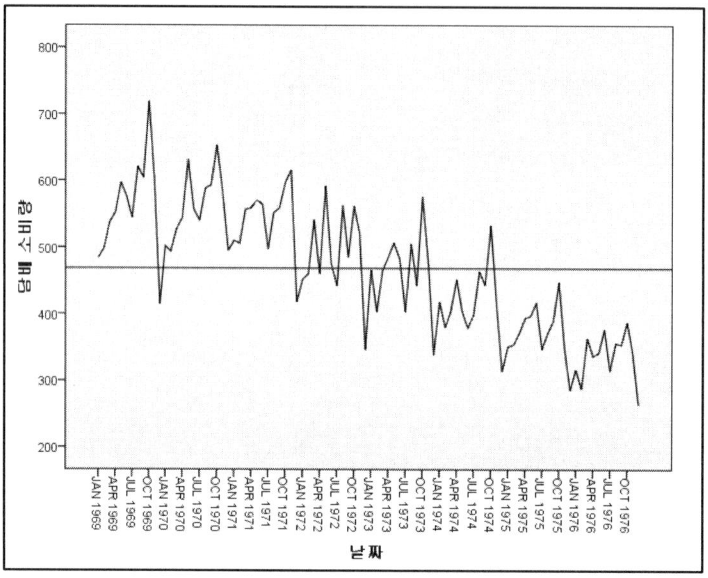

[그림 C6.1] 담배 소비량의 시계열도표

시계열의 분산 역시 시간의 흐름에 따라 감소하는 몇 가지 근거를 발견할 수 있다. 특히 1969년 동안의 자료의 변동은 1975년과 1976년 동안의 변동보다 크다. 그 밖의 나머지 시계열의 분산은 거의 일정하다. 대수변환을 시도할 수도 있지만, (극히 주관적이지만) 이 변환을 해야 할 확실한 근거는 없다. 물론 분석할 더 많은 자료가 있다면 분산의 변화를 탐지하여 대수변환 여부를 결정하는 데 도움이 될 것이다.

담배소비량 시계열 자료에서는 매년 10월에 가장 큰 값, 12월에는 작은 값을 갖는 명백한 계절성이 있다. 월별 자료이므로 계절성 주기의 길이는 '12'이다. 따라서 12의 배수 시차의 추정된 자기상관함수와 편자기상관함수에 특별한 관심을 가져야 할 것이다.

C6.2 ARIMA 모형식별, 추정 및 모형검진

다음 추정된 자기상관함수를 통해 평균이 비정상적이며 비계절적 1차 차분($d=1$)이 필요하다는 것을 알 수 있다. 왜냐하면 단기시차의 자기상관함수가 서서히 감소하며, 시차 1부터 12까지 줄곧 t-통계량의 절대값이 경고수준 '1.6'보다 크기 때문이다.

[표 C6.2] 담배소비량의 자기상관함수

자기상관

계열:담배 소비량

시차	자기상관	표준 오차 오류	Box-Ljung 통계량 값	자유도	유의확률
1	.721	.102	51.465	1	.000
2	.629	.146	91.006	2	.000
3	.575	.172	124.425	3	.000
4	.522	.191	152.295	4	.000
5	.625	.205	192.729	5	.000
6	.587	.224	228.766	6	.000
7	.568	.240	262.853	7	.000
8	.461	.253	285.530	8	.000
9	.448	.262	307.213	9	.000
10	.476	.270	331.981	10	.000
11	.537	.278	363.903	11	.000
12	.671	.289	414.359	12	.000
13	.469	.305	439.332	13	.000
14	.391	.312	456.833	14	.000
15	.330	.317	469.479	15	.000
16	.290	.321	479.351	16	.000
17	.393	.323	497.742	17	.000
18	.329	.328	510.792	18	.000
19	.316	.332	522.971	19	.000
20	.224	.335	529.164	20	.000
21	.193	.336	533.847	21	.000
22	.218	.338	539.873	22	.000
23	.270	.339	549.236	23	.000
24	.373	.341	567.384	24	.000

다음 주어진 [그림 C6.3]은 비계절적 1차 차분 후 자료를 시계열도표로 나타낸 것이다. 더 이상 평균이 감소하는 추세를 발견할 수 없다.

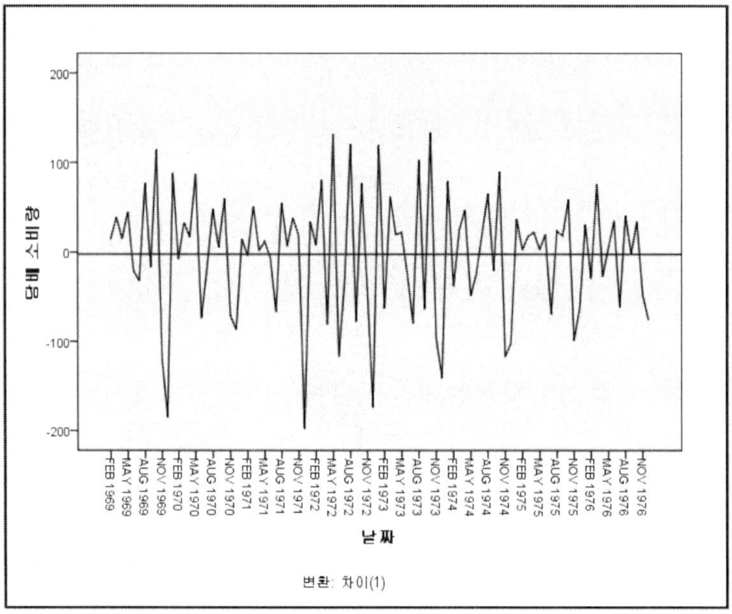

[그림 C6.3] 비계절적 1차 차분($d=1$) 후 시계열도표

다음은 비계절적 1차 차분 후 추정된 두 개의 자기상관함수이다.

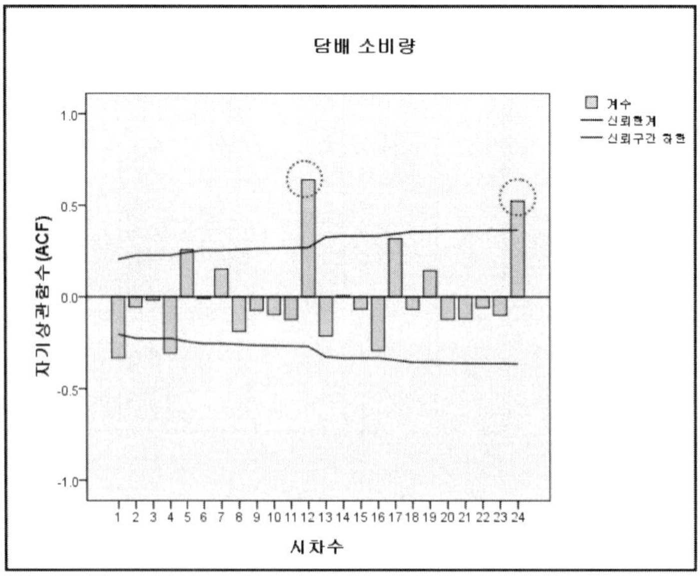

[그림 C6.4] 비계절적 1차 차분($d=1$) 후 자기상관함수

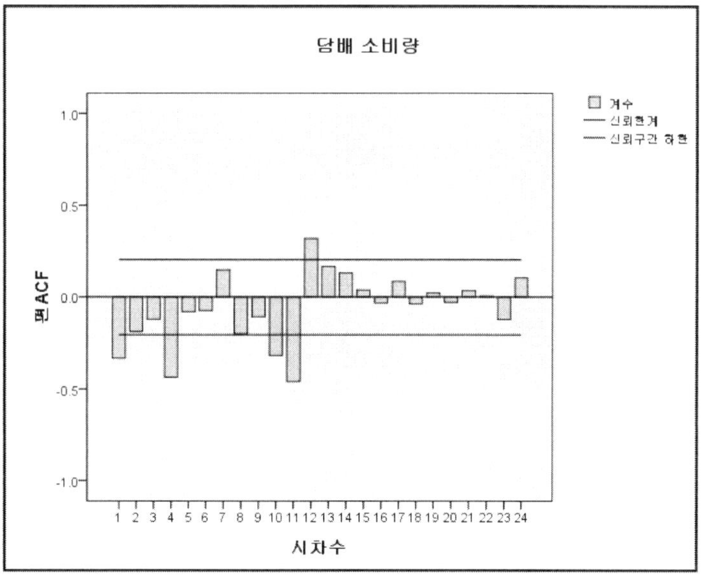

[그림 C6.5] 비계절적 1차 차분($d=1$) 후 편자기상관함수

비계절적 1차 차분을 하기 전과는 달리, [그림 C6.4]의 '시차 2와 3'의 자기상관계수는 급속히 '0'으로 감소하므로 더 이상의 비계절 차분은 불필요하다. [사례분석 5]에서 이미 여러 번 언급한 바와 같이, 비계절적 1차 차분($d=1$)을 취함으로써 계절적 패턴을 더 명확히 파악할 수 있다.

[그림 C6.4]의 '시차 12와 24'의 자기상관계수가 서서히 감소하므로 계절적 차분($D=1$)이 필요하다. 계절시차 중 '시차 24'의 편자기상관계수는 절단형태이므로 계절적 부분을 $MA(2)_{12}$모형을 고려하는 것은 부적절하다. 왜냐하면 계절적 이동평균 프로세스의 추정된 편자기상관함수는 계절시차들에서 서서히 감소하는 형태이기 때문이다.

다음은 비계절적 1차 차분과 계절적 1차 차분을 동시에 행한($d=1$, $D=1$) 후 추정한 자기상관함수와 편자기상관함수이다.

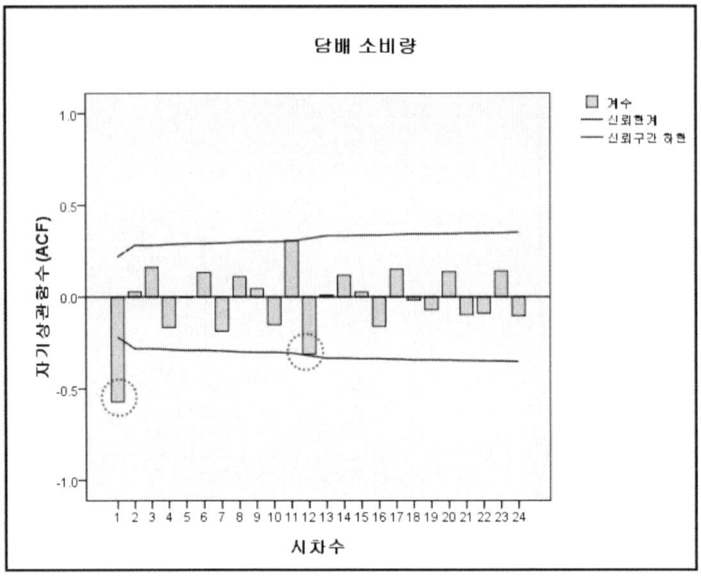

[그림 C6.6] 비계절적(d=1) 및 계절적 1차 차분(D=1) 후 자기상관함수

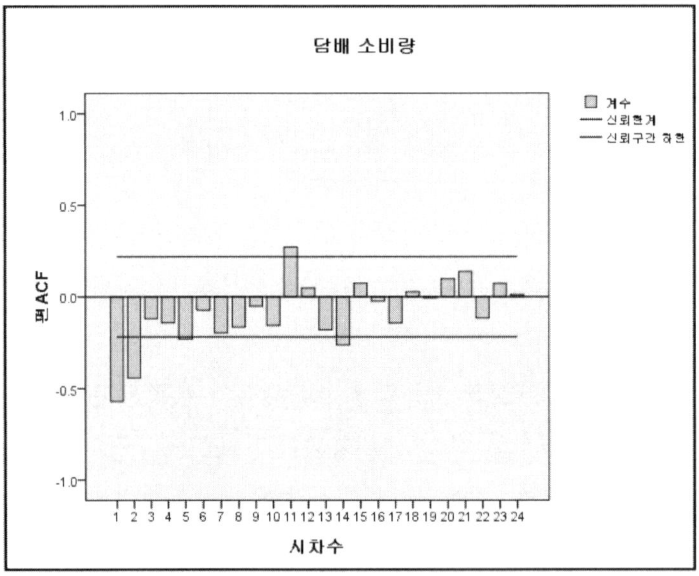

[그림 C6.7] 비계절적(d=1) 및 계절적 1차 차분(D=1) 후 편자기상관함수

눈으로 봐도 쉽게 느낄 만큼 완전히 정상적인 시계열이 되었다. 자기상관함수의 '시차 1'에서 뚜렷한 스파이크를 발견할 수 있으며 그 이후 단기시차에서 '0'으로 절단하는 형태이므로, 비계절적 부분을 MA(1)모형으로 고려할 수 있다. 마찬가지로, 자기상관함수의 '시차 12'에서 뚜렷한 스파이크를 발견할 수 있고(즉, t-통계량의 절대값(1.95)이 식별단계에서 계절시차의 경고수준인 '1.25'보다 훨씬 크다), '시차 24'에서는 '0'으로 절단하는 형태이므로 $MA(1)_{12}$모형을 고려할 수 있다. '시차 11'에서 유의한 스파이크가 있는 것은 당분간 무시하기로 하자. 따라서 앞에서 언급한 계절적 부분과 비계절적 부분의 이동평균항을 조합시키면 다음의 $ARIMA(0,1,1)(0,1,1)_{12}$모형을 추정할 수 있다.

$$(1-B)(1-B^{12})\widetilde{y_t} = (1-\Theta_{12}B^{12})(1-\theta_1 B)\epsilon_t$$

다음 주어진 $ARIMA(0,1,1)(0,1,1)_{12}$모형을 추정한 결과는 만족할 만하다.

[표 C6.8] $ARIMA(0,1,1)(0,1,1)_{12}$모형 추정결과

ARIMA 모형 모수

			추정값	SE	t	유의확률
담배 소비량-모형_1	상수항		-.480	.219	-2.191	.031
	차분		1			
	MA	시차 1	.895	.071	12.651	.000
	계절차분		1			
	MA, 계절	시차 1	.682	.143	4.758	.000

두 개의 추정된 계수는 모두 통계적으로 유의하며(t-통계량의 절대값 모두 '2.0'보다 훨씬 크다), $|\widehat{\theta_1}| = 0.895 > 1$, $|\widehat{\Theta_{12}}| = 0.682 > 1$이기 때문에 가역성의 필요조건을 만족한다. 이제 잔차 자기상관함수와 Box-Ljung 검증통계량을 사용하여 $ARIMA(0,1,1)(0,1,1)_{12}$모형이 적절한지 여부를 검진해보자.

[표 C6.9] ARIMA(0,1,1)(0,1,1)12모형의 잔차 자기상관함수

자기상관

계열:담배소비량-모형_1의 잡음 잔차

시차	자기상관	표준 오차 오류	Box-Ljung 통계량		
			값	자유도	유의확률
1	-.132	.110	1.495	1	.221
2	.022	.112	1.538	2	.463
3	.178	.112	4.327	3	.228
4	-.190	.115	7.553	4	.109
5	-.068	.119	7.973	5	.158
6	.143	.119	9.856	6	.131
7	-.212	.121	14.044	7	.050
8	.059	.126	14.368	8	.073
9	.117	.126	15.665	9	.074
10	-.118	.127	17.001	10	.074
11	.177	.129	20.057	11	.045
12	.076	.132	20.626	12	.056
13	-.162	.132	23.261	13	.039
14	.155	.134	25.709	14	.028
15	.053	.137	26.005	15	.038
16	-.152	.137	28.446	16	.028
17	.162	.139	31.238	17	.019
18	.057	.141	31.588	18	.025
19	-.123	.141	33.249	19	.022
20	.139	.143	35.398	20	.018
21	-.107	.144	36.703	21	.018
22	-.130	.145	38.666	22	.015
23	.189	.147	42.856	23	.007
24	-.076	.149	43.545	24	.009

불행히도 [표 C6.9]에 나타난 잔차 자기상관함수의 결과는 좋지 않다. 시차들 3, 4, 7, 11의 자기상관계수에 대한 t-통계량의 절대값이 검진단계에서 경고수준인 '1.25'보다 훨씬 크고, Box-Ljung 통계량들이 매우 유의하다. 즉, 백색잡음항의 독립성을 보장할 수 없기 때문에, ARIMA(0,1,1)(0,1,1)12모형은 명백히 채택할 수 없다.

[표 C6.10] ARIMA(0,1,1)(0,1,1)$_{12}$모형의 잔차 편자기상관함수

편자기상관

계열:담배소비량-모형_1의 잡음 잔차

시차	편자기상관	표준 오차 오류
1	-.132	.110
2	.005	.110
3	.185	.110
4	-.151	.110
5	-.127	.110
6	.112	.110
7	-.128	.110
8	.011	.110
9	.082	.110
10	-.023	.110
11	.122	.110
12	.061	.110
13	-.088	.110
14	.061	.110
15	.107	.110
16	-.051	.110
17	.044	.110
18	.127	.110
19	-.029	.110
20	-.002	.110
21	-.077	.110
22	-.084	.110
23	.098	.110
24	.029	.110

C6.2.1 재식별

ARIMA(0,1,1)(0,1,1)$_{12}$모형이 적절하지 않기 때문에 모형을 재식별하기 위해서 이미 작성한 추정된 자기상관함수와 편자기상관함수를 다시 들여다보자. 물론 여기에서 두 상관함수는 비계절적 1차 차분 및 계절적 1차 차분을 한 후 자료를 정상적으로 만든 자료에 근거하여 계산된 [그림 C6.6]과 [그림 C6.7]을 말한다. 또한 ARIMA(0,1,1)(0,1,1)$_{12}$모형에 근거한 잔차 자기상관함수 [표 C6.9] 역시 모형을 찾는 데 도움이 된다.

우선 비계절적 1차 차분 및 계절적 1차 차분을 취한 후 계산된 자기상관함수와 편자기상관함수를 다시 살펴보자. 자기상관함수 [그림 C6.6]을 통해서 ARIMA(0,1,1)(0,1,1)$_{12}$모형의 대안을 찾는 데 전혀 도움이 되지 않는다. 왜냐하면 '시차 1'의 스파이크는 매우 유의하지만, 시차 10까지 계속되

는 자기상관계수들 각각 대한 t-통계량의 절대값 중 실전적 경고수준 '1.6'보다 큰 것은 하나도 없기 때문이다. 즉, 추정된 자기상관함수에 근거하여 모형의 비계절적 부분에 합당한 유일한 대안은 MA(1)모형뿐이다.

편자기상관함수 [그림 C6.7]의 단기시차들의 경우, 자기상관함수의 것들에 비해 서서히 감소하는 형태이므로, 비계절성 요소는 이동평균모형(또는 혼합모형)이라 해석할 수 있다. 그러나, '시차 1과 2'에서 뚜렷한 스파이크가 나타난 후 그후의 시차들은 '0'으로 절단되는 형태이므로 AR(2)모형을 고려할 수 있다. 자기상관함수의 형태가 과연 AR(2)모형과 일치하는가? 그렇다면 자기상관함수는 서서히 감소하는 형태가 되어야 할 것이다. 그리고, 편자기상관함수가 감소한다면 이는 분명히 '시차 2' 이후에 '0'으로 절단되는 형태이어야 한다.

이제 ARIMA(0,1,1)(0,1,1)$_{12}$모형에 근거한 잔차 자기상관함수와 잔차 편자기상관함수를 살펴보자. 지금까지 ARIMA(0,1,1)(0,1,1)$_{12}$모형이 적절하다고 가정할 수 있지만 불완전하다. 이 모형에 해당하는 잔차 자기상관함수와 잔차 편자기상관함수를 다시 살펴보도록 하자. 사실 이 두 상관함수를 해석하는 것은 혼란스럽다. 시차 1, 3, 4, 6, 7의 잔차 자기상관계수들이 감소하지 않기 때문에 정상적인 평균을 만들기 위해 추가적인 차분을 고려하게 될지 모른다. 그러나, 비계절적 1차 차분 및 계절적 1차 차분을 한 후 계산된 자기상관함수 다시 살펴보면, 급격히 '0'으로 감소하는 형태이므로 더 이상의 차분은 필요하지 않다.

그렇다면 잔차 자기상관함수 [표 C6.9]에서 유의한 자기상관계수 중 가장 작은 단기시차는 '3'이기 때문에, 이를 ARIMA(0,1,1)(0,1,1)$_{12}$모형에 추가시켜 $\theta_2 = 0$ 인 ARIMA(0,1,3)(0,1,1)$_{12}$모형을 고려할 수 있을 것이다.

그러나, 추가시킨 차수가 '3'인 이동평균항(θ_3)은 통계적으로 유의하지 않다. 다시 말해서 고려한 ARIMA(0,1,3)(0,1,1)$_{12}$모형은 적절하지 않다.

반면에 잔차 편자기상관함수인 [표 C6.10]의 유의한 자기상관계수 중 가장 작은 단기시차 역시 '3'이다. 즉, 차수가 '3'인 자기회귀요소를 주어진 승법 ARIMA 모형에 추가시켜 $\phi_1 = \phi_2 = 0$ 인 ARIMA(3,1,1)(0,1,1)$_{12}$모형을 고려할 수 있을 것이다.

[표 C6.11] ARIMA(0,1,3)(0,1,1)$_{12}$모형 추정결과

ARIMA 모형 모수

			추정값	SE	t	유의확률
담배 소비량-모형_1	상수항		-.495	.243	-2.040	.045
	차분		1			
	MA	시차 1	.945	.085	11.130	.000
		시차 3	-.070	.088	-.799	.427
	계절차분		1			
	MA, 계절	시차 1	.688	.144	4.765	.000

[표 C6.12] ARIMA(3,1,1)(0,1,1)$_{12}$모형 추정결과

ARIMA 모형 모수

			추정값	SE	t	유의확률
담배 소비량-모형_1	상수항		-.486	.206	-2.357	.021
	AR	시차 3	.244	.125	1.951	.055
	차분		1			
	MA	시차 1	.932	.080	11.589	.000
	계절차분		1			
	MA, 계절	시차 1	.697	.147	4.736	.000

마찬가지로 유의수준 5%에서 차수가 3인 자기회귀계수(ϕ_3)는 통계적으로 유의하지 않으며, 가역성 조건을 만족할지 위태로워 보인다.

지금까지 [사례분석 5]에서 모형을 구축한 방법을 사용하여 담배소비량 자료에 적용하였으나 더 이상 나아갈 돌파구를 찾지 못하였다. 다시 말해서 주어진 시계열 자료를 정상적으로 만들기 위해서 비계절적인 1차 차분과 비계절적 1차 차분을 동시에 취한 후 두 개의 자기상관함수를 계산하였다. 이 상관함수들에 근거하여 비계절적 요소와 계절적 요소를 독립적으로 식별하여 ARIMA(0,1,1)(0,1,1)$_{12}$모형을 추정한 후 모형을 검진하였으나 적절하지 못했다. 그래서 [사례분석 2~4]와 같이, 모형적합 후 잔차 자기상관함수와 잔차 편자기상관함수를 사용하여 각각 이동평균요소와 자기회귀요소를 ARIMA(0,1,1)(0,1,1)$_{12}$모형에 추가시켜 모형구축을 하였지만 여의치 않았다.

이 경우 효율적으로 승법 ARIMA 모형을 구축하기 위한 돌파구 즉, 다

음 주어진 분석전략이 필요하다.

"우선 계절적 요소(들)만을 추정하는 전략을 채택하고 난 후, 계절적 요소만 포함된 모형에 근거한 잔차 자기상관함수와 편자기상관함수를 이용하여 비계절적 부분을 식별한다." 즉, 본 사례분석의 경우 우선 단지 계절적 이동평균항만을 포함한 다음의 ARIMA(0,1,0)(0,1,1)$_{12}$모형만을 추정한다.

$$(1-B)(1-B^{12})\widetilde{y_t} = (1-\Theta_{12}B^{12})\epsilon_t$$

물론 ARIMA(0,1,0)(0,1,1)$_{12}$모형 안에 비계절적인 패턴을 설명할 항(들)을 포함시키지 않았기 때문에 당연히 이 모형이 완전하지 않기를 기대해야 할 것이다.

C6.2.2 재추정 및 모형검진

다음은 ARIMA(0,1,0)(0,1,1)$_{12}$모형을 추정 및 진단한 결과이다. 참고로 상수항을 포함한 모형에서 추정된 상수항은 통계적으로 유의하지 않다(p값=0.847).

[표 C6.13] ARIMA(0,1,0)(0,1,1)$_{12}$모형 추정결과

ARIMA 모형 모수

			추정값	SE	t	유의확률
담배 소비량-모형_1	차분		1			
	계절차분		1			
	MA, 계절	시차 1	.759	.162	4.692	.000

ARIMA(0,1,0)(0,1,1)$_{12}$모형을 추정한 결과, 추정계수가 통계적으로 유의하였으며 가역성 조건을 만족시켰다. [분석전략 14]에서 언급한 바와 같이 "시계열 자료 내에 존재하는 계절적 패턴을 우선적으로 제거한다. 그러면, 잔차 자기상관함수와 편자기상관함수를 통해 비계절적 패턴을 좀 쉽게 발견할 수 있다"는 전략을 염두에 두며 다음 주어진 두 개의 잔차 상관함수를 살펴보자.

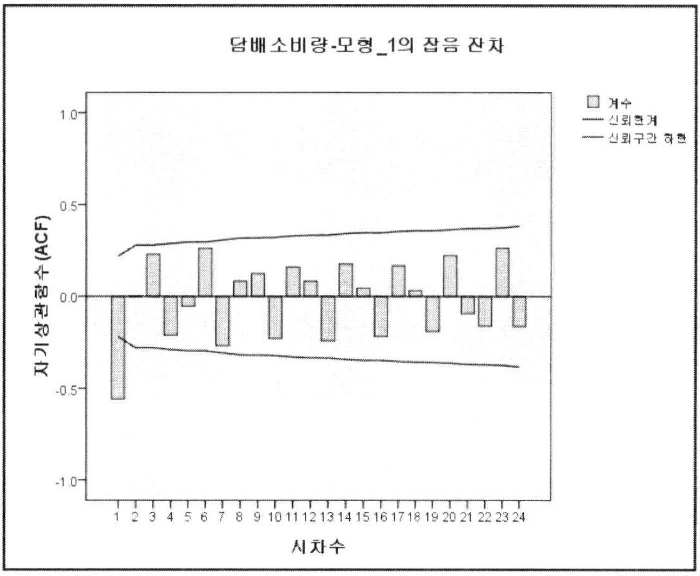

[그림 C6.14] ARIMA(0,1,0)(0,1,1)$_{12}$모형의 잔차 자기상관함수

ARIMA(0,1,0)(0,1,1)$_{12}$모형에 근거한 잔차 자기상관함수 [그림 C6.14]는 물결모양의 패턴이다. 감소하는 패턴은 다소 불규칙적이지만 비계절적

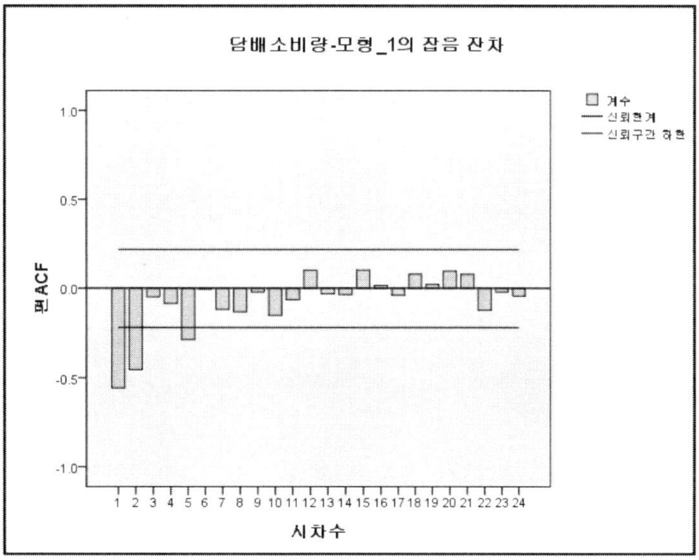

[그림 C6.15] ARIMA(0,1,0)(0,1,1)$_{12}$모형의 잔차 편자기상관함수

및 계절적 1차 차분을 한 후 계산된 자기상관함수와 거의 흡사하다. '시차 1' 이후의 잔차 자기상관함수는 '0'으로 절단형태이므로, 모형의 비계절적 부분에 차수가 '1'인 이동평균항(즉, MA(1))을 포함시켜야 한다.

그러나 이는 앞에서 이미 시도되었기 때문에, 자기회귀구조 또는 혼합구조를 고려해야 한다. 다시 말해서, 잔차 자기상관함수에서는 더 이상 추가적으로 얻을 정보가 없기 때문에 잔차 편자기상관함수를 통해 자기회귀요소를 식별해야 한다. 편자기상관함수의 '시차 1과 2'에서 뚜렷한 스파이크를 발견할 수 있고, '시차 3과 4'에서 '0'으로 절단하는 형태이기 때문에 AR(2)모형을 고려할 수 있다. '시차 5'에 뚜렷하게 나타난 스파이크는 당분간 무시하자. 모형적합 후에 사라질지도 모르기 때문에 우선 단기시차에 있는 스파이크에 초점을 맞추기로 하자. 따라서, ARIMA(0,1,0)(0,1,1)$_{12}$모형에 근거한 잔차 분석을 통해 다음과 같이 ARIMA(2,1,0)(0,1,1)$_{12}$모형을 도출할 수 있다.

$$(1-\phi_1 B-\phi_2 B^2)(1-B)(1-B^{12})\widetilde{y_t} = (1-\Theta_{12} B^{12})\epsilon_t$$

다음은 ARIMA(2,1,0)(0,1,1)$_{12}$모형을 추정한 결과이다. 여기에서 상수항을 포함한 모형에서 추정된 상수항은 통계적으로 유의하지 않다(p값=0.414).

[표 C6.16] ARIMA(2,1,0)(0,1,1)$_{12}$모형 추정결과

ARIMA 모형 모수

			추정값	SE	t	유의확률
담배 소비량-모형_1	AR	시차 1	-.862	.102	-8.446	.000
		시차 2	-.493	.101	-4.909	.000
	차분		1			
	계절차분		1			
	MA, 계절	시차 1	.703	.150	4.696	.000

추정된 모든 계수들에 대한 t-통계량의 절대값이 '2.0'보다 크기 때문에 통계적으로 유의하다. $\hat{\Theta}_{12}$는 가역성 조건($|\hat{\Theta}_{12}|<1$)을 만족한다. 또한 두 개의 자기회귀계수($\hat{\phi}_1$과 $\hat{\phi}_2$) 모두 정상성의 필요조건을 만족한다.

$$|\hat{\phi}_2| \approx 0.493 < 1, \quad \hat{\phi}_2 + \hat{\phi}_1 \approx -1.355 < 1, \quad \hat{\phi}_2 - \hat{\phi}_1 \approx 0.369 < 1$$

다음 주어진 잔차 자기상관함수 [표 C6.17]에서 '시차 3'을 제외한 모든 시차의 자기상관계수에 대한 t-통계량의 절대값이 실전적 경고수준 '1.25'보다 작고, Box-Ljung 통계량이 매우 크기 때문에 백색잡음항의 독립성을 보장해 준다. 그러나 하나의 흠이 있다면 '시차 3'의 잔차 자기상관계수에 대한 t-통계량의 절대값(1.78)이 실전적 경고수준 '1.25'보다 크다. 그럼에도 불구하고 이 잔차 자기상관함수는 ARIMA(0,1,1)(0,1,1)$_{12}$모형에 근거한 것보다 훨씬 만족스럽다. 더 좋은 모형을 찾기 위해 더 적절한 모형들을 탐색하겠지만, 방금 구한 ARIMA(2,1,0)(0,1,1)$_{12}$모형이 최종 선택될 수도 있다.

[표 C6.17] ARIMA(2,1,0)(0,1,1)$_{12}$모형의 잔차 자기상관함수

자기상관

계열:담배소비량-모형_1의 잡음 잔차

시차	자기상관	표준 오차 오류	Box-Ljung 통계량 값	자유도	유의확률
1	-.027	.110	.063	1	.802
2	-.076	.110	.565	2	.754
3	-.196	.110	3.948	3	.267
4	-.115	.115	5.129	4	.274
5	-.118	.116	6.397	5	.269
6	.062	.117	6.754	6	.344
7	-.139	.118	8.537	7	.288
8	.015	.120	8.560	8	.381
9	.054	.120	8.840	9	.452
10	.002	.120	8.840	10	.547
11	.130	.120	10.487	11	.487
12	.021	.122	10.532	12	.569
13	-.123	.122	12.048	13	.524
14	.070	.123	12.545	14	.563
15	.018	.124	12.579	15	.635
16	-.102	.124	13.664	16	.624
17	.090	.125	14.539	17	.629
18	.080	.126	15.235	18	.646
19	-.060	.126	15.625	19	.682
20	.031	.127	15.732	20	.733
21	-.122	.127	17.424	21	.685
22	-.119	.128	19.058	22	.642
23	.133	.129	21.138	23	.573
24	.030	.131	21.249	24	.624

앞에서 얻은 결과들을 과연 어떻게 더 향상시킬 수 있을까? 잔차 자기상관계수(들)에 대한 t-통계량의 절대값이 실전적 경고수준에 도달하거나 초과하는 시차(들)를 찾는다. 그리고, 이 시차(들)에 관련된 이동평균계수(들)를 추가하는 것이 현명한 전략일 것이다. 이미 언급한 바와 같이, '시차 3'의 자기상관계수에 대한 t-통계량의 절대값이 실전적 경고수준(1.25)을 초과하므로, 차수가 '3'인 이동평균항(θ_3)을 추가시켜 ARIMA(2,1,3)(0,1,1)12모형을 고려한다.

$$(1-\phi_1 B-\phi_2 B^2)(1-B)(1-B^{12})\widetilde{y_t}=(1-\Theta_{12}B^{12})(1-\theta_3 B^3)\epsilon_t$$

물론 반드시 "모수절약의 원칙"에 입각하여 이동평균계수를 차수가 작은 항부터 순차적으로 추가시켜야 한다.

다음은 ARIMA(2,1,3)(0,1,1)12모형을 추정 및 진단한 결과이다.

[표 C6.18] ARIMA(2,1,3)(0,1,1)12모형 추정결과

ARIMA 모형 모수

			추정값	SE	t	유의확률
담배 소비량-모형_1	상수항		-.504	.182	-2.778	.007
	AR	시차 1	-1.055	.055	-19.300	.000
		시차 2	-.912	.076	-11.974	.000
	차분		1			
	MA	시차 3	.693	.146	4.762	.000
	계절차분		1			
	MA, 계절	시차 1	.785	.194	4.050	.000

추정된 모든 계수는 통계적으로 유의하며, 가역성 조건 및 정상성 조건을 모두 만족한다(점검은 독자의 몫으로 남긴다).

[표 C6.19] ARIMA(2,1,3)(0,1,1)$_{12}$모형의 잔차 자기상관함수

자기상관

계열:담배소비량-모형_1의 잡음 잔차

시차	자기상관	표준 오차 오류	Box-Ljung 통계량 값	자유도	유의확률
1	.085	.110	.618	1	.432
2	.048	.111	.814	2	.666
3	-.027	.111	.878	3	.831
4	-.016	.111	.902	4	.924
5	-.132	.111	2.485	5	.779
6	-.040	.113	2.629	6	.854
7	-.045	.113	2.818	7	.901
8	-.009	.113	2.825	8	.945
9	-.014	.113	2.842	9	.970
10	.081	.113	3.474	10	.968
11	.137	.114	5.324	11	.914
12	.039	.116	5.476	12	.940
13	-.008	.116	5.483	13	.963
14	.082	.116	6.177	14	.962
15	.026	.117	6.246	15	.975
16	-.041	.117	6.419	16	.983
17	.057	.117	6.762	17	.986
18	.073	.117	7.349	18	.987
19	-.055	.118	7.683	19	.990
20	.007	.118	7.689	20	.994
21	-.086	.118	8.526	21	.992
22	-.077	.119	9.217	22	.992
23	.083	.120	10.018	23	.991
24	.047	.120	10.287	24	.993

잔차 자기상관함수 역시 만족스럽다. 즉, 모든 시차에서 실전적 경고수준(단기시차, 계절시차, 계절시차에 바로 인접하는 시차들에서는 '1.25', 그 밖의 시차들에서는 '1.6')을 초과하는 t-통계량의 절대값은 존재하지 않으며, Box-Ljung 통계량 역시 모두 매우 유의하지 않다. 더 나아가 다음 주어진 잔차도표 [그림 C6.20]에서도 역시 이렇다 할 문제가 될 만할 것을 찾아볼 수 없다.

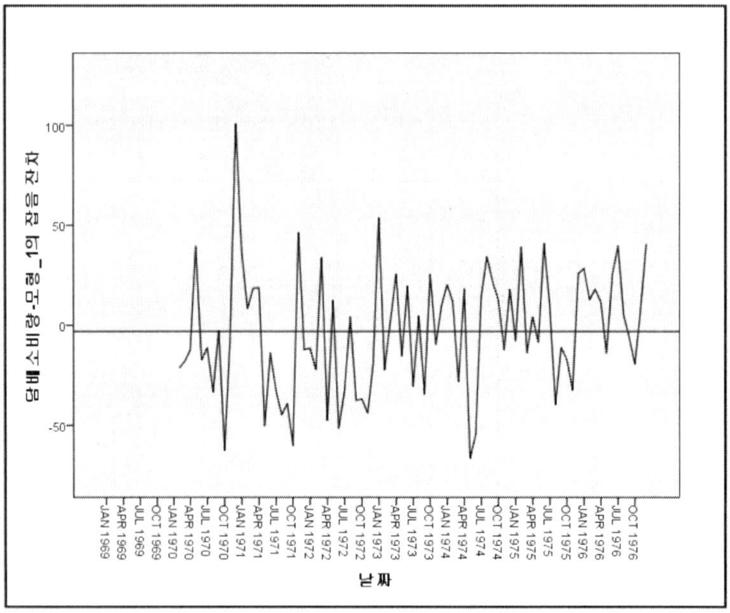

[그림 C6.20] ARIMA(2,1,3)(0,1,1)$_{12}$모형의 잔차도표

C6.3 지수평활법 및 최종모형 선택

C6.1절에서 원시계열 자료에 대한 시계열도표 [그림 C6.1]을 살펴본 바와 같이, 시간의 흐름에 따라 전반적으로 분산이 일정해 보이지만, 1969년 동안의 자료의 변동은 1975년과 1976년 동안의 변동보다 큰 것을 고려하면, 한마디로 가법 또는 승법으로 딱 잘라 판정하기가 어렵다. 따라서, SPSS 17.0에서 '윈터스 가법(A)'과 '윈터스 승법(W)'을 동시에 고려해서 최적인 모형을 선택하는 것이 나을 것이다.

[표 C6.21] 윈터스 가법 모형의 평활계수 추정

지수평활 모형 모수

모형		추정값	SE	t	유의확률
담배 소비량-모형_1	알파(수준)	.090	.046	1.958	.053
	감마(추세)	.223	.133	1.667	.099
	델타(계절)	.001	.083	.012	.990

[표 C6.22] 윈터스 승법 모형의 평활계수 추정

지수평활 모형 모수					
모형		추정값	SE	t	유의확률
담배 소비량-모형_1	알파(수준)	.151	.049	3.086	.003
	감마(추세)	.001	.028	.036	.971
	델타(계절)	.088	.068	1.303	.196

앞에서 두 개의 승법 ARIMA 모형과 두 개의 지수평활법이 담배소비량 시계열 자료를 적절하게 설명할 수 있는 최적모형의 후보임을 알게 되었다. [사례분석 5]와 마찬가지로, 예측력, 모형적합 통계량을 고려하여 다음과 같이 두 가지 결과를 얻게 되었다.

시계열 자료의 대략 10%에 해당하는 10개의 최근 관측값(1976년 3월부터 1976년 12월까지)을 제거한 후, 고려한 4개의 모형을 사용하여 제거된 관측값을 예측하였다. 그 결과 [표 C6.23]에서 보는 바와 같이, 특정 모형이 지배적으로 예측력이 우위에 있지 않음을 알 수 있다. 반면에 모형의 적합도통계량을 나타내는 [표 C6.24]를 살펴보면, 단연 '윈터스 승법 모형'이 우위에 있음을 확신할 수 있다. 따라서 '윈터스 승법모형'을 최종모형으로 선택해도 큰 무리가 없을 듯싶다.

[표 C6.23] 예측력을 이용한 모형 비교

날짜	관측값	A	B	C	D
1976.03	364	358	340	331	330
1976.04	337	349	319	336	330
1976.05	342	383	353	370	354
1976.06	377	356	337	334	327
1976.07	315	310	270	292	299
1976.08	356	382	346	361	342
1976.09	354	362	334	338	326
1976.10	388	441	392	419	374
1976.11	340	366	324	342	325
1976.12	264	234	198	205	236

[표 C6.24] 모형적합 통계량을 이용한 모형 비교

모형통계량		A	B	C	D
적합통계량	정상 R제곱	0.592	0.653	0.742	0.727
	R제곱	0.870	0.889	0.924	0.925
	RMSE	34.163	31.929	27.268	27.040
	MAPE	6.012	5.715	4.888	4.649
	MAE	26.698	25.457	21.933	21.455
	MaxAPE	22.206	20.387	17.815	16.530
	MaxAE	109.921	100.916	72.713	71.001
	정규화된 BIC	7.222	7.193	6.754	6.737

A: ARIMA(2,1,0)(0,1,1)$_{12}$ B: ARIMA(2,1,3)(0,1,1)$_{12}$ C: Winters 가법 D: Winters 승법

윈터스 승법 지수평활법을 이용하여 향후 1년에 해당하는 예측값을 산출하면, 과거 자료에서 계절적으로 반복되는 패턴을 그대로 유지하면서 전반적인 수준은 여전히 계속 감소하는 추세를 발견할 수 있다([그림 C6.25]의 직사각형 참조).

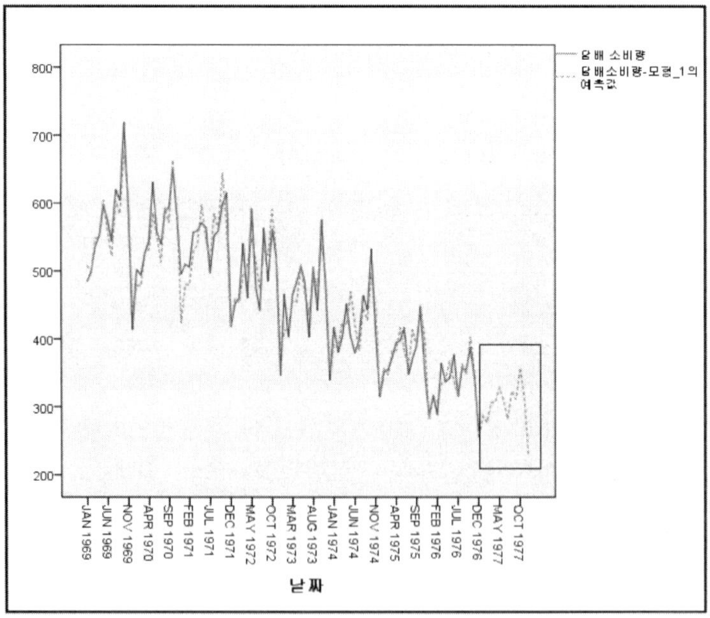

[그림 C6.25] 예측값에 대한 시계열도표

C6.4 [사례분석 6]을 마치며

비계절적인 요소와 계절적 요소가 혼합된 시계열 자료를 만족스러운 승법 ARIMA 모형으로 구축하는 데 다음 몇 가지 분석전략을 정리해보자.

① 초기 고려한 모형이 매우 부적절하면, 원래의 자기상관함수와 편자기상관함수로 돌아가서 다시 생각한다.

② ①의 방법이 더 이상 적용이 되지 않을 때, "계절적 요소만을 먼저 모형화한 후, 이 모형에 근거한 잔차 자기상관함수와 잔차 편자기상관함수를 통해서 얻는 비계절적 패턴의 정보는 원자료에 근거한 자기상관함수와 편자기상관함수에서 얻는 것보다 더 명확하고 유익하다"를 긴요하게 적용시킬 수 있다. 다시 말해서, [분석전략 14]인 "계절적인 요소를 먼저 모형화하면 비계절적인 패턴을 쉽게 식별할 수 있다"를 일반화하여 승법 ARIMA 모형을 구축하는 데 두루 적용시킬 수 있으며, [그림 C.2]는 이를 도식화한 것이다.

③ 고려하는 모형에 한 번에 하나씩 차수가 작은 항부터 추가시켜 모형을 구축한다. 즉, 모수절약의 원칙을 철저히 따른다.

④ 단기시차(예: 1, 2, 3), 계절시차(12, 24 등), 계절시차에 인접한 시차(11, 13 등), 계절적 주기의 분수시차(3, 6 등)에 해당하는 상관계수에 주시한다.

⑤ 식별단계에서 단기시차와 첫 몇 개의 초기 계절시차를 제외한 나머지 시차들의 상관계수 및 t-통계량의 절대값을 무시한다. 한 예로, 계절적 및 비계절적 차분을 동시에 행한 후 '시차 11'에 해당하는 자기상관계수는 통계적으로 유의하였지만, 몇 차례의 반복된 모형 식별 및 진단 과정을 통해 '시차 11'에 해당하는 계수를 추정할 필요가 없어졌다.

시계열도표와 자기상관함수를 사용하여 일정한 주기성의 존재 여부를 명확하게 규명할 수 있으나, 계절적 패턴 유형(가법 또는 승법), 추세의 형태(선형, 지수적, 진폭 감소)를 시각적으로 판단하기가 모호할 경우에는 가능성이 있는 여러 지수평활법을 적합시킨 후, '예측력'과 '모형적합 통계량'을 비교함으로써 최적의 지수평활법을 선택할 수 있다.

[사례분석 7]

대학 등록학생 수

Demand Forecasting of Time Series

C7.1 자료설명 및 계절성여부 점검

미국 대학의 경우 등록학생 수는 보통 봄학기보다 가을학기에 더 많다. 신입생들은 보통 가을학기에 입학하지만 몇몇 학생들은 학점 및 개인적 문제 때문에 과목을 철회한다. 따라서 신입생 등록 수는 계절적 주기(s)가 '2'인 계절적 패턴을 갖는다고 짐작할 수 있다.

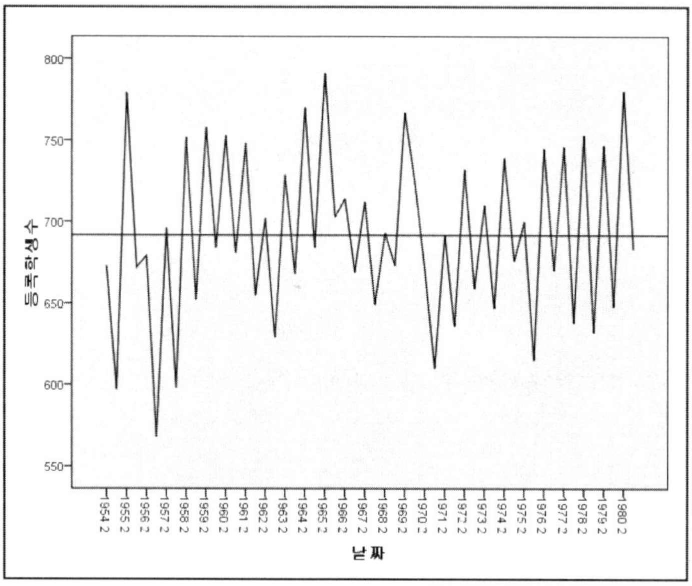

[그림 C7.1] 등록학생 수의 시계열도표

앞 시계열도표를 통해 이런 예상이 적중했음을 알 수 있다. 이 시계열은 1954년 가을학기부터 1981년 봄학기까지 신입생 등록 수이다(사례분석07.sav). 매년 두 학기 중 가을학기의 등록 수가 그 다음 해 봄학기 것보다 항상 많다. 이 관측값을 두 개의 다른 확률 분포 즉, 큰 평균을 가지는 가을학기의 분포와 작은 평균을 가지는 봄 학기의 분포로 이뤄졌다고 간주할 수 있다. 등록학생 수 시계열 자료의 평균은 매 시점에서 변하지만 만일 두 개의 부분(봄학기, 가을학기)으로 분리하여 각각 일정한 수준을 갖는다면, 길이가 '2'

인 차분을 취하여 정상적인 평균을 만들 수 있다.

한편 시계열 자료의 분산은 거의 일정해 보인다. 계절적 변동을 제외한 전체적인 수준은 크게 변하지 않는다. 따라서 계절적 차분을 제외한 변환은 불필요할 것 같다.

C7.2 ARIMA 모형식별, 추정 및 모형검진

C7.2.1 식별단계

다음은 원래의 시계열에 대해 추정된 자기상관함수와 편자기상관함수이다. 추정된 자기상관함수가 '0'으로 서서히 감소하기 때문에 이 시계열의 평균은 비정상적이다.

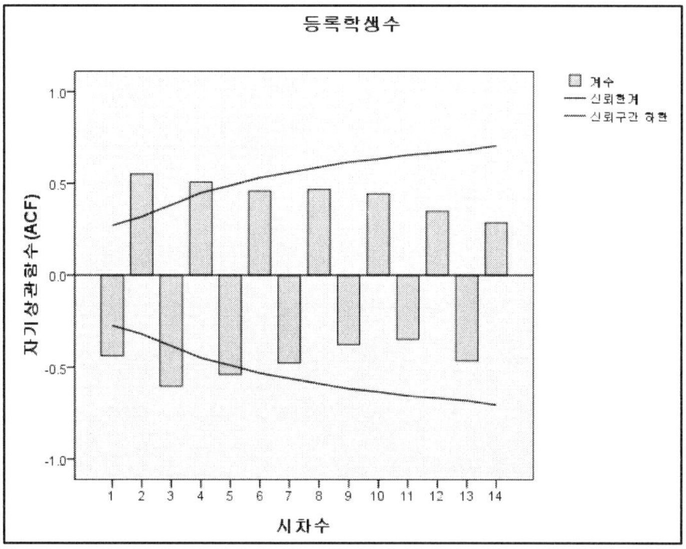

[그림 C7.2] 등록학생 수의 자기상관함수

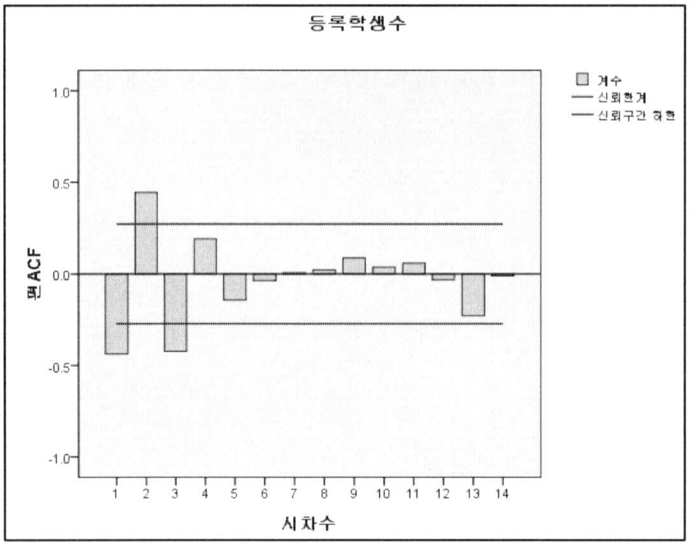

[그림 C7.3] 등록학생 수의 편자기상관함수

시차 1부터 7까지 자기상관계수에 대한 t-통계량의 절대값 모두가 실전적 경고수준 '1.6' 이하로 떨어지지 않는다(시차 1부터 3.21, 3.44, 3.14, 2.27, 2.20, 1.73, 1.70). 더 나아가 실전적 경고수준 '1.25'는 계절시차 즉, '2의 배수 시차'와 관련이 있고, 이를 적용하면 시차 10까지 이 경고수준을 초과한다. 이때 추정된 편자기상관함수를 통해(출력 생략) 추가적으로 얻을 수 있는 정보는 없다. 계절시차(2의 배수)에 해당하는 자기상관계수들을 보면, 서서히 감소하는 형태이므로 계절적인 차분이 필요하다고 결론지을 수 있다.

다음 주어진 [그림 C7.4]는 비계절적 1차 차분($d=1$)을 한 후 추정된 자기상관함수이다. 이 패턴은 원자료가 갖는 자기상관함수와 거의 흡사하다. 여기에서 눈여겨 둘 점은 자기상관함수가 '0'으로 급격히 감소하는 형태가 아니라는 것이다.

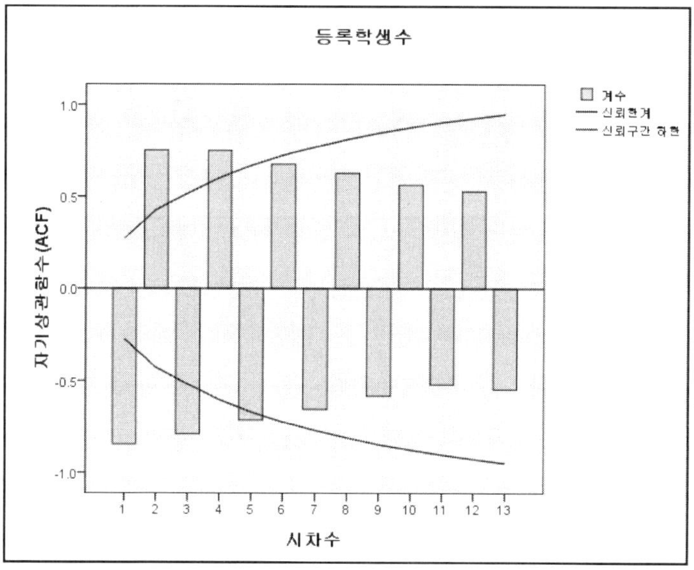

[그림 C7.4] 비계절적 1차 차분($d=1$) 후 자기상관함수

이 경우 비계절적 차분을 한 번 더 즉, 비계절적 2차 차분($d=2$)을 취할 수도 있다. 그러나, 이 방법으로 근본적인 문제를 풀 수 없다. 계절주기의 길이($s=2$)로 계절적 1차 차분($D=1$)이 필요하다. 즉, $w_t = y_t - y_{t-2}$ 를 계산한다.

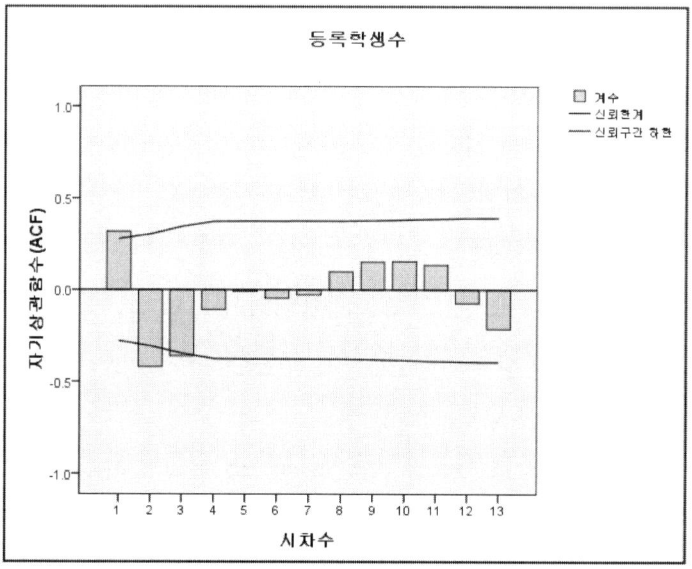

[그림 C7.5] 계절적 1차 차분($D=1$) 후 자기상관함수

다음 주어진 [그림 C7.5]는 계절적 1차 차분(계절 주기의 길이=2) 후 자기상관함수를 계산한 것으로 시계열 평균이 정상적이다. '시차 3' 이후의 자기상관계수들에 대한 모든 t-통계량의 절대값들이 매우 작기 때문이다.

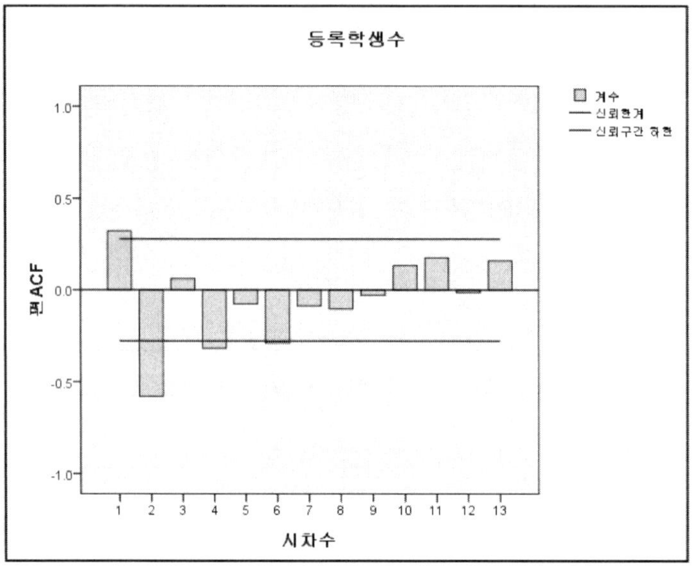

[그림 C7.6] 계절적 1차 차분($D=1$) 후 편자기상관함수

자기상관함수 [그림 C7.5]의 '시차 2'에서 두드러진 스파이크가 나타나는 것은 자료 내에 여전히 계절적인 패턴이 존재하고 있음을 의미한다. 시차 4, 6, 8, 12에 해당하는 자기상관계수들이 '0'으로 절단되는 형태이므로 이 패턴은 이동평균의 변동을 제시한다(시차 s, $2s$, $3s$, … 계절적인 패턴을 식별할 때 중요한 시차들이다. $s=2$일 때 시차 2, 4, 6, …에 초점을 맞춰야 한다). 시차 2, 4, 6에 해당하는 편자기상관계수들은 음의 방향으로 절단하는 형태이라기보다는 서서히 '0'으로 감소하기 때문에 자료의 계절성 부분은 $MA(1)_2$모형과 일치한다.

자기상관함수의 '시차 2'에서 두드러진 스파이크를 발견할 수 있으며, 이 때문에 이 시차에 바로 인접하는 시차 1, 3의 자기상관계수들에 영향을 줄 수 있다. 추정된 자기상관계수 간에 서로 (음 또는 양으로) 상관될 수 있다. 그래서, 이 경우에 비계절적 패턴을 식별하기 어렵다.

이를 해결하기 위해서는 [사례분석 6]에서 다룬 분석전략인 "우선 계절적 부분만을 포함하는 모형을 추정하고, 이 모형에 근거한 잔차 자기상관함수와 잔차 편자기상관함수를 이용하여 비계절적 패턴을 식별한다"를 적용시킨다. 우선 임시로 비계절적 요소를 포함하지 않는 ARIMA(0,0,0)(0,1,1)$_2$모형을 다음과 같이 고려할 수 있다.

$$(1-B^2)\widetilde{y_t}=(1-\Theta_2 B^2)\epsilon_t$$

C7.2.2 추정 및 모형검진

다음은 ARIMA(0,0,0)(0,1,1)$_2$모형을 추정한 결과와 이 모형에 근거하여 계산된 잔차 자기상관함수와 잔차 편자기상관함수이다.

[표 C7.7] ARIMA(0,0,0)(0,1,1)$_2$모형 추정결과

ARIMA 모형 모수			추정값	SE	t	유의확률
등록학생수-모형_1	계절차분		1			
	MA, 계절	시차 1	.998	4.125	.242	.810

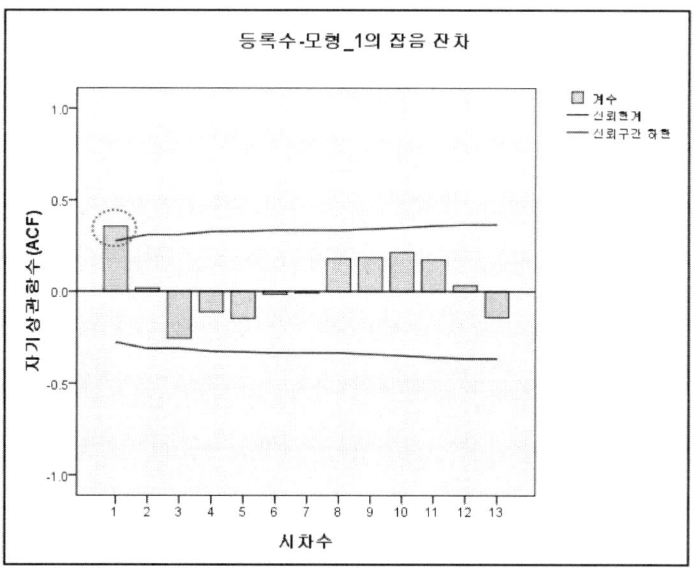

[그림 C7.8] ARIMA(0,0,0)(0,1,1)$_2$모형의 잔차 자기상관함수

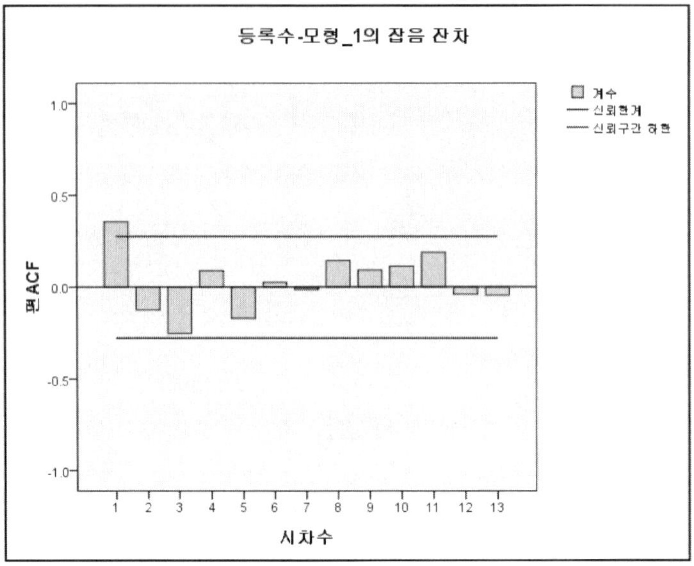

[그림 C7.9] ARIMA(0,0,0)(0,1,1)$_2$모형의 잔차 편자기상관함수

여기에서 주된 관심사는 잔차 자기상관함수와 편자기상관함수를 이용하여 비계절적 패턴을 식별하는 것이다. 잔차 자기상관함수에서 가장 두드러진 특징은 '시차 1'에서 두드러진 스파이크를 발견할 수 있고 '시차 2'에서 '0'으로 절단되었다는 사실이다. 즉, 주어진 모형에 이동평균계수(θ_1)을 추가시켜야 한다. 여기에서 '시차 3'의 자기상관계수에 대한 t-통계량의 절대값(1.645)은 단기시차의 잔차 자기상관계수에 대한 실전적 경고수준 '1.25'보다 크지만, '모수절약의 원칙'에 입각하여 한 번에 하나씩 계수를 추가시킨다. 왜냐하면 '시차 1'에 해당하는(즉, 차수가 1인) 이동평균항(θ_1)을 주어진 모형에 추가하여 '시차 3'에 해당하는 잔차 자기상관계수가 통계적으로 유의하지 않을 수 있기 때문이다.

승법 ARIMA 모형에서 계수들 간의 곱 형태의 항이 존재하며, 이때의 시차는 계수들에 해당하는 시차들의 합이다. 이 경우의 승법 ARIMA 모형에서는 θ_1과 Θ_2를 포함시켜 '시차 3'(=1+2)에 해당하는 계수를 생성한다. 이를 후향연산자를 사용하여 표현하면

$$(1-B^2)\widetilde{y_t} = (1-\Theta_2 B^2)(1-\theta_1 B)\epsilon_t$$

이며, 다시 우변을 전개하면,

$$(1-B^2)\widetilde{y_t} = \epsilon_t - \Theta_2\epsilon_{t-2} - \theta_1\epsilon_{t-1} + \theta_1\Theta_2\epsilon_{t-3}$$

이 된다. 다시 말해서 이 승법 ARIMA 모형은 '시차 3'에 관련된 항($\theta_1\Theta_2\epsilon_{t-3}$)과 계수($\theta_1\Theta_2$)를 포함하고 있다.

앞에서 살펴본 바와 같이, 승법 ARIMA 모형에서 자동적으로 생성된 항(들)과는 달리 한 개의 적절한 계수를 모형에 추가시켜 전반적인 잔차 자기상관계수들의 크기를 줄여 모형적합을 향상시킬 수 있다. 가장 두드러진 예로서, [사례분석 6]에서 이동평균 계수 θ_3을 주어진 모형에 추가시켜 극적으로 잔차 자기상관함수의 크기를 눈에 띄게 줄였다. 따라서 '시차 1'에 해당하는 이동평균 계수(θ_1)을 주어진 모형에 추가시킨 새로운 모형을 고려한다.

C7.2.3 재식별 및 재추정

다음은 ARIMA(0,0,1)(0,1,1)$_2$모형을 추정한 결과이다. 추정된 상수항은 유의수준 5%에서 통계적으로 유의하지 않기 때문에 모형에서 제외시켰다(p값=0.462).

[표 C7.10] ARIMA(0,0,1)(0,1,1)$_2$모형 추정결과

ARIMA 모형 모수

			추정값	SE	t	유의확률
등록학생수-모형_1	MA	시차 1	-.461	.154	-2.986	.004
	계절차분		1			
	MA, 계절	시차 1	.643	.142	4.523	.000

추정결과는 만족스럽다. 추정된 두 개의 계수 모두가 통계적으로 유의하고 각각 가역성 조건을 만족한다. 다음 주어진 잔차 자기상관함수 [표 C7.11]을 살펴보면, '시차 1'에 해당하는 잔차 자기상관계수는 눈에 띄게 작아지고,

Box–Ljung Q–통계량 역시 눈에 띄게 줄었다. 반면에 '시차 3'의 잔차 자기상관계수에 대한 t–통계량의 절대값(1.743)은 실전적 경고수준 '1.25'보다 훨씬 크다. 따라서 '시차 3'에 해당하는 이동평균항(θ_3)을 주어진 모형에 추가시켜야 한다. 시차 3 이후 잔차 자기상관계수들은 서서히 감소하기보다는 '0'으로 절단되는 형태이므로 자기회귀항보다는 이동평균항을 선택한다.

[표 C7.11] ARIMA(0,0,1)(0,1,1)$_2$모형의 잔차 자기상관함수

자기상관

계열:등록수-모형_1의 잡음 잔차

시차	자기상관	표준 오차 오류	Box-Ljung 통계량 값	자유도	유의확률
1	.063	.139	.220	1	.639
2	-.062	.139	.439	2	.803
3	-.244	.140	3.862	3	.277
4	-.082	.148	4.255	4	.373
5	-.091	.149	4.751	5	.447
6	-.001	.150	4.751	6	.576
7	-.032	.150	4.816	7	.682
8	.159	.150	6.425	8	.600
9	.129	.153	7.512	9	.584
10	.135	.155	8.734	10	.558
11	.121	.157	9.733	11	.555
12	.000	.159	9.733	12	.639
13	-.178	.159	12.005	13	.527

후향연산자를 이용하여 $\theta_2 = 0$ 인 ARIMA(0,0,3)(0,1,1)$_2$모형을 다음과 같이 표기할 수 있다.

$$(1-B^2)\tilde{y}_t = (1-\Theta_2 B^2)(1-\theta_1 B-\theta_3 B^3)\epsilon_t$$

'시차 3'에 해당하는 계수는 θ_3와 두 계수의 곱의 형태 $\theta_1\Theta_2$ 의 선형결합이다. 왜냐하면 앞 모형의 우변을 전개하면,

$$(1-B^2)\tilde{y}_t = \epsilon_t - \theta_1\epsilon_{t-1} - \Theta_2\epsilon_{t-2} + (\theta_1\Theta_2 - \theta_3)\epsilon_{t-3}$$

이 되기 때문이다. 반면에 다음 소개할 가법(additive) ARIMA 모형을 고려하

여 계수 θ_3를 자유롭게 추정하는 것이 더 좋을지도 모른다.

$$(1-B^2)\tilde{y}_t = (1-\theta_1 B - \Theta_2 B^2 - \theta_3 B^3)\epsilon_t$$

승법 ARIMA 모형과 가법 ARIMA 모형 중 어느 것을 우선적으로 선택하는 기준은 없다. 만일 두 모형 모두 적절하더라도 더 적합이 잘되는 모형을 선택하면 된다.

다음은 승법 ARIMA(0,0,3)(0,1,1)$_2$모형을 추정 및 진단한 결과이다. 여기에서, 상수항을 포함한 모형을 고려하면 추정된 상수항은 5% 유의수준에서 통계적으로 유의하지 않다(p값=0.405).

[표 C7.12] 승법 ARIMA(0,0,3)(0,1,1)$_2$모형 추정결과

ARIMA 모형 모수

			추정값	SE	t	유의확률
등록학생수-모형_1	MA	시차 1	-.450	.135	-3.336	.002
		시차 3	.228	.131	1.748	.087
	계절차분		1			
	MA, 계절	시차 1	.717	.122	5.898	.000

[표 C7.13] 승법 ARIMA(0,0,3)(0,1,1)$_2$모형의 잔차 자기상관함수

자기상관

계열:등록수-모형_1의 잡음 잔차

시차	자기상관	표준 오차 오류	Box-Ljung 통계량 값	자유도	유의확률
1	.036	.139	.072	1	.788
2	-.027	.139	.114	2	.945
3	-.055	.139	.290	3	.962
4	-.161	.139	1.798	4	.773
5	-.061	.143	2.019	5	.847
6	.023	.143	2.050	6	.915
7	-.065	.143	2.316	7	.940
8	.193	.144	4.702	8	.789
9	.141	.149	5.999	9	.740
10	.092	.151	6.566	10	.766
11	.165	.153	8.428	11	.675
12	.004	.156	8.429	12	.751
13	-.167	.156	10.448	13	.657

다음은 상수항을 제외한 가법 ARIMA 모형을 추정 및 진단한 결과이다. 참고로 상수항을 모형에 포함시키면, 추정된 모든 이동평균계수와 상수항 모두가 5% 유의수준에서 통계적으로 유의하지 않다.

[표 C7.14] 가법 ARIMA(0,0,3)(0,1,1)$_2$모형 추정결과

ARIMA 모형 모수

			추정값	SE	t	유의확률
등록학생수-모형_1	MA	시차 1	-.387	.188	-2.060	.045
		시차 2	.813	.227	3.581	.001
		시차 3	.509	.166	3.063	.004
	계절차분		1			

[표 C7.15] 가법 ARIMA(0,0,3)(0,1,1)$_2$모형의 잔차 자기상관함수

자기상관

계열:등록수-모형_1의 잡음 잔차

시차	자기상관	표준 오차 오류	Box-Ljung 통계량 값	자유도	유의확률
1	.053	.139	.156	1	.693
2	-.034	.139	.222	2	.895
3	-.128	.139	1.159	3	.763
4	-.128	.141	2.113	4	.715
5	.003	.144	2.114	5	.833
6	-.047	.144	2.248	6	.896
7	.016	.144	2.264	7	.944
8	.121	.144	3.205	8	.921
9	.146	.146	4.591	9	.868
10	.108	.149	5.364	10	.866
11	.123	.150	6.398	11	.846
12	.033	.152	6.473	12	.890
13	-.168	.152	8.496	13	.810

앞 두 개의 모형(승법모형 및 가법모형)의 추정 및 진단결과를 비교하면, 가법 ARIMA 모형이 더 우위에 있다. 승법 ARIMA 모형의 추정된 계수 중 θ_3는 5% 유의수준에서 통계적으로 유의하지 않고(p값=0.087), '시차 8'의 잔차 자기상관계수에 대한 t-통계량의 절대값(1.34)은 실전적 경고수준 '1.25'보다 크기 때문이다.

다음 주어진 가법 ARIMA(0,0,3)(0,1,1)$_2$모형에 근거한 잔차도표를 보면, 큰 문제는 없어 보인다.

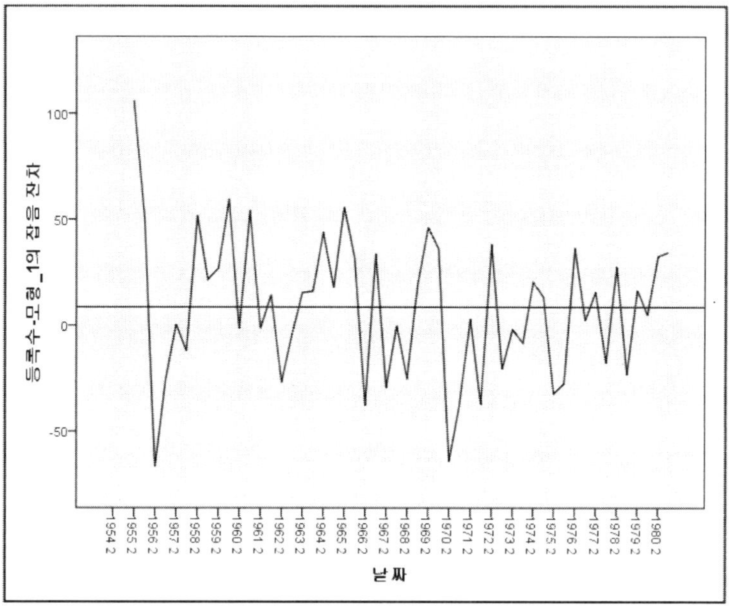

[그림 C7.16] 가법 ARIMA(0,0,3)(0,1,1)$_2$모형의 잔차도표

C7.3 지수평활법 및 최종모형 선택

C7.1절의 원자료에 대한 시계열도표와 자기상관함수를 살펴본 바와 같이, 계절성이 존재하지만 분산이 시간의 흐름에 따라 일정하다든지 점차로 커지는 것으로 보이지 않는다. 다시 말해서, SPSS 17.0에서 '윈터스 가법(A)' 및 '윈터스 승법(W)' 계절모형이 아닌 '단순 계절모형(M)'을 고려하면 될 것이다.

[그림 C7.17] 단순 계절모형의 평활계수 추정

지수평활 모형 모수

모형		추정값	SE	t	유의확률
등록학생수-모형_1	알파(수준)	.100	.075	1.325	.191
	델타(계절)	1.704E-5	.113	.000	1.000

앞에서 두 개의 가법 ARIMA(0,0,3)$(0,1,1)_2$모형과 단순 계절모형 지수평활법이 등록학생 수 시계열 자료를 적절하게 설명할 수 있는 모형임을 알게 되었다. 앞 사례분석들과 마찬가지로, 예측력, 모형적합 통계량을 고려하여 다음과 같이 두 가지 결과를 얻게 되었다.

[표 C7.18] 모형적합 통계량을 이용한 모형 비교

모형통계량		가법 ARIMA	단순 계절
적합통계량	정상 R제곱	0.447	**0.601**
	R제곱	0.541	**0.555**
	RMSE	35.627	**35.264**
	MAPE	**3.983**	4.312
	MAE	**27.894**	29.788
	MaxAPE	13.607	**12.256**
	MaxAE	106.000	**73.790**
	정규화된 BIC	7.374	**7.273**

[표 C7.19] 예측력을 이용한 모형 비교

날짜	관측값	가법 ARIMA	단순 계절
1979.1	632	656	**654**
1979.2	747	**738**	730
1980.1	648	641	**654**
1980.2	780	**738**	730
1981.1	683	641	**654**

[표 C7.18]과 [표 C7.19]에서 보는 바와 같이, 어느 모형이 절대적으로 우세하지 않지만 단순 계절모형이 가법 ARIMA 모형에 다소 우위에 있는 것으로 판단된다. 따라서 '단순 계절 지수평활법'을 최종모형으로 선택해도 큰 무리가 없을 듯싶다.

단순 계절 지수평활법을 이용하여 향후 2년에 해당하는 예측값을 산출하면, 과거 자료에서 계절적으로 반복되는 패턴을 그대로 유지하면서 전반적인 수준은 앞과 비슷한 수준을 유지하는 것을 알 수 있다([그림 C7.20]의 직사각형 참조).

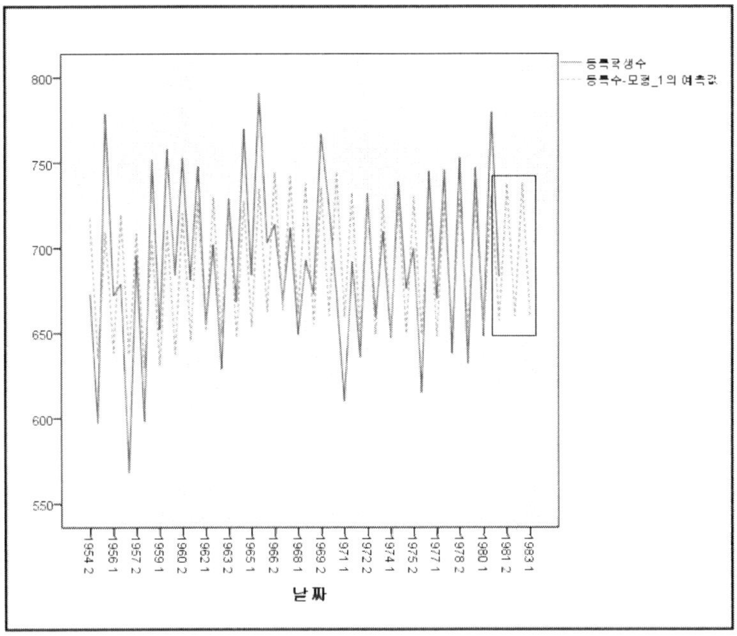

[그림 C7.20] 예측값에 대한 시계열도표

C7.4 [사례분석 7]을 마치며

이번 사례분석에서는 계절적 주기의 길이가 '2'인 시계열 자료를 ARIMA 모형으로 구축하기 위해서 여러 시행착오를 겪었다. 단기시차(예: 1, 2, 3, 4 등)와 계절시차(2, 4, 6 등)에 해당하는 상관계수들이 서로 뒤엉켜 계절적인 요소와 비계절적인 요소를 분리하여 찾는 데 어려움이 있었기 때문이다.

[사례분석 6]에서 언급한 분석전략인 "먼저 계절적 요소를 식별 및 추정한 후 비계절적 패턴에 관한 잔차 자기상관함수를 조사하면 ARIMA 모형을 쉽게 구축할 수 있다. 이는 원자료에 근거한 추정된 자기상관함수에서

두드러진 계절성을 발견할 때 특히 유효하다"를 적용시켜 문제를 해결할 수 있었다. 또한 비계절적 요소와 계절적인 요소가 동시에 존재하는 ARIMA 모형을 구축할 때, 승법 ARIMA 모형과 가법 ARIMA 모형을 함께 고려함으로써 최적의 ARIMA 모형을 찾는 데 도움이 될 수 있다.

3부 SPSS(PASW) 17.0 사용 가이드

|앞|서|일|러|두|기|

3부에서는 SPSS 17.0을 사용하여 ARIMA 모형 및 지수평활법을 추정 및 예측값을 산출하는 기능적인 방법(가이드 1)과 수요예측에 관련된 충분한 지식이 부족한 사용자에게도 손쉽게 어느 정도 정확도 있는 예측값을 산출하는 방법(가이드 2)을 소개하였다. 또한 최신 자료가 기존 자료에 추가되었을 때 기존에 구축된 모형을 업데이트하는 기능(가이드 3)에 대해서 설명하기로 한다.

2부의 [사례분석 6]에서 사용한 시계열 자료를 SPSS 17.0에 적용시켜 3부의 이해를 돕도록 한다. 다음은 1969년부터 1976년까지의 월별 담배소비량 시계열 자료이다.

484	498	537	552	597	576	544	621	604	719	599	414
502	494	527	544	631	557	540	588	593	653	582	495
510	506	557	559	571	564	497	552	559	597	616	418
452	460	541	460	592	475	442	563	485	562	520	346
466	403	465	485	507	483	403	506	442	576	480	339
418	380	405	452	403	379	399	464	443	533	416	314
351	354	372	394	397	417	347	371	389	448	349	286
317	288	364	337	342	377	315	356	354	388	340	264

[가이드 1]

ARIMA 모형 및 지수평활법 분석도구

Demand Forecasting of Time Series

2부에서는 7개의 사례분석을 통해서 일변량 ARIMA 모형과 지수평활법을 구축하는 방법을 알아보았다. 물론 SPSS 17.0을 사용하여 31개의 분석전략을 각 분석 단계별로 적절히 적용하여 전개하였다. [가이드 2]에서는 ARIMA 모형식별, 추정 및 검진단계에서 주로 사용되는 여러 도구를 어떻게 SPSS 17.0으로 출력시키는지 알아보도록 한다.

G1.1 시계열의 날짜 정의

1. Statistics Data Editor 창에서 변수 이름을 "담배 소비량"이라고 입력하고 시간 순서대로 자료를 입력시킨 후, 다음과 같이 메뉴를 선택한다.

2. 다음의 "날짜 정의(A)" 대화상자에서 '**케이스의 날짜(C):**'와 '**첫 번째 케이스(F):**'에 적절한 정보를 입력한다. 월별 자료로 1969년 1월 관측값부터 측정되었으므로 '**년**' '**월**' 해당란에 각각 '1969' '1'을 입력한다. 참고로 분기별 자료의 경우 "년, 분기"를 선택하면 된다.

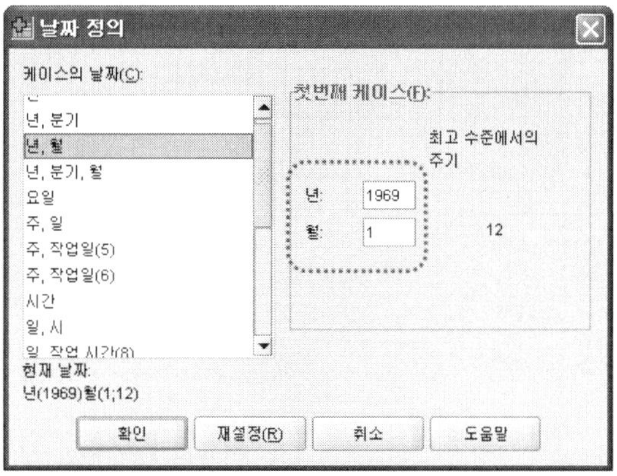

앞의 두 과정을 통해서 다음과 같이 3개의 날짜 변수들이 SPSS Statistics Data Editor 창에 생성되며, 변수이름에 _표시는 SPSS 시스템 변수임을 나타낸다. 따라서 임의로 변수이름을 수정하지 않는다.

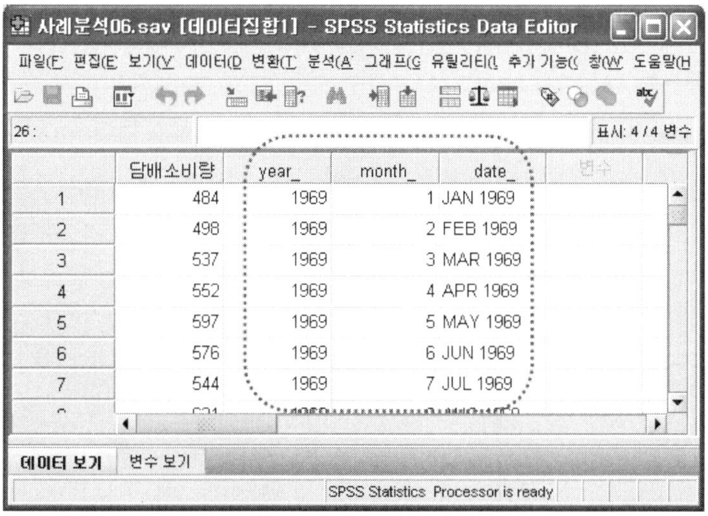

3. 생성된 날짜 변수에 별다른 이상이 없으면 파일을 저장한다.

G1.2 시계열도표(순서도)

1. 우선 다음 주어진 메뉴를 선택한다.

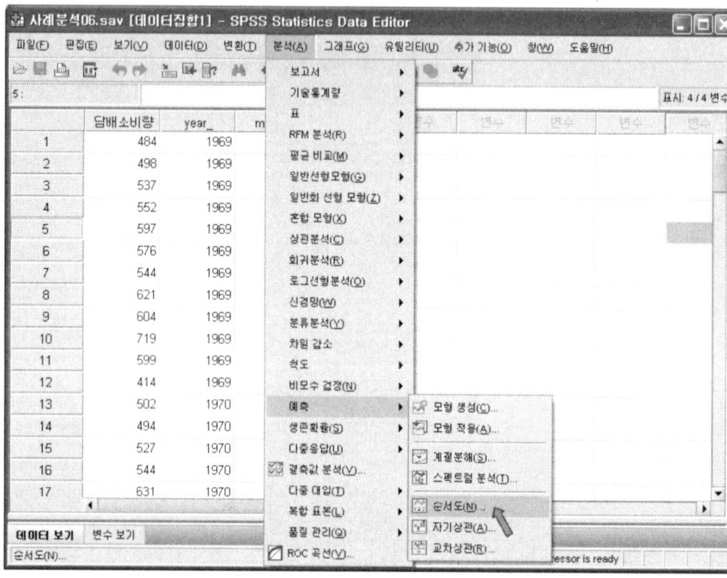

2. 다음의 "순차도표" 대화상자에서 '담배 소비량'을 '**변수(V):**' 란으로, 변수 'DATE_'를 '**시간축 설명(A):**' 란으로 이동시킨다.

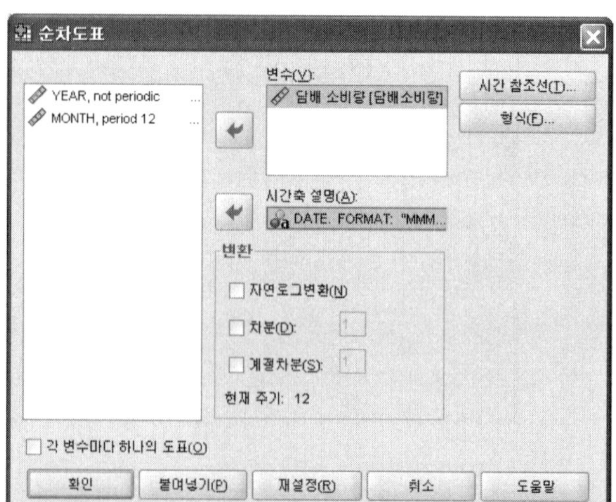

그리고 [확인] 단추를 누르면 다음과 같은 시계열도표가 작성된다.

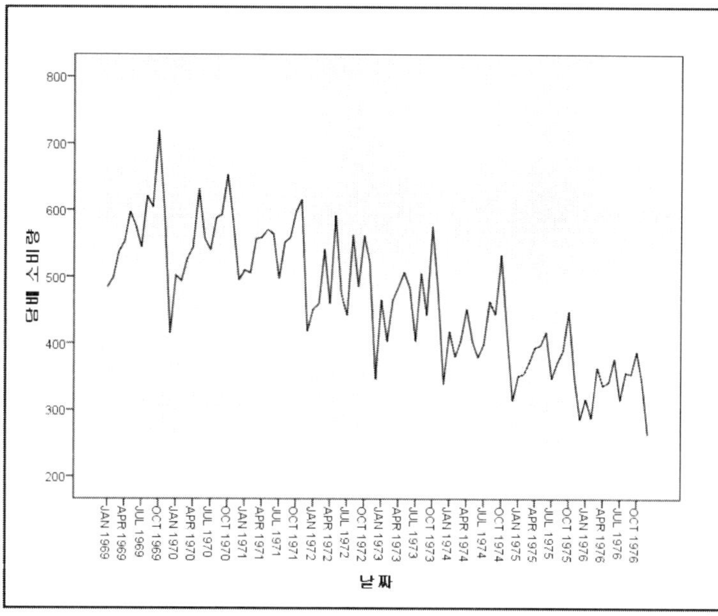

참고사항:

(a) 만일 시계열도표 안에 평균을 표시하는 참조선을 삽입하고 싶으면, 앞 "순차도표" 대화상자의 [형식(F)...] 단추를 클릭하고, "순차도표: 형식" 대화상자의 '**계열 평균에 참조선(R):**'을 체크한다.

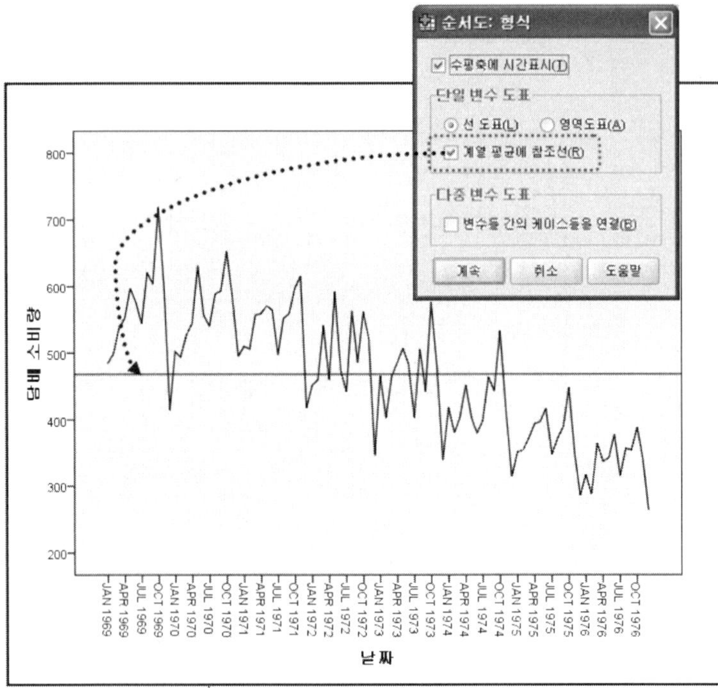

(b) 비계절적 1차 차분 후 변환된 시계열도표를 알고 싶으면, 다음과 같이 "순차도표" 대화상자의 '변환' 란에 '**차분(D):**'과 '1'을 각각 지정한다. 비계절적 2차 차분의 경우, '1' 대신에 '2'를 입력하면 된다.

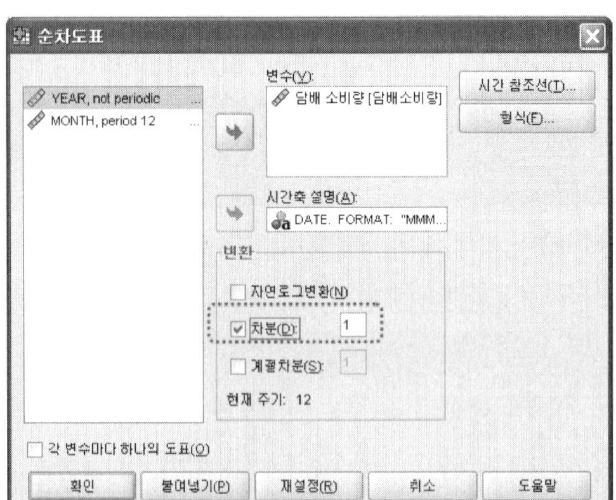

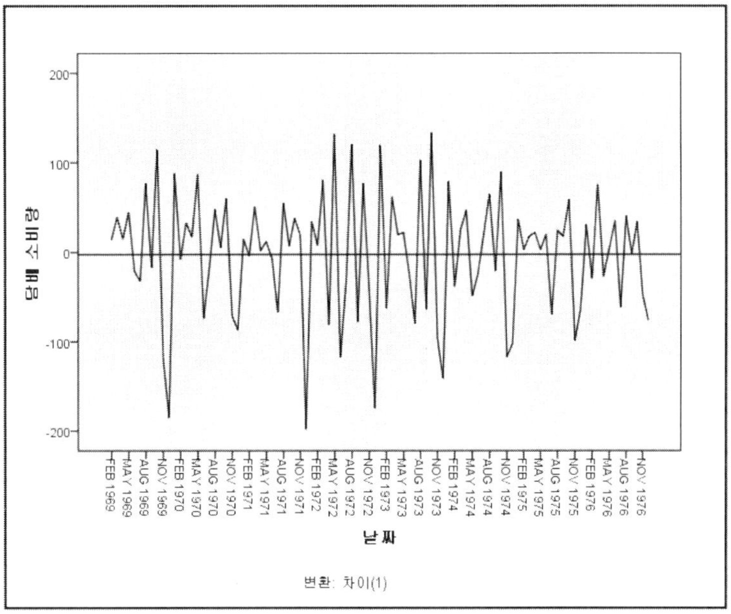

마찬가지로, 자연로그 변환 및 계절적 차분 후 변환된 시계열도표를 조사하고 싶으면 각각 '**자연로그 변환(N)**' '**계절 차분(S):**'을 선택하면 된다. 물론 경우에 따라서, 이 세 개의 옵션을 서로 혼합해서 사용할 수 있다. 시각적인 효과를 얻기 위해 시계열도표를 편집하고 싶으면, SPSS 도표편집기창을 사용한다.

G1.3 자기상관함수와 편자기상관함수

앞에서 여러 번 언급한 바와 같이, 자기상관함수와 편자기상관함수는 식별 단계에서 사용되는 유용한 도구이다. 또한 자기상관함수를 통해 시계열의 정상성을 점검할 수 있다.

1. 다음과 같은 메뉴를 선택한다.

2. "자기상관(A)" 대화상자의 '**변수(V):**' 란에 '담배 소비량'을 이동시킨다.

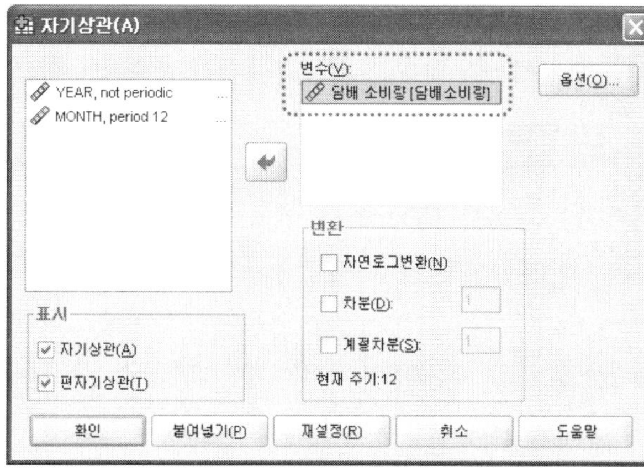

이때 필요에 따라 "**표시**" 란의 '자기상관(A)'과 '편자기상관(T)'을 선택적으로 출력할 수 있다. 분석전략에 따르면 자료분석에 필요한 상관함수 개수는 관측값 개수의 25%이다. 이를 적용시키기 위해서는 "자기상관(A)" 대화상자의 옵션(O)... 단추를 선택한다. 그리고 아래와 같이 "자기상관 도표: 옵션" 대화상자의 '**최대 시차수**(M):'에 '24'(=96/4)를 입력한다. 그리고, 표준오차법은 통상 'Bartlett **근사**(B)'를 선택한다.

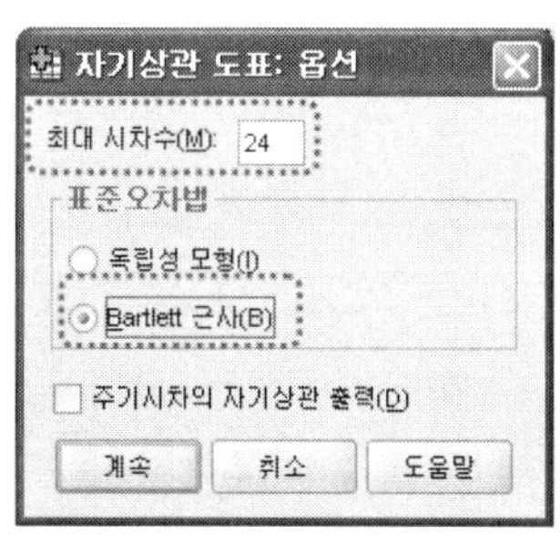

참고사항:

(a) 시계열도표와 마찬가지로, 자연로그 변환 또는 비계절적 차분 또는 계절적 차분 후 변환된 상관함수를 조사하고 싶으면 각각 '**자연로그 변환**(N)' '**차분**(D):' '**계절 차분**(S):'을 선택하면 된다. 물론 경우에 따라서 이 세 개의 옵션을 서로 혼합해서 사용할 수 있다.

(b) 때때로 비계절적 변동은 일단 무시하고 계절적 변동에만 관심 있을 때, 계절적 시차의 배수에만 해당하는 자기상관계수(들)와 편자기상관계수(들)를 분리하여 출력할 수 있다. 즉, "자기상관 도표: 옵션" 대화상자의 '**주기시차의 자기상관 출력(D)**'를 체크한다.

G1.4 ARIMA 모형추정

[사례분석 6]에서 고려한 모형 중 상수항을 포함하고 비계절적 이동평균항 $\theta_1 = \theta_2 = 0$ 인 ARIMA(2,1,3)(0,1,1)$_{12}$모형을 수식으로 표현하면 다음과 같다.

$$(1-\phi_1 B-\phi_2 B^2)(1-B)(1-B^{12})\widetilde{y_t} = (1-\Theta_{12} B^{12})(1-\theta_3 B^3)\epsilon_t$$

1. 우선 다음과 같이 메뉴를 선택한다.

2. "시계열 모형 생성기" 대화상자가 나타나면, '담배 소비량'을 '**종속변수(D):**' 란으로 이동시키고, '**방법(M):**' 란에서 ARIMA 를 선택한다.

그리고, 기준(C)... 단추를 누른 후 "시계열 모형 생성기: ARIMA 기준" 대화상자의 'ARIMA 차수' 란에 순서대로 2, 1, 3, 0, 1, 1을 입력한다. 참고로 '모형에 상수 포함(I)'은 디폴트이다. 추가로 좌측 상단의 '통계량' 단추를 누른 후, '**개별 모형의 통계량**' 란에서 '모수 추정값(P)'을 체크한다.

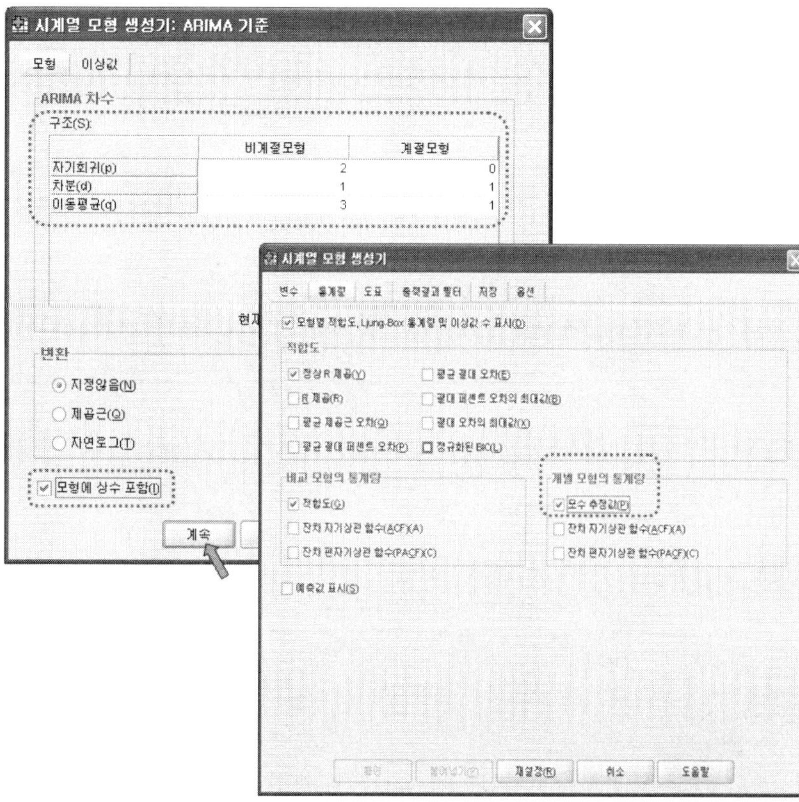

3. 그러나 이대로 실행하면 세 개의 비계절적 이동평균항 모두($\theta_1, \theta_2, \theta_3$) 추정하게 된다. 즉, 다음과 같은 ARIMA 모형이 된다.

$$(1-\phi_1 B-\phi_2 B^2)(1-B)(1-B^{12})\tilde{y}_t = (1-\Theta_{12} B^{12})(1-\theta_1 B-\theta_2 B^2-\theta_3 B^3)\epsilon_t$$

θ_1 과 θ_2 모두를 '0'으로 한 ARIMA(2,1,3)(0,1,1)$_{12}$모형을 추정하기 위해서는 "시계열 모형 생성기" 대화상자 하단의 [붙여넣기(P)] 단추를 누른다. 그리고, 아래와 같이 SPSS Statistics Syntax Editor 창에서 "MA = [3,2,1]"을 "MA = [3]"으로 수정한다. 그리고 팝업메뉴에서 실행(R) ▸ 모두(A)를 선택하면 된다.

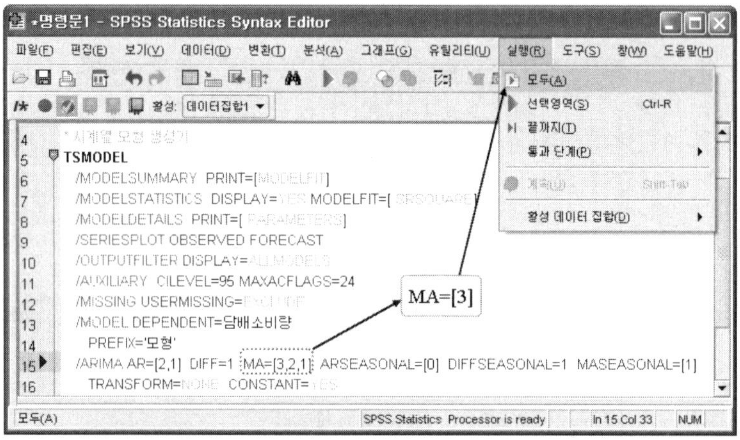

다음 주어진 추정결과에서 차수가 '3'만 포함된 비계절적 이동평균항을 확인할 수 있다.

ARIMA 모형 모수

					추정값	SE	t	유의확률
담배 소비량-모형_1	담배 소비량	변환 안 함	상수항		-.504	.182	-2.778	.007
			AR	시차 1	-1.055	.055	-19.300	.000
				시차 2	-.912	.076	-11.974	.000
			차분		1			
			MA	시차 3	.693	.146	4.762	.000
			계절차분		1			
			MA, 계절	시차 1	.785	.194	4.050	.000

참고사항:

A. 비계절형 차수 문제:

SPSS Statistics Syntax Editor 창에서 다음과 같은 명령문을 삽입 및 수정함으로써, 여러 형태의 ARIMA(2,1,3)(0,1,1)$_{12}$모형을 추정할 수 있다.

(a) /ARIMA AR = [2,1] DIFF = 1 MA = [3,2,1] ARSEASONAL = [0] DIFFSEASONAL = 1 MASEASONAL = [1]

$$(1-\phi_1 B-\phi_2 B^2)(1-B)(1-B^{12})\tilde{y}_t=(1-\Theta_{12}B^{12})(1-\theta_1 B-\theta_2 B^2-\theta_3 B^3)\epsilon_t$$

(b) /ARIMA MA = [3,1] 나머지는 (a)와 동일

$$(1-\phi_1 B-\phi_2 B^2)(1-B)(1-B^{12})\tilde{y}_t=(1-\Theta_{12}B^{12})(1-\theta_1 B-\theta_3 B^3)\epsilon_t$$

(c) /ARIMA AR = [2] 나머지는 (a)와 동일

$$(1-\phi_2 B^2)(1-B)(1-B^{12})\tilde{y}_t=(1-\Theta_{12}B^{12})(1-\theta_1 B-\theta_2 B^2-\theta_3 B^3)\epsilon_t$$

(d) /ARIMA AR = [2] MA = [3] 나머지는 (a)와 동일

$$(1-\phi_2 B^2)(1-B)(1-B^{12})\tilde{y}_t=(1-\Theta_{12}B^{12})(1-\theta_3 B^3)\epsilon_t$$

B. 계절형 차수 문제:

A와 마찬가지로, Statistics Syntax Editor 창에서 다음과 같은 명령문을 삽입 및 수정함으로써 여러 형태의 ARIMA(0,1,1)(2,1,3)$_{12}$모형을 추정할 수 있다. 여기에서 모든 추정계수가 포함된 모형(e)을 수식으로 표현하면 다음과 같다.

$$(1-\Phi_{12}B^{12}-\Phi_{24}B^{24})(1-B)(1-B^{12})\tilde{y}_t=(1-\Theta_{12}B^{12}-\Theta_{24}B^{24}-\Theta_{36}B^{36})(1-\theta_1 B)\epsilon_t$$

(e) /ARIMA AR = [0] DIFF = 1 MA = [1] ARSEASONAL = [2,1]
DIFFSEASONAL = 1 MASEASONAL = [3,2,1]

(f) /ARIMA MASEASONAL = [3,1] 나머지는 (e)와 동일

$$(1-\Phi_{12}B^{12}-\Phi_{24}B^{24})(1-B)(1-B^{12})\tilde{y}_t=(1-\Theta_{12}B^{12}-\Theta_{36}B^{36})(1-\theta_1 B)\epsilon_t$$

(g) /ARIMA ARSEASONAL = [2] 나머지는 (e)와 동일

$$(1-\Phi_{24}B^{24})(1-B)(1-B^{12})\tilde{y}_t=(1-\Theta_{12}B^{12}-\Theta_{24}B^{24}-\Theta_{36}B^{36})(1-\theta_1 B)\epsilon_t$$

(h) /ARIMA ARSEASONAL = [2] MASEASONAL = [3] 나머지는 (e)와 동일

$$(1-\Phi_{24}B^{24})(1-B)(1-B^{12})\tilde{y}_t=(1-\Theta_{36}B^{36})(1-\theta_1 B)\epsilon_t$$

C. 상수항이 제거된 모형을 추정하고 싶으면, "ARIMA 모형 생성기: ARIMA 기준" 대화상자의 '**모형에 상수 포함(I)**' 체크 표시를 제거한다.

G1.5 모형검진 도구

G1.5.1 잔차도표

1. "시계열 모형 생성기" 대화상자의 좌측 상단의 '저장' 단추를 누른 후 '**변수(V):**'란에서 '잡음 잔차'를 체크한다. 그 결과 SPSS Statistics Data Editor 창에 'NResidual_담배소비량_모형_1'이란 새로운 변수로 저장된다.

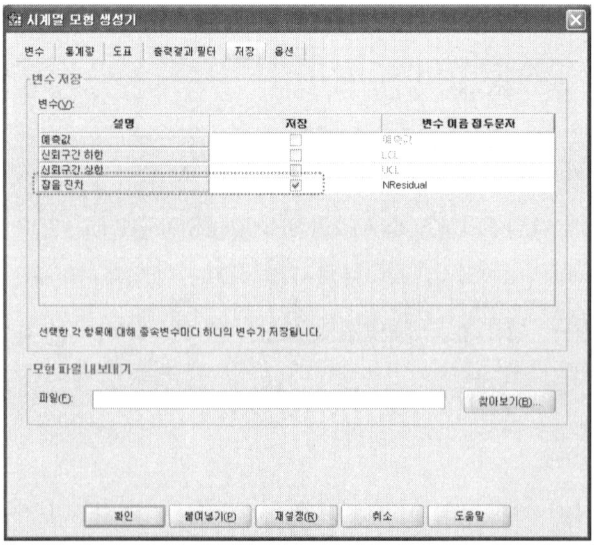

2. 생성된 잔차 'NResidual_담배소비량_모형_1'에 대한 시계열도표를 그린다. 다시 말해서, "순차도표" 대화상자에서 '담배소비량-모형_1의 잡음 잔차'를 '**변수(V):**' 란으로, 'DATE_'를 '**시간축 설명(A):**' 란으로 이동시킨다.

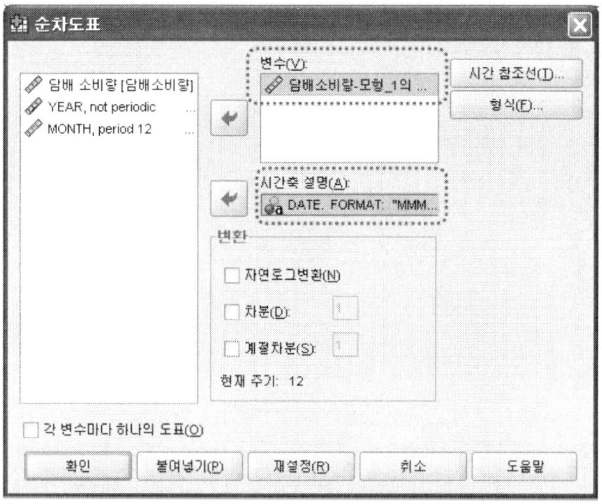

나머지 절차는 앞의 시계열도표와 동일하다.

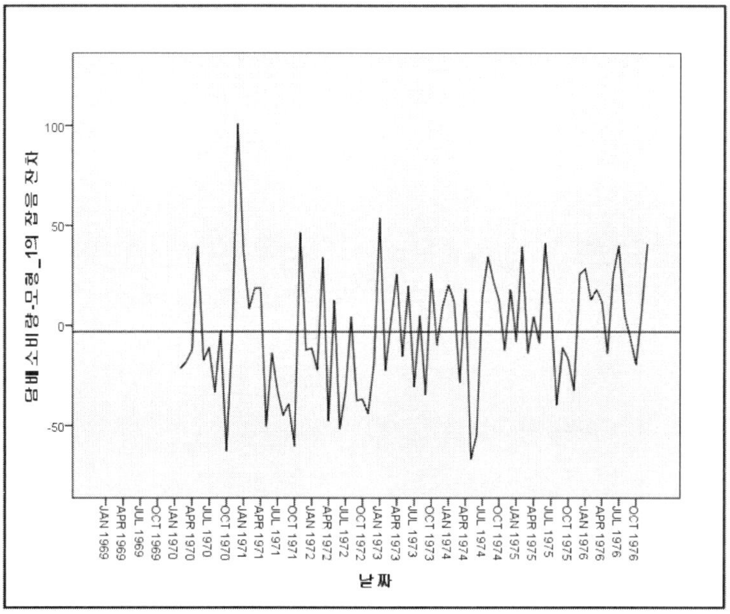

G1.5.2 잔차 자기상관함수, 잔차 편자기상관함수, Box-Ljung 통계량

1. "자기상관(A)" 대화상자의 '**변수(V):**' **란**으로 앞에서 생성된 잔차 '담배소비량-모형_1의 잡음 잔차'를 이동시키고, 나머지는 G1.3절과 동일한 절차를 적용시킨다.

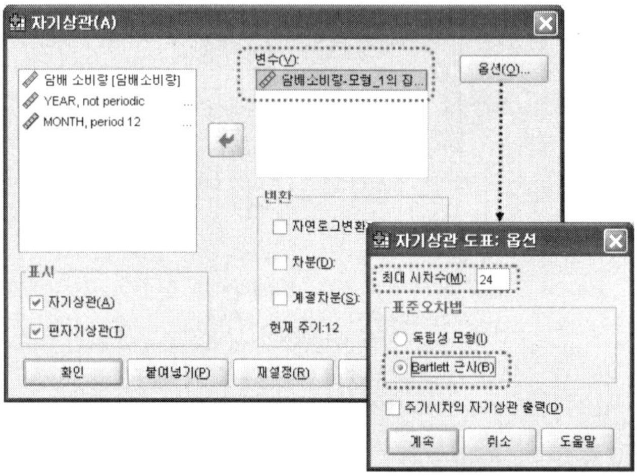

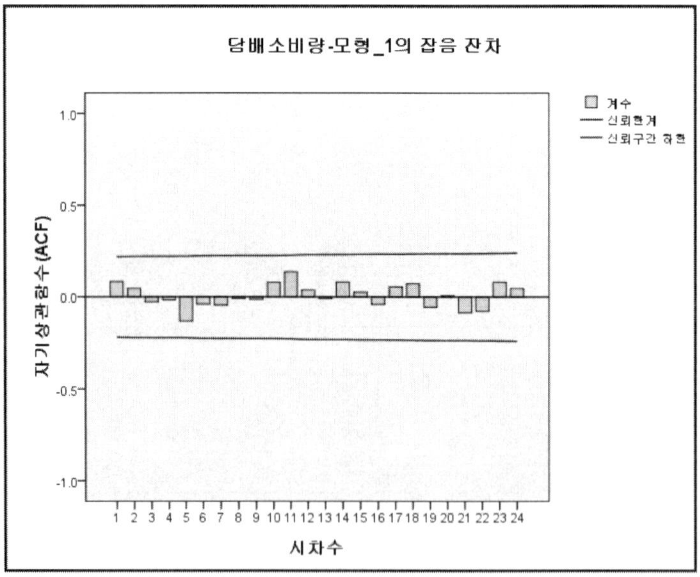

자기상관

계열:담배소비량-모형_1의 잡음 잔차

시차	자기상관	표준 오차 오류[a]	Box-Ljung 통계량 값	자유도	유의확률[b]
1	.085	.110	.618	1	.432
2	.048	.111	.814	2	.666
3	-.027	.111	.878	3	.831
4	-.016	.111	.902	4	.924
5	-.132	.111	2.485	5	.779
6	-.040	.113	2.629	6	.854
7	-.045	.113	2.818	7	.901
8	-.009	.113	2.825	8	.945
9	-.014	.113	2.842	9	.970
10	.081	.113	3.474	10	.968
11	.137	.114	5.324	11	.914
12	.039	.116	5.476	12	.940
13	-.008	.116	5.483	13	.963
14	.082	.116	6.177	14	.962
15	.026	.117	6.246	15	.975
16	-.041	.117	6.419	16	.983
17	.057	.117	6.762	17	.986
18	.073	.117	7.349	18	.987
19	-.055	.118	7.683	19	.990
20	.007	.118	7.689	20	.994
21	-.086	.118	8.526	21	.992
22	-.077	.119	9.217	22	.992
23	.083	.120	10.018	23	.991
24	.047	.120	10.287	24	.993

a. 가정된 기본 공정은 시차 수에서 1을 뺀 것과 같은 차수인 MA입니다. Bartlett 근사가 사용되었습니다.

b. 점근 카이제곱 근사를 기준으로 합니다.

앞에서 보는 바와 같이, 수치와 그림으로 표현된 잔차 자기상관함수와 잔차 편자기상관함수를 동시에 얻을 수 있다. 또한 Box-Ljung 통계량이 잔차 자기상관함수의 마지막 열에 자동적으로 계산된다. 잔차 편자기상관함수는 생략하였다.

2. 1과 다른 방법으로 두 개의 잔차 상관함수를 구할 수 있다. "시계열 모형 생성기" 대화상자의 좌측 상단의 '**통계량**' 단추를 누른 후, '**개별 모형의 통계량**' 란에서 두 개의 잔차 상관함수를 체크한다. 이 경우 수치로 계산된 두 개의 잔차 상관함수가 출력된다.

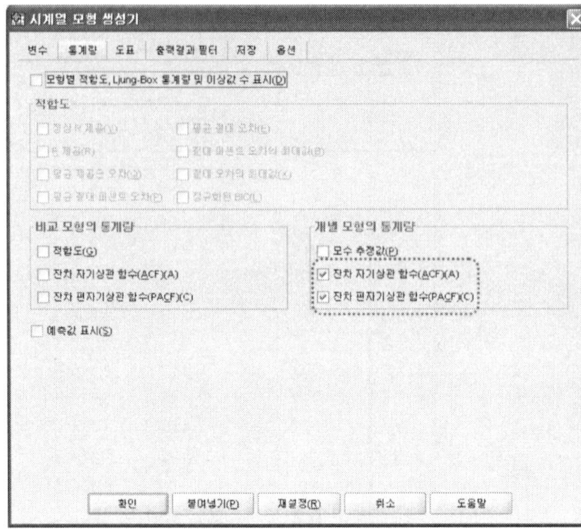

만일 잔차 자기상관함수의 최대 시차수(디폴트: 24)를 '36'으로 수정하려면, "시계열 모형 생성기" 대화상자의 좌측 상단에 위치한 "**옵션**" 단추를 누른 후 아래와 같이 "36"을 입력한다.

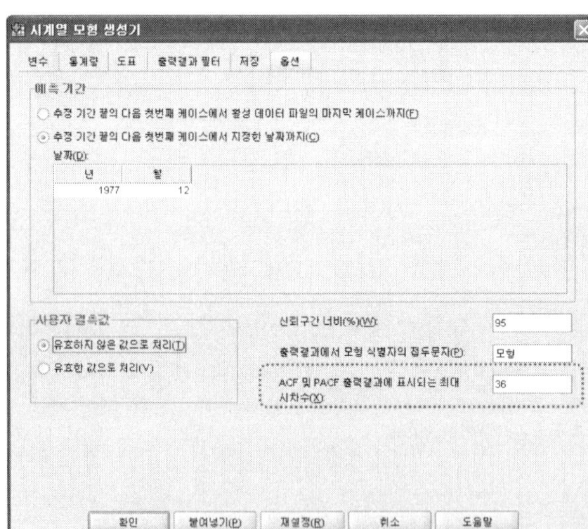

또는 그림으로 표현된 두 개의 잔차 상관함수를 출력하기 위해서는, "시계열 모형 생성기" 대화상자의 좌측 상단의 '**도표**' 단추를 누른 후, '**개별**

모형 도표' 란에서 두 개의 잔차 상관함수를 다음과 같이 체크한다.

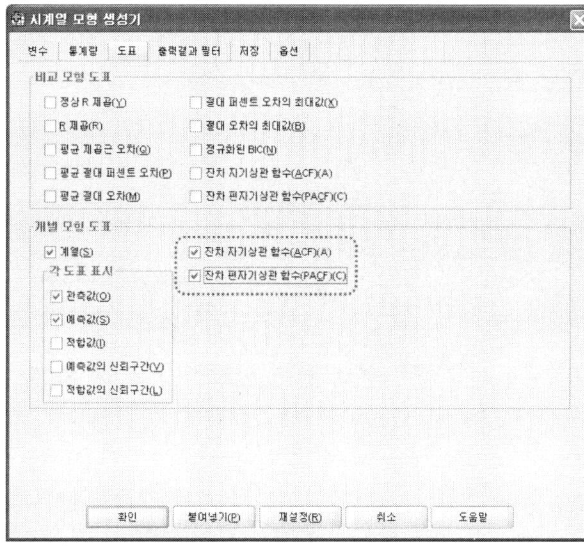

G1.5.3 모형적합 통계량

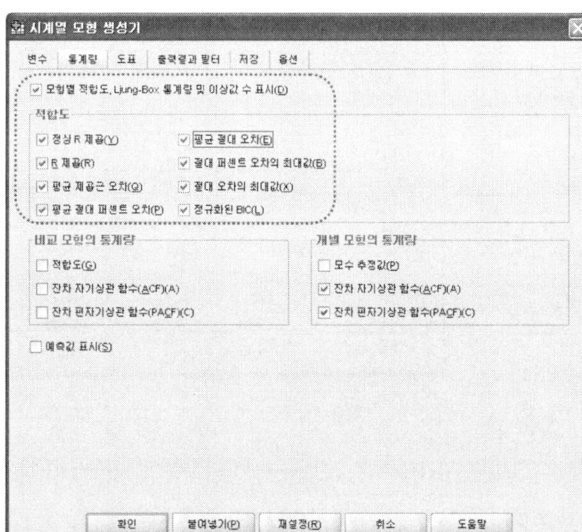

"시계열 모형 생성기" 대화상자의 좌측 상단의 '**통계량**' 단추를 누른 후, '적

합도' 란에서 수치로 계산된 8개의 모형적합도 통계량을 출력할 수 있다. 또한 'Box-Ljung 통계량'과 '이상값 수'도 추가로 얻을 수 있다.

G1.6 예측단계

G1.6.1 예측값 구하기

"시계열 모형 생성기" 대화상자의 좌측 상단의 '저장' 단추를 누른 후, '변수 저장' 란에서 '예측값'을 체크한다. 이는 SPSS Statistics Data Editor 창에 '예측값_담배소비량'이란 변수로 저장시키기 위함이다.

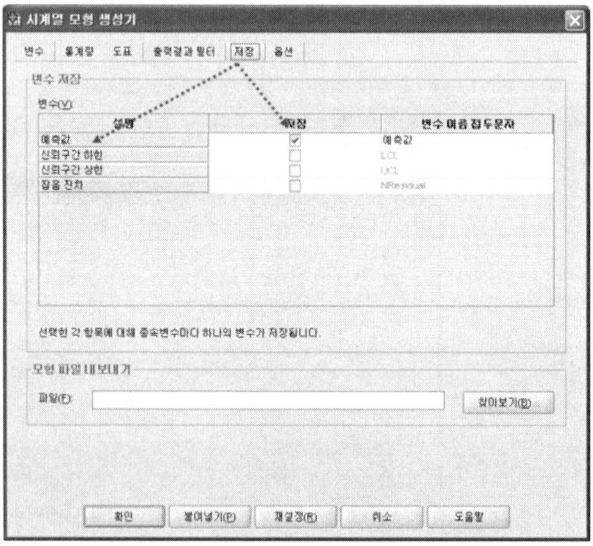

또한 ARIMA(2,1,3)(0,1,1)$_{12}$모형에 근거하여 향후 1년(1977년 12월까지) 예측값을 구하기 위해서, "시계열 모형 생성기" 대화상자의 좌측 상단에 위치한 **'옵션'** 단추를 누른 후, '추정 기간 끝의 다음 첫 번째 케이스에서 지정한 날짜까지(C)'를 체크한다. 그리고, 예측 끝시점인 '1977년 12월'을 다음과 같이 **'날짜(D):'** 란에 각각 '1977'과 '12'를 입력한다.

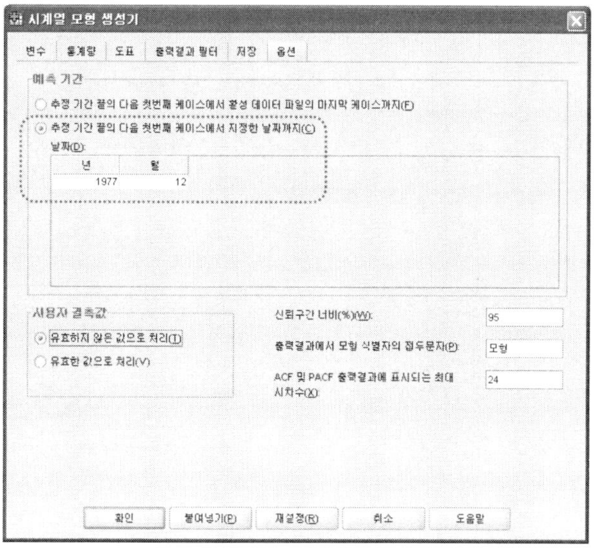

여기에서 유의할 점은, 이 상태를 그대로 실행하면 차수 1과 2의 비계절석 이동평균 계수가 '0'이 아닌 ARIMA(2,1,3)(0,1,1)$_{12}$모형에 근거한 예측값이 산출된다.

따라서 "시계열 모형 생성기" 대화상자의 '변수' '통계량' '도표' '저장' '옵션' 단추를 누른 후, 추정과 모형검진에 관련된 사항을 선택한다. 마지막으로 하단의 붙여넣기(P) 단추를 누른 후, SPSS Statistics Syntax Editor 창에서 "MA = [3,2,1]"을 "MA = [3]"으로 수정한다. 그리고 팝업메뉴에서 실행(R) ▸ 모두(A)를 선택하여 실행한다.

그 결과 아래와 같이, SPSS Statistics Data Editor 창에 '예측값_담배소비량_모형1'이란 변수로 12개의 "동시 예측값"을 얻을 수 있다. 이때 "동시"라는 용어는 주어진 모형에 대해 한꺼번에 12개 값을 동시에 예측하였기 때문에 만들어진 것이다. 반면에 주어진 모형에 대해 하나씩 예측값을 계산하게 되면 "순차 예측값"이 될 것이다. 이 경우 12번 똑같은 과정을 반복해서 순차 예측값을 얻을 수 있다. 물론 두 예측값 간에 다소 차이가 있을 수 있다.

01.6.2 예측값과 관측값을 동시에 시계열도표로 나타내기

이는 시계열도표를 그리는 방법과 동일하다. 다만 차이점은 "순차도표" 대화상자에서 두 개의 변수(담배 소비량, 예측값_담배소비량_모형1)를 '**변수(V):**' 란으로 함께 이동시킨 후 실행한다.

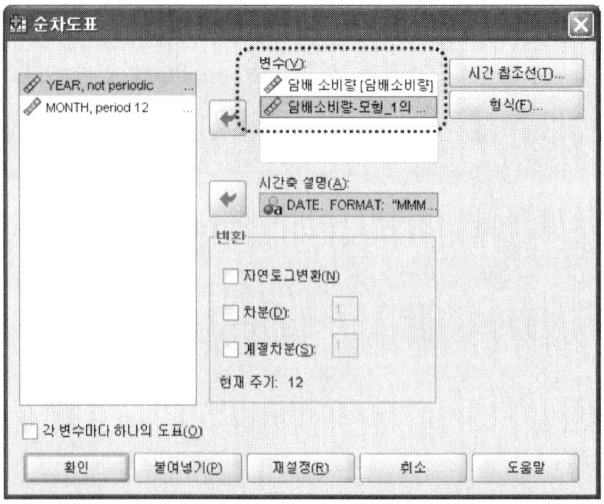

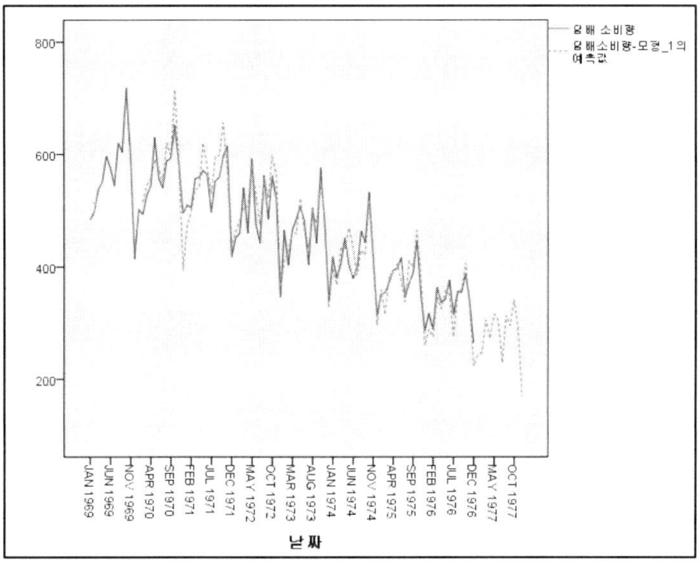

추가로 예측값에 대한 신뢰구간 하한과 신뢰구간 상한을 수치 또는 그림으로 얻고자 하면, "시계열 모형 생성기" 대화상자의 '**저장**' 단추를 누른 후 '신뢰구간 하한'과 '신뢰구간 상한'을 체크한 후 실행한다. 마찬가지로, SPSS Statistics Data Edit 창에 'LCL_담배소비량_모형1' 'UCL_담배소비량_모형1'이란 변수이름으로 생성된다. 신뢰상한선과 신뢰하한선을 추가한 시계열도표는 다음과 같다.

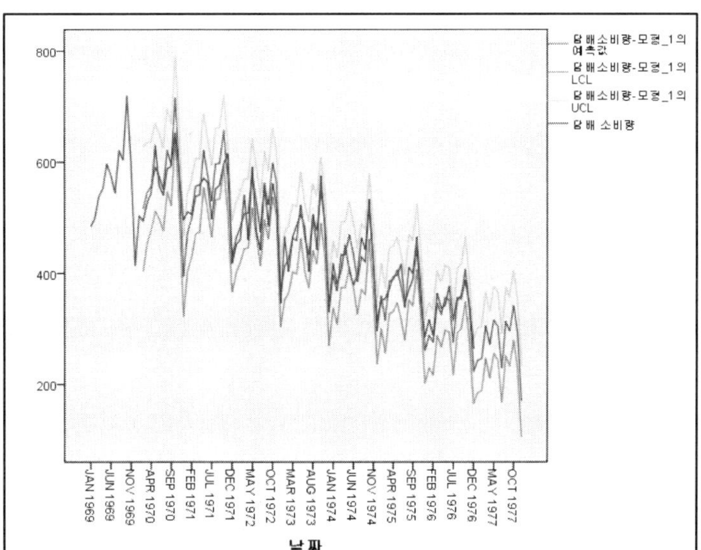

G1.7 지수평활법 적합 및 모형검진

1. SPSS 17.0에 적용하기 위해서는 SPSS Statistics Data Editor 창에서 팝업 메뉴 분석(A) ▸예측 ▸모형 생성(C)...을 선택하여 "시계열 모형 생성기" 대화상자가 나타나면, '**방법(M):**' **란**에서 [지수평활 ▾]을 선택한다.

그리고 [기준(C)...]을 누른 후 "시계열 모형 생성기: 지수 평활 기준" 대화상자의 '**모형 유형**' 란의 "계절모형: 윈터스 승법(W)"을 체크한다. 이로써 승법 Winters 지수평활법을 지정하게 된다.

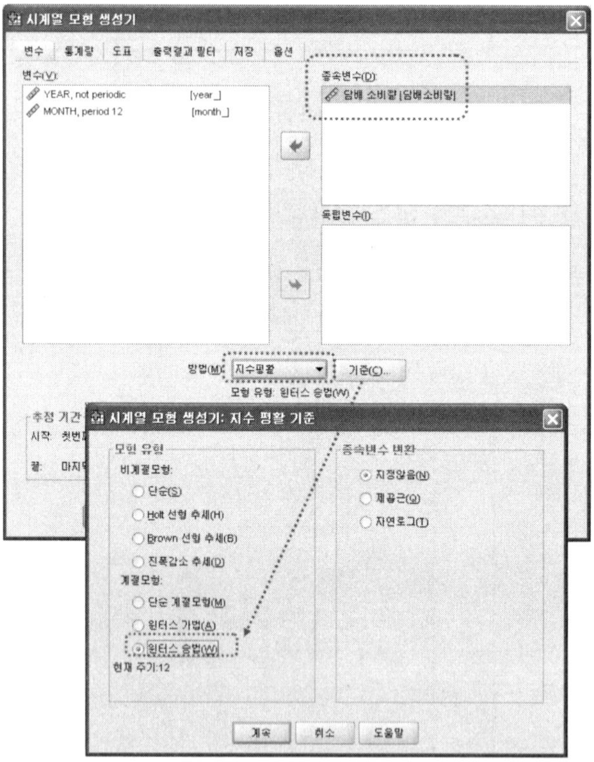

그 다음으로는 좌측 상단의 '**통계량**' 단추를 누른 후, '개별 모형의 통계량' 란에서 '모수 추정값(P)'을 체크하여 지수평활계수를 추정한다. '적합도' 란에 있는 8개의 모형적합도 통계량과 '잔차 자기상관함수'와 '잔차 편

자기상관함수'는 모형검진단계에서 사용하는 도구들이다. 앞 G1.5절의 ARIMA 모형검진 도구와 동일한 절차이기 때문에 자세한 설명은 생략하기로 한다.

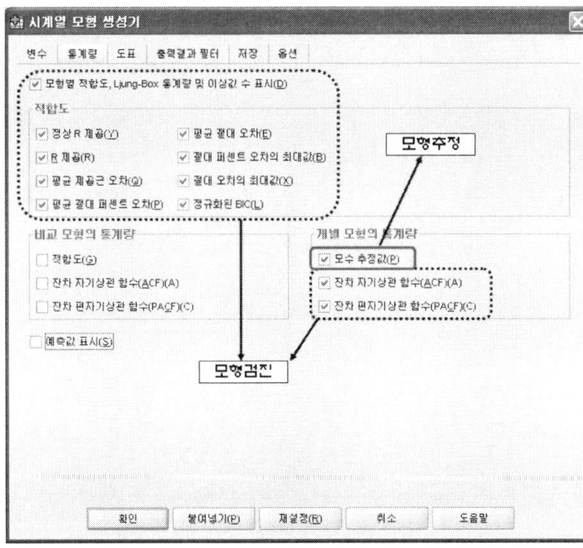

[가이드 2]

시계열 모형 생성기 사용 가이드

Demand Forecasting of Time Series

시계열 자료에 대한 분석에 익숙지 않은 사용자라도 SPSS 17.0을 사용하여 손쉽게 비교적 정확도 있는 모형을 구축하여 예측값을 산출할 수 있다. 물론 일변량 시계열 자료에 대한 ARIMA 모형과 지수평활법에 대한 지식을 가지고 있거나 이 책의 2부까지 소화한 사용자에게는 [가이드 2]보다는 [가이드 1]에 주력하기를 권장한다. 왜냐하면, [가이드 2]에서 명시한 절차에 따라서 반드시 최적의 예측값을 얻는다는 보장이 없기 때문이다. 이를 뒷받침할 예로써 [사례분석 6]을 적용시켜 보기로 한다.

우선 시계열도표와 자기상관함수를 사용하여 시계열 자료 내에 계절성 존재여부를 파악해야 한다. 이에 관련된 사항은 1부 1.9절에서 자세히 설명한 바 있다. G1.1~G1.3에 걸쳐 시계열 내에 계절성이 분명하게 존재하는 것을 알게 되었다([사례분석 6] 참조).

1. 우선 ARIMA 모형과 지수평활법을 동시에 고려하여 최적모형을 구축하기 위해서는, "시계열 모형 생성기" 대화상자에서 변수 '담배 소비량'을 '**종속변수(D):**' 란으로 이동시키고, '**방법(M):**' 란에서 '자동 모형 생성기 ▾'를 선택한다. 그리고, "시계열 모형 생성기: 자동 모형 생성기 기준" 대화상자의 "**모형 유형**" 란에서 '모든 유형(A)'를 선택하며, '**자동 생성기에서 계절 모형 고려(X)**'를 체크한다.

물론 여기에서 두 모형 중 하나만을 선택적으로 고려할 수 있다. 다시 말해서, 주어진 시계열 자료를 ARIMA 모형만으로 구축하고 싶다면, "모형 유형" 란에서 'ARIMA 모형만(R)'을 선택한다.

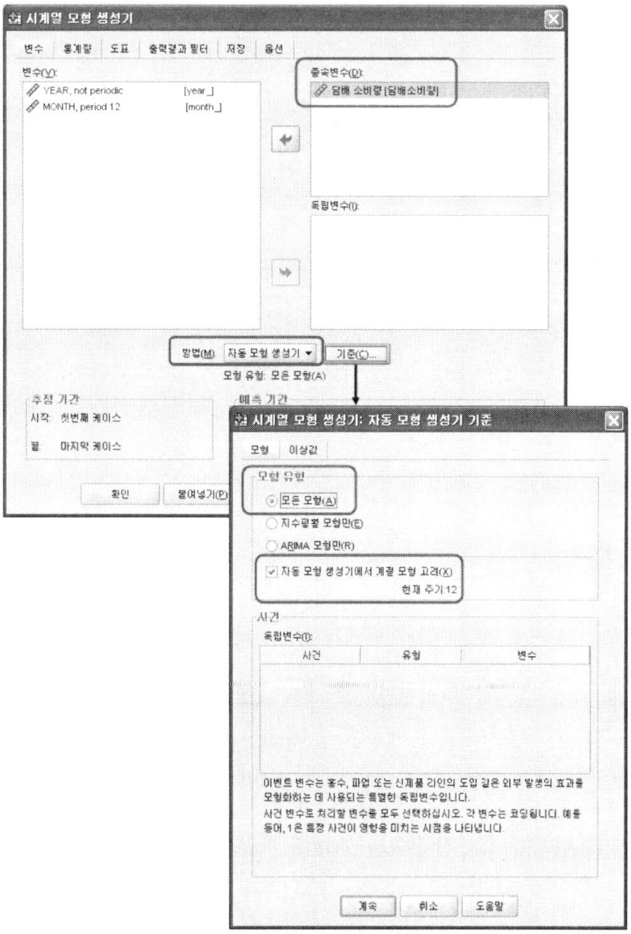

2. 예측값을 산출하기 위해서 예측하고자 하는 마지막 시점(1977년 4월)을 "시계열 모형 생성기" 대화상자의 '**옵션**' 단추를 누른 후, 다음과 같이 '1977'과 '4'를 입력한다.

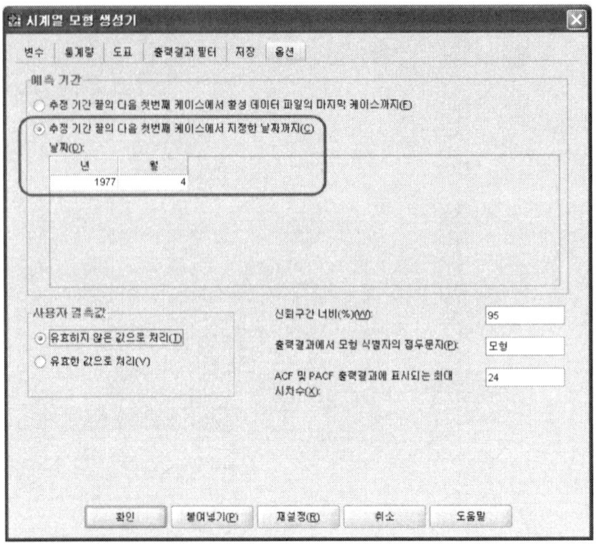

3. 만일 예측값을 SPSS Statistics Viewer에 출력하고 싶으면, "시계열 모형 생성기" 대화상자의 '**통계량**' 단추를 누른 후 '예측값 표시(S)'를 체크한다. 반면에 예측값을 SPSS Statistics Data Editor 창에 새로운 변수로 출력하고 싶으면, "시계열 모형 생성기" 대화상자의 '**저장**' 단추를 누른 후 '예측값'에 해당하는 저장을 체크하면 된다.

또한 시계열 모형 생성기를 사용하여 산출된 예측값과 생성된 모형을 'xml 파일'로 저장할 필요가 있다. 왜냐하면 시간이 흐름에 따라 최근 자료가 추가되었을 때, 이 저장된 모형을 업데이트하여 또 다시 예측을 하기 위함이다(12장 참조). 따라서 "모형 파일 내보내기"의 "**파일(F):**" 란에 사용자가 원하는 파일이름을 입력한다(예: 사례분석06_1 model.xml).

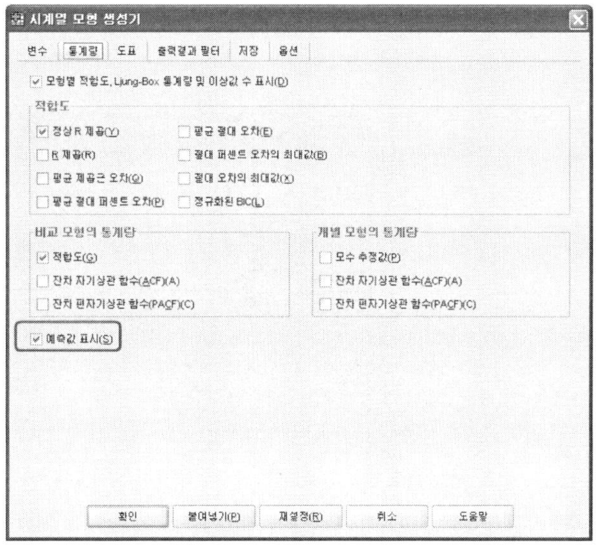

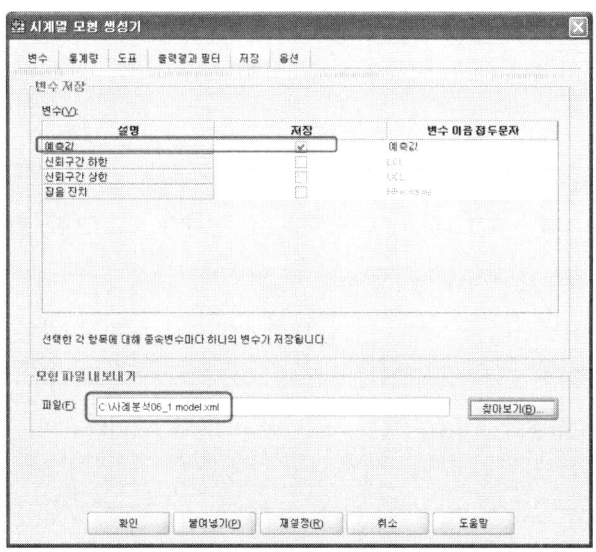

그 결과 "Winters 승법" 지수평활법에 근거한 예측값이 산출되었다. 이는 [사례분석 6]과 동일한 결과이다. 그러나, 만일 ARIMA 모형만을 고려하여 예측값을 산출한다면, 즉, "시계열 모형 생성기: 자동 모형 생성기 기준" 대화상자의 "**모형 유형**" **란**에서 'ARIMA 모형만(R)'을 선택한다. 그러나, 자동으로 선택된 모형은 뜻밖에 ARIMA(0,1,1)(0,1,1)$_{12}$모형이다. 이 모형은 이

미 [사례분석 6]에서 적절하지 못한 모형으로 판정한 바 있다.

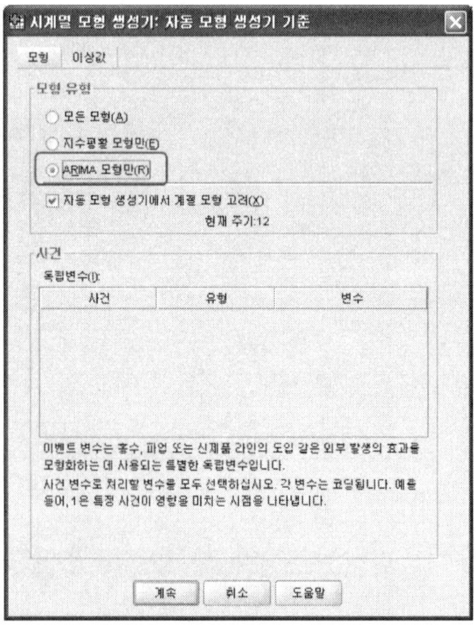

참고로 시계열 모형 생성기는 7개의 지수평활법(4개의 비계절모형과 3개의 계절모형)과 ARIMA 모형을 적합시킨 후, 각 모형에 대한 (모형적합 통계량 중 하나인) BIC를 계산하여 가장 작은 값을 갖는 모형을 최적모형으로 선택한다. 그러나 2부의 여러 사례분석에서 살펴본 바와 같이, BIC를 포함한 여러 가지의 기준을 종합적으로 검토하여 최종모형을 선택하는 것이 더 호소력이 있을 것이다.

[가이드 3]

시계열 모형 적용 사용 가이드

Demand Forecasting of Time Series

시간이 흐름에 따라서 지금까지 다룬 월별 담배소비량 시계열 자료에 1977년 1월부터 4월까지 4개월의 관측값(284, 275, 304, 305)이 추가되었다고 하자(사례분석06_2.sav). 이때 기존에 선택한 "Winters 승법모형"(사례분석06_1 model.xml)에 근거하여 향후 4개월(1977년 5월부터 8월까지)의 담배소비량의 예측값을 산출하려고 한다. 물론 기존에 고려한 모형을 무시하고 [가이드 2]의 절차를 반복함으로써 다른 모형에 근거한 예측값을 산출할 수 있을 것이다. 그러나, 장시간이 경과되어 기존 모형구조와 크게 차이가 발생했다는 단서가 발견되지 않는다면, 기존에 고려한 동일한 모형을 사용함으로써 예측의 일관성과 안정성을 유지할 수 있을 것이다.

1. 다음과 같이 팝업메뉴에서 "**모형 적용(A)...**"을 선택한다.

2. "시계열 모형 적용" 대화상자의 좌측 상단의 "**모형**" 단추를 누른 후, '모형(M):' 란에 [가이드 2]에서 생성된 파일(사례분석06_1 model.xml)을 불러온다. 이는 "Winters 승법" 지수평활법에 관한 정보가 담긴 파일을 지정한다는 의미이다. 예측 기간의 "**날짜(D):**" 란에 '1977'과 '8'을 각각 입력한다.

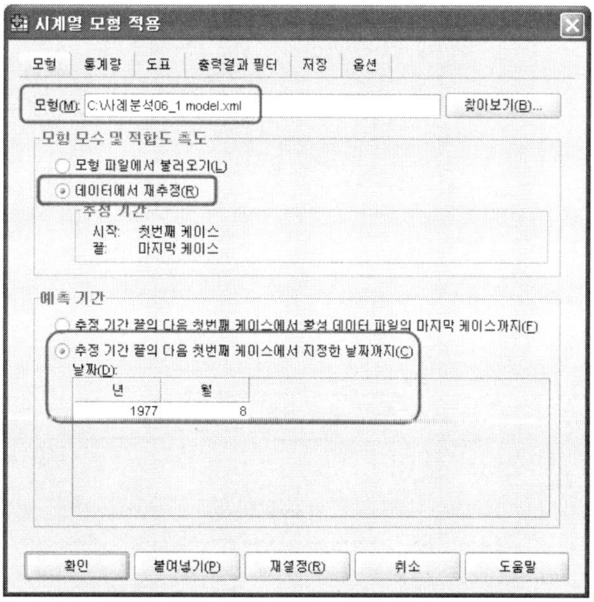

3. 궁극적으로 얻고자 하는 "예측값"을 아래와 같이 체크하고, [가이드 2]와 마찬가지로 새로 업데이트된 모형을 새로운 파일이름으로 지정하기 위해서, "**파일(F):**" 란에 '사례분석06_2 model.xml'이란 파일이름을 지정하였다.

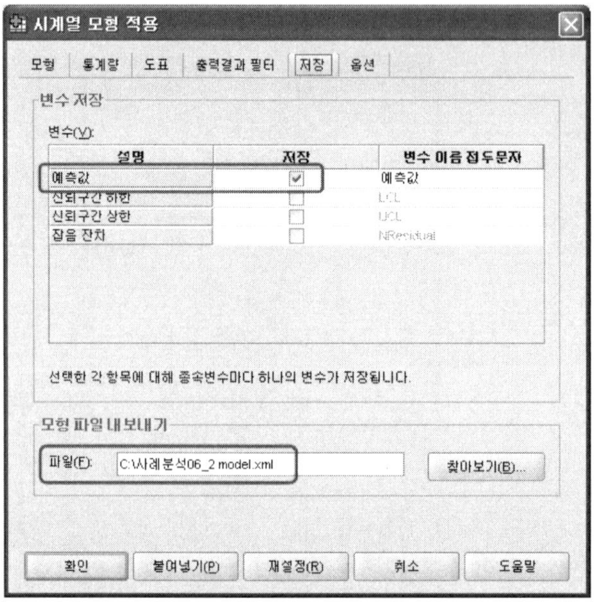

모형 설명

			모형 유형
모형 ID	담배 소비량	모형_1	Winters 승법

예측

모형		5월 1977	6월 1977	7월 1977	8월 1977
담배 소비량-모형_1	예측	327	306	280	320
	UCL	379	358	333	375
	LCL	274	253	227	266

그 결과 기존과 동일한 모형(Winters 승법)으로 추가된 시계열 자료를 적합시켰으며, 향후 4개월에 예측값(327, 306, 280, 320)을 얻게 되었다(아래 주어진 그래프의 작은 사각형 참조).

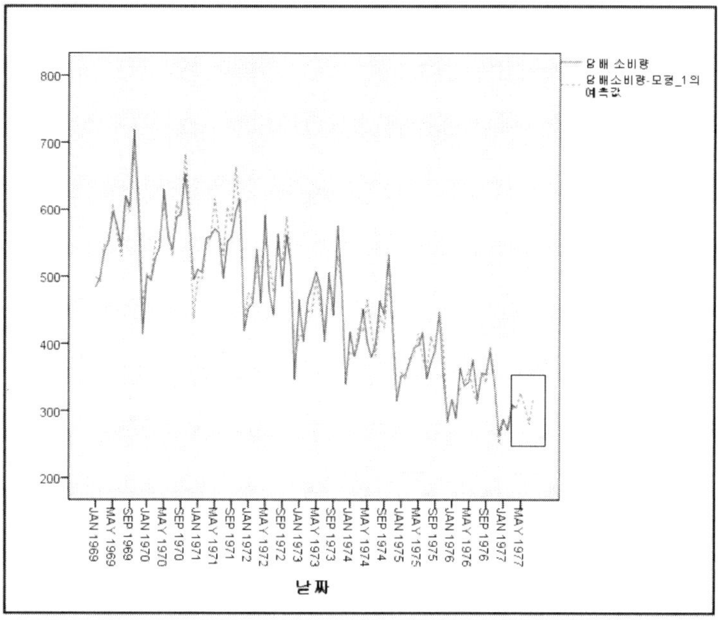

데이터 은행

B1) 재고품 변화량: AR(1)모형

[1955년 1분기에서 1969년 4분기까지의 분기별 자료]

4.40	5.80	6.70	7.10	5.70	4.10	4.60	4.30	2.00	2.20	3.60	−2.20
−5.10	−4.90	0.10	4.10	3.80	9.90	0.00	6.50	10.80	4.10	2.70	−2.90
−2.90	1.50	5.70	5.00	7.90	6.80	7.10	4.10	5.50	5.10	8.00	5.60
4.50	6.10	6.70	6.10	10.60	8.60	11.60	7.60	10.90	14.60	14.50	17.40
11.70	5.80	11.50	11.70	5.00	10.00	8.90	7.10	8.30	10.20	13.30	6.20

B2) 국내 부부의 이혼 건수: AR(1)모형

[2004년 1월부터 2009년 1월까지의 월별 자료]

10851	12719	13167	11432	11190	12405	11454	12051	9915	11960	11001
11220	10472	9675	12113	10016	10683	10572	10627	12263	10866	10759
10484	9938	10306	11013	11338	9574	10323	10979	10193	11429	10096
9581	10524	9676	10682	9842	10522	10397	10697	9858	10512	11258
8707	11373	11004	9738	10700	9900	11300	11100	10800	11300	9200
6400	6700	9600	9200	10800	9400					

B3) AT&T 주가: 임의보행모형

[1979년 52주 동안의 AT&T 주가]

61.000	61.625	61.000	64.000	63.750	63.375	63.875	61.875	61.500
61.625	62.125	61.625	61.000	61.875	61.625	59.625	58.750	58.750
58.250	58.500	57.750	57.125	57.750	58.875	58.000	57.875	58.000
57.125	57.250	57.375	57.125	57.500	58.375	58.125	56.625	56.250
56.250	55.125	55.000	55.125	53.000	52.375	52.875	53.500	53.375
53.375	53.500	53.750	54.000	53.125	51.875	52.250		

B4) 국내 인터넷쇼핑 거래액: ARIMA(1,1,0)모형

[2001년 1월부터 2008년 12월까지의 월별 자료]

216879	231094	228618	253554	266449	261476	289784	276864	284409	288613
308054	337633	401487	439150	446274	458438	491486	500326	498706	511437
536843	534890	525954	523575	541496	557184	545576	555427	558708	568480
556814	587628	589573	588162	591865	609138	622492	600580	604036	607304
599418	622943	630355	611814	631622	657564	675584	664407	806600	798044
841532	854918	871168	881034	930451	948787	978184	1000496	1014819	1039738
1013477	1046356	1094597	1123609	1146573	1159687	1210932	1189074	1189115	1213492
1241949	1230677	1270695	1283943	1303035	1284984	1311769	1332204	1367847	1388842
1397189	1419617	1440195	1452732	1518085	1471768	1514653	1528836	1549263	1588409
1614227	1604372	1562613	1588217	1572573	1566741				

B5) 부품이용률: ARIMA(0,1,1)모형

[공산품이 필요할 때 부품을 공급할 수 있는 백분율에 대한 주간별 자료]

80.4	83.9	82.6	77.9	83.5	80.8	78.5	79.3	81.2	81.1
78.2	80.9	77.9	81.5	81.4	78.9	76.2	79.4	81.4	80.0
79.9	80.5	79.7	81.4	82.4	83.1	80.4	82.9	82.7	84.9
84.4	83.7	84.5	84.6	85.2	85.2	80.1	86.5	81.8	84.4
84.2	84.1	83.2	83.9	86.0	82.2	81.2	83.7	82.7	84.8
81.2	83.8	86.4	81.6	83.6	85.9	79.8	80.8	78.7	80.6
79.4	77.9	80.4	79.4	83.2	81.0	81.7	81.2	79.1	80.0
81.5	83.8	82.2	82.4	79.9	82.3	83.2	81.3	82.4	82.2
82.0	83.7	84.6	85.7	85.1	84.5	85.6	84.7	79.9	88.9

B6) 항공기 화물 수송량: ARIMA(0,1,1)(0,1,1)$_{12}$모형

[1969년 1월부터 1978년 2월까지의 110개 월별 자료]

1299	1148	1345	1363	1374	1533	1592	1687	1384	1388	1295	1489
1403	1243	1466	1434	1520	1689	1763	1834	1494	1439	1327	1554
1405	1252	1424	1517	1483	1605	1775	1840	1573	1617	1485	1710
1563	1439	1669	1651	1654	1847	1931	2034	1705	1725	1687	1842
1696	1534	1814	1796	1822	2008	2088	2230	1843	1848	1736	1826
1766	1636	1921	1882	1910	2034	2047	2195	1765	1818	1634	1818
1698	1520	1820	1689	1775	1968	2110	2241	1803	1899	1762	1901
1839	1727	1954	1991	1988	2146	2301	2338	1947	1990	1832	2066
1952	1747	2098	2057	2060	2240	2425	2515	2128	2255	2116	2315
2143	1948										

B7) 국내 살인범죄 건수: ARIMA(0,0,0)(0,1,1)$_{12}$모형

[2002년 1월부터 2007년 12월까지의 72개 월별 자료]

73	55	69	84	89	65	94	96	89	83	70	80
65	68	87	92	89	77	96	77	92	94	69	79
73	74	74	98	92	89	126	105	101	86	76	61
78	72	89	88	87	111	106	101	104	104	66	64
70	67	80	77	102	81	107	108	84	92	76	77
93	82	102	88	95	91	100	97	101	104	82	69

B8) 강원도 방문관광객 수: ARIMA(0,0,1)(0,1,1)$_{12}$모형

[1996년 1월부터 2006년 12월까지의 월별 자료]

1539680	1806156	1695003	2348980	4101634	3999598
4993738	10457464	1961912	2187534	1535650	1677788
2832210	1766427	1742128	2512843	3191134	3833025
5739585	10341355	2178437	3809501	1546644	1696567
2568007	1728140	1766387	2685469	4825900	2854691
4489382	8052839	1925646	3225705	2024780	2213699
3266424	2320993	1703213	2895972	3874931	2956843
4547179	8897379	2858540	5364967	1945597	1856751
3380215	2587854	1953496	2735748	3740202	3077599
6044998	13953079	1762862	4694667	2443871	2710296
2737168	2203392	1961090	3067616	4154974	3017110
7154601	14496878	2263148	4602224	2656726	3164753
3805963	2998039	2644236	4067162	4294145	3606152
9945484	20250372	1520353	4522663	2802937	3148149
4362648	2999196	2386561	3654776	4755042	3416869
9487507	23559080	2734596	5273527	2867397	3802521
3751990	2852505	1854200	2915661	3377969	2446145
3105718	4738197	2046647	4613467	2272470	3006140
4137424	2877000	1992394	3314385	3833302	3226282
5322006	10370952	2253150	4917513	3035379	2616992
3774237	3146750	2167503	3471329	4071704	3489071
3172718	6295868	3247661	4394572	3018756	3814474

B9) 국내 산불 발생 건수: ARIMA(1,0,0)(0,1,1)$_{12}$모형

[1997년 1월부터 2006년 12월까지의 월별 자료]

33	92	104	178	28	7	0	0	7	61	11	3
15	39	151	15	5	1	0	0	5	0	9	25
22	44	74	88	35	5	0	0	0	1	13	33
10	124	229	225	49	16	1	0	0	7	23	45
14	26	227	319	79	28	0	0	27	4	25	36
20	116	199	181	11	27	1	1	1	3	29	10
9	16	55	134	12	3	0	0	0	12	10	20
32	128	120	147	9	37	3	2	3	25	15	23
58	37	124	190	37	6	0	1	2	6	27	48
48	41	175	49	27	1	0	0	7	25	23	9

B10) 국내 자살 건수: ARIMA(1,1,1)(0,1,1)$_{12}$모형

[1983년 1월부터 2004년 2월까지의 월별 자료]

230	225	274	294	353	333	334	358	343	251	237	239
193	207	267	320	361	362	346	349	348	266	260	219
236	253	329	339	390	368	366	349	349	356	247	220
188	199	329	336	378	361	340	323	304	261	257	288
249	273	345	357	339	265	290	343	320	235	213	196
215	204	291	282	346	298	286	272	259	234	191	179
197	192	298	298	312	298	300	266	288	253	226	205
174	217	266	320	324	301	284	330	293	306	217	219
214	202	274	318	333	308	315	286	274	247	208	172
206	245	288	290	362	395	371	365	315	303	244	242
260	323	405	405	434	343	413	383	349	318	289	280
290	268	335	435	357	375	387	406	410	342	362	307
285	313	466	448	498	481	417	470	417	420	348	367
426	371	522	509	543	588	590	558	529	481	437	405
365	403	532	583	599	536	537	533	515	541	469	455
490	664	840	910	809	766	699	788	751	709	633	563
509	484	658	673	619	726	638	633	647	573	474	422
447	459	546	661	603	541	540	630	530	515	531	441
399	515	621	714	664	588	627	605	595	620	478	485
529	562	698	815	864	769	823	812	736	705	648	651
599	680	805	963	1019	942	1043	1252	1129	992	805	669
714	952										

B11) 국내 담배생산량: ARIMA(1,0,0)(0,0,1)$_{12}$모형

[1997년 1월부터 2006년 12월까지의 월별 자료]

8014	6963	7840	8234	7953	8715	8760	7859	8249	8947	7744	7447
6916	7553	8441	8311	7901	8575	8774	7228	10632	8927	8955	8798
7282	6513	8075	7237	7325	10017	6983	8126	8367	9093	7843	9134
7332	6944	7951	6144	7819	8690	8432	7572	7940	10004	9088	6615
6508	6770	7360	7222	7739	8574	8800	7927	8662	8241	8712	7601
8918	6655	8232	6513	6911	7710	7954	8129	7979	8952	8534	7946
9193	8067	9296	8933	8846	10626	11024	11071	11035	12004	11433	11638
9889	11156	11638	9979	9543	12655	12784	10787	9693	12063	13468	9551
4257	4652	6646	6213	8915	11024	11401	9879	11930	13231	10609	8490
7707	8040	8542	8972	8726	10372	11060	11671	13208	12081	11466	8121

B12) 국내 분유생산량: ARIMA(2,0,0)(2,1,0)$_{12}$모형

[1996년 1월부터 2006년 12월까지의 월별 자료]

5515	5304	4694	4891	4618	3509	3045	3291	3572	3562	3821	4613
5204	4612	4016	3324	3714	2814	3105	3223	2924	3467	3353	4833
6164	6073	4709	3994	4014	3538	3479	3554	3008	3256	3251	3756
5238	4787	3913	3355	4034	2772	3006	3031	2858	3315	3443	4514
6140	5351	4397	4304	4342	3541	3435	3524	3727	3597	4161	5134
5825	4771	4168	3236	3624	3445	3550	4036	3520	4682	4338	5367
5628	5002	5249	4752	4494	3433	3228	4060	3041	3224	4259	4206
5046	4170	3733	2194	2517	2453	3571	3640	2789	3874	4131	4400
5663	5600	3772	3426	3835	1697	2458	2316	2676	3267	3616	6612
5817	4821	5153	3763	3698	2937	3155	3784	3197	3493	4365	4077
5162	4822	3885	3101	2975	2003	2760	2651	2602	3312	3999	4262

B13) 국내 주택용 전력소비량: ARIMA(1,1,0)(0,1,1)$_{12}$모형

[1995년 1월부터 2004년 12월까지의 월별 자료]

11141	11355	10335	10867	10487	10958	10746	12703	13012	11052	11427	11579
14316	13389	14510	14068	13293	13058	7061	14654	14064	13230	13333	14829
15518	15692	14711	15241	14787	12450	12660	14637	14252	13104	13029	13180
12424	11902	11761	12807	12259	12309	12968	14819	14403	13548	12956	12915
14958	14900	13719	14618	13707	14364	14219	16172	16371	15306	14928	15073
16363	16346	15330	15622	15017	15488	16378	18761	18586	15603	15948	16442
17709	17923	16082	16721	16039	16305	16988	20011	18322	16510	17608	17970
19840	19091	17663	18469	17469	17742	17250	19618	17500	16812	17289	17570
19467	19398	16822	17675	17121	17432	17255	18948	19594	17396	18133	18372
19348	21778	19515	20512	19491	19628	19814	24539	21423	19807	20793	20945

B14) 국내 자영업자 취업자 수: ARIMA(1,0,2)(2,1,0)$_{12}$모형

[1997년 1월부터 2006년 12월까지의 월별 자료]

4026.0	4024.0	4173.0	4344.0	4345.0	4353.0	4375.0	4380.0	4407.0	4377.0	4264.0	4081.0
3842.0	3961.0	4138.0	4217.0	4287.0	4314.0	4283.0	4310.0	4400.0	4407.0	4314.0	4224.0
4116.0	4069.0	4138.0	4312.0	4348.0	4455.0	4460.0	4465.0	4504.0	4567.0	4475.0	4308.0
4168.0	4127.0	4278.0	4412.0	4468.0	4490.0	4478.0	4597.0	4565.0	4583.0	4451.0	4260.0
4156.0	4230.0	4359.0	4520.0	4563.0	4550.0	4583.0	4676.0	4665.0	4681.0	4592.0	4382.0
4319.0	4316.0	4527.0	4644.0	4671.0	4670.0	4656.0	4674.0	4675.0	4692.0	4607.0	4431.0
4272.2	4294.6	4325.8	4378.5	4459.5	4459.7	4438.8	4535.0	4533.2	4509.9	4443.2	4310.5
4289.2	4313.0	4373.6	4436.6	4481.8	4460.1	4444.8	4506.5	4526.6	4510.9	4474.7	4351.6
4329.6	4383.1	4460.3	4519.8	4572.9	4582.5	4572.1	4600.9	4565.5	4573.6	4537.7	4398.6
4333.9	4370.4	4432.9	4538.4	4561.7	4593.1	4562.5	4580.3	4566.3	4597.7	4535.3	4357.0

B15) 국내 선풍기 출하량: ARIMA(1,0,0)$(0,1,0)_{12}$모형

[1997년 3월부터 2007년 2월까지의 월별 자료]

789987	479674	694093	740684	504191	41629	8715	13640	8253	11765	42485	107147
468829	416238	628808	371254	449239	75749	13668	2756	5475	23059	45188	87597
265130	454477	624094	870634	571498	167857	7514	3711	4398	21029	29164	59645
184246	360860	736440	1079542	839685	67711	9236	10775	5681	10388	35562	153483
288173	588343	815853	709508	622233	179447	2345	6719	7649	114100	65351	127844
370301	513985	391323	550484	432462	46387	2567	2606	3767	15976	44294	128383
379336	247225	262780	347809	271803	78068	115	2666	5248	7249	19018	67177
197373	147067	195552	430470	406760	39512	2654	4660	3391	7263	8464	32423
123661	234210	315927	460795	430172	45798	7254	5022	3339	1168	2331	66178
110153	101002	143604	223665	170642	133794	4105	3440	3388	2203	24537	41664

통계표

[표 A.1] $z=-\infty$ 부터 3.49까지의 표준정규확률이며, z 에 대응하여 표에 기재된 값은 z 의 왼쪽에 위치한 표준 정규 곡선 아래 면적이며, $P(Z \leq z)$로 표시한다.

	z의 소수점 둘째 자리									
z	0.00	0.01	0.02	0.03	0.04	0.05	0.06	0.07	0.08	0.09
0.0	.5000	.5040	.5080	.5120	.5160	.5199	.5239	.5279	.5319	.5359
0.1	.5398	.5438	.5478	.5517	.5557	.5596	.5636	.5675	.5714	.5753
0.2	.5793	.5832	.5871	.5910	.5948	.5987	.6026	.6064	.6103	.6141
0.3	.6179	.6217	.6255	.6293	.6331	.6368	.6406	.6443	.6480	.6517
0.4	.6554	.6591	.6628	.6664	.6700	.6736	.6772	.6808	.6844	.6879
0.5	.6915	.6950	.6985	.7019	.7054	.7088	.7123	.7157	.7190	.7224
0.6	.7257	.7291	.7324	.7357	.7389	.7422	.7454	.7486	.7517	.7549
0.7	.7580	.7611	.7642	.7673	.7704	.7734	.7764	.7794	.7823	.7852
0.8	.7881	.7910	.7939	.7967	.7995	.8023	.8051	.8078	.8106	.8133
0.9	.8159	.8186	.8212	.8238	.8264	.8289	.8315	.8340	.8365	.8389
1.0	.8413	.8438	.8461	.8485	.8508	.8531	.8554	.8577	.8599	.8621
1.1	.8643	.8665	.8686	.8708	.8729	.8749	.8770	.8790	.8810	.8830
1.2	.8849	.8869	.8888	.8907	.8925	.8944	.8962	.8980	.8997	.9015
1.3	.9032	.9049	.9066	.9082	.9099	.9115	.9131	.9147	.9162	.9177
1.4	.9192	.9207	.9222	.9236	.9251	.9265	.9279	.9292	.9306	.9319
1.5	.9332	.9345	.9357	.9370	.9382	.9394	.9406	.9418	.9429	.9441
1.6	.9452	.9463	.9474	.9484	.9495	.9505	.9515	.9525	.9535	.9545
1.7	.9554	.9564	.9573	.9582	.9591	.9599	.9608	.9616	.9625	.9633
1.8	.9641	.9649	.9656	.9664	.9671	.9678	.9686	.9693	.9699	.9706
1.9	.9713	.9719	.9726	.9732	.9738	.9744	.9750	.9756	.9761	.9767
2.0	.9772	.8778	.9783	.9788	.9793	.9798	.9803	.9808	.9812	.9817
2.1	.9821	.9826	.9830	.9834	.9838	.9842	.9846	.9850	.9854	.9857
2.2	.9861	.9864	.9868	.9871	.9875	.9878	.9881	.9884	.9887	.9890
2.3	.9893	.9896	.9898	.9901	.9904	.9906	.9909	.9911	.9913	.9916
2.4	.9918	.9920	.9922	.9925	.9927	.9929	.9931	.9932	.9934	.9936
2.5	.9938	.9940	.9941	.9943	.9945	.9946	.9948	.9949	.9951	.9952
2.6	.9953	.9955	.9956	.9957	.9959	.9960	.9961	.9962	.9963	.9964
2.7	.9965	.9966	.9967	.9968	.9969	.9970	.9971	.9972	.9973	.9974
2.8	.9974	.9975	.9976	.9977	.9977	.9978	.9979	.9979	.9980	.9981
2.9	.9981	.9982	.9982	.9983	.9984	.9984	.9985	.9985	.9986	.9986
3.0	.9987	.9987	.9987	.9988	.9988	.9989	.9989	.9989	.9990	.9990
3.1	.9990	.9991	.9991	.9991	.9992	.9992	.9992	.9992	.9993	.9993
3.2	.9993	.9993	.9994	.9994	.9994	.9994	.9994	.9995	.9995	.9995
3.3	.9995	.9995	.9995	.9996	.9996	.9996	.9996	.9996	.9996	.9997
3.4	.9997	.9997	.9997	.9997	.9997	.9997	.9997	.9997	.9997	.9998

[표 A.2] t_ν-분포에 대한 임계값 $t_{\nu,\beta}$ 이며, $t_{\nu,\beta}$ 는 t_ν-분포의 $100(1-\beta)$ 번째 백분율 점을 나타낸다(즉, $t_{\nu,\beta}$ 의 오른쪽에 위치한 t_ν-곡선 아래의 면적이 β 이다).

ν	0.100	0.050	0.025	0.010	0.005	0.001	0.0005
1	3.078	6.314	12.706	31.821	63.657	318.310	636.620
2	1.886	2.920	4.303	6.965	9.925	22.326	31.598
3	1.638	2.353	3.182	4.541	5.841	10.213	12.924
4	1.533	2.132	2.776	3.747	4.604	7.173	8.610
5	1.476	2.015	2.571	3.365	4.032	5.893	6.869
6	1.440	1.943	2.447	3.143	3.707	5.208	5.959
7	1.415	1.895	2.365	2.998	3.499	4.785	5.408
8	1.397	1.860	2.306	2.896	3.355	4.501	5.041
9	1.383	1.833	2.262	2.821	3.250	4.297	4.781
10	1.372	1.812	2.228	2.764	3.169	4.144	4.587
11	1.363	1.796	2.201	2.718	3.106	4.025	4.437
12	1.356	1.782	2.179	2.681	3.055	3.930	4.318
13	1.350	1.771	2.160	2.650	3.012	3.852	4.221
14	1.345	1.761	2.145	2.624	2.977	3.787	4.140
15	1.341	1.753	2.131	2.602	2.947	3.733	4.073
16	1.337	1.746	2.120	2.583	2.921	3.686	4.015
17	1.333	1.740	2.110	2.567	2.898	3.646	3.965
18	1.330	1.734	2.101	2.552	2.878	3.610	3.922
19	1.328	1.729	2.093	2.539	2.861	3.579	3.883
20	1.325	1.725	2.086	2.528	2.845	3.552	3.850
21	1.323	1.721	2.080	2.518	2.831	3.527	3.819
22	1.321	1.717	2.074	2.508	2.819	3.505	3.792
23	1.319	1.714	2.069	2.500	2.807	3.485	3.767
24	1.318	1.711	2.064	2.492	2.797	3.467	3.745
25	1.316	1.708	2.060	2.485	2.787	3.450	3.725
26	1.315	1.706	2.056	2.479	2.779	3.435	3.707
27	1.314	1.703	2.052	2.473	2.771	3.421	3.690
28	1.313	1.701	2.048	2.467	2.763	3.408	3.674
29	1.311	1.699	2.045	2.462	2.756	3.396	3.659
30	1.310	1.697	2.042	2.457	2.750	3.385	3.646
40	1.303	1.684	2.021	2.423	2.704	3.307	3.551
60	1.296	1.671	2.000	2.390	2.660	3.232	3.460
120	1.289	1.658	1.980	2.358	2.617	3.160	3.373
∞	1.282	1.645	1.960	2.326	2.576	3.090	3.291

[표 A.3] 카이제곱분포에 대한 임계값 $\chi^{2(R)}_{k,\beta}$ (또는 간단히 $\chi^2_{k,\beta}$)이며, $\chi^{2(R)}_{k,\beta}$ 는 χ^2_k-분포의 $100(1-\beta)$ 번째 백분율점을 나타낸다(즉, $\chi^{2(R)}_{k,\beta}$ 의 오른쪽에 위치한 χ^2_k-곡선 아래 면적이 β 이다).

k	0.995	0.99	0.975	0.95	0.90	0.10	0.05	0.025	0.01	0.005
1	0.000	0.000	0.001	0.004	0.016	2.706	3.843	5.025	6.637	7.882
2	0.010	0.020	0.051	0.103	0.211	4.605	5.992	7.378	9.210	10.597
3	0.072	0.115	0.216	0.352	0.584	6.251	7.815	9.348	11.344	12.837
4	0.207	0.297	0.484	0.711	1.064	7.779	9.488	11.143	13.277	14.860
5	0.412	0.554	0.831	1.145	1.610	9.236	11.070	12.832	15.085	16.748
6	0.676	0.872	1.237	1.635	2.204	10.645	12.592	14.440	16.812	18.548
7	0.989	1.239	1.690	2.167	2.833	12.017	14.067	16.012	18.474	20.276
8	1.344	1.646	2.180	2.733	3.490	13.362	15.507	17.534	20.090	21.954
9	1.735	2.088	2.700	3.325	4.168	14.684	16.919	19.022	21.665	23.587
10	2.156	2.558	3.247	3.940	4.865	15.987	18.307	20.483	23.209	25.188
11	2.603	3.053	3.816	4.575	5.578	17.275	19.675	21.920	24.724	26.755
12	3.074	3.571	4.404	5.226	6.304	18.549	21.026	23.337	26.217	28.300
13	3.565	4.107	5.009	5.892	7.041	19.812	22.362	24.735	27.687	29.817
14	4.075	4.660	5.629	6.571	7.790	21.064	23.685	26.119	29.141	31.319
15	4.600	5.229	6.262	7.261	8.547	22.307	24.996	27.488	30.577	32.799
16	5.142	5.812	6.908	7.962	9.312	23.542	26.296	28.845	32.000	34.267
17	5.697	6.407	7.564	8.682	10.085	24.769	27.587	30.190	33.408	35.716
18	6.265	7.015	8.231	9.390	10.865	25.989	28.869	31.526	34.805	37.156
19	6.843	7.632	8.906	10.117	11.651	27.203	30.143	32.852	36.190	38.580
20	7.434	8.260	9.591	10.851	12.443	28.412	31.410	34.170	37.566	39.997
21	8.033	8.897	10.283	11.591	13.240	29.615	32.670	35.478	38.930	41.399
22	8.643	9.542	10.982	12.338	14.042	30.813	33.924	36.781	40.289	42.796
23	9.260	10.195	11.688	13.090	14.848	32.007	35.172	38.075	41.637	44.179
24	9.886	10.856	12.401	13.848	15.659	33.196	36.415	39.364	42.980	45.558
25	10.619	11.523	13.120	14.611	16.473	34.381	37.652	40.646	44.313	46.925
26	11.160	12.198	13.844	15.379	17.292	35.563	38.885	41.923	45.642	48.290
27	11.807	12.878	14.573	16.151	18.114	36.741	40.113	43.194	46.962	49.642
28	12.461	13.565	15.308	16.928	18.939	37.916	41.337	44.461	48.278	50.993
29	13.120	14.256	16.147	17.708	19.768	39.087	42.557	45.772	49.586	52.333
30	13.787	14.954	16.791	18.493	20.599	40.256	43.773	46.979	50.892	53.672
31	14.457	15.655	17.538	19.280	21.433	41.422	44.985	48.231	52.190	55.000
32	15.134	16.362	18.291	20.072	22.271	42.585	46.194	49.480	53.486	56.328
33	15.814	17.073	19.046	20.866	23.110	43.745	47.400	50.724	54.774	57.646
34	16.501	17.789	19.806	21.664	23.952	44.903	48.602	51.966	56.061	58.964
35	17.191	18.508	20.569	22.465	24.796	46.059	49.802	53.203	57.340	60.272
36	17.887	19.233	21.336	23.269	25.643	47.212	50.998	54.437	58.619	61.581
37	18.584	19.960	22.105	24.075	26.492	48.363	52.192	55.667	59.891	62.880
38	19.289	20.691	22.878	24.884	27.343	49.513	53.384	56.896	61.162	64.181
39	19.994	21.425	23.654	25.695	28.196	50.660	54.572	58.119	62.420	65.473
40	20.706	22.164	24.433	26.509	29.050	51.805	55.758	59.342	36.691	66.766

찾아보기

ㄱ

ㄴ

ㅇ

ㅈ

ㅊ

ㅋ

ㅌ

ㅍ

ㅎ

A

B